# CLASE TRABAJADORA Y MOVIMIENTO SINDICAL EN CUBA

Volumen II (1959-1996)

COLECCIÓN CUBA Y SUS JUECES

Center for Labor Research and Studies
Florida International University

EDICIONES UNIVERSAL, Miami, Florida, 1996

Efrén Córdova

# CLASE TRABAJADORA Y MOVIMIENTO SINDICAL EN CUBA

Volumen II (1959-1996)

Primera edición, 1996

EDICIONES UNIVERSAL
P.O. Box 450353 (Shenandoah Station)
Miami, FL 33245-0353. USA
Tel: (305)642-3234 Fax: (305)642-7978

en coedición con el

CENTER FOR LABOR RESEARCH AND STUDIES OF
FLORIDA INTERNATIONAL UNIVERSITY
University Park
Miami, FL 33199

Library of Congress Catalog Card No.: 94-61930

I.S.B.N.: 0-89729-766-0 (Volumen II)
0-89729-767-9 (obra completa)

Composición de textos por María Cristina Zarraluqui

*"Había una vez una República. Tenía su Constitución, sus leyes, sus libertades; Presidente, Congreso, Tribunales; todo el mundo podía reunirse, asociarse, hablar y escribir con entera libertad. El gobierno no satisfacía al pueblo pero el pueblo podía cambiarlo y ya sólo faltaban unos días para hacerlo. Existía una opinión pública respetada y acatada y todos los problemas de interés colectivo eran discutidos libremente. Había partidos políticos, horas doctrinales de radio, programas polémicos de televisión, actos públicos, y en el pueblo palpitaba el entusiasmo".*

**Fidel Castro, *"La historia me absolverá"*, 1953**

# Índice de materias

## CUARTA PARTE: La crisis

# Lista de abreviaturas

| | |
|---|---|
| ANAP | Asociación Nacional de Agricultores Pequeños. |
| ANIR | Asociación Nacional de Innovadores y Racionalizadores. |
| ANPP | Asamblea Nacional del Poder Popular. |
| BPD | Brigadas de Producción y Defensa. |
| BRR | Brigadas de Respuesta Rápida |
| BTJ | Brigadas Técnicas Juveniles |
| CAI | Combinado Agro-Industrial. |
| CAME | Consejo de Ayuda Mutua Económica. |
| CDR | Comités de Defensa de la Revolución. |
| CETSS | Comité Estatal de Trabajo y Seguridad Social. |
| CIOSL | Confederación Internacional de Organizaciones Sindicales Libres. |
| CLAT | Central Latinoamericana de Trabajadores. |
| CMT | Confederación Mundial del Trabajo. |
| COC | Coordinadora Obrera Cubana. |
| CPA | Cooperativas de Producción Agropecuarias. |
| CTAL | Confederación de Trabajadores de América Latina |
| CTC | Central de Trabajadores de Cuba. |
| CUTC | Congreso Unitario de Trabajadores Cubanos. |
| EJT | Ejército Juvenil del Trabajo. |
| FAPI | Fuerzas de Acción Pioneril. |
| FAR | Fuerzas Armadas Revolucionarias. |
| FEEM | Federación Estudiantes Enseñanza Media. |
| FEU | Federación Estudiantil Universitaria. |
| FMC | Federación de Mujeres Cubanas. |
| FOH | Federación Obrera Humanista. |
| FNTA | Federación Nacional de Trabajadores Azucareros. |
| FSM | Federación Sindical Mundial. |
| FSPE | Federación Sindical de Plantas Eléctricas, Gas y Agua. |
| JOC | Juventud Obrera Católica. |
| JUCEPLAN | Junta Central de Planificación |

| | |
|---|---|
| MINFAR | Ministerio de las Fuerzas Armadas Revolucionarias. |
| MININT | Ministerio del Interior. |
| MINJUS | Ministerio de Justicia. |
| MINTRAB | Ministerio del Trabajo. |
| MTT | Milicias de Tropas Territoriales. |
| M-26-7 | Movimiento 26 de Julio |
| OIT | Organización Internacional del Trabajo. |
| OMS | Organización Mundial de la Salud. |
| OTS | Organización del Trabajo y Salarios. |
| ORI | Organizaciones Revolucionarias Integradas. |
| PCC | Partido Comunista de Cuba. |
| PNB | Producto Nacional Bruto. |
| PNR | Policía Nacional Revolucionaria |
| PSP | Partido Socialista Popular. |
| PURS | Partido Unido de la Revolución Socialista. |
| SDPE | Sistema de Dirección y Planificación de la Economía |
| SMG | Servicio Militar General. |
| SMO | Servicio Militar Obligatorio. |
| STC | Solidaridad de Trabajadores Cubanos. |
| TSP | Tribunal Supremo Popular. |
| UBPC | Unidades Básicas de Producción Cooperativa. |
| UGTC | Unión General de Trabajadores de Cuba. |
| UJC | Unión de Jóvenes Comunistas. |
| UMAP | Unidades Militares de Ayuda a la Producción. |
| UPC | Unión de Pioneros de Cuba (ahora llamada Organización de Pioneros José Martí). |
| USTC | Unión Sindical de Trabajadores de Cuba. |

# PRIMERA PARTE

## La captura

# Capítulo 1

## *Se levanta el telón*

### Punto y contrapunto

En la madrugada del 1° de enero de 1959 Fulgencio Batista huyó furtivamente de Cuba precipitando así el desenlace de un drama que él mismo había provocado. La huida de Batista arrastró consigo la disolución de las fuerzas armadas y la caída de todos los órganos de gobierno así como la de muchas organizaciones de la sociedad civil, incluyendo en primer lugar a la Confederación de Trabajadores de Cuba. Ante la clase trabajadora, el movimiento sindical y el país entero se abría un gran signo de interrogación.

En principio el triunfo correspondía al Movimiento 26 de Julio integrado por gentes de clase media en las ciudades y al más heterogéneo Ejército Rebelde en los llanos y montañas de las provincias centro-orientales. El M-26-7 tenía un programa progresista y democrático al que parecía adherirse el Ejército Rebelde. Muy pocos eran, sin embargo, los que conocían los planes que para el futuro del país había concebido quien figuraba como jefe de ambos grupos: Fidel Castro Ruz. Su insistencia en que los comunistas participaran en la creación del Frente Obrero Nacional Unido (FONU), la calurosa acogida que Raúl Castro y Ernesto Guevara dispensaban a los obreros y campesinos que se unían a la Revolución, los congresos de trabajadores celebrados en territorio rebelde y la reiteración con que Fidel Castro se refería a la organización de una huelga general, mostraban un interés marcado en establecer relaciones estrechas con la clase trabajadora y tal vez asignarle un papel prominente en el nuevo régimen.

Otros hechos relativos a las relaciones de Castro con el PSP contribuían a crear cierto desconcierto. La aproximación de Castro y los comunistas de la vieja guardia antecede al año 1959 si bien los contactos fueron primero tentativos y hubo ciertas reservas de una y otra parte. Al líder guerrillero le interesaba la aceptación incondicional de su jefatura; a los comunistas les atemorizaba comprometerse en una acción bélica y preferían proceder con cautela. Sin embargo, a medida que el ejército de Batista fue mostrando su incapacidad para derrotar a las guerrillas, los dirigentes del PSP fueron dejando a un lado sus reticencias. Hacia el mes de septiembre de 1958 la *Carta Semanal* de dicho partido comenzó a expresarse en favor de la lucha armada junto al Ejército Rebelde y a abogar por un frente unido de los grupos contrarios a Batista. Ese mismo mes se produjo el envío del ideólogo marxista Carlos Rafael Rodríguez a la Sierra Maestra. Poco después, el 28 de octubre, Castro pedía a los responsables del M-26-7 en Oriente que dirimieran sus diferencias con los comunistas y los trataran como hermanos.[1]

En enero de 1959, sin embargo, esos hechos no suscitaron sospechas serias de infiltración comunista. ¿Acaso no había dicho el jefe de la revolución en más de una ocasión durante su lucha en la Sierra Maestra que su movimiento no tenía conexión alguna con el marxismo leninismo?[2] No era fácil, en todo caso, prever lo que iba a ocurrir en un país desprovisto en ese momento de instituciones y salvaguardas, pero si en los primeros días de 1959 se hubiera hecho una encuesta sobre el futuro de la revolución, casi ningún cubano habría dicho que ella iba a dar vida a un Estado de Obreros y Campesinos.

Quienes observaban con atención los acontecimientos pudieron, no obstante, tomar nota del inusitado ataque a los E.U. que Castro incluyó en el discurso que pronunció en Santiago de Cuba en la madrugada del 1° de enero de 1959.[3] Era también significativo que tanto los acuerdos tomados en la Conferencia Nacional de Trabajadores Azucareros celebrada en territorio rebelde el 21 de Diciembre de 1958,[4] como los llamamientos hechos por el Movimiento 26 de Julio y por el Comandante en Jefe de las Fuerzas Rebeldes el 12 de marzo de 1958, el 31 de Diciembre de ese año y el 1° de Enero de 1959 para convocar a una huelga general, contuvieran instrucciones expresas relativas a la toma de sindicatos y la organización de los obreros en todos los centros de trabajo del país.[5] Empero, el inmenso apoyo que tenía entonces el M-26-7, tendía a envolver la victoria de las guerrillas en una gran fiesta patriótica y a disipar temores sobre la influencia que pudieran tener doctrinas ajenas al renacer del nacionalismo.

En el transcurso del mes de enero se hicieron, no obstante, visibles nuevas indicaciones de la inminencia de un viraje hacia la izquierda y del radicalismo que parecía apoderarse de la revolución. El día 14, en un discurso pronunciado en el Campamento de Columbia, Castro reiteró las críticas al Gobierno de los E.U.,[6] en tanto que por toda la isla comenzaron los fusilamientos de centenares de militares y civiles vinculados al régimen de Batista. Estas ejecuciones suscitaron protestas en el extranjero pero en Cuba Castro las convalidó con el grito de ¡Paredón! que, a instancias suyas, alrededor de un millón de personas lanzaron en una gran concentración popular convocada por el gobierno.

Ningún líder prominente de la CTC mujalista fue ejecutado pero gran número de ellos tuvo que asilarse, otros fueron encarcelados y no pocos escaparon del país por las vías más perentorias. No solamente se persiguió a los que eran conocidamente mujalistas sino también a otros líderes de viejo cuño que no fueron seguidores de Mujal ni partidarios de Batista, pero que habían figurado como adversarios de la CTC comunista.[7] Tampoco se escatimaron esfuerzos para denigrar a ciertos hombres de empresa que tuvieron vinculación con el régimen de Batista. Poco a poco, sutilmente, se fue percibiendo el interés del gobierno en ir más allá del derrocamiento de Batista para fomentar el repudio de todo el pasado republicano.

Las señales inquietantes se acumulaban, pero así también se multiplicaban los esfuerzos del gobierno por negar toda influencia comunista. Guevara inició en enero sus cursos de adoctrinamiento en La Cabaña y pronunció un discurso de subidos tonos revolucionarios en la procomunista sociedad *Nuestro Tiempo*. Por esos mismos días, sin embargo, declaraba al *Diario de la Marina* y a *Revolución* que él no tenía conexión alguna con el marxismo. Raúl Castro sugería por su parte que los intereses económicos que estaban en el fondo del régimen de Batista eran más fuertes y criminales que el propio dictador[8] y llegaba a insinuar que las metas de la revolución incluían la destrucción de las estructuras políticas y económicas del pasado. Fidel Castro, en cambio, se encargaba de afirmar su devoción a la democracia y reiteraba su promesa de celebrar elecciones en corto plazo. En seis ocasiones durante el mes de enero, el líder máximo de la revolución negó enfáticamente que él fuera comunista y una de esas ocasiones tuvo especial significación pues fue el discurso que el día 16 pronunció ante la tumba de Eduardo Chibás. Unos días antes había dicho en *Revolución* del 13 de enero: "Yo no soy comunista y tampoco lo es el Movimiento" (pag. 1). A los periodistas que lo entrevistaban no se cansaba de repetir que su revolución no era roja sino verde como el color verde olivo de sus uniformes. Acuñó también la frase de "Revolución humanista" para definir el carácter de su régimen y trató de desarrollar el concepto diciendo que humanismo era "el gobierno del pueblo sin dictaduras y sin oligarquías". La frase no le pareció suficiente y quiso ampliarla después hablando de "Libertad con pan y pan sin terror".

Era evidente que los líderes de la revolución procuraban crear un clima de confusión ideológica y reticencias deliberadas. Se decía con la mayor seriedad que los patronos no tenían nada que temer a condición de que observaran la legislación laboral y pagaran salarios altos; se llegó incluso a alentar, en forma más bien vaga, a los capitales extranjeros para que invirtieran en Cuba.[9] Mas estas declaraciones se daban de cachetes con otras que subrayaban supuestas instancias de explotación de los obreros y con las primeras acciones de hostigamiento a las empresas que tuvieron lugar en La Habana, Matanzas y otros lugares de la isla.

Se vivía una etapa de euforia y esperanzas mezcladas también con marcado desconcierto. Muchos eran los que impresionados con las medallas, rosarios y escapularios que exhibían algunos guerrilleros y con el nombramiento de un primer gobierno provisional integrado en su gran mayoría por personalidades respetables y moderadas, aceptaban sin reservas las explicaciones del liderazgo revolucionario y estaban dispuestos a extenderle un voto de confianza. Estos sentimientos eran particularmente difundidos en los sectores más proletarizados de la clase trabajadora, los que desde el primer momento expresaron su entusiasmo por la revolución. Castro reveló pronto en sus largos discursos una especial aptitud para comunicarse con esos sectores y obtener el respaldo de obreros y campesinos. Su oratoria agresiva y populista, mezcla de humanismo profético con insinuaciones de rencor clasista, resultó particularmente efectiva con los estratos más resentidos y crédulos de la sociedad. El jefe guerrillero hablaba del desempleo y de los sufrimientos que experimentaban los segmentos menos favorecidos de la sociedad, se explayaba en sus propósitos de mejorar su situación, formulaba promesas de bienestar y diseñaba las grandes líneas de una sociedad ideal.

## Promesas y cantos de sirena

Castro y sus colaboradores mostraron desde el primer momento una gran capacidad para hacer promesas y despertar ilusiones. El Máximo Líder, sobre todo, dio pruebas de poseer una excepcional capacidad de fabulación. En repetidas ocasiones afirmó que él iba a convertir a Cuba en uno de los países más ricos de la tierra; y como si esa aseveración pareciera un tanto vaga indicó también que iba a elevar el nivel de vida de los cubanos a un nivel más alto que el de los E.U.[10] Sus ofrecimientos para obtener el favor de la población se refirieron a menudo a sus planes de industrialización del país que no sólo terminarían, a su juicio, con el monocultivo, sino que en menos de diez años permitirían que Cuba se situara en el plano de los países más avanzados del mundo. Incidentalmente, a los trabajadores que contribuirían después a esos planes con el cuatro por ciento de sus salarios, les prometió que devolvería ese dinero con intereses compuestos.[11]

Sus discursos incluían además expresiones solemnes de beneficio para grupos específicos de trabajadores. A los agrícolas, por ejemplo, les prometió que con la reforma agraria iban a recibir 500 millones de pesos más de lo que percibían en 1959.[12] A los trabajadores telefónicos les ofreció que daría un teléfono a cuantas personas lo necesitaran.[13] A los desempleados les aseguró que tendrían amplias oportunidades de trabajo y a los empleados de las ciudades les dijo que tendrían, por lo menos, derecho a la manera de vivir de las clases medias.

Estimulado por la acogida que tenían sus discursos en las masas populares, el jefe rebelde desbordaba a menudo su imaginación y hacía las más extravagantes afirmaciones. Prometió, por ejemplo, desecar la Ciénaga de Zapata (con lo que daría empleo a 200,000 personas)[14] y superar al Brasil en el cultivo del café y a Egipto en el del algodón. En julio de 1959 aseguró ante un auditorio extático: "organizaremos un pueblo que será un modelo de viviendas, estamos desarrollando la escuela ideal, la asistencia ideal a las necesidades de salubridad, la cooperativa modelo".[15] En diciembre de 1959, señaló que daría una casa a cada trabajador[16] y meses después habló de fundar mil pueblos y ciudades.[17]

No hay que pensar que estas expresiones delirantes fueran exclusivas de Castro o de sus primeras semanas de gobierno. Guevara aseguraría algún tiempo después que una vez que el cubano se ajustara al trabajo comunista, "los inventos se sucederían por millares".[18] Castro, por su parte, ha seguido elaborando proyectos e imponiendo planes que en la mayoría de los casos parecían poco viables. Sus fabulaciones eran unas veces reflejo de su vanidad y otras meras elucubraciones dirigidas a distraer al pueblo. Unas y otras tendrían por lo general los mismos fallidos resultados. También quedaron truncas las promesas que Castro hizo en el orden político, sólo que éstas sí fueron deliberadamente taimadas. Prometió con la mayor seriedad que iba a celebrar elecciones en 18 meses,[19] que se respetaría la libertad de expresión y no habría censura de los medios de difusión, que se garantizaría la libertad de circular libremente dentro y fuera del territorio y que no se produciría quebranto alguno de los derechos civiles. Estas últimas promesas se formularon explícitamente durante los primeros meses de la revolución; se fueron relegando después a un segundo plano y quedaron totalmente olvidadas e incumplidas en los años posteriores.

## Paréntesis sobre la personalidad de Fidel Castro

Fidel Castro nació en Birán, Provincia Oriente en 1926. Su padre, Ángel Castro, era un ex-soldado español que peleó contra el Ejército Libertador y llegó a ser después un rico terrateniente; su madre Lina Ruz era cubana y trabajaba como cocinera en la casa. Nacido ilegítimo, Castro fue legitimado después al amparo de una ley, paradójicamente auspiciada por Batista, que permitía la legitimación por el subsiguiente matrimonio de los padres. El líder de la revolución se educó en los mejores colegios de la burguesía de Santiago de Cuba (La Salle y Dolores) y La Habana (Belén). Estudió derecho en la Universidad de La Habana en la que participó en la política estudiantil, se afirma tuvo conexiones con el grupo terrorista Unión Insurreccional Revolucionaria (UIR) y participó en hechos de sangre, como por ejemplo en el atentado a Leonel Gómez. Aunque las versiones difieren en cuanto al papel que el jefe revolucionario desempeñó en el asesinato del ex-presidente de la FEU, Manolo Castro, la mayor parte de ellas coincide en que estuvo involucrado en el hecho.

Una vez en posesión de su título de abogado no mostró interés en defender los derechos de los trabajadores o promover reformas sociales. Nadie le vio nunca en el Ministerio del Trabajo o en los tribunales asesorando sindicatos o representando trabajadores. Sí tuvo en cambio tempranas ambiciones políticas que una vez trató de encauzar por la vía electoral y otras por medios subversivos.

Lanzado a la vía insurreccional por el golpe de estado de Batista, Castro percibió pronto las inmensas posibilidades que la situación irregular del país abría a los hombres audaces y combativos. Dotado de gran inteligencia y capacidad de acción, ilimitada ambición y total carencia de escrúpulos, Castro sintió desde sus mocedades una fuerte inclinación por las doctrinas totalitarias y en particular por la marxista-leninista. Su interés por las reivindicaciones obreras le vino entonces a través de sus lecturas, cuando se dio cuenta de que manifestar devoción por los intereses del trabajador y asumir el papel de gran líder de esa clase le ofrecía la oportunidad de ejercer un poder absoluto y personal al amparo de la dictadura del proletariado.

En la lucha contra Batista, dice un historiador, Castro demostró tener condiciones de dirigente.[20]

## Las palabras, las acciones y los planes

Para llevar adelante su propósito, Castro no podía hablarle con transparencia al pueblo cubano. No lo hizo en *La Historia me Absolverá* (1953), mezcla de discurso demoliberal con críticas más o menos explícitas al capitalismo. En este documento, que fue después considerablemente "editado", las únicas referencias al factor trabajo eran la participación en el 30 por ciento de las utilidades de los ingenios y grandes empresas y el derecho del colono de compartir con el ingenio el rendimiento neto de la caña.[21] No lo hizo en la *Tesis del 26 de Julio*, documento de corte desarrollista en cuya redacción ni siquiera participó. Tampoco lo hizo en el *Programa de México* (1956) en el que con la mayor vaguedad decía que su movimiento se inspiraba en los ideales del nacionalismo, la democracia y la justicia social.[22] Mucho menos tuvo la intención de hacerlo en los primeros meses de la revolución cuando el deseo de ocultar sus verdaderos designios le obligaba a hablar en forma elíptica o ambigua.

Mas si las palabras eran ambiguas, algunos hechos concretos ocurridos en el primer mes de la revolución, permitían presentir ya la orientación de los cambios en ciernes. Sólo unos días después de la victoria reapareció el periódico *Hoy*, órgano del Partido Socialista Popular (PSP); poco después se suprimió la invocación a Dios del preámbulo de la Constitución, y se designó al poeta comunista Nicolás Guillén, poeta oficial de la revolución. Todavía más significativo fue el casi inmediato desmantelamiento del Buró de Represión de Actividades Comunistas (BRAC), la disolución de la Liga Anti-Comunista y el ataque y destrucción de los archivos de su fundador, el periodista Salvador Díaz Versón; según Hugh Thomas estas últimas acciones fueron dispuestas por Guevara.[23]

El tiempo permitiría después comprender con claridad el sentido oculto de las primeras medidas tomadas por Castro. En tanto no tuviera bien afincado su poder absoluto, al jefe de la revolución le era necesario ocultar su propósito de implantar un régimen marxista en Cuba. La reacción interna y externa hubiera sido fulminante y habría sin duda impedido la realización de sus planes. Era preciso actuar con cautela, escogiendo las palabras, posponiendo decisiones y revelando poco a poco los contornos de su modelo unipartidista y totalitario. El enorme vacío político creado por la caída de Batista, facilitaba sin duda su empresa, pero aún había en Cuba factores básicos de poder en la sociedad civil que habrían malogrado su intento si en enero de 1959 hubiera hecho pública su adhesión al comunismo. Había pues que destruir primero esos factores de poder e insistir en las protestas democráticas y populistas antes de mostrar al mundo su faz verdadera.

Su estrategia tendría, por tanto, que comprender varios pasos previos: 1) la destrucción del poder económico de hacendados, terratenientes y colonos por medio de la reforma agraria primero y de las expropiaciones masivas después; 2) captarse el favor de la clase trabajadora mediante el otorgamiento de beneficios salariales y la adopción de medidas protectoras; 3) insinuar con discreción el destino final de sus reformas a fin de alertar e inducir a los elementos comunistas a apoyar su revolución; y 4) socavar el poder del movimiento sindical no comunista y controlar en breve plazo al aparato sindical de la CTC. Dado que el pueblo cubano era en su mayoría católico —aunque muchos lo eran sólo nominalmente— no le costó trabajo elogiar la participación de los católicos en la lucha contra Batista[24] e incluso obtener el respaldo del Arzobispo de Santiago de Cuba, Monseñor Pérez Serantes. El hombre que unos años mas tarde habría de imponer un estado ateo en Cuba, demostraba así hasta la saciedad hasta donde podían llegar sus aptitudes para el disimulo.

## La huelga general

De particular importancia en la comprensión del desenvolvimiento ulterior de la revolución fue la huelga que tuvo lugar del 1 al 5 de enero de 1959. Castro había estado invocando la necesidad de una huelga general desde el segundo Manifiesto del Movimiento 26 de Julio publicado en 1956;[25] la había reiterado en el Mensaje a la Junta de Liberación de Miami fechado el 14 de diciembre de 1957; y por supuesto la había enfatizado también en los llamamientos lanzados con motivo de las huelgas políticas de 1957 y 1958. Su manifiesto del 12 de marzo de 1958 (suscripto con Faustino Pérez) decía en su apartado 2$^{do}$ "que la estrategia del golpe decisivo se basa en la Huelga General Revolucionaria secundada por la acción armada". Finalizada ahora la guerra contra Batista, su primera acción como jefe del movimiento rebelde fue la de disponer el propio primero de enero la organización de una huelga; esta vez, sin embargo, la huelga sería según sus propias palabras "general y revolucionaria"; junto a esta caracterización la orden pedía a los trabajadores que se organizaran en todas partes a fin de conseguir la parálisis total del país.[26]

El motivo aparente de la huelga era el de impedir la consolidación de la Junta Militar que se trató de constituir en el Campamento de Columbia con un magistrado del Tribunal Supremo y el General Eulogio Cantillo. El jefe rebelde quería, por supuesto, frustrar cualquier maniobra de última hora que malograra el triunfo de sus guerrillas. Mas la junta apenas si llegó a constituirse formalmente y el ejército que ni siquiera llegó a pelear en las provincias occidentales se rindió sin ofrecer resistencia. Era evidente que la huida de Batista en la noche del 31 de diciembre al 1º de enero había desmoralizado a las fuerzas armadas y producido el colapso de toda la estructura de gobierno.

El camino estaba expedito para el acceso al poder del Ejército Rebelde y el M-26-7. Las columnas de Camilo Cienfuegos y Ernesto Guevara ocuparon de inmediato los campamentos de Columbia y La Cabaña sin encontrar la menor resistencia. El recorrido de ocho días que Castro llevó a cabo de Santiago de Cuba a La Habana se convirtió así en una marcha triunfal. El pueblo celebraba el derrocamiento del régimen de Batista y aclamaba a los barbudos que bajaban de la Sierra Maestra. Hasta el órgano más conservador de la prensa cubana, *El Diario de la Marina*, saludaba en un editorial de primera página al "supremo adalid" del movimiento revolucionario e insinuaba que había llegado al poder con la asistencia de Dios y para el bien de Cuba.[27] Si se considera, por otra parte, que el éxodo de los políticos y autoridades del régimen depuesto se hizo masivo, cabe preguntarse; ¿por qué Castro se empeñó en esas condiciones en mantener la orden de huelga hasta el día 5?

La respuesta a esta interrogante la dio el propio Castro el 8 de enero, día en que el grueso de las fuerzas rebeldes entró en La Habana. Ese día, en su discurso triunfal de Columbia, le fue posible al Comandante en Jefe expresar que la huelga general fue "un factor decisivo en la derrota de la tiranía".[28] Si Castro tenía pensado, en efecto, constituir a la clase trabajadora cubana en la base exclusiva o principal de su poder político, le era necesario asociarla desde el comienzo a su revolución y acreditarle una victoria que la erigiera en protagonista de la lucha contra Batista. ¿Cómo explicar de otra manera las medidas que pronto empezarían a tomarse en favor de esa clase si su papel hubiera estado limitado a su larga pasividad en la lucha contra Batista y su escaso respaldo a las huelgas de 1957 y 1958?

Se fue creando así una leyenda sobre el protagonismo obrero en la lucha contra Batista y esa leyenda se ha seguido cultivando a lo largo de los años. Tres decenios después del inicio de la revolución, por ejemplo, un libro publicado en Cuba contiene la siguiente afirmación: "La oposición a la dictadura de Batista estuvo encabezada por los sectores más humildes de la población. De hecho hubo una espontánea alianza de obreros y campesinos de la cual surgieron numerosos combatientes que durante casi siete años ofrendaron sus vidas por la liberación de la patria".[29] Es difícil encontrar una versión más alejada de la realidad que ésta. Cierto que en 1957 y 1958 el Gobierno de Batista desató una violenta represión contra los comunistas en la cual perecieron los líderes José María Pérez de los Ómnibus Aliados y Gabriel Valiente del Central Dos Rosas, pero ese tipo de acción nunca se dirigió contra la clase obrera en general.[30] Ésta permaneció más bien indiferente o expectante, no obstante lo cual Castro ha insistido siempre en atribuirle grandes victorias. Tal parece que en la concepción revolucionaria, la historia debe acomodarse a las tesis del partido y las exigencias de la propaganda.

A los planes de Castro le era necesario magnificar la acción del proletariado e insuflar en sus filas el espíritu revolucionario. Dejar al margen de los cruciales acontecimientos de enero a los trabajadores, hubiera conducido a su postergación frente a movimientos que como Resistencia Cívica, el M-26-7 y el Directorio Estudiantil estaban en su mayoría formados por gentes de clase media. Es por ello que la orden de huelga del primero de enero decía a los trabajadores "este es el momento de que ustedes aseguren la victoria de la revolución".[31]

Unida a la exaltación que por esos mismos días se hacía de la participación de los campesinos en el Ejército Rebelde, la huelga de enero hizo posible que Castro y su aparato de propaganda le dieran posteriormente un contenido social a la revolución y procuraran justificar los cambios drásticos que se efectuaron en los primeros meses de ella. Esa huelga prolongada y total pero en el fondo inútil y sobre todo irrelevante en el contexto de la lucha contra Batista daría lugar a toda una mitología revolucionaria. Unos meses después de la victoria ya Castro afirmaba ante un congreso obrero que "fue la huelga general declarada por la clase trabajadora la que dio el puntillazo a la dictadura y atribuyó todo el poder a la revolución".[32] Más tarde, ante otro congreso nacional de la CTC, el líder máximo sostuvo que fue la clase trabajadora la que el primero de enero "escribió la historia de Cuba".[33] El paro dispuesto al nivel mas alto se fue así transformando en la literatura castrista en una especie de epopeya proletaria. Catorce años después, Castro mantenía la leyenda ante el Primer Congreso del Partido Comunista cuando declaraba que fue la clase trabajadora con su huelga revolucionaria la que en la última batalla diera una contribución decisiva a la victoria.[34] Para nada se decía, por otra parte, que la huelga fue un fenómeno generalizado que involucró a todos los sectores de la sociedad.

Junto a Castro, los otros voceros del régimen y todo su aparato de propaganda se esforzaron en sacar el máximo provecho de los cinco días de paro ocurridos en enero de 1959. La promoción de ese acontecimiento hizo también posible que más tarde el líder de la revolución proclamara en su famoso discurso marxista-leninista de 1961 que él había cumplido con el principio revolucionario (implícito en la doctrina marxista) de tomar el poder con las masas e investirlas luego de las máximas facultades.[35] No en vano la historia oficial del movimiento obrero cubano concluye su segundo tomo con estas palabras:

> *"Con el triunfo de la revolución, la clase obrera en estrecha alianza con el campesinado trabajador y las capas medias, pasaría a desempeñar el papel dirigente de la sociedad en las nuevas condiciones históricas".*[36]

## La introducción del tema social

Estrechamente relacionada con la huelga está la pronta inserción en el programa revolucionario de las cuestiones sociolaborales. La lucha contra Batista había tenido un carácter eminentemente político; lo que la inmensa mayoría del pueblo quería era la restauración de la democracia, el retorno a la Constitución de 1940 y la eliminación de la corrupción administrativa. Con excepción de la reforma agraria que fue ya esbozada en un decreto de la Sierra Maestra, en ningún momento los revolucionarios del Llano o los de la Montaña formularon grandes demandas laborales o llevaron a cabo una campaña de agitación social. Ni siquiera el tema de la participación en las utilidades, mencionado en *La historia me absolverá*, volvió a ser invocado (en realidad se le ignoró por completo aun después de establecido el régimen socialista).

El temprano planteamiento de temas relativos a los cambios de estructura social y la necesidad de proceder a una drástica reforma agraria, no parecía, por consiguiente, hallarse en consonancia con el proceso de la lucha eminentemente política que se había librado contra la dictadura de Batista. Y, sin embargo, fue desde el inicio mismo de la revolución que esos temas comenzaron a aflorar en los discursos y entrevistas de los dirigentes del nuevo régimen. No bastaba con derribar a Batista y establecer un gobierno popular, era necesario erradicar "todas las injusticias y abusos del pasado". Tan profunda iba a ser en ese aspecto la revolución, que Castro insinuó en su discurso del día 8 de enero que transcurridos unos pocos años "nadie podrá reconocer a Cuba".[37]

La explicación que unas veces se daba para justificar la anunciada transformación era que la dictadura tenía sus raíces en males de índole social. Otras veces se afirmaba que tras la liquidación de la tiranía de Batista era necesario luchar contra otras tiranías, incluyendo la pobreza, el desempleo y el analfabetismo. Más tarde Castro plantearía también la cuestión de la discriminación del negro y de la mujer, temas de escasa resonancia en los años anteriores a la revolución.[38] Todo ello habría sido, desde luego, plausible si tal campaña fuera a llevarse a cabo en un contexto democrático y si ello no escondiera el propósito de utilizar las luchas dirigidas contra esas tiranías como pretexto para establecer otro régimen autoritario. Sin embargo, en 1959 no había aún motivos serios para temer la aparición de otra dictadura y la gran mayoría del pueblo no se opuso a la apertura social de la revolución.

Los males que citaba la dirigencia revolucionaria existían en Cuba, de igual manera que en cualquier otro país en vías de desarrollo, pero ni todos eran sociales, ni tenían demasiada gravedad, ni en todo caso requerían la imposición de regímenes de excepción. El analfabetismo, por ejemplo, era un problema fundamentalmente causado por los grandes fallos morales y administrativos de algunos encargados del Ministerio de Educación. Había cierta discriminación del negro en el orden social y de él y la mujer en las altas posiciones de las empresas pero no así en el campo político y legal. La discriminación que entonces podía haber en Cuba, al revés de la que existía en los E.U., ni conducía al desprecio ni tuvo nunca la acritud que alcanzó en otros países. De la pobreza y el desempleo se habló ya en el capítulo 21 del primer volumen y aquí sería sólo necesario recordar que la pobreza extrema tenía manifestaciones en los barrios de indigentes, los limosneros, que pedían en calles e iglesias y los campesinos que aún vivían en bohíos y barracones con piso de tierra, pero no era tan extendida como la que aún hoy existe en muchos países de América Latina. El desempleo, por su parte, era muy inferior al que actualmente tienen Argentina o España, por ejemplo.

A Castro le interesaba, sin embargo, cambiar el comportamiento de la clase trabajadora, darle una nueva motivación y promover su sentido de participación. Para ello le pareció oportuno comenzar primero con los más amplios temas sociales para proceder después al tratamiento de la temática obreropatronal. No se trataba solamente de estimular un fenómeno de activismo social. Castro buscaba atizar sentimientos y fomentar descontentos que mostraran al pueblo la necesidad de llevar adelante un proceso revolucionario de largo alcance en el que él figuraría como guía y la masa trabajadora como su clientela natural.

La cuestión del desempleo fue al principio la que más atención mereció al jefe máximo. Manejando las estadísticas con bastante ligereza,

Castro citó con frecuencia cifras exageradas y discrepantes. Unas veces hablaba de 500,000 otras de 600,000; en alguna ocasión dijo que la desocupación alcanzaba 700,000 trabajadores[39] y en otra aseveró que alcanzaba a un tercio de la fuerza de trabajo.[40] En ningún momento aclaró en 1959 que él mezclaba las estadísticas de desempleados con las de subempleados y tampoco puso de relieve las diferencias de zafra y tiempo muerto. En realidad no fue sino hasta sú discurso del 24 de febrero de 1960 que el jefe máximo reconoció que sus impresionantes estadísticas del paro incluían al desempleo y al subempleo. Ya para entonces había tenido éxito en convencer a las capas más modestas de la población de la necesidad de promulgar y poner en práctica las más drásticas medidas.

## Reorganización de la CTC

Ese mismo interés en atribuir prioridad a las cuestiones sociales y laborales indujo a Castro a acometer en el propio mes de enero la reorganización de la CTC. La antigua central fue disuelta y en su lugar apareció la CTC Revolucionaria (CTC-R). Tal decisión del régimen era natural y esperada, mas el gobierno pronto tropezó con un problema serio cuando se planteó la cuestión de decidir a qué grupo o grupos se iba a entregar la dirección del movimiento obrero. El carácter fundamentalmente urbano de éste y el hecho de que en las ciudades fueran los dirigentes no comunistas los que llevaron el peso de la acción clandestina contra Batista, hacía políticamente difícil y hasta peligroso colocar esa dirección en manos de los dirigentes obreros del PSP. Algunos de éstos habían estado además viviendo por algunos años en el exilio y sólo ahora tras la caída de Batista estaban regresando a Cuba. Había que buscar pues soluciones provisionales que sin eliminar por completo a los comunistas imprimieran un carácter más heterogéneo y aceptable a la dirección de la CTC.

Esta heterogeneidad era tanto más necesaria cuanto se observa la pluralidad de grupos y tendencias que surgieron al disolverse la CTC y aspiraban a dirigir la nueva central. Figuraban a la cabeza de esos grupos la nueva y pujante facción de líderes obreros afiliada al M-26-7, las secciones obreras del PRC, y del PPC ortodoxo, y los dirigentes social cristianos de la Juventud Obrera Católica (JOC). Junto a ellos apareció una menos importante sección obrera del Directorio Revolucionario, y volvieron a emerger los antiguos líderes anarcosindicalistas y, por supuesto, la vieja guardia del PSP que se fortalecía ahora con la presencia de jóvenes criptocomunistas de grandes ambiciones. Algunos de estos últimos trataron incluso de ocupar el Palacio de los Trabajadores el 1º de Enero, maniobra que no tuvo éxito pero fue seguida después por la ocupación que ellos y representantes de otros grupos efectuaron de muchos locales sindicales. La fuga de los mujalistas abría sin duda la puerta a toda clase de acciones, si bien la tardía aparición de los comunistas originó una reacción adversa de parte de cuantos elementos democráticos, nacionalistas y antibatistianos constituían la mayoría del movimiento obrero. La única organización importante de la que los comunistas lograron apoderarse fue la Federación de Trabajadores Gastronómicos ocupada por Alfredo Rancaño.

Poco a poco sin embargo, se fue restableciendo el orden en los niveles de primero y segundo grado del sindicalismo. Un decreto presidencial dispuso la destitución de todas las directivas sindicales y reconoció la validez de los organismos ejecutivos de facto que se habían ido formado por representantes de las varias tendencias. Dichos ejecutivos permanecerían en sus cargos hasta que se celebraran las elecciones sindicales. Al nivel nacional se procedió a poner los locales y otras propiedades de la CTC bajo el control de tres fideicomisarios: dos dirigentes del sector azucarero (David Salvador y Conrado Bécquer) y el dirigente bancario y de la JOC, José María de la Aguilera. Este último arreglo duró poco, pues ya el día 22 otro decreto dio vida a un directorio nacional provisional compuesto por los siguientes nueve miembros propuestos por FONU: David Salvador (Secretario General), Conrado Bécquer, José M. de la Aguilera, Octavio Louit, José Pellón, Reynol González, José de Jesús Plana, Jesús Soto y Antonio Torres.

Era una composición variopinta que probablemente no satisfizo al Comandante en Jefe pero que en las circunstancias prevalecientes en los inicios de la revolución no tenía más remedio que aceptar. Ningún comunista de vieja y probada militancia pudo ser nombrado, pero un criptocomunista (Jesús Soto) y varios oportunistas (Conrado Bécquer, Aguilera y Louit) le serían de gran utilidad en las primeras fases de la captura del sindicalismo. Sorpresivamente, el único que conocidamente había sido afiliado al PSP, David Salvador, iba a ser el que más dificultades le causaría después. Junto a Salvador, fueron los dos miembros de la JOC (Plana y González) los que más firmes se mantuvieron en su oposición al marxismo y los que estaban, por tanto, destinados a ser eliminados en la primera oportunidad. El noveno miembro (Pellón), figura más bien débil, proveniente del sector cervecero, no desempeñaría un "role" importante en la actuación del Comité.

La postura de quienes formaban el grupo que enarbolaba las banderas del M-26-7 parecía a ratos un tanto zigzagueante o esquizofrénica. Por una parte se manifestaban contrarios al comunismo; por otra se proclamaban fervientes fidelistas y seguidores entusiastas de la corriente revolucionaria. Tanto ellos como los demás componentes del Comité Ejecutivo dispusieron, por ejemplo, un paro el día 22 de enero para que los trabajadores pudieran asistir a la gran concentración popular que Castro convocó para ese día en apoyo de los fusilamientos. Esta ambigüedad de la postura "castrista no comunista" se pudo mantener a todo lo largo de los diez primeros meses de la revolución, es decir, durante todo el tiempo en que el máximo líder jugaba sus cartas de la ambigüedad y la espera. Una vez que el jefe de la revolución se despojó de la máscara y reveló sus verdaderos propósitos, el grupo del 26 de Julio —sin duda el que con más vigor se había enfrentado a Batista y cuyo papel Castro calificó en enero de "glorioso"[41]— quedó totalmente desplazado y de hecho se fue desintegrando. Castro lo utilizó por un tiempo y luego lo abandonó e incluso persiguió.

Hay que decir, sin embargo, que en sus primeros tiempos y hasta el X Congreso de la CTC, sus líderes fueron en extremo diligentes en reclutar activistas y cuadros sindicales que no se habían señalado como partidarios de Batista. Se esforzaron también en procurar otros prosélitos en la masa trabajadora hasta convertirse en la primera fuerza sindical del país. Lo hacían a visera descubierta y afirmando representar el espíritu de la revolución en la esfera sindical. Sin embargo, mientras ellos se movilizaban de buena fe en el plano electoral y buscando el restablecimiento de la democracia sindical, un adversario por entonces innominado les iba socavando sus bases y favoreciendo bajo cuerda a la tendencia comunista. Esto se hacía, sin embargo, con magistral habilidad, fingiendo a veces repudiarla y utilizando a fondo el arte de la intriga.

# Notas

[1] Jorge García Montes y Antonio Alonso Avila, *Historia del Partido Comunista de Cuba*. (Miami: Ediciones Universal, 1970), pag. 540.

[2] Véase "Basta ya de mentiras" *Bohemia* (La Habana) 15 de Julio de 1954; "Declaraciones de México", *Bohemia* 1° de Julio de 1956, así como la entrevista con Jules Dubois publicada en *Castro: Rebel, Liberator or Dictator* (Indianapolis, New York: The Bobbs Merrill Co., 1959), pag. 263. Otras indicaciones pueden verse en Efrén Córdova, *Castro and the Cuban Labor Movement*. (Lanham, MD.: University Press of America, 1987), cap. 1.

[3] Véase el texto del discurso en "Informe central al Primer Congreso de Partido Comunista de Cuba". *J.R.* (La Habana), diciembre de 1957, pag. 4.

[4] Véase *Historia del Movimiento obrero cubano*, tomo II pags. 364-365.

[5] Véase "General Strike Proclamation" en Rolando E. Bonachea y Nelson P. Valdés, eds., *Revolutionary Struggle, 1947-1958*, Vol. I (Cambridge, Mass.: MIT Press, 1972), pags. 448-449.

[6] *Havana Post*, 14 de enero de 1959, pag. 1.

[7] Tal fue el caso, por ejemplo, del dirigente marítimo Ignacio González Tellechea.

[8] *Havana Post*, 12 de febrero 1959, pag. 1.

[9] Véase *Información* (La Habana), 13 de febrero de 1959, pag. 1.

[10] Fidel Castro, *Humanismo revolucionario* (La Habana: Editorial Tierra Nueva, 1959), pag.101.

[11] Véase Discurso del máximo líder de la revolución cubana y Primer Ministro del Gobierno Revolucionario en la Plenaria Nacional Azucarera del día 15 de diciembre de 1959, pag. 22.

[12] Véase *Havana Post* del 7 de Julio de 1959, pag. 1.

[13] *Havana Post* del 19 de marzo de 1959, pag. 1.

[14] Véase *Havana Post* del 17 de marzo de 1959, pag.1.

[15] Discurso de clausura del Primer Forum Nacional de Reforma Agraria (Santiago de Cuba, 12 de julio de 1959).

[16] Véase *El Mundo* (La Habana), 3 de diciembre de 1959, pag. 17-B.

[17] Véase *El Mundo*, 2 de abril de 1960, pag. A1.

[18] Ernesto Guevara, *Diario*. (La Habana: Editorial de Ciencias Sociales, 1993), pag. 65.

[19] En el Pacto de Caracas, firmado por Castro en julio de 1958, se indicaba con claridad el carácter de "breve gobierno provisional" que tendría el régimen posterior a Batista.

[20] Calixto Masó, *Historia de Cuba*. (Miami: Ediciones Universal, 1976), pag. 584.

[21] Fidel Castro, *History will Absolve me* (La Habana: Güairas Book Instute, 1967), pags. 64 y 65.

[22] El Programa de México aparece publicado en Enrique González Pedrero, *La revolución cubana*. (México: Escuela de Ciencias Políticas y Sociales, 1959), pag. 89.

[23] Hugh Thomas, *The Pursuit of Freedom*. (New York: Harper and Row, 1971, pag. 1065.

[24] Véase *Diario de la Marina* (La Habana), 7 de enero de 1959, pag. 1.

[25] "Manifiesto no. 2 del 26 de Julio al Pueblo Cubano", reproducido en *Trabajo* (La Habana), no. 3, marzo de 1961, pag. 52.

[26] Véase el texto de la proclama en Rolando E. Bonachea y Nelson P. Valdés, loc. cit.

[27] "El deber de todos los cubanos", *Diario de la Marina*, 9 de enero de 1959, pag. 1.

[28] *Revolución*, 9 de enero de 1959, pag. 1.

[29] *Semillas de fuego* (La Habana: Editorial de Ciencias Sociales, 1990), pag. 83.

[30] J. García Montes y A. Alonso Avila, op. cit., pags. 516-517.

[31] Véase *Dos discursos del Comandante en Jefe* (La Habana: 9 de enero de 1959), pag. 8.

[32] Ibid.

[33] Fidel Castro, "Discurso de clausura, XI Congreso de la CTC-R" en *Revolución*, 29 de noviembre de 1961, pag. 9.

[34] Véase "Informe central al Primer Congreso del PC de Cuba, op. cit., pag. 5.

[35] Véase *Revolución*, 2 de diciembre de 1961, pag. 8.

[36] *Historia del movimiento obrero cubano*, op. cit. tomo II, pag. 370.

[37] *Revolución*, 8 de enero de 1959, pag. 1.

[38] Véase E. Córdova, *Castro and the Cuban Labor Movement*, op. cit., pag.80.

[39] Véase *Pensamiento político, económico y social de Fidel Castro*, (La Habana: Lex, 1959) pag. 38.

[40] Informe Central al Primer Congreso del PCC, op. cit., pag. 20.

[41] Discurso pronunciado en el Campamento de Columbia el 8 de enero de 1959 publicado en *La revolución cubana*. (México: Editorial Era, 1972), pag. 144.

# Capítulo 2

## *El doble discurso y los medios indirectos de colectivización*

### Halagos y beneficios para la clase trabajadora

La instauración de un régimen marxista-leninista en Cuba no parecía en 1959 una empresa fácil, vista la ausencia de un gran partido comunista, el escaso apoyo que Castro podía obtener de la CTC y la pluralidad de focos de poder que caracterizaban a la sociedad civil. Se trataba, además, de introducir en la clase trabajadora una idea y unos objetivos que eran extraños a su gran mayoría. En Cuba no hubo nunca tradición de trabajos comunales, empresas comunitarias o planes de colectivización.[1] Tampoco se estaba, por último, en la situación de crisis económica de los años 30. Entre ese período y 1959 se interponía cerca de un cuarto de siglo de progreso de los trabajadores y normalización de las relaciones obrero patronales.

La gran ventaja que Castro tenía para llevar adelante sus planes era el vacío político creado en la isla por la vergonzosa huida de Batista. Dejaron de existir el ejército y la policía, se desplomó la estructura política del país plasmada en la Constitución de 1940 que el propio Batista había echado por tierra y quedaron a merced de la voluntad discrecional de los jefes revolucionarios todas las autoridades civiles. Muchos funcionarios del gobierno central, de la provincia y del municipio fueron destituidos o declarados cesantes así como un número apreciable de jueces y magistrados. Algunos habían, sin duda, colaborado en forma manifiesta con el régimen depuesto, pero otros muchos fueron víctimas de simples sospechas o de denuncias mal intencionadas. Gran número de vacantes fueron cubiertas por revolucionarios de limpia ejecutoria, pero otras cayeron en manos de oportunistas de última hora y también de simpatizantes comunistas. El camino estaba abierto para imponer decisiones desde lo alto.

Hacía falta concebir, ante todo, un plan maestro y preparar un programa de acción que se llevaría a cabo por etapas. Se requería cortejar primero a la clase trabajadora, combinando ya las promesas con los bienes concretos, infundir enseguida sentimientos de odio hacia los dueños de los medios de producción y asignar después la más alta prioridad a la captura del movimiento sindical. Este último objetivo era esencial, tanto para la sustentación política del régimen como para la justificación histórica del gran viraje que se planeaba.

Algunas medidas que el Gobierno adoptó en los primeros meses de la Revolución favorecían a toda la ciudadanía y fueron a la sazón consideradas como populistas. Se rebajaron los alquileres y las tarifas del servicio eléctrico y telefónico; se prohibieron los desahucios; se dispuso la reducción del los intereses estipulados en las hipotecas y, alterando aún más el contenido de los contratos civiles y comerciales, se decretó la reducción a la mitad del monto de los pagos en las ventas a plazos. También se reformó el sistema impositivo para beneficiar a las personas de bajos ingresos y se ordenó una rebaja en el precio de las medicinas. Hasta el peaje que se pagaba en el túnel que atraviesa la Bahía de La Habana fue objeto de un drástico descuento.[2]

Estas medidas se adoptaron en forma un tanto festinada, sin estudios previos y sin prever los efectos que podían producir en el orden financiero. En su mayor parte, tampoco habían sido objeto de demandas o peticiones específicas, lo que no fue óbice para que fueran bien recibidas por la población y en particular por los estratos bajos de su sector urbano. Inquilinos, usuarios, deudores, consumidores y contribuyentes siempre y en todas partes están dispuestos a acoger con simpatía cuantas acciones oficiales signifiquen más dinero en sus bolsillos. Hubo también perjudicados pero de éstos hizo burla el vulgo, con no poca ligereza, repitiendo la frase acuñada por un periódico en el sentido de que a los ricos "les habían partido la siquitrilla".

## Reforma Agraria y acciones colaterales

Al Gobierno le interesaba más, sin embargo, contentar a la población rural e identificarse a plenitud con ella, a cuyo efecto se resolvió establecer un nuevo régimen de tenencia de la tierra. El Gobierno Revolucionario pisaba aquí un terreno más firme, pues la eliminación del latifundio había sido prevista en la Constitución de 1940 y se advertía un cierto consenso en la opinión pública sobre la necesidad de una reforma agraria.

Alrededor de esta reforma se organizó una gran campaña dirigida a poner de relieve el abandono y postergación en que había vivido el campesinado. Apenas tres semanas después del triunfo del Ejército Rebelde, un millar de campesinos fueron traídos a La Habana para asistir a un mitin en apoyo de la ejecución de los llamados criminales de guerra. A los trabajadores de las ciudades se les pidió que contribuyeran con el uno por ciento de sus salarios para la creación de un Fondo para la Reforma Agraria. El primero de mayo, una compañía del Ejército Rebelde participó en el tradicional desfile portando una enorme pancarta que decía: "En la guerra y en la paz, trabajadores, campesinos, y Ejército Rebelde son la misma cosa".[3] Poco después, el 26 de Julio, medio millón de trabajadores agrícolas fueron traídos a La Habana para celebrar la fecha del asalto al cuartel Moncada, al tiempo que se mezclaban con la población de la capital, a la que se invitó a que los alojaran y alimentaran. Tan eficaz resultó esta campaña que muchos industriales, encabezados por Julio Blanco Herrera, donaron centenares de tractores y otros implementos agrícolas para contribuir al éxito de la reforma agraria. Más tarde, la Asociación de Ganaderos regaló 10,000 cabezas de ganado a la propia reforma y múltiples empresas decidieron adelantar el pago de sus impuestos para ayudar al triunfo de la revolución.[4] A su debido turno, las más representativas organizaciones del país, desde la CTC hasta el episcopado, sumaron su respaldo a la reforma que se gestaba.

El regalo de los tractores y otros implementos agrícolas no modificó en lo más mínimo la posición de Castro con respecto a los empleadores. En un discurso que pronunció el 12 de julio con motivo del Primer Forum Nacional sobre Reforma Agraría, el Primer Ministro ignoró por completo esas donaciones y alabó en cambio las que habían sido hechas por sectores obreros. Esos gestos sirvieron en todo caso al gobierno para pensar que la sociedad civil habría de ofrecer poca resistencia a las medidas que iba a adoptar.

Fue así que, cuando el 17 de mayo se dictó la drástica Ley de Reforma Agraria que limitaba a 30 caballerías el máximo de tierra en que se permitía la propiedad privada y se creaba un todopoderoso Instituto de Reforma Agraria, pocas fueron las protestas de los innumerables colonos, hacendados, ganaderos, arroceros, vegueros, cafetaleros y terratenientes que fueron despojados de sus tierras. (Cuatro años más tarde una nueva ley estableció el límite máximo de tenencia de tierra en 67 hectáreas.) Aparte de algunos campesinos sin tierra, precaristas y soldados del Ejército Rebelde que obtuvieron sus títulos, no fueron muchos los que recibieron el beneficio de la propiedad privada. Las tierras que fueron expropiadas sin indemnización alguna (aunque en teoría se iban a emitir bonos para su pago), pasaron en su mayoría a manos del Estado y así, casi a hurtadillas y sin grandes conmociones, se llevó a cabo el primer paso en el proceso de colectivización que Castro tenía previsto.

Junto a las medidas de gobierno, se procuró realzar la contribución de los campesinos al triunfo de los guerrilleros. Se realizaron también esfuerzos para reclutar trabajadores y campesinos en el nuevo Ejército Rebelde que venía a tomar el puesto del disuelto Ejército Constitucional. Ernesto Guevara afirmaba a su vez, en un discurso pronunciado en Santiago de Cuba, en mayo de 1959, que "hay dos clases que nunca olvidaremos ni traicionaremos: los trabajadores y los campesinos".[5]

Se fue así forjando el mito de la alianza obrerocampesina que muchos observaron entonces con indiferencia y sólo unos pocos percibieron que respondía a postulados ideológicos del marxismo que remontan su origen al Manifiesto Comunista escrito por Marx y Engels en 1848.[6]

## Disposiciones de índole laboral

Varias fueron también las medidas que se adoptaron en la esfera de la legislación laboral. Ante todo se decidió extender el principio de la estabilidad en el empleo, es decir, la normativa referente a la protección contra la terminación de la relación de trabajo por decisión del patrono, a todos los asalariados urbanos y rurales, ya fuesen de pequeñas o grandes empresas. Si bien esta disposición parecía justa en principio, sus efectos negativos sobre la economía fueron grandes y parecían apuntar hacia una indiferencia total con respecto a la promoción de las inversiones. Aún más grave, desde el punto de vista de la racionalidad económica, fue la prohibición de los despidos por economía por un período de 180 días que fue posteriormente prorrogado.[7] Ya no se trataba de ampliar el mecanismo de protección contra el despido, sino de impedir que éste fuera utilizado aún cuando existiera una causa justa para ello. Es decir, que el sistema rígido que la misión del Banco Mundial había criticado en 1951 se hacía todavía más rígido en detrimento de una mejor operación de la economía de mercado.

Y casi enseguida, llevando más a la práctica esa política, se ordenó la reposición en sus puestos de cuantos habían sido injustamente despedidos entre marzo de 1952 y el 31 de diciembre de 1958, así como la revisión inmediata de cuantas resoluciones habían sido dictadas por el Ministerio de Trabajo entre abril 4 de 1958 y el 31 de diciembre de ese año. Estas disposiciones dieron lugar a una verdadera avalancha de reclamaciones más o menos fundadas y creadoras, en todo caso, de una gran animosidad obreropatronal. Mientras al trabajador se le presumía víctima de la dictadura de Batista, al patrono se le suponía cómplice.[8]

Frecuentes también, durante los primeros meses de la revolución, fueron los aumentos salariales dispuestos por decreto. Primeros en ser favorecidos fueron los trabajadores de las plantaciones de caña y los empleados del gobierno. Luego fueron otros sectores laborales los beneficiados. Menudeaban también las resoluciones ministeriales dirigidas a otorgar equiparaciones y reconocer mejor derecho. Asimismo se estimulaba la negociación o revisión de los convenios colectivos, fenómeno que convirtió al Ministerio del Trabajo en un hervidero de reuniones y discusiones. Hacia mediados de 1959 se calcula que unas 10,000 reuniones de conciliación se habían llevado a cabo en los locales del Ministerio y las Oficinas Provinciales.[9] Los sindicatos que tenían convenios en vigor reclamaban su revisión; otros grupos que hasta la fecha no habían suscrito convenios se apresuraban a hacerlo en medio de un frenesí social que se auspiciaba desde lo alto. Tampoco quedaron al margen los jubilados y pensionados a los que se les fijó una pensión mínima de 40 pesos al mes.

Esta política de redistribución de riquezas y aliento a las reivindicaciones obreras se extendió a todo lo largo de 1959, año que al parecer figuraba en el cronograma de Castro como aquel destinado a redistribuir riquezas y seducir a la masa trabajadora. Ya en diciembre de ese año se suspendió la negociación colectiva que en realidad desapareció definitivamente del mapa laboral. Asimismo cesaron de dictarse aumentos salariales y de otorgarse suplementos y beneficios extrasalariales. Para entonces, al finalizar el año, el Primer Ministro, pudo blasonar en un congreso de la FNTA que él había aumentado el ingreso de los trabajadores en 100 millones de dólares.[10] La cifra no parece, sin embargo, exacta, pues unos meses después, en marzo de 1960, el propio Castro hablaba de 200 a 300 millones[11] y al año siguiente sostenía que fueron 500 los millones de dólares adicionales que la revolución había dado al pueblo.[12] Cualquiera que fuese la cifra exacta, es indudable que el antiguo jefe guerrillero estaba ya tomando las medidas necesarias para convertirse en campeón de la clase trabajadora y aun más, en una especie de ídolo de los sectores más crédulos y resentidos de esa clase. Castro se sirvió, además, de su carisma personal, de su oratoria agresiva y de su táctica de comunicarse directamente con las masas, a las que fingió darles un protagonismo que distaban mucho de tener. Igualmente útil en su empeño de consolidar y ampliar su dominio sobre una gran parte del pueblo, fue el uso intenso que hizo de la propaganda a la que una vez calificó como el "espíritu de toda revolución". Utilizando a su antojo los avanzados medios de difusión que existían en el país y creando nuevos órganos de prensa, el líder de la revolución hizo llegar a todos los rincones de la isla el mensaje de transformación social y repudio a la Cuba de antes que él estimaba parte esencial de su estrategia. El régimen supo también utilizar a fondo desde el comienzo los recursos más convencionales de la propaganda: mítines relámpagos, cofección de letreros, periódicos murales y distribución de panfletos.

## Incitaciones clasistas, contactos e insinuaciones

Además de utilizar todos los medios de difusión, Castro mostró gran diligencia en sus contactos con los trabajadores. Visitó cuantas organizaciones obreras le invitaron y participó en las asambleas y congresos de muchos sindicatos y federaciones. En un discurso pronunciado a fines de 1959 afirmó que no había dejado de asistir a un solo evento sindical de importancia.[13] Sus otras alocuciones, entrevistas y declaraciones hacían frecuente referencia a los sacrificios que habían experimentado los trabajadores y contenían acusaciones contra los patronos que, a su juicio, les explotaban. A principios de febrero de 1959, el recién estrenado Primer Ministro, señaló que los trabajadores tenían la razón y que eran ellos los que habían pagado las consecuencias de gobiernos inmorales y de los ricos que optaban por operaciones improductivas.[14] Su hermano Raúl, fue aún más explícito en su condena a "los grandes terratenientes que llevaban vidas de parásitos", a los importadores que, según él, se oponían a la reforma agraria y a "los magnates de la industria azucarera que se someten a los dictados del extranjero".[15] Los así acusados podían sentirse alarmados sabiendo que el propio Raúl había dicho antes que el Ejército Rebelde era un ejército político cuyo propósito era defender los intereses del pueblo trabajador. El ejemplo que así venía de lo alto fue seguido por lugartenientes y colaboradores de los Castro, principalmente por los que eran oficiales del Ejército Rebelde.

El propio Castro fue subiendo el tono de sus incitaciones a medida que la Revolución se iba radicalizando y se hacían más enérgicas las críticas de la oposición. Como éstas provenían principalmente de una prensa que, salvo *Hoy*, *Revolución*, *La Calle* y algún que otro órgano, no estaba de acuerdo con la línea del gobierno, Castro inventó en enero de 1960 la práctica de "la coletilla", consistente en alentar a los obreros de los periódicos que no eran afines a la revolución a que insertaran notas de aclaración o repudio al final de cuantas informaciones o editoriales fueran críticos de la política oficial. Tal cosa se hacía en contraposición del derecho de la empresa editorial de controlar el contenido de sus publicaciones y en violación de los deberes que el trabajador tenía con respecto a su empleador. Edecanes y corifeos lanzaban por su parte acerbas críticas contra otros periódicos y agencias cablegráficas extranjeras hasta que todos los primeros fueron ocupados por el gobierno entre enero y noviembre de 1960[16] y las segundas fueron reemplazadas por *Prensa Latina*.

Se hizo también costumbre acusar a los patronos de incumplir las leyes laborales e incluir en los periódicos y revistas afines cuantas narraciones sirvieran para desacreditar a la empresa privada. Algunos años más tarde, Castro se referiría a esta etapa de movilización y propaganda en los siguientes términos:

> *"El pueblo en realidad adquirió conciencia socialista con el desarrollo de la revolución y la violenta lucha de clases desatada tanto en el plano nacional como en el internacional. La pugna de intereses del pueblo con sus opresores engendró la revolución y la revolución elevó esa pugna de intereses a su grado más alto. Esta lucha desarrolló extraordinariamente la conciencia de las masas. Les hizo ver en el transcurso de unos meses, lo que en decenas de años de explotación despiadada y dominio burgués imperialista sólo una minoría había alcanzado comprender".*[17]

El mensaje era, por supuesto, más bien velado o ambiguo al comienzo y se mezclaba en ocasiones con expresiones dirigidas a disipar los temores de las clases productoras. En realidad, no sólo el tono del mensaje sino su contenido mismo se ajustaban a la índole de la audiencia y a las circunstancias del momento. Castro, mucho más que su hermano Raúl, hizo gala desde el primer momento de una gran capacidad de simulación, lo que le permitía hablar unas veces de las facilidades que iba a dar a los inversionistas, proclamar otras su adhesión a los postulados democráticos y negar incluso que él tuviera intenciones marxistas. En el mes de abril, por ejemplo, afirmó dos veces en Cuba y cuatro durante su viaje a los E.U., que él no era comunista. Todo ello, desde luego, obedecía a la necesidad de seguir el plan de revelación gradual de las intenciones que él se había trazado. Es en tal sentido que en una ocasión llegó a decir ante una reunión de alto nivel sindical que él lamentaba no poder ser más explícito en cuanto a sus intenciones con respecto a la clase trabajadora.[18]

La práctica del doble discurso se remonta al mes de enero de 1959, cuando se creó la Sección de Diseminación de Información y Propaganda del Ejército Rebelde y siguió utilizándose en forma más o menos consistente hasta mediados de 1960. Unas veces eran las palabras y otras los gestos, unas veces el mensaje se dirigía a los trabajadores y otras a los patronos. Estos últimos habían pagado a los guerrilleros —a veces bajo amenazas y otras voluntariamente— millones de dólares en impuestos de guerra y más tarde hicieron —como se destacó antes— importantes contribuciones a la reforma agraria. El curso de la revolución había sido desastroso para ellos pero de cuando en cuando había una declaración o promesa que les daba esperanzas.

Las clases económicas en su mayor parte permanecieron estáticas o impotentes durante los primeros meses, pero en agosto de 1959, 45 organizaciones empresariales decidieron invitar a Castro a un banquete en su honor en el Hotel Habana Hilton. Así, en el momento en el que eran conducidos mansamente hacia el patíbulo, los capitalistas cubanos hacían un patético esfuerzo por congraciarse con Castro y obtener algún espacio de influencia en el proceso de la revolución. El máximo líder les obsequió con algunas frases de su doble discurso mientras ultimaba sus preparativos para su liquidación final: "Algunos sacrificios serán necesarios durante el proceso de adaptación, pero por lo demás los empleadores privados no tienen porqué preocuparse".[19]

Las insinuaciones se hacían, desde luego, más significativas cuando Castro quería transmitir su mensaje a la Vieja Guardia del PSP, a los impacientes del Ejército Rebelde y de su círculo íntimo, y en general, a los que pudieran incluirse en la categoría de simpatizantes o "initiés". Ya en febrero de 1959, el Primer Ministro declaró en un programa de televisión que los obreros estaban formulando demandas y planteando problemas porque no se habían dado cuenta de que el Gobierno Revolucionario era "su gobierno".[20] Pocos meses después al viajar a los E.U. y a América del Sur, sus palabras de despedida no se dirigieron al pueblo en general sino solamente a la clase trabajadora de Cuba.[21] En el mes de julio, cuando fingió renunciar como Primer Ministro, condicionó su retorno a esa posición al apoyo de los obreros y campesinos.[22] En más de una ocasión, además, supeditó la adopción de ciertas medidas a su aprobación por el órgano más alto de la central de trabajadores.

Sus más claras insinuaciones tal vez se produjeron cuando se vio obligado a intervenir en varios conflictos laborales. Al declararse, por ejemplo en febrero, un huelga en los centrales Chaparra y Delicias, Castro pidió a los obreros que tuvieran calma, retornaran al trabajo y esperaran que la revolución siguiera su curso. "No les pido que desistan de sus demandas que son muy justas", dijo. "Continúen en sus puestos aunque las compañías azucareras se salgan con la suya y obtengan el mejor arreglo. Yo les digo que éste es el año de ellas pero les garantizo que será también el último".[23] Luego, en ocasión de otro conflicto que afectaba a toda la industria azucarera, Fidel Castro aconsejó a los líderes que lo correcto no era pensar en *soluciones inmediatas* sino en una *solución final* que consistiría en la adquisición de los ingenios por el gobierno.[24] El punto crucial de la revolución, añadió Castro, no será determinado por los dueños de los ingenios sino por los jefes del Gobierno Revolucionario. Si bien a primera vista el mensaje parecía aquí más significativo, cabe notar que el uso de la palabra "adquisición" sugería el pago de una indemnización correspondiente al precio de los ingenios y no de una expropiación sin compensación que fue lo que en definitiva se llevó a cabo al año siguiente. Quedó asimismo en la penumbra su declaración en la Plenaria Nacional Azucarera del mes de diciembre de que la caña sería a su debido tiempo propiedad de los trabajadores agrícolas.[25]

Mucho menos sutil fue de nuevo Raúl Castro, quien al intervenir en el mes de marzo en un conflicto obreropatronal surgido en la empresa Crusellas, dejó constancia del propósito del gobierno de seguir el curso que se había trazado "hasta sus últimas consecuencias", frase que acompañó de una severa advertencia a los poderosos monopolios extranjeros y cubanos que según él se oponían al programa revolucionario.[26]

Para el mismo Fidel Castro el decursar de los meses le haría afinar su discurso, ajustándolo al designio que tenía en su mente. Un tanto molesto por los ataques de la oposición, aseveraba ya en octubre que sus mejores aliados eran los campesinos militantes y los obreros y lanzaba al respecto la siguiente pregunta: "¿Acaso no se han dado todavía cuenta de que permaneceremos en el poder hasta el último campesino? ¿Es que no entienden que lucharemos hasta el último trabajador?"[27]

## Intervención y confiscación de empresas

Además de la reforma agraria, Castro utilizó en 1959 otros medios más o menos indirectos para traspasar al sector público grandes segmentos de la empresa privada. Uno de esos medios fue el de la recuperación de bienes malversados a cuyo efecto se creó un ministerio y se llevó a efecto una intensa campaña. El llamado ya Máximo Líder pudo también contar aquí con un fuerte respaldo en la opinión pública harta ya de la corrupción que había caracterizado a otros gobiernos y particularmente agraviada por los desmanes de la dictadura de Batista. Los procedimientos que el Gobierno Revolucionario puso en práctica fueron, sin embargo, en extremo expeditivos y poco respetuosos del debido proceso de ley. Empresas y propiedades pasaban a manos del gobierno por un simple acto administrativo y sin que se permitiera el recurso a los tribunales. La orden de confiscación se aplicaba además con la mayor liberalidad no sólo a los antiguos funcionarios culpables de peculado sino a cualquier ciudadano que se hubiese enriquecido durante el régimen de Batista y a quien se tildase de colaboracionista. Hombres de negocios como Amadeo Barletta, José López Vilaboy o Julio Iglesias y líderes sindicales como Eusebio Mujal, Jesús Artigas y Oscar Samalea perdieron sus bienes y propiedades sin que pudieran explicar su legitimidad o procedencia. En el caso de Mujal, sus allegados alegaron después que sus supuestas lecherías pertenecían en realidad a una entidad adscripta a la CTC. Tan reiterado fue el uso de la recuperación que para el mes de abril de 1959 ya se habían confiscado 236 empresas incluyendo nueve centrales azucareros, cuatro compañías de aviación y varios periódicos.[28]

Otro medio eficaz de impulsar la naciente colectivización fue el de la intervención por el gobierno de las empresas afectadas por un conflicto laboral. El instrumento de la intervención se había establecido desde mucho antes de la revolución pero su utilización era muy rara y reservada como última instancia aplicable a empresas que se resistían a cumplir resoluciones de las autoridades. Con el triunfo del movimiento revolucionario se amplió considerablemente la práctica de la intervención, convirtiéndose en un dispositivo que el gobierno ejercía a discreción y con inusitada frecuencia. Bastaba que un grupo de trabajadores presentara una abultada lista de reivindicaciones y que la empresa en cuestión las rechazara para que se estimara que existía un conflicto capaz de perturbar el orden social. El Ministerio de Trabajo procedía entonces a intervenir la empresa y una vez dictada esa medida, la empresa quedaba ya en manos del gobierno. Una de las primeras empresas que fue así intervenida fue la Compañía Cubana de Teléfonos, ocupada en el mes de marzo, y tras ella cayeron dos empresas de transporte urbano, una gran destilería de ron y varias compañías textiles. Las intervenciones se sucedieron a un ritmo tan rápido que en agosto el Ministerio de Trabajo se vio obligado a aclarar que no se estaba efectuando una política deliberada de intervenciones.[29] Sin embargo, con el cambio de ministro que tuvo lugar poco después, se decretó un nuevo procedimiento que lejos de restringirla, amplió la posibilidad de intervenir empresas no sólo en los casos de graves conflictos obreropatronales, sino también en cualquier supuesto de disminución ostensible de las tasas de producción. El nuevo procedimiento reafirmó el carácter discrecional de la facultad conferida al Ministerio del Trabajo, todo lo cual dio lugar a que en los dos meses subsiguientes se dispusiera la intervención —y consecuente nacionalización— de 23 centros de trabajo.[30] Si bien las intervenciones se suponían que no podían durar más de 12 meses, en la práctica ninguna empresa intervenida fue devuelta a sus propietarios.

Siguió aumentando después el número de intervenciones hasta alcanzar la cifra de 107 en junio de 1960 y ser necesario crear en el Mintrab un departamento especial encargado de su administración.[31] Ya para entonces el gobierno no estimó necesario aclarar que las intervenciones no eran parte de un plan.

## Cambios en el gobierno y otros sectores

Tantas incitaciones, insinuaciones y tomas de posición provocaron inevitablemente crisis internas y cambios en la composición del gobierno. Como se dijo antes, el Gabinete había sido constituido en enero con elementos diversos, en su mayoría moderados y respetables. Algunos ministros procedían del Movimiento 26 de Julio, de Resistencia Cívica y otras organizaciones patrióticas que se habían destacado en la lucha contra Batista. Otros eran personalidades ilustres que merecían la confianza del pueblo. Ningún miembro del PSP figuraba en el Gabinete aunque figuras afines al comunismo (como Armando Hart y Augusto Martínez) sí lo estaban o fueron nombrados para otras posiciones. A los hermanos Castro les interesaba presentar al comienzo un tipo de gobierno que no suscitara sospechas y permitiera la consolidación del liderazgo revolucionario.

Poco a poco, sin embargo, fueron produciéndose renuncias o destituciones de quienes estimaban incompatibles sus convicciones democráticas con el rumbo de la revolución. A Castro le resultaba, al propio tiempo, necesario desprenderse gradualmente de cuantos elementos moderados o representantes del M-26-7 podían ser un obstáculo a sus planes. Al movimiento que había encabezado la lucha contra Batista y que tan alto precio pagó en vidas y sacrificios, se le fue mermando su influencia en el gobierno del país. No convenía, por una parte, que los ideales plasmados en la *Tesis* del 26 de Julio alcanzaran prominencia y pusieran al descubierto su discrepancia con el nuevo programa revolucionario. Tampoco se podía permitir que su ejecutoria y orientación opacaran el papel protagónico que Castro y el Ejército Rebelde querían monopolizar. En el designio de los hermanos Castro, Guevara y demás, el gran movimiento cívico de las clases medias estaba llamado a desaparecer.

Paradójicamente, el declive histórico de la organización que tantos méritos cosechó en la oposición a la dictadura de Batista coincidió con el furtivo ascenso de la dirigencia comunista que tan poco había hecho para derrocar esa dictadura.

El proceso de cambios en el gobierno se inicia en febrero con la renuncia del ilustre Profesor Universitario, José Miró Cardona, quien apenas llegó a seis semanas como Primer Ministro del Gobierno Revolucionario. En el plano más alto le seguiría la destitución, en el mes de julio, del Presidente Manuel Urrutia, ridículamente acusado de haber adquirido una casa con el importe de los haberes que como magistrado había dejado de percibir. Entre una y otra democión se produjo la sustitución de cinco ministros (Gobernación, Salubridad, Agricultura, Estado y Bienestar Social), así como la deserción del Jefe de la Fuerza Aérea, Pedro Díaz Lanz, el licenciamiento y posterior condena del Comandante Sergio Sanjenís y poco después, el arresto del jefe militar de Camagüey, Huber Matos, quien en su carta de renuncia a Castro denunció la infiltración comunista.

Las bajas en las filas de gobierno siguieron aumentando a medida que crecía la decepción entre los miembros del M-26-7. Algunos ministros, como Manuel Ray, formaron sus propios movimientos de recuperación revolucionaria; otros, como Rufo López Fresquet y Felipe Pazos, marcharon al exilio o se sumergieron en el clandestinaje. Mejor suerte tuvieron los que como Regino Boti, Faustino Pérez y Enrique Oltuski fueron relegados a posiciones subalternas. O las personalidades ilustres que como el Ministro de Relaciones Exteriores, Roberto Agramonte, y el propio Miró fueron designados embajadores. Particularmente significativa fue la renuncia del Ministro del Trabajo, Manuel Fernández García, y su sustitución por el Comandante Augusto Martínez Sánchez. Como se verá más adelante, esta sustitución coincidió con la necesidad de imprimir un nuevo sesgo a la evolución del movimiento sindical libre.

Algunos datos deberían en este punto añadirse. Cuatro de los nuevos ministros nombrados pertenecían al grupo de colaboradores cercanos de Raúl Castro, al tiempo que Ernesto Guevara era designado para reemplazar a Pazos como Presidente del Banco Nacional. Pazos era uno de los más distinguidos economistas del país, en tanto que Guevara había estudiado medicina y ocupado puestos de menor importancia durante el Gobierno de Jacobo Arbenz en Guatemala. Su ausencia de calificaciones no tuvo, sin embargo, la menor importancia para un régimen que se proponía hacer tabla rasa con las instituciones crediticias del pasado. Guevara comenzó a firmar los nuevos billetes con su apodo de Ché, a pesar de que poco antes había reprendido en un programa de televisión a un conocido maestro de ceremonias que se había dirigido a él usando dicho sobrenombre.

En el mes de octubre cuando el Consejo de Ministros conoció de la denuncia de Huber Matos y hubo algunos ministros que lo defendieron, no faltaron los que sugirieron que se fusilara a Matos y a sus defensores.[32]

Coetáneamente con los cambios operados en el gobierno, Castro procedió en forma menos publicitada a efectuar mudanzas en los otros dos grupos que, además del movimiento obrero, consideraba claves en su ascenso hacia el totalitarismo; a saber, el ejército y el estudiantado universitario. Con respecto al primero, pretendió al principio mantener en pie al Ejército Constitucional bajo el mando del Coronel Rego Rubido (el oficial que le había rendido la Plaza de Santiago), pero transcurridas unas semanas dispuso su disolución, medida que fue acompañada por una larga serie de traslados, ascensos y depuraciones en las filas del Ejército Rebelde. En cuanto al sector universitario, su estrategia de control se dividió en dos etapas, una relativa a los estudiantes y otra concerniente a la depuración del profesorado. Sabedor por su propia experiencia del potencial de rebeldía que había en la Universidad de La Habana, el entonces Primer Ministro se esforzó por apoyar a cuantos elementos le eran afines o podían serle útiles en las elecciones que tuvieron lugar en las diversas facultades así como por alentar a los nuevos dirigentes a que crearan comisiones de depuración de los profesores.

Tras cada uno de los cambios mencionados latía la misma cuestión de la disposición del afectado a respaldar una revolución cuyo rumbo definitivo aún se desconocía, si bien muchos intuían ya que tenía relación con la doctrina marxista. Así fueron pronto quedando en el camino muchos demócratas y antibatistianos que tenían reservas sobre el curso de la revolución, en tanto que se sumaban a ella los viejos comunistas e incontables oportunistas sin escrúpulos.

# Notas

[1] Ni la mita ni el yanaconazgo como formas de trabajo forzoso, ni el ayllú como especie de propiedad colectiva, ni el repartimiento de vecinos que debían participar en trabajos públicos fueron conocidos en Cuba.

[2] Véase E. Córdova, *Castro and the Cuban Labor Movement*, op. cit., pag. 94.

[3] *Havana Post*, 1 de mayo de 1959, pag. 1.

[4] Duarte Oropesa, op. cit., tomo IV, pag. 50.

[5] *Bohemia* (La Habana), año 51, no. 19, 10 de mayo de 1959, pag. 79.

[6] Véase Karl Marx y Friedrich Engels, *The Communinist Manifesto* (New York, London: Modern Reader Paperbacks, 1964), pag. 40.

[7] Ley no. 52 del 17 de febrero de 1959.

[8] Se calcula en 40,000 el número de reclamaciones por despido que se plantearon al amparo de las leyes no. 10 del 13 de enero y no. 34 del 29 de enero, ambas de 1959. Véase: "Recuento de la labor revolucionaria del Ministerio del Trabajo", *Trabajo*, no. 1, 1ro. de mayo de 1960, pag. 86.

[9] Véase *Revolución* del 4 de mayo de 1959, pag. 6.

[10] Discurso del máximo líder de la Revolución Cubana y Primer Ministro del Gobierno Revolucionario, Dr. Fidel Castro Ruz, en la Plenaria Azucarera del 15 de diciembre de 1959.

[11] Véase "El fusil del sacrificio", Discurso de Fidel Castro. *Trabajo*, op. cit., pag. 41.

[12] Fidel Castro, *Cuba's Socialist Destiny*; ("El destino socialista en Cuba") (New York: Fair Play for Cuba Committee, 1961.

[13] Discurso del máximo líder en la Plenaria Azucarera, op. cit., pag. 3.

[14] *Revolución*, 10 de febrero de 1959, pag. 2.

[15] *Havana Post*, 27 de enero de 1959.

[16] Véase Humberto Medrano, *Cómo fue suprimida en Cuba la libertad de prensa*. (Miami, 1959), passim.

[17] "Informe Central al Primer Congreso del Partido Comunista de Cuba", *Juventud Rebelde*, diciembre de 1975, pag. 5.

[18] *Fidel en la CTC-R*. Discurso a los trabajadores. 1er. Congreso Nacional Revolucionario (La Habana: Cooperativa Obrera de Publicidad, 1959), pag. 14.

[19] *Bohemia*, no. 36, 6 de septiembre de 1959.

[20] Fidel Castro, "La mayor batalla del gobierno: la batalla contra el desempleo". *Diario de la Marina*, 20 de febrero de 1959, pag. 18.

[21] Citado por Andrés Suárez, *Cuba, Castroism and Communism* (Cambridge, Mass.: MIT Press, 1967), pag.63.

[22] *Havana Post*, 26 de julio de 1859, pag. 8.

[23] *Political, Economic and Social Thought of Fidel Castro* (La Habana: Lex, 1959), pag. 205.

[24] Ibid., pags. 206 y 207.

[25] Discurso del Máximo Líder de la Revolución Cubana y Primer Ministro del Gobierno Revolucionario, Dr. Fidel Castro Ruz en la Plenaria Nacional Azucarera del día 15 de diciembre de 1959. (La Habana, 1960), pag. 23.

[26] Raúl Castro, *Y el que por creerse lo contrario intente apoderarse de Cuba en una forma u otra recogerá el polvo de su suelo anegado en sangre*. (La Habana: Cooperativa Obrera de Publicidad, 1959), pag. 5.

[27] *Fidel Castro Speaks*. (New York: Grove Press, 1969), pag. 68.

[28] *Havana Post*, 4 de abril de 1959, pag. 1.

[29] Idem, 7 de agosto de 1959, pag. 1.

[30] "Recuento de la labor revolucionaria del Ministerio del Trabajo", op. cit., pag. 88.

[31] "La ley de intervención". *Trabajo*, no. 2, junio de 1960, pag. 64.

[32] Duarte Oropesa, op. cit., tomo IV, pag. 169.

# Capítulo 3

## *El culto a la personalidad y la reacción anticomunista*

### El culto a la personalidad de Castro

La exaltación de la personalidad de Castro como adalid, caudillo y líder supremo de la revolución fue al comienzo un fenómeno espontáneo generado por las propias circunstancias de la victoria contra Batista. Tan detestado llegó a ser éste por la inmensa mayoría del pueblo que su adversario y vencedor tenía necesariamente que suscitar las simpatías de la sociedad cubana. El carácter mismo de la lucha de guerrillas y el hecho de haber Castro comenzado sus operaciones en las más adversas condiciones contribuyeron a crear una aureola de heroísmo alrededor de su figura. Pocos se detuvieron entonces a pensar que dos veces antes de la acción militar de la Sierra Maestra, Batista había decapitado a la oficialidad de carrera del ejército cubano[1] y que los soldados y oficiales que enfrentaron a Castro eran una caricatura de ejército profesional.

Con gran astucia, Castro y sus colaboradores comenzaron de inmediato a capitalizar su imagen y a realzar su importancia organizando la marcha triunfal que atravesó la isla y tejiendo toda una leyenda alrededor de la magnitud de la guerra. Crearon el mito de los 20,000 muertos y sublimaron las victorias de los guerrilleros. Los ditirambos provenían también de otros personajes de la revolución. Guevara, por ejemplo, lo calificó en una oportunidad de "fuerza telúrica" y sostuvo que eran sus características de gran conductor y sus dotes de audacia, fuerza y valor las que lo habían llevado al "lugar de honor que hoy ocupa".[2] La prensa lo llamaba a ocasiones "un rayo de luz"; los congresos obreros le consideraban como jefe, guía, ejemplo e inspiración. En poco tiempo, Castro fue elevado a la categoría de héroe nacional y encarnación máxima de los valores patrióticos. Tanto sus discursos como sus escritos anteriores, principalmente *La historia me absolverá*, fueron ampliamente difundidos por todos los rincones del país. Numerosos programas radiales y de televisión producían obras glorificando su sagacidad y valentía y alabando las proezas de los que se alzaron en la Sierra Maestra. La efigie de Castro y los carteles de *Gracias Fidel* aparecían por todas partes. Sus ataques a los E.U. lo fueron al propio tiempo caracterizando con los atributos de gran defensor de la soberanía. Gradualmente se fue así estableciendo una identificación de "fidelismo" con nacionalismo y patriotismo.

En 1959 se imprimió un sello de correos en su honor y algún tiempo más tarde se emitieron billetes por valor de uno y diez pesos mostrando a Castro en episodios importantes de su vida revolucionaria. Luego vendrían los grandes regalos del día de su cumpleaños y la designación de una provincia y el órgano del Partido con el nombre de *Granma*. Tal vez el hecho más significativo en el proceso inicial de ensalzar la personalidad de Castro tuvo lugar a las doce de la noche del día 25 de julio de 1959 cuando, respondiendo a una consigna de los obispos cubanos, las iglesias lanzaron al vuelo sus campanas en conmemoración del sexto aniversario del asalto al Cuartel Moncada.[3]

En el orden oficial, Castro, fue acaparando puestos y honores que tendieron a consolidar el culto a su personalidad. Aunque en las primeras semanas fingió mostrar desinterés en las funciones de gobierno, ya para el mes de julio era Comandante en Jefe de la Revolución, Primer Ministro del Gobierno Revolucionario, Presidente del Instituto de Reforma Agraria y Responsable Máximo del M-26-7. Luego fue Presidente de Juceplán y Secretario General de las primeras organizaciones que se crearon como partido único. No es de sorprender en esas condiciones que un delegado al X Congreso de la CTC tuviera la peregrina idea de proponer su candidatura a Secretario General de la CTC.

Más tarde, a partir del período de la institucionalización, Castro ocuparía los puestos de Primer Secretario del PCC, Presidente del Consejo de Estado, Presidente del Consejo de Ministros, Comandante en Jefe de las Fuerzas Armadas y diputado a la ANPP. También sería proclamado Héroe del Trabajo y Héroe de la República.

A lo largo de los años al jefe de la revolución se le irían acreditando hazañas de todo tipo, hazañas que iban más allá de su aura heroica como militar. Un número de *Revolución* de 1965 dio cuenta de las marcas extraordinarias que estableció en el corte de caña y en la siembra de pinos.[4] Otro artículo de ese mismo período le colmó de elogios como primer navegante del país.[5] También fueron frecuentes los encomios relativos a sus aptitudes como deportista. En cuanto a su reputación como intelectual bastaría decir que un número de la revista *Cuba Socialista* se dedicó íntegramente a publicar seis discursos del Comandante en Jefe.[6] Castro se ha sentido siempre capaz de hablar sobre los más diversos temas, desde la genética bovina hasta los más abstrusos problemas económicos. Sus largos discursos dejaban indiferentes a muchos pero no así a las capas más bajas de los trabajadores.

En las esferas internas del sindicalismo se produjo por algún tiempo en 1959 una escisión entre los partidarios del *movimientismo*, agrupados por lo general en el M-26-7 y los defensores del *caudillismo* que aupaban por supuesto la figura de Fidel Castro. Obviamente el predominio de éste último grupo en grandes sectores del sindicalismo contribuyó a fortalecer aún más el culto a la personalidad.

Tomar nota de este proceso de engrandecimiento de la personalidad de Castro es esencial para comprender los acontecimientos posteriores relativos a la captura y transformación del movimiento sindical. Deslumbrados por el carisma de Castro e influidos por el culto a su personalidad eran en realidad contados los obreros y campesinos que en esta primera etapa se detenían a analizar la coherencia de su conducta y sus palabras.

## Los órganos directivos de la CTC-R y su afiliación internacional

A lo largo de los nueve primeros meses de euforia revolucionaria y confusión ideológica, el Comité Ejecutivo de la CTC-R respaldó entusiásticamente cuantas medidas adoptó el Gobierno Revolucionario. No solamente tomó acuerdos que expresaban su identificación con la reforma agraria, por ejemplo, sino que apoyó además las intervenciones, las expropiaciones y las nacionalizaciones, amén de condenar enérgicamente cuantas defecciones se produjeron durante este período. Yendo incluso más allá de las palabras, la CTC-R organizó concentraciones populares, propuso la creación de milicias obreras para defender las leyes revolucionarias y ordenó varias suspensiones de actividades laborales dirigidas a solidarizarse con Fidel Castro, repudiar al Presidente Urrutia o demandar la reanudación de los fusilamientos de los que conspiraban contra el régimen. Su fervor revolucionario le llevó a hacer patente su postura antiamericana, si bien aquí es preciso hacer ciertas aclaraciones. Algunos de los dirigentes más exaltados manifestaron abierta hostilidad hacia los E.U. y uno de ellos, David Salvador, llegó a originar un famoso incidente con el ex-presidente de Costa Rica, José Figueres, que visitaba la Habana en 1959.[7] Aunque Salvador había ya dejado de pertenecer al PSP le quedaba sin duda un cierto sedimento de anti-imperialismo.

Otros miembros del Comité Ejecutivo de la CTC-R no parecían arredrarse en cambio ante las crecientes señales de infiltración comunista y decidieron contrarrestarlas procurando establecer contactos con el AFL-CIO y la Organización Regional Interamericana de Trabajadores (ORIT). Una delegación de la CTC-R que visitó en abril la sede de la ORIT en México con vista a examinar las posibilidades de una reafiliación se pronunció inequívocamente en favor del sindicalismo democrático.[8] Los que principalmente realizaban estas actividades eran los líderes católicos Reynol González y José de Jesús Plana, contra quienes recaerían después vetos provenientes de lo más alto.

La cuestión de la afiliación internacional de la CTC-R se convirtió pronto en una de las más espinosas que confrontó el Comité Ejecutivo Provisional. Como se indicó en el volumen I, la central cubana estaba afiliada a la CIOSL, la ORIT y los secretariados industriales del mundo occidental. Sin embargo, esa afiliación fue vivamente impugnada desde los primeros meses de 1959 por los comunistas que consideraban a esas organizaciones como "agencias del imperialismo". Lázaro Peña en particular abogó con la mayor vehemencia por la rúptura de esas afiliaciones y el establecimiento de nuevos nexos con la CTAL y la Federación Sindical Mundial de obediencia soviética. Peña criticó en especial los dos seminarios organizados por la ORIT en La Habana y acusó al secretario de relaciones exteriores de la CTC-R, Reynol González, y a otros integrantes del grupo que él llamaba "derechista" de favorecer la reafiliación con la ORIT.[9]

González sorteó con habilidad el problema evitando una declaración formal de reafiliación y comunicando simplemente a la ORIT los nombres de los que iban a reemplazar a González Tellechea, Aguirre y demás. El propio Reynol González iba a ser el delegado titular y los suplentes serían Jesús Soto y Fidel Iglesias. La solución no satisfizo a Lázaro Peña quien calificó el mantenimiento tácito de los lazos con la ORIT de "violación escandalosa de la democracia sindical" y propuso que el próximo congreso de la CTC acordara afiliar la central a la CTAL y la FSM o la declarase independiente de vínculos internacionales. En su catilinaria contra el Comité Ejecutivo Provisional, Peña afirmó que "la dirección derechista (de ese comité) nunca acuerda nada sobre nada y mantiene a la CTC a la cola de la revolución".[10] Alegó también que la ORIT había mostrado debilidad con las dictaduras de América Latina y una cierta complacencia con el sindicalismo de Mujal y el régimen de Batista.

El propio Salvador se sintió en el deber al comienzo de su mandato de intercambiar salutaciones con George Meany y la AFL-CIO.[11] Aunque el saludo de Salvador había sido de tipo protocolar, el gesto de cortesía disgustó también a Castro, quien no tardaría en recriminarle en ocasión de uno de sus discursos ante el X Congreso. Castro podía, al parecer, ocultar sus inclinaciones marxistas pero no así su antiamericanismo visceral. Éste se manifestaba a la sazón en los reiterados desplantes que hacía al Embajador Philip Bonsal y en los ataques a la política de Washington en América Latina.

## Comparecencias de Castro en la CTC

Dentro del Comité Ejecutivo de la CTC, de igual manera que dentro del más numeroso Consejo Nacional, había pues líderes de distinta orientación pero cuando Castro comparecía ante cualquiera de esos organismos, todos sus integrantes y también los simples afiliados asistentes, procedían a aclamarlo y brindarle su apoyo. Así sucedió, por ejemplo, en la sesión del Consejo del día 14 de mayo de 1959 en la que fustigó a los que pensaban en aumentos salariales y reivindicaciones inmediatas y les instó a que se esforzaran, por el contrario, en aumentar la producción.[12] Este discurso marca un primer aviso sobre el cese inminente de la política redistribucionista y la necesidad de ir preparando la conciencia de los trabajadores para el momento en que el Estado fuera el único empleador.

Esa nueva política se hizo más explícita en el discurso de Castro del día 15 de septiembre ante el propio Consejo Nacional en el que el entonces Primer Ministro lanzó la llamada Operación Productividad. Castro comenzó dicho discurso aludiendo a la época en que los trabajadores eran a su juicio víctimas de abusos, explotaciones y persecuciones y procedió a contrastar esa situación con la prevaleciente en septiembre de 1959 cuando la clase obrera era "ya un factor decisivo en la estructura del poder".[13] Señaló a continuación que "la totalidad del aparato estatal existía antes para el solo propósito de defender los privilegios de los que eran dueños de Cadillacs, mantenían las tierras improductivos y eran los beneficiarios de políticas irresponsables". Ese cuadro había sido reemplazado por una nueva situación en la que el gobierno "defendía sólo los intereses de los trabajadores y campesinos y estaba decididamente del lado de los pobres". "De igual manera, agregó, que el movimiento obrero tenía su secretario general, así también la clase trabajadora tenía su Primer Ministro".[14]

Las palabras de Castro no podían ser más explícitas en cuanto al presunto acceso al poder de la clase trabajadora. Aún no se había formalizado ni completado ese acceso pero los que detentaban el poder se proclamaban ya portavoces exclusivos de los intereses obreros y campesinos y ello debía acarrear, según Castro, un cambio en el comportamiento y nivel de productividad de los trabajadores. Era explicable, según él, que los trabajadores disminuyeran su productividad en el pasado cuando el patrono les robaba pero no se justificaba el que siguieran haciéndolo ahora cuando las condiciones habían variado de tal manera que su baja productividad significaba que "se estaban robando a sí mismos". Aunque al razonar de esta manera demandó mayores esfuerzos y sacrificios de parte de los trabajadores, tuvo también el cuidado de asegurarles que "el futuro era extraordinario".[15]

Castro pronunció ese discurso con vista a asegurarse el apoyo de la masa sindicalizada antes de la celebración del X Congreso de la CTC. Seguramente pensaba que la clase trabajadora estaba ya preparada y madura para asimilar un mensaje más explícito sobre sus intenciones. Le animaba saber, por ejemplo, que ya el 1o. de Mayo de ese año los trabajadores no habían presentado demanda alguna de aumento salarial y sí en cambio apoyado las políticas de la revolución. Mas el discurso de Castro tuvo además otra importante significación: después del mismo era difícil seguir teniendo dudas sobre la naturaleza del régimen que se estaba incubando.

## De los líderes y las masas

En realidad, mucho antes de este último discurso ya eran reiteradas y notables las señales de que algo fuera de lo normal se estaba tramando. En más de veinte ocasiones durante los primeros seis meses de la revolución, Castro negó que él fuera comunista y en una ocasión calificó de calumniosa la imputación, pero aparte lo significativo que resultaba esa insistencia en tratar de disipar sospechas, era evidente que sus palabras chocaban con las acciones que él mismo tomaba. Comunistas de mayor o menor reconocimiento comenzaban a ocupar posiciones en organismos importantes de lo que iba a ser un régimen socialista. Esto ocurría, por ejemplo, con el Instituto de Reforma Agraria, las empresas intervenidas y el Ejército Rebelde y más tarde con el Instituto de Reforma Urbana. Dentro del movimiento obrero, el Gobierno Revolucionario dio "carte blanche" a los marxistas que pretendían recuperar su antigua hegemonía al tiempo que comenzaba a desconocer o subestimar a quienes se destacaban como anticomunistas declarados.

No era sólo que Castro rehusara frenar a los comunistas sino que se hacía cada vez más incómoda la posición de los que se oponían a la tendencia marxista. Cuanto líder se manifestaba en voz alta en contra de lo que Huber Matos llamaría en octubre "el problema comunista" o tenía una firme ejecutoria contraria al socialismo era, tarde o temprano, marginado. Esto fue lo que le ocurrió a Angel Cofiño, Vicente Rubiera y César Lancís que fueron descalificados para participar en las elecciones sindicales a pesar de que habían sido opuestos a Batista. (Cinco meses antes del triunfo de la revolución Cofiño fue uno de los que firmó con Castro el Pacto de Caracas).[16] Eso fue también lo que le aconteció al combativo líder del transporte, Marco Antonio Hirigoyen a quién Castro atacó y procuró inhabilitar por ser un connotado anticomunista. Nada importó que Hirigoyen hubiera pasado un año en las cárceles de Batista o que hubiera sido simpatizante de Acción Revolucionaria Guiteras; sobre él cayó también la crítica de Castro. Igual trato recibió Carlos Rodríguez Quesada, dirigente sindical de Las Villas que tuvo la temeridad de quejarse ante Castro de la penetración comunista.[17] Estos dos episodios sirvieron para poner de relieve la capacidad de Castro para variar el registro de sus tácticas: mientras en el primer caso mostró dureza, en el segundo hizo gala de doblez pues el Primer Ministro fingió estar de acuerdo con Rodríguez Quesada al tiempo que daba órdenes para que se le investigara y vigilara.

Quienes tenían un engorroso pasado batistiano podían, no obstante, redimirse fácilmente declarándose incondicionales seguidores de Castro. Tal camino fue precisamente el que siguió Conrado Bécquer quien había sido congresista en la época de Batista y aunque no había manifestado antes simpatías comunistas se entregó en cuerpo y alma a la corriente revolucionaria de la que recibió en 1959 la nominación como delegado de los trabajadores a la Conferencia Internacional del Trabajo y el honor de presidir el X Congreso de la CTC. En 1961 el XI Congreso lo ratificaría como secretario general de la Federación Azucarera y cinco años después se le elevaría al Buró Ejecutivo de la CTC. Así se premiaba a quien, sin haber hecho antes profesión de fe marxista, tanto se distinguió denunciando a los contrarios a la política de Castro.

Era evidente en todo caso que a estas alturas del proceso revolucionario, Castro había logrado un control extraordinario sobre grandes sectores de la clase trabajadora. Su objetivo de seducir desde el comienzo a obreros y campesinos estaba dando frutos. Castro hizo creerles que ellos eran los protagonistas de la revolución y aunque su protagonismo en realidad consistía en gritar las consignas de turno o en asentir con monosílabos a sus preguntas, ellos le creyeron. Deglutieron sin reservas las promesas y explicaciones que el máximo líder ofrecía sin detenerse a analizar su credibilidad. Tal parecía que su retórica virulenta enervaba la inteligencia de sus oyentes y desataba las pasiones.

Una parte de esa clase trabajadora se condujo en 1959 como plebe revanchista; otra buena parte parecía ser demasiado crédula e ingenua. Es cierto que la influencia de Castro era mayor en las capas más bajas de la población, pero ella se dejaba sentir en todos sus distintos estratos y aún se extendía también a muchos grupos de la clase media. Tan grande fue el dominio de Castro sobre la clase trabajadora que, el 21 de Mayo en un discurso televisado, se permitió fustigar a los dirigentes que formulaban demandas a quienes llamó extremistas, agitadores y cómplices de los patronos,[18] y unos días después hizo pedazos las cartas de renuncias de 1,500 trabajadores del acueducto de La Habana que se habían declarado en huelga.[19]

## Formación de grupos anticomunistas

Mas si las capas bajas y medias del proletariado y el lumpen permanecían fascinados por la oratoria castrista, una gran parte de la dirigencia sindical demostró tener una percepción más clara de lo que estaba ocurriendo. El liderazgo sindical cubano no sólo tenía una calidad intelectual superior a la masa, sino que muchos de sus miembros tenían convicciones firmes sobre los problemas sociales. Sus convicciones eran, desde luego, muy variadas pues al lado de los nacionalistas revolucionarios agrupados en las secciones obreras de los partidos auténtico y ortodoxo y del Directorio Estudiantil estaban los anarquistas, los social-católicos, los social demócratas y desde luego los comunistas, pero cualquiera que fuera su orientación, ella les impulsaba a tomar partido de cara al curso de la revolución. El período mujalista había debilitado las convicciones de algunos, pero el estallido nacionalista que siguió a la caída de Batista sirvió para avivar los valores que latían en otros muchos.

Muy distinta era la situación de la masa obrera y campesina que en su mayoría carecía de valores y principios bien arraigados. Aunque nominalmente católica, su religión era en realidad muy superficial o inexistente. Tampoco habían penetrado con fuerza las creencias protestantes, ni desde el punto de vista laico se le habían inculcado otras doctrinas salvo las que preconizaban la lucha de clases. Los avatares políticos de los cinco primeros decenios de la república habían desarrollado actitudes de indiferencia, escepticismo y cinismo con respecto a la gobernación del país. La masa trabajadora, en su mayor parte escéptica, se hallaba en suma huérfana de ideales y a merced de cualquier tribuno capaz de seducirla con las promesas de una vida mejor.

Ciertos grupos urbanos más educados y alertas tenían en cambio una mayor capacidad de resistencia y fue en el seno de ellos que ya desde mediados de febrero de 1959 se constituyeron las primeras organizaciones dirigidas a luchar contra lo que se acostumbraba llamar "la infiltración comunista". Los promotores de estas organizaciones anunciaron claramente el propósito de diseminar los principios democráticos y fortalecer la unidad de los trabajadores anticomunistas a cuyo efecto se proponían celebrar asambleas en sindicatos y centros de trabajo, distribuir impresos y dar su apoyo a cuantos sindicatos opuestos al PSP se presentaran en las elecciones previstas para el mes de mayo. Los periódicos de La Habana del día 19 de febrero dieron cuenta de la constitución del grupo y de su programa[20] pero no ofrecieron detalles sobre el número de adherentes. Su temprana aparición pone, no obstante, de relieve los temores que, apenas transcurridas unas semanas de la revolución, ya comenzaban a anidar en ciertos círculos obreros.

Unos meses más tarde, en mayo de ese mismo año, la postura anticomunista dio vida a un movimiento de mayor envergadura nombrado Frente Obrero Humanista (FOH), movimiento impulsado por la Federación de Obreros y Empleados del Comercio y en el que vinieron a aglutinarse 25 de las 33 federaciones de industria existentes en el país.[21] En su declaración de principios, los promotores del movimiento (entre los que figuraban en primera línea Humberto Escandón y Gabriel Hernández) afirmaron que el comunismo internacional estaba tratando de infiltrarse en la dirección revolucionaria y de controlar al movimiento obrero. Frente a esa infiltración, los líderes del FOH esgrimieron un lema nacionalista ("¡Ni Washington ni Moscú!") y se comprometieron a combatir toda forma de opresión, "sea de la derecha o de la izquierda".

"Defenderemos de todo corazón —decían— la política del Movimiento 26 de Julio de defender nuestra soberanía nacional frente a la opresión política, económica o militar de cualquier potencia o imperialismo, sea de la izquierda o de la derecha, capitalista o proletaria".[22] La declaración se pronunció en favor del derecho de propiedad pero subrayó su carácter de función social.

Al margen de estas organizaciones ocurrieron algunos incidentes que mostraban la amplitud que estaban adquiriendo los sentimientos anticomunistas. En el Sindicato de Albañiles y Carpinteros de La Habana, la asamblea acordó destituir a su Secretario General acusado de favorecer y recabar el voto de los comunistas.[23] En el Sindicato de Omnibus Aliados, los dirigentes Lauro Blanco y Ezequiel Gómez se pronunciaron públicamente en contra de las pretensiones comunistas de controlar la nueva central obrera.[24] En un mitin improvisado en la Compañía de Teléfonos con motivo de su intervención, los líderes comunistas que trataron de hacer uso de la palabra fueron abucheados y obligados a abandonar la tribuna.[25] Se llegó incluso a temer que grupos obreros atacaran el local donde se editaba *Hoy*, noticia que el propio periódico se encargó de publicar.[26] Cabe mencionar, por último, el manifiesto suscripto por la Juventud Obrera Católica (JOC) en el mes de julio elogiando las declaraciones anticomunistas del Presidente Urrutia y denunciando el peligro del imperialismo soviético que buscaba socavar las fuerzas de la revolución. La JOC hacía constar que nadie debería esperar una colaboración democrática de parte de quienes eran intrínsecamente antidemocráticos.[27]

Huelga decir que tanto la declaración de la JOC como el manifiesto del FOH causaron disgusto a Castro si bien éste no se haría evidente sino unos meses más tarde a la hora de designarse la nueva directiva de la CTC.

## Las elecciones sindicales

En los meses de mayo y junio tuvieron lugar las elecciones sindicales organizadas para reemplazar a las directivas provisionales constituidas en enero. Aunque el gobierno se inmiscuyó en el proceso electoral prohibiendo la participación en el mismo de cuantos habían ocupado posiciones en la CTC de Mujal,[28] la votación se llevó a efecto en forma limpia y voluntaria. Varios grupos presentaron candidatos pero los contendientes principales fueron los seguidores de la antigua jerarquía comunista (afiliados al PSP) y la nueva generación de líderes nacida en las luchas clandestinas contra Batista que se cobijaba bajo las banderas del Movimiento 26 de Julio. Algunos dirigentes auténticos, ortodoxos, anarquistas e independientes también se postularon pero las distinciones principales se fueron estableciendo alrededor de la contraposición entre los partidarios de la línea internacionalista, ultrarevolucionaria y propulsora de cambios acelerados de los afiliados al PSP y los que favorecían la revolución de Castro y la renovación del sindicalismo sin aceptar la necesidad de un vuelco total de las instituciones.

A los comunistas se les presentaba en realidad la opción de ir por su cuenta a las elecciones o sumarse a las filas del 26 de Julio, pero temiendo un rechazo de este último o confiando en su antigua influencia en la clase obrera, prefirieron apostar a sus posibilidades de recuperar el control de la CTC. Esa preferencia no excluyó el que en algunos sindicatos combinaran sus fuerzas con las del 26 de Julio y que antes de las elecciones propugnaran la conveniencia de un pacto unitario concertado en lo más alto de ambos movimientos. Sin embargo, la oposición del Secretario General de la CTC-R, David Salvador, y las reticencias de otros miembros del Comité Ejecutivo disminuyeron el impacto de esas maniobras unitarias.

La decisión de los líderes comunistas de concurrir a las elecciones de mayo les fue finalmente fatal. El M-26-7 ganó de manera aplastante las elecciones. En la industria azucarera, por ejemplo, los comunistas sólo pudieron controlar ocho de las 243 directivas que estaban en juego.[29] De los 25 ingenios de la Provincia de Camagüey, sólo uno (el Francisco) quedó a medias con una directiva marxista. En el Sindicato de Trabajadores del Comercio de La Habana, del que había sido miembro el jefe del ejército Camilo Cienfuegos (antiguo empleado de la tienda de ropas *El Arte*), el escrutinio arrojó el resultado de 3,700 votos en favor del M-26-7 y sólo 29 para la candidatura del PSP. Hasta el Sindicato de Omnibus Aliados y el Sindicato de Tabaqueros de La Habana, reductos tradicionales de la influencia comunista,[30] quedaron en manos de dirigentes no comunistas. Sólo en los sectores gastronómico, textil y de la aviación pudieron prevalecer los candidatos del PSP. En total se calcula que el M-26-7 obtuvo el triunfo en más de 1,800 sindicatos. Los comunistas pagaban así el precio de su ambigua actitud durante la dictadura de Batista.

Luego de las elecciones en los sindicatos de primer grado, vinieron las asambleas nacionales para elegir las directivas de las federaciones.

No hubo aquí tampoco sorpresas ya que el resultado indicó que de las 33 federaciones de industria, 26 eligieron directivas anticomunistas, tres fueron del lado del PSP y las restantes cuatro optaron por escoger directivas mixtas o neutrales.[31] Particularmente significativo fue el congreso de la FNTA al que asistieron unos mil delegados; no solamente ningún dirigente comunista fue elegido para su junta directiva, sino que se aprobó un voto de censura al periódico *Hoy* y para colmo de injurias el Congreso rechazó las credenciales del veterano líder marxista Ursinio Rojas. Otros Congresos nacionales, incluyendo el de los trabajadores de la construcción, el de los empleados del comercio y el de los trabajadores de la medicina adoptaron resoluciones contrarias a cualquier forma de colaboración con el PSP. Y todavía en otros la minoría comunista se sintió tan frustrada que se abstuvo de votar y se retiró con ira del local del congreso.

Tan categórica fue la derrota comunista que hasta Herbert Mathews señaló en un artículo publicado en 1959 que los comunistas se habían esforzado por ganar siendo así que el 90 por ciento de los cargos a elegir correspondieron a los candidatos del M-26-7.[32] Fueron los propios comunistas, sin embargo, los que se encargaron de destacar más la magnitud de su derrota. Tres figuras de primer rango del PSP expresaron frustración y amargura por la derrota. Lázaro Peña criticó con dureza al M-26-7 por su negativa a cooperar con los comunistas, afirmó que había líderes de ese movimiento que estaban saboteando a la revolución y expresó el temor de que la tendencia comunista pasara a convertirse en una minoría desprovista de derechos.[33] Escribiendo en el mismo periódico *Hoy*, Blas Roca declaró airadamente que la llamada unidad en las bases, en vez de la alianza en la cumbre, no era más que un subterfugio para sabotear y combatir la unidad que era necesario lograr.[34] Y al mes siguiente fue Aníbal Escalante el que se quejó del resultado de las elecciones indicando que esa victoria tenía un carácter contrarevolucionario y no reflejaba los intereses de los trabajadores.[35]

A estas críticas respondió el periódico *Revolución* en un editorial de primera página diciendo que llamar contrarevolucionaria a la CTC-R era una calumnia dirigida a desacreditar a los ganadores para capturar después la organización central. El editorial agregó que si algún antiguo seguidor de Mujal pudiera haberse escondido en las filas de la CTC-R, igualmente existían no pocos en las del PSP.[36]

Lo que las elecciones del verano de 1959 pusieron en realidad de relieve fueron dos constataciones importantes. La primera es que la dirigencia sindical tenía suficiente lucidez para percibir el peligro que en las circunstancias del momento significaba dar entrada a los comunistas en la dirección del movimiento obrero. La segunda es que la gran masa de los sindicalizados que mostraba su apoyo a Castro se producía de ese modo partiendo del supuesto de que el líder máximo era sincero cuando decía que no era comunista. Hay que advertir que aún existía en esta época una gran confusión y una inclinación a la actitud dual con respecto a Castro y el marxismo y que estos sentimientos no eran exclusivos del obrerismo organizado. Al pueblo trabajador le pasaba algo parecido a lo que le ocurría a otros segmentos de la sociedad respecto a los cuales un sacerdote franciscano de simpatías castristas diría algún tiempo después: "El pueblo cubano que no es comunista ni va a serlo jamás, está unido y firme al lado de Fidel Castro y su obra de gobierno".[37] Si es cierto, por otra parte, que había muchos trabajadores confundidos o ingenuos, cabe destacar que el hecho de que su apoyo a la revolución se canalizara por medio del M-26-7 dice mucho sobre las preferencias que en el fondo tenían por las ideas nacionalistas y democráticas.

## Repercusiones políticas

La derrota de los comunistas en las elecciones sindicales tuvo repercusiones en el ámbito político. Se intensificaron las críticas a las medidas revolucionarias; comentaristas radiales y columnistas de la prensa escrita se atrevieron a expresar opiniones adversas al ascenso oculto de la corriente marxista. Es probable también que esa derrota influyera en el discurso contentivo de ataques al comunismo que el Comandante Huber Matos pronunciara en Camagüey el 8 de Junio,[38] así como en la decisión del Presidente Urrutia de declarar al mes siguiente su franca repulsa al marxismo.

Enfrentados a esa situación los líderes de la revolución continuaron a su vez con la política del lenguaje ambiguo, los términos engañosos y el avance efectivo hacia la consecución de sus metas. Al asumir la presidencia del Banco Nacional, Guevara afirmó que se limitaría a aplicar una política de cubanización,[39] en tanto que Antonio Nuñez Jiménez habló de su ideario democrático al ocupar la presidencia del INRA.[40]

Tras el velo de esas declaraciones ocurrían sin embargo hechos de significación. La celebración del 26 de Julio tuvo un carácter netamente clasista y beligerante. Miles de campesinos traídos a La Habana juraron defender la revolución levantando simbólicamente sus machetes. Nuevas escuelas de adoctrinamiento revolucionario fueron inauguradas por Raúl Castro. Un ambiente de tensiones crecientes tendía a prevalecer en las reuniones y negociaciones laborales. La persecución a batistianos y mujalistas se entremezclaba con una animadversíon mas o menos abierta contra la clase patronal. Talmente parecía que, como proclamara Raúl Castro al inaugurar las precitadas escuelas: "la guerra civil no ha terminado; sólo ha cambiado de forma".[41]

# Notas

[1] El 4 de septiembre de 1933 y el 10 de marzo de 1952.

[2] Ernesto Guevara, *Diario* (La Habana: Editorial Ciencias Sociales, 1993), pag. 83.

[3] Véase Manuel Fernández, *Religión y revolución en Cuba* (Caracas: Saeta Ediciones, 1984), pag. 41.

[4] *Revolución*, 9 de julio de 1965, pag. 1.

[5] Idem, 8 de julio de 1965, pags. 4 y 5.

[6] *Cuba Socialista*, noviembre-diciembre de 1982.

[7] Véanse los periódicos de La Habana del 24 de marzo de 1959, todos los cuales destacaron el incidente en sus primeras páginas.

[8] Véase E. Córdova, *Castro and the Cuban Labor Movement*, op. cit., pag. 127.

[9] Lázaro Peña, *La afiliación internacional de la CTC y la posición de los derechistas*. (La Habana: Impresora Gráfica Horizontes, 1959), pag. 3.

[10] Ibid, pag. 16.

[11] Véase *Interamerican Labor Bulletin*, Vol. X, No. 2, febrero de 1959, pag. 1.

[12] Duarte Oropesa, op. cit., tomo IV, pag. 174.

[13] *Fidel en la CTC. Discurso a los trabajadores*. 1er. Congreso Nacional Revolucionario. (La Habana: Cooperativa Obrera de Publicidad, 1959), pag 10.

[14] Ibid, pags. 11 y 12.

[15] Ibid, pags. 25 y 26.

[16] Duarte Oropesa, op. cit., tomo IV, pags. 77 y 78.

[17] Carlos Rodríguez Quesada, *David Salvador, Castro's Prisoner*, (New York: Labor Committee to Release Imprisoned Trade Unionists, 1961), pag. 15.

[18] *Havana Post*, 22 de mayo de 1959, pag. 1.

[19] Córdova, op. cit., pag. 139.

[20] *Diario de la Marina* e *Información*, 19 de febrero de 1959, pag. 1.

[21] Según Marifeli Pérez Stable, *The Cuban Revolution-Origin, Course and Legacy*. (New York: Oxford University Press), pag. 71, se trataba de 20 federaciones, pero Rodolfo Riesgo, (*Cuba: el movimiento obrero y su entorno político*. (Miami-Caracas: Saeta Ediciones, 1985), pag. 68, fija en 28 el número de las federaciones que suscribieron el documento. Los periódicos de La Habana del 24 de mayo dicen

que 20 firmaron el documento y otras ocho ó nueve significaron su intención de adherirse.

[22] *Havana Post*, 24 de mayo de 1959, pag. 1.

[23] Idem, 23 de mayo de 1959, pag. 1.

[24] Duarte Oropesa, op. cit., tomo IV, pag. 78.

[25] *Havana Post*, 19 de marzo de 1959, pag. 1.

[26] *Hoy*, 23 y 24 de mayo de 1959, pag. 1 y *Havana Post* del 25 de mayo de 1959, pag. 1.

[27] *Havana Post*, 19 de Julio de 1959, pag. 1.

[28] Véase Charles Porter y Robert J. Alexander, *The Struggle for Democracy in Latin America*. (New York: Macmillan, 1961) pags. 136 y 137.

[29] *Hispanic American Report*, Vol XII (July 1959), pag. 266.

[30] *Revolución*, 7 de mayo de 1959, pag. 1.

[31] *Hispanic American Report*, Vol. XII, ( Julio de 1959), pag. 266.

[32] Herbert Mathews, "Cuba 1959," *Bohemia*, año 51, No. 46, 15 de noviembre de 1959, pag. 8.

[33] Lázaro Peña, "Los redescubridores de la unidad", *Hoy*, 16 de julio de 1959, pag. 1.

[34] Citado por Jay Mallin, *Fortress Cuba.* (Chicago: Henry Regnery Comp., 1965), pag. 31.

[35] *Hoy*, 25 de agosto de 1959, pag. 1.

[36] "Ataques comunistas a la CTC", *Revolución*, 26 de agosto de 1959, pag. 1.

[37] P. Ignacio Biaín, "La glosa breve". *La quincena* (La Habana), año VI Nos. 15-16, 31 de marzo de 1960.

[38] Véase Neil Macaulay, *A Rebel in Cuba, An American Memoir* (Chicago: Quadrangle Books, 1970), pag. 183.

[39] *Havana Post*, 8 de septiembre de 1959, pag. 1.

[40] Idem, 19 de junio de 1959, pag. 1.

[41] Idem, 14 de julio de 1959, pag. 1.

# Capítulo 4

## *El X Congreso de la CTC*

### Preparativos del Congreso

El proceso de reorganización y depuración del movimiento sindical debía culminar en septiembre con la celebración del X Congreso de la CTC. Sin embargo, el revés sufrido por los comunistas en las elecciones de sindicatos y federaciones, y la necesidad de efectuar ciertos preparativos, obligaron a posponer esa celebración. Era mucho, en efecto, lo que estaba en juego para el gobierno: nada menos que el curso futuro de la revolución; otra derrota en las votaciones del congreso podía, sin duda, comprometer los planes de Castro.

A fin de evitar tales consecuencias la élite revolucionara adoptó una estrategia multidimensional. Se produjo primero un cambio en el Ministerio de Trabajo, el órgano ejecutivo que tan importante papel había tradicionalmente desempeñado en las luchas sindicales. Se dispuso la cesantía del ministro titular, quien personificaba el ideal de una revolución nacionalista, honesta y democrática y se nombró en su lugar a alguien que pertenecía al círculo íntimo de Raúl Castro y estaba, por ende, al tanto de lo que se tramaba. Manuel Fernández García, el ministro saliente, era un personaje de inclinaciones guiteristas, escasa experiencia administrativa e irreprochables intenciones, que había sido utilizado por Castro hasta el límite de lo que podía ser útil a sus planes. Augusto Martínez Sánchez, el ministro entrante, era un oscuro abogado de pueblo, desconocido del gran público, pero hombre de confianza de los hermanos Castro. Martínez Sánchez había ocupado ya el cargo de Ministro de Defensa y había sido designado nada menos que sustituto temporal del Primer Ministro durante la ausencia de Castro en abril.

Sobre las razones profundas del cambio, conviene señalar que Manuel Fernández había tratado de impulsar la creación de los tribunales del trabajo y de favorecer otras medidas encaminadas a mejorar el clima de las relaciones obreropatronales. Tales medidas partían del supuesto de la existencia futura de una clase patronal, cosa que no encajaba en las concepciones de la élite revolucionaria. A mayor abundamiento, Fernández había sido criticado en varias ocasiones por el periódico *Hoy* que lo acusaba de haber favorecido a los candidatos anticomunistas en las elecciones sindicales.[1]

Conjuntamente con Fernández salieron del Ministerio los Subsecretarios Carlos Varona y César Gómez, funcionarios competentes e íntegros que habían expuesto sus vidas en la lucha clandestina, así como cuantos otros funcionarios el nuevo ministro estimó que no estaban a tono con el rumbo de la revolución. Hicieron, en cambio, aparición varios elementos de vieja prosapia comunista como Arnaldo Escalona, Candelaria Rodríguez y Juan Leonet, y se crearon unas llamadas Oficinas de Superación encargadas en realidad de la formación y adoctrinamiento del personal.

El segundo aspecto de la estrategia estuvo representado por las presiones que los líderes de la revolución ejercieron para que la dirigencia laboral del M-26-7 consintiera en suscribir un pacto de unidad con la "vieja guardia" del PSP. Si bien estas presiones surtieron un cierto efecto en la actitud de criptocomunistas como Jesús Soto y oportunistas como José María de la Aguilera, ellas fueron rechazadas de plano por David Salvador y los otros miembros del Comité Ejecutivo.

A los comunistas no les quedó otra alternativa que movilizar sus fuerzas, confiar en su reconocida capacidad de organización y concentrar sus esfuerzos en la elección de los delegados al X Congreso. Haciendo uso de la propaganda radial y escrita, puesta a su disposición desde el mes de enero, insistieron en que la susodicha elección debía ser genuinamente democrática y abierta a todos los afiliados, procurando así sembrar dudas sobre la causa de sus anteriores derrotas y lanzando apelaciones a la solidaridad obrera.[2] Los hombres del PSP influyeron también en la posposición de las elecciones y trataron después de obtener nuevos aplazamientos con vista a ganar tiempo para fortalecer sus fuerzas. No es seguro que supieran entonces hasta qué punto iban a contar con el apoyo decidido de Castro.

No estuvieron ociosas mientras tanto las fuerzas representativas del sindicalismo democrático. Los dirigentes del M-26-7 difundieron volantes y pasquines en los que se caracterizaban como auténticos representantes de la corriente revolucionaria y nacionalista. Alentados por los anteriores resultados confiaban en asestarle un golpe final a las aspiraciones comunistas. Confrontaban, sin embargo, el problema de una cierta falta de cohesión, resultante de las ambiciones que no menos de cinco miembros del Comité Ejecutivo (Bécquer, Aguilera, Louit, Salvador y Soto) tenían de ser elegidos para el cargo de Secretario General de la CTC.

Aunque de menor gravitación, fue mas definida y monolítica la postura adoptada por la Sección Obrera Nacional del PRC Autentico, que el 20 de noviembre se pronunció sin ambages contra el comunismo y advirtió sobre el peligro que significaba para Cuba el pacto con los comunistas.[3]

## Composición del Congreso

Las elecciones para escoger los delegados del Congreso se celebraron entre el 2 y el 8 de noviembre. Los periódicos de La Habana informaron que un millón de trabajadores sindicalizados votaron y que lo habían hecho pacífica y libremente. No se formularon protestas de fraude ni se dio cuenta de alteraciones del orden público. Además del M-26-7 y el PSP, en algunos sindicatos presentaron también candidatos la Organización Auténtica, los anarquistas, el Directorio Estudiantil y el Movimiento Triple A de Aureliano Sánchez Arango.

Los resultados fueron un triunfo indiscutible para las candidaturas del M-26-7 y una derrota aplastante para las de la lista comunista. Los periódicos de la capital indicaron que del total de delegados a elegir (3,200), el M-26-7 había elegido a 2,784, o sea, el 87 por ciento; los comunistas 224, es decir, el 7 por ciento y los grupos independientes 193, equivalentes al 6 por ciento.[4] Aunque varios estudiosos de la cuestión sindical cubana ofrecen datos algo diferentes, el promedio de los delegados que según estos cálculos eligieron los comunistas fue de 209.[5] No hay duda, por consiguiente, de que quedaron muy por debajo del diez por ciento.

Las cifras eran elocuentes y ellas parecían presagiar una derrota para los planes de Castro y sus colegas. Sin embargo, un examen más detenido de la situación mostraba que otros factores podían también intervenir en los acuerdos del congreso. En primer lugar, no todos los delegados del M-26-7 eran del mismo calibre ideológico ni tenían las mismas convicciones democráticas. Había dentro del grupo gente vulnerable, delegados que carecían de la integridad y firmeza de propósitos que las circunstancias requerían. Había también gente insensible a lo que pudiera ocurrirle a otros grupos de la sociedad, aparentemente sordos a las advertencias que otros hacían sobre el futuro del país. Y había también mucha gente ingenua y sencilla que creía en todo lo que

Castro afirmaba o se hallaba inclinada a disculparle de la influencia comunista pensando que el líder máximo no conocía la verdad de lo que estaba pasando.

En segundo lugar, la celebración del congreso tenía lugar cuando aún se hallaba en curso ascendente la popularidad de Castro. Al guerrillero barbudo y audaz que había vencido al ejército de una odiada dictadura, una gran parte del pueblo le respetaba y veneraba en forma a todas luces exagerada. Pocos eran los que se detenían a pensar en sus antecedentes personales o en el sentido real de sus declaraciones. Era la época de la glorificación y casi endiosamiento de la figura del líder de la revolución. Era el tiempo de las revistas que publicaban imágenes de Castro parecidas a las de Jesucristo. Cierto que a los diez meses de la revolución ya había un buen número de dirigentes obreros que tenían una percepción más clara de la personalidad e intenciones de Castro pero no lo es menos que eran muchos más los que en la masa seguían sus orientaciones.

En tercer lugar, en noviembre de 1959, el aparato de propaganda del régimen funcionaba ya a toda marcha y era capaz de presentar a la opinión pública con los rasgos más detestables a cuantos osaban oponerse al rumbo de la revolución. La radio, la televisión y una parte de la prensa escrita en manos del gobierno eran capaces de destruir cualquier reputación así como de colmar de alabanzas a los que se plegaban a los dictados de la jerarquía. Muchos eran entonces los escritores, comentaristas radiales y artistas que alababan la revolución y alentaban a Castro a seguir adelante. Un gran número de ellos se arrepentiría más tarde y nutriría las filas de la oposición a Castro, pero a fines de 1959 los sahumerios venían de casi todas partes.

Había, por último, en ciertos espíritus un sentimiento de temor. Se habían restablecido los tribunales militares y en septiembre, Castro calificó a los que lo acusaban de comunista de ser difamadores y traidores.[6] No habían cesado los fusilamientos y las cárceles comenzaban a llenarse de opositores no batistianos. Muchos fueron los obligados a asilarse o a transitar por los caminos del destierro. Enfrentar a Castro y la revolución constituía un grave riesgo.

Lo anterior no significa que no hubiera delegados dignos, valientes e insobornables. Que ellos eran en realidad numerosos lo demuestra el desenvolvimiento ulterior del congreso y los episodios que más adelante se narran que pusieron en aprietos al Primer Ministro.

Fue así con esa composición y en ese ambiente que el congreso celebró su sesión inaugural el 18 de noviembre en el Palacio de los Trabajadores. Conrado Bécquer fue elegido presidente y Conrado Rodríguez y un dirigente comunista, Juan Taquechel, fueron nombrados vicepresidentes. No era el primer marxista que aparecía en la conformación del congreso pues ya algunos criptocomunistas, incluyendo a Alfredo Rancaño, lograron insertarse en diversas comisiones. Junto a la Mesa Directiva se sentaron en la tribuna presidencial Vicente Lombardo Toledano, presidente de la CTAL, P.T. Pimenov, jefe del Departamento Internacional de la central sindical soviética y Asser Deleon, secretario general de la Confederación Sindical Yugoslava. Figuraban también entre los invitados al Congreso, delegados de la Federación Sindical Mundial, de la CIOSL, de la ORIT y de la Confederación de Trabajadores Cristianos. Dos días después de la sesión inaugural, la Comisión de Credenciales anunció que se habían aceptado las credenciales de 2,948 delegados, cuyo informe fue aceptado por unanimidad.[7]

## Los discursos de apertura

El orador principal de la primera sesión del congreso era, por supuesto, Fidel Castro, mas dada la enorme trascendencia que iba tener la reunión, el gobierno y los miembros de la Comisión Organizadora decidieron reforzar su dimensión revolucionaria y proselitista con los discursos de David Salvador, Augusto Martínez Sánchez y Raúl Castro.

El Secretario General de la CTC-R, significó que los trabajadores no habían ido al congreso a plantear demandas económicas sino a apoyar la revolución. Para estar a tono con ella, propuso que a partir del primero de enero de 1960 los trabajadores contribuyeran con el cuatro por ciento de sus salarios a la industrialización del país y reclamó la supresión de la cuota sindical obligatoria.[8] Salvador parecía encarnar en esos momentos el espíritu jacobino que en todo proceso revolucionario tiende a favorecer las posturas radicales.

Martínez Sánchez subrayó, por su parte, que el congreso estaba integrado por delegados elegidos libremente. A pesar de las maniobras mujalistas, los trabajadores, dijo, se han dado el mando sindical que merecen. La palabra de orden, acabó diciendo, era la unificación.[9]

Este tema de la unidad se repetiría en las intervenciones de los hermanos Castro. En la de Raúl, el énfasis se pondría también en la denuncia del mujalismo, del que a su juicio quedaban vestigios en las organizaciones de trabajadores. Señaló que el proletariado y el Ejército

Rebelde eran la misma cosa e insinuó que los que en el congreso se oponían a la unidad eran los mismos que hicieron fracasar la huelga de abril de 1958.[10] Pronunció entonces una frase cargada de presagios: "es necesario sacudir la mata", expresión que se repetiría varias veces por otras figuras afines al gobierno y serviría de lema de las ulteriores propuestas de purgas.

Y luego, por fin, ya bien avanzada la noche del 18 de noviembre, hizo uso de la palabra el Jefe de la Revolución. Comenzó elogiando astutamente la cohesión y disciplina de la clase trabajadora, elogios que seguramente hacía para allanar el camino a las consignas de unidad que se estaban lanzando en el congreso. Hábilmente distribuidos por todo el salón-teatro del Palacio de los Trabajadores, los delegados comunistas se esforzaban por oír sus gritos de ¡u-ni-dad!, que según testigos presenciales, eran ahogados por los de ¡vein-ti-seis! que resonaban por todas partes. Indiferente a los gritos, Castro reiteró el llamamiento a la unidad haciendo hincapié en la importancia que ésta tenía en el contexto histórico de la revolución. "El papel de la clase trabajadora, afirmó, es decisivo para el futuro del país; en sus manos está el destino de la revolución". "De la claridad y firmeza con que sepa comprender su papel, dependerá el triunfo o el fracaso". Añadió que el espectáculo que más agradaría a nuestros enemigos es el de cualquier división en el congreso. Obreros y campesinos, afirmó, han de estar organizados en batallones para defender la revolución "y un batallón nunca lucha contra otros batallones del mismo ejército". En el ejército de los trabajadores, concluyó, "debe haber disciplina, hermandad y unidad".[11]

## La propuesta unitaria y sus efectos

La propuesta unitaria lanzada por los hermanos Castro y su Ministro del Trabajo fue pronto recogida y calorizada por sus edecanes dentro y fuera del movimiento sindical. La propuesta estaba claramente dirigida a incluir a los comunistas en los puestos de mando de la CTC. El gobierno proponía compensar con esa maniobra la pérdida sufrida por el PSP en las elecciones sindicales. La estrategia era, sin embargo, demasiado obvia y pronto provocó una vehemente y adversa reacción en el congreso. Si bien algunos delegados (amén de los comunistas) atribuían importancia al llamado unitario, otros muchos delegados pensaban que la independencia del movimiento sindical, esto es, su libre determinación, representaba un valor superior.

Tan crucial se consideró el tema de la unidad que vino a absorber casi todos los debates. Las otras cuestiones que dieron lugar a los acuerdos y resoluciones que más adelante se mencionan pasaron a un segundo plano y se aprobaron sin grandes discusiones. Lo primordial, lo prioritario, era elegir la directiva que iba a regir los destinos de la central sindical y ello exigía una pronta toma de posición.

Esta no tardó en hacerse explícita por parte de las organizaciones y de la propia masa de delegados. Primero fueron 22 federaciones de industria y más tarde 25 las que se opusieron categóricamente a la inclusión de líderes comunistas en el Comité Ejecutivo.[12] Aunque de las restantes ocho, tres vacilaban y cinco se inclinaban a buscar un arreglo con el PSP (aérea, gastronómica, textil, vendedores y seguros y fianzas), era indudable que por lo menos tres cuartas partes del obrerismo organizado rechazaba de plano la propuesta de Castro.

Luego vino la reacción tumultuosa y casi enardecida de la masa de delegados. Según lo narra uno de los observadores extranjeros presentes en el congreso, "mientras las federaciones deliberaban y transmitían a Fidel Castro sus acuerdos, en la sala del congreso y en las calles adyacentes tenía lugar un espectáculo extraordinario y ejemplarizante. Miles de trabajadores y delegados discutían con vehemencia, provocándose no pocos incidentes y golpes de puño que determinaron la intervención de la policía, arrestos, etc., impugnando y apostrofando al comunismo por sus traiciones, por su connivencia y colaboración con la dictadura de Batista..."[13] Durante más de diez horas la sala donde se realizaba el congreso fue copada prácticamente por los delegados del M-26-7 que exhibiendo y agitando carteles, coreaban el himno de la revolución y acusaban y repudiaban al comunismo. "La multitud, dice Juan A. Acuña, reclamaba como cosa fundamental y perentoria la exclusión de los elementos comunistas del Consejo Ejecutivo de la CTC".[14]

Fue un espectáculo espontáneo y dramático que en sus momentos culminantes se recuerda como la noche de los melones.[15] Haciendo burla, en efecto, de la aseveración de Fidel Castro en el sentido de que su revolución era verde como las palmas y el color verde olivo de sus uniformes, cientos de delegados recorrieron los locales del congreso portando melones (sandías) y gritando: "¡verdes por fuera y rojos por dentro!". Según otro testigo presencial también se escuchaban imprecaciones contra Jesús Soto, Aguilera y el propio Salvador, a quienes se consideraba proclives al compromiso.[16]

Las tensiones se agudizaban a medida que los comunistas contraatacaban tratando de destruir la reputación de los que se oponían a sus aspiraciones y exigiendo a su turno exclusiones. El primero en ser objeto de una campaña difamatoria fue el Presidente de la Asociación de Artistas, Manolo Fernández, quien se había distinguido en su oposición al comunismo. *Hoy* le acusó de haber confraternizado con un capitán de la policía de Batista con quien aparecía en una foto reproducida por el diario.[17] El órgano del PSP dirigió también sus ataques contra Octavio Louit, quien había ganado prominencia en el congreso por expresarse con franqueza en contra del plan unitario.[18] Era una especie de ajuste de cuentas que afectaba a los más notorios adversarios y un aviso de represalia contra los que se sumaran a la corriente anticomunista.

El veto o propuesta de exclusión del Comité Ejecutivo se refirió a Reynol González y José de Jesús Plana. Los comunistas probablemente razonaban que si ellos iban a quedar fuera del Comité Ejecutivo también deberían quedar fuera sus más acérrimos adversarios. Por alguna extraña circunstancia, los comunistas exigían también la exclusión de Antonio Torres quien fungía como delegado ante los organismos oficiales y patronales. Como apunta Rodolfo Riesgo, era indudable que a estas alturas la representación comunista se sentía ya respaldada por los líderes de la revolución y se mostraba envalentonada. "O ya desde antes, dice el mismo autor, se sabía respaldada pero había aguardado pacientemente el momento propicio de manifestarse".[19]

Una atmósfera febril y cargada de pasiones había invadido el Congreso. Se enfrentaban dos bandos, uno mayoritario pero carente de apoyos oficiales y otro minoritario mas patrocinado desde lo alto. El pleno del Congreso apenas si podía llevar adelante sus debates, tantas eran las reuniones y conciliábulos que se convocaban con el mayor nerviosismo. Al margen de la pugna entre anticomunistas y comunistas surgían en forma más o menos encubierta las aspiraciones de quienes pensaban contar con el apoyo de los asambleístas y obtener al propio tiempo el visto bueno de los hermanos Castro. En un cierto momento, Octavio Louit parecía ascender en su popularidad hasta que *Hoy* lo fulminó por su oposición a la candidatura unitaria. Aguilera trabajaba también en la sombra apostando en sus empeños de contentar a las facciones en pugna. Tan efectiva parecía haber sido su labor que en algún momento se creyó que contaba con el respaldo de Raúl Castro. David Salvador seguía mientras tanto una política evasiva, rehuyendo el compromiso de apadrinar francamente la propuesta unitaria y procurando no antagonizar abiertamente al liderazgo revolucionario.[20]

## Intervención "in extremis"de Fidel Castro

Por arriba de las ambiciones y los rejuegos políticos, una cosa era cierta: el X Congreso había presenciado la explosión más pronunciada de anticomunismo que jamás se había visto en el sindicalismo cubano. Fue tan conspicua, por ejemplo, la silbatina dada al observador soviético P.T. Pimenov, que el Presidente del Congreso, Conrado Bécquer, tuvo que intervenir para que se le permitiera terminar su discurso.[21] Se oían gritos de protesta cada vez que se mencionaba la alianza con los comunistas. Y se llegó al extremo de que los ejecutivos de las 25 federaciones de industria opuestos a esa alianza dejaran constancia de su propósito de separarse de la CTC-R si se aceptaba la propuesta de Castro.

La derrota de esta última parecía pues, inminente. A Castro se le advirtió incluso de que correría el riesgo de una viva repulsa de la masa si volvía a hacer uso de la palabra en el congreso. Mas el Primer Ministro no podía cejar en su empeño de tener una CTC afín a sus planes. Si el X Congreso hubiera continuado sus deliberaciones sin interferencias, era seguro que habría de elegir una candidatura exclusivamente integrada por los elementos anticomunistas del M-26-7. No solamente ello hubiera entrañado una inmensa derrota moral para Castro sino que habría dado al traste con sus planes de introducir un régimen socialista en Cuba. ¿Cómo podía el régimen justificar una dictadura del proletariado tras ese rechazo rotundo del comunismo?

Castro no tenía otra alternativa que la de intervenir de nuevo en las deliberaciones del congreso. Lo hizo ya avanzada la noche del 22 de noviembre cuando la sesión de clausura había tenido que posponerse varias veces y los delegados estaban exhaustos. No llegó vestido de civil ni con el atuendo propio de los obreros, sino con el uniforme militar, la pistola al cinto, desabrochado el estuche que la guardaba y convenientemente protegido por guardaespaldas armados. Tal vez para explicar esas medidas de seguridad o para impresionar a sus agentes comenzó diciendo que le habían aconsejado que no asistiera al congreso, que corría un gran riesgo si volvía al Palacio de los Trabajadores. Sus palabras fueron interrumpidas por los gritos de ¡vein-ti-seis!, ¡vein-ti-seis!, que lanzaban la mayor parte de los asistentes. Un tanto colérico, el Primer Ministro, increpó a la multitud diciendo: "¿Veintiséis?, ¿qué es el veintiséis?. Esa es una palabra que sólo tiene significado para los asaltantes del Moncada".[22] Y a seguidas calificó al congreso de asilo de locos y espectáculo vergonzoso,[23] al tiempo que se lamentaba de que actuaran de esa manera en contra de sus deseos los que tantos beneficios habían recibido de él.

Siguiendo con su tono agresivo, el orador acusó de contrarevolucionarios a los que atacaban al gobierno y señaló que él era capaz de entender y ser entendido por el verdadero trabajador de Cuba.[24] Se proclamó de nuevo como el más capaz de comprender lo que quería decir el 26 de Julio y afirmó que si en nombre de ese movimiento se fuera a asestar un golpe a la revolución, entonces ese nombre dejaría de ser glorioso y pasaría a ser un símbolo de traición. Confesó que había temido al comienzo que no hubiera podido seguir pronunciando su discurso, lo que le resultaba duro y lamentable. "No puedo menos de sentirme contrariado, continuó diciendo, cuando veo que la clase obrera se niega a sí misma la oportunidad de defender y guiar a la revolución".[25] Esa clase, dijo, debería convertirse en un ejército para defender la revolución y dentro de un ejército no tienen cabida las facciones. Algo impactado después por la actitud de los asambleístas, aclaró que si bien él había recomendado la armonía, en ningún momento había sugerido un determinado pacto en particular. "Lo importante, subrayó, es que se elijan revolucionarios verdaderos y que se desbroce la maleza". Sólo así, agregó, podrá la clase trabajadora desempeñar el papel político que le corresponde.[26]

Hacia el final de su discurso recordó el juicio del rey Salomón y aseveró que si no podía contar con el apoyo de toda la clase obrera, no tenía interés en recibir sólo el de una parte de ella. Aludió al poder de los enemigos de la revolución e insinuó la posibilidad de que grupos reaccionarios estuvieran usando al X Congreso para clavar un puñal en el corazón de la revolución cubana. Llegado a este punto se escucharon voces (seguramente comunistas) que le rogaban fuera elegido secretario general, pero Castro propuso que se confiriera un amplio voto de confianza a una personalidad calificada "que debería ser responsable ante los trabajadores y el gobierno" para que seleccionara a la nueva junta directiva.[27] Ante el clamor de la multitud que coreaba el nombre de Salvador, Castro sometió su nombre a la asamblea y pudo así terminar su discurso entre grandes aplausos. El Primer Ministro insistió en saber si su propuesta era aceptada por unanimidad o por mayoría; el congreso aprobó finalmente por unanimidad el voto de confianza a Salvador.

En horas de la madrugada del 23 de noviembre, Castro dejaba el Palacio de los Trabajadores no enteramente satisfecho del resultado obtenido, pero seguro de haber superado una situación que pudo haber sido catastrófica. Atrás quedaban dos mil y tantos delegados que habían dejado escapar de sus manos una decisión histórica. Una vez más la oratoria hábil y engañosa del jefe de la revolución había logrado desviar en su favor el curso de unos acontecimientos que le habían sido adversos. Castro favoreció primero la táctica unitaria sin identificarse abiertamente con los comunistas y supo percibir después cuál era la única salida posible frente a una asamblea que en su mayor parte le era hostil. Castro había estado al borde del precipicio y había podido evitar lo peor, pero su revolución había sufrido su más serio contratiempo y éste le había sido infligido por la clase trabajadora que Castro quería representar.

## Elección de la directiva

Una vez adoptado el voto de confianza, la sede del congreso se trasladó del Palacio de los Trabajadores a la redacción del periódico *Revolución*. Fue allí, en efecto, en la oficina de su director, Carlos Franqui, donde se reunieron David Salvador, Fidel Castro y Augusto Martínez Sánchez (acompañados como simples observadores por Octavio Louit y algunas otras personas), para escoger a los miembros del Comité Ejecutivo de la CTC-R. Era una extraña manera de concebir los principios de la libertad sindical que Castro había dicho iba a respetar. Según el Convenio 87 de la OIT, universalmente considerado como la Carta Magna del sindicalismo, los trabajadores tienen derecho a elegir libremente a sus representantes y las autoridades públicas tienen el deber de abstenerse de toda intervención en esas elecciones. Sin embargo, he aquí que en Cuba, en noviembre 23 de 1959, la elección de los directivos de la confederación nacional se hizo por un sindicalista acompañado del todopoderoso Primer Ministro y Comandante en Jefe, del Ministro del Trabajo y de un periodista que dirigía al órgano de la revolución. Los que redactaron el Convenio 87 deben haberse estremecido de espanto al ver la manera como un país que lo había ratificado daba aplicación a sus preceptos.

Los participantes de la reunión tenían intereses distintos pero en el fondo convergentes. A Salvador le interesaba, ante todo, ser reelegido y no tener a su alrededor gente que le pudiera hacer sombra. Para Castro y su Ministro del Trabajo lo importante era eliminar de la directiva a quienes pudieran obstaculizar el curso de la revolución e incluir en ella al mayor número posible de elementos plegables o sumisos. Franqui, asociado a la sazón con las tendencias de tipo radical, no tenía objeciones que oponer. Al margen de esos actores, cabe añadir, que el Comité Ejecutivo de la poderosa FNTA acordó a última hora su intención de aceptar la decisión que en un sentido u otro adoptara el ejecutivo provisional de la CTC.[28]

No fue difícil en esas condiciones llegar a un acuerdo. Conscientes todos de la gran corriente anticomunista que predominaba en el congreso, se decidió excluir de la lista a los más conocidos líderes afiliados al PSP. En contrapartida se acordó, asimismo, eliminar de la lista a los más connotados dirigentes anticomunistas, comenzando por Reynol González y José de Jesús Plana. Del antiguo Comité Ejecutivo Provisional quedaron también fuera Antonio Torres y Conrado Bécquer (de cuya fidelidad aún se tenían reservas), al mismo tiempo que se proponía la reelección de Octavio Louit, José Pellón, José M. de la Aguilera y Jesús Soto. Los demás miembros del Ejecutivo serían gente virtualmente desconocida, figuras de segundo orden que, en algunos casos, habían expresado ligera inclinación al comunismo o manifestado su disposición a seguir la línea del gobierno. Era también una mezcla de anodinos, tontos útiles y simpatizantes en ciernes del socialismo revolucionario. Mientras los dos vicesecretarios generales, Noelio Morell y Armando Cordero carecían de historial conocido, otros miembros del Ejecutivo como Jesús Soto (secretario de organización), José M. de la Aguilera (prensa y propaganda), Odón Alvarez de la Campa (relaciones exteriores) y Octavio Louit (delegado ante los organismos oficiales y patronales) habían servido ya eficazmente a la revolución y podían contribuir (como así lo hicieron) a la causa de la socialización del país. Noelio Morell Mursulí era un dirigente de muy escasa relevancia en el sector ferroviario de Camagüey; a los ojos de Castro tenía, sin embargo, una importante calidad: Morell era teniente del Ejército Rebelde.

A las cinco de la madrugada del día 23, la candidatura así preparada fue sometida al congreso y aprobada por aclamación. Por razones tácticas o porque les pareció elegante, los comunistas por boca de Fausto Calcines leyeron una declaración en la que hacían constar que si bien estaban de acuerdo con el discurso final de Castro, no creían que la candidatura sometida al congreso reflejaba bien sus recomendaciones. Se abstuvieron así de votar e indicaron que condicionaban su apoyo a la directiva a la forma en que ella supiera dar cumplimiento a los acuerdos del congreso. Según los periódicos de La Habana, y en particular el semanario *Bohemia*, Calcines tuvo dificultades en leer su declaración en medio de una ruidosa protesta.[29] El número de miembros del Comité Ejecutivo se había elevado a 27; se había suprimido la secretaría de asuntos jurídicos y se habían añadido las de relaciones públicas, cultura y educación sindical, asuntos agrarios, juventud y deportes, estadísticas y asuntos económicos y asistencia y seguros sociales. Los delegados que aún se hallaban en el salón-plenario estaban demasiado exhaustos y confundidos para examinar cambios o discutir la asignación de responsabilidades. Una directiva híbrida, pero mayoritariamente inocua y utilizable por el gobierno, había sido puesta al frente de la CTC. Muy pronto otros cambios de mayor envergadura habrían de poner de relieve hasta qué punto fue grave el error cometido por el M-26-7 al dejarse arrebatar el derecho de la mayoría a elegir su candidatura.

## Los otros acuerdos del Congreso

Aunque el congreso dedicó la mayor parte de sus trabajos a oír discursos y a debatir el problema del comité ejecutivo, encontró también tiempo para adoptar algunas resoluciones. La más importante de ellas fue tal vez la que dispuso la desafiliación de la CTC-R de la ORIT y la CIOSL, resolución que fue curiosamente propuesta no por los comunistas sino por Conrado Rodríguez. Cabe observar, sin embargo, que la idea de darse de baja de esas dos organizaciones figuraba ya en el informe de Salvador al congreso y que su adopción había sido anticipada en un discurso pronunciado por el Presidente Dorticós 24 horas antes de inaugurarse el congreso.[30]

Dentro de esa misma línea antinorteamericana que inspiró la resolución anti-ORIT, el congreso adoptó otra condenando al Gobierno de E.U. por la autorización que daba a los aviones de los exiliados que volaban sobre Cuba y por la discriminación que en materia de salarios experimentaban los trabajadores cubanos de la base naval de Guantánamo.[31] Eran resoluciones que respondían al espíritu anti-imperialista reencendido por la revolución y gratas por tanto a los hermanos Castro.

Otras resoluciones fueron, en cambio, relativas al ámbito doméstico, siendo unas de matiz revolucionario y otras de carácter más convencional. Cabe citar entre las primeras a la que demandaba la nacionalización de ciertas empresas, la que se pronunciaba en favor de la contribución de los trabajadores a la industrialización y la que, con no poca imprudencia y falta de visión, recomendaba que se pospusiera la celebración de elecciones hasta que el país estuviera bien adentrado en el camino de la honestidad, la seguridad económica y el bienestar social. El congreso le daba así amplios poderes a Castro para que continuara gobernando indefinidamente. Sólo en las condiciones de histeria revolucionaria que vivía el país es concebible que unos propusieran y otros asintieran a tamaña insensatez. Castro no podía pedir nada mejor para su proyecto totalitario. A su lado, las otras resoluciones de índole tradicional o convencional (bono pascual para los empleados de comercio, aumento del mínimo de las pensiones y construcción de viviendas para los ferroviarios) parecen de todo punto intrascendentes. En cambio, la que suspendía por un año el ejercicio del derecho de huelga, encajaba bien en los planes de Castro.

En realidad, sin embargo, el acuerdo que más graves consecuencias iba a tener ni siquiera tuvo la forma de una resolución. Castro, su hermano y Martínez Sánchez se refirieron en varias ocasiones a la necesidad de depurar el movimiento obrero de elementos espúreos. Primero fue la consigna de Raúl Castro de "sacudir la mata" y luego la frase de Fidel Castro en el sentido de que se hacía necesario "utilizar la escoba para barrer con los elementos mujalistas".[32] En el fondo de ambas expresiones latía la decepción sufrida por la derrota del PSP en las tres elecciones sindicales. El hecho, sin embargo, de que la frase del Máximo Líder provocara una estruendosa ovación, se interpretó después como si ello constituyera la autorización formal del congreso para una depuración posterior del sindicalismo. Ni las tres elecciones, ni el dictamen de la comisión de credenciales tenían pues el menor valor a los ojos de los que iban pronto a invocar esa supuesta resolución con fines de control oficial. Tampoco lo tuvo la defensa que unos meses antes el periódico *Revolución* hizo de la CTC-R y del M-26-7. Respondiendo a ataques de *Hoy*, el órgano que dirigía Carlos Franqui, sostuvo que la CTC había sido purgada desde enero de elementos mujalistas y que no había pues lugar para seguir esgrimiendo la acusación de mujalista.[33] Esta habría de ser, no obstante, el pretexto de una pronta y encarnizada persecución de anticomunistas.

## Balance

Al informar sobre los resultados del congreso, tanto la prensa cubana aún no controlada por el gobierno como la extranjera, juzgaron que había sido un revés para Castro. Los periódicos Avance, Información, Diario de la Marina y Havana Post subrayaron que la gran mayoría de los delegados había rechazado las apelaciones de los hermanos Castro en favor de la candidatura de unidad con los comunistas. Diario de la Marina señaló que el congreso había tenido un carácter propio hasta el momento de la segunda intervención de Castro, a partir de la cual sesionó bajo la presión del gobierno.[34] En los Estados Unidos, el New York Times indicó que los comunistas habían sido frustrados en su intento de obtener posiciones en el Comité Ejecutivo.[35] El Daily Mirror resumió, por su parte, el desenvolvimiento del congreso diciendo que Castro tenía éxito en agitar a las masas pero no así en manejar a los líderes.[36]

Pocos fueron, sin embargo, los que en esos momentos advirtieron que además de un revés para el gobierno, el X Congreso habría sido una gran derrota si el mismo hubiera podido deliberar con libertad, si Castro no hubiera intervenido o los delegados hubieran tenido más visión y entereza. Tampoco comprendieron, por lo demás, la significación del congreso, historiadores de la talla de Hugh Thomas; no advirtieron, en efecto, que los días 18 al 23 de noviembre de 1959, fueron cruciales para el futuro del país y casi tan fatídicos como antes lo había sido el 10 de marzo. También pasan convenientemente por alto al congreso y a otros aspectos de la captura la mayor parte de los llamados cubanólogos, tanto americanos como cubanoamericanos.

# Notas

[1] Véase como ejemplo de ese tipo de ataque, el artículo "Con cien ojos", publicado en *Hoy* el 19 de junio de 1959, pag. 1.

[2] Véase Carlos Fernández, "Un congreso que sea democrático". *Hoy*, 6 de septiembre de 1959, pag. 3. Este artículo fue favorablemente acogido por José M. de la Aguilera en *Hoy* del 12 de septiembre de 1959.

[3] *Diario de la Marina*, 20 de noviembre de 1959, pag. 14.

[4] Véase, por ejemplo, *Revolución* de los días 7 y 9 de noviembre de 1959, pags. 6 y 2 respectivamente.

[5] K. S. Karol fija en 170 el número de delegados comunistas. (*Les guerrilleros au pouvoir,* Paris: Robert Laffont, 1970, pag. 101); Carlos Franqui habla de 200 (*Retrato de familia con Fidel*, Barcelona: Seix Barral, 1981, pag. 121); Boris Goldenberg estima que eran 206 (*The Cuban revolution and Latin America,* New York: Praeger, 1965, pag. 190); Hugh Thomas eleva a 260 dicho número (*The Pursuil of Freedom*, New York: Harper and Row, 1971, pag. 7,250); y M. Zeittin y R. Scheer se inclinan por la cifra de 265 (*Cuba: Tragedy in Our Hemisphere*, New York: Grove Press, 1963, pag. 121).

[6] *Fidel Castro Speaks*, op. cit., pag. 67.

[7] *Revolución*, 20 de noviembre de 1959, pags. 1 y 5.

[8] Duarte Oropesa, op. cit., vol. IV, pag. 174.

[9] *Revolución*, 19 de noviembre de 1959, pags. 1 y 2.

[10] Ibid.

[11] *Dos discursos del Comandante Fidel Castro*, op. cit., pags. 7 a 14.

[12] Véase *Havana Post* del 21 de noviembre de 1959, pag. 1.

[13] Juan Antonio Acuña, *¡Cuba!, ¿Revolución frustrada?* (Montevideo, 1960), pag. 29.

[14] Ibid.

[15] Véase Jay Mallin, *Fortress Cuba* (Chicago: Henry Regnery Comp., 1965), pag. 33.

[16] Rodolfo Riesgo, *Cuba: el movimiento obrero y su entorno sociopolítico* (Caracas-Miami: Ediciones Saeta, 1985), pag. 81.

[17] Véase E. Córdova, *Castro and the Cuban Labor Movement*, op. cit., pag.134.

[18] Ibid.

[19] Riesgo, op. cit., pag. 44.

[20] La postura de Salvador no fue del todo diáfana en el congreso. Al principio se mostró inclinado a incluir tres comunistas en el Comité Ejecutivo. Más tarde se refirió con dureza a los trabajadores del periódico *Prensa Libre* que habían hecho declaraciones en favor de su política editorial.

[21] Véase Acuña, op. cit., pag. 33; Córdova, op. cit., pag. 156 y entrevista con Daniel Benedict también asistente al congreso.

[22] Riesgo, op. cit., pag. 85.

[23] *Dos discursos*, op. cit., pag. 44.

[24] Ibid.

[25] Córdova, op. cit., pag. 158.

[26] *Dos discursos*, op. cit., pag. 60.

[27] Ibid.

[28] *Diario de la Marina*, 22 de noviembre de 1959, pag. A2.

[29] "Bajo la bandera del 26 de Julio el nuevo ejecutivo de la CTC". *Bohemia*, no. 48, 29 de noviembre de 1959, pag. 78.

[30] *Revolución*, 18 de noviembre de 1959, pag. 1.

[31] *Revolución*, 20 de noviembre de 1959, pags. 1 y 5.

[32] *Revolución*, 22 de noviembre de 1959, pags. 1, 7 y 8.

[33] "Cuba y la democracia sindical", *Revolución*, 26 de julio de 1959, pag.6.

[34] Véase, por ejemplo, el *Diario de la Marina* del 25 de noviembre de 1959, pags. 1 y 2.

[35] *New York Times*, 23 de noviembre de 1959, pag. 22. El artículo de este periódico tenía el siguiente título: "Los sindicatos cubanos se deshacen de los rojos".

[36] *Daily Mirror*, 23 de noviembre de 1959, pag. 15.

# Capítulo 5

## *Destituciones, purgas y ocupaciones "manu militari"*

### Castro opta por la intervención directa

Los incidentes del X Congreso probablemente fueron determinantes del cambio que se operó en la estrategia del gobierno dirigida a capturar al movimiento sindical. Castro vio en peligro sus planes y se sintió herido en su vanidad por la actitud rebelde de la gran mayoría de los delegados. Nada ilustra mejor su exasperación que el párrafo de su segunda intervención en el que asimiló a los que coreaban consignas contra la alianza con los comunistas, a los contrarrevolucionarios y los criminales de guerra.[1] Su propia imagen y autoridad habían experimentado un serio quebranto que, a su juicio, era necesario restablecer.

Quienes con él diseñaban la estrategia de la captura, seguramente pensaron también que era ya tiempo de abandonar el enfoque más o menos velado y paciente que hasta entonces se había seguido. No era posible dejar que se propagara por las otras capas de la sociedad lo que había ocurrido en el X Congreso. Las señales de independencia e impugnación del comunismo que se hicieron ostensibles en la reunión constituían un obstáculo para el progreso de una revolución que tan rápido avanzaba en otros frentes. Había, pues, que impedir a toda costa que siguieran ocupando espacios de poder los que dentro y fuera del sindicalismo se oponían al proyecto de introducción del comunismo en el país. Parecía en fin, oportuno y necesario decapitar a la oposición sindical antes de que ésta cristalizara en un gran movimiento de masas.

Los que así abogaban por la utilización de métodos directos y expeditivos para capturar al movimiento obrero, podían contar con dos hechos derivados del congreso que les eran favorables. El primero era la forma visible y tal vez temeraria como habían actuado en el congreso los más decididos contrarios al marxismo. Unos por profunda convicción democrática y nacionalista y otros confiados en el respaldo que confiere el saberse portavoces de la mayoría, los anticomunistas se habían dado a conocer y figuraban ya en las listas de los que se proponían acelerar la captura del movimiento sindical. El segundo hecho se relaciona con la célebre resolución depuradora que se suponía había sido aprobada por el congreso. Aunque concebida originalmente para expulsar de la CTC a los mujalistas que aún podían quedar en los sindicatos, la resolución de marras era tan ambigua que podía interpretarse de la manera más amplia. No se trataba de una resolución que se hubiera presentado por escrito; tampoco se había afinado su texto en el dictamen de comisión alguna. Era pues, un instrumento dúctil y de alcance indefinido que podía utilizarse a discreción por quienes iban a emplearla.

Los términos amplios de la resolución y el lenguaje un tanto vulgar empleado por sus proponentes ("sacudir la mata", "usar la escoba", "barrer inmundicias"), se prestaban a despertar viejas rencillas y a estimular los instintos más bajos. Posteriores sucesos demostraron que en muchos casos no se hizo necesario siquiera que el denunciante probara sus cargos; bastaba que se mostrara seguidor incondicional de la revolución ("Si Fidel es comunista que me pongan en la lista") en tanto que el acusado pareciera tener reservas sobre el curso de la revolución. La depuración ofrecía, además, la ocasión para desplazar rivales y acceder más rápidamente en la jerarquía sindical. Inadvertidamente o en razón de la premura del momento, la mayoría del congreso había así sembrado las semillas de su destrucción.

## Comienzan las purgas

La unión de estos dos factores, el deseo del gobierno y el desate de las pasiones, comenzó a dar sus frutos. Apenas transcurrida una semana después de la terminación del congreso ya estaba el Comité Ejecutivo de la CTC-R decidiendo la suspensión de los derechos sindicales del Presidente de la Asociación Cubana de Artistas Teatrales (ACAT), Manolo Fernández, quien había sido uno de los más francos exponentes del pensamiento anticomunista en el congreso. A Fernández se le acusaba, como se vio antes, de haber participado en reuniones sociales con oficiales de la policía de Batista. La orden, que vino de lo alto, se hizo coincidir con una campaña de prensa dirigida a difamar su reputación[2] y con la movilización de los elementos comunistas que existían en la ACAT. Dirigidos por Paco Alfonso y Violeta Casals, el grupo marxista había antes fracasado en su empeño de derrotar a Fernández en las elecciones del mes de junio pero ahora volvía por sus fueros con el apoyo del gobierno. Este se manifestaba, al parecer, con fuerza; aunque la suspensión de Fernández estaba supeditada a su ratificación por la asamblea del sindicato, la CTC-R hizo saber que de no producirse esa ratificación no solamente la ACAT sino también la Federación serían expulsadas de la CTC-R.[3]

La asamblea convocada para decidir sobre la suspensión de Fernández tuvo lugar el día 15 de diciembre. Fue una asamblea concurrida en la que los partidarios de Fernández parecían tener la mayoría,[4] no obstante lo cual, el afectado decidió renunciar siguiendo el consejo de los amigos que querían evitar una división en el seno de la comunidad artística. Al retirarse Fernández y sus parciales del local de la ACAT sucedieron tres cosas significativas. La primera es que se le sustituyó en la presidencia del sindicato por Violeta Casals que había sido la locutora oficial de Radio Rebelde. La segunda es que a instancias de los dirigentes comunistas, los asistentes que permanecieron en la asamblea (muchos de los cuales no eran siquiera miembros de la ACAT) decidieron expulsar de la asociación a todos los demás integrantes del Comité Ejecutivo. Privaban así de sus cargos a quienes habían sido debidamente elegidos y nada tenían que ver con las acusaciones formuladas contra Manolo Fernández. La tercera es que concluida la reunión, los asambleistas resolvieron, a propuesta del dirigente textilero Jesús Soto, enviar un telegrama a Castro anunciándole el exitoso comienzo de la campaña de "purificación".[5]

El ejemplo de la destitución de Manolo Fernández y sus compañeros habría de repetirse incontables veces en los siguientes seis meses y aún mucho después. Cuantos dirigentes se habían opuesto abiertamente al pacto con los comunistas, habían sido signatarios de la Declaración del Frente Obrero Humanista o habían adoptado las más firmes posturas anticomunistas, cayeron después sin el menor respeto a sus derechos sindicales y civiles. Un acuerdo del Comité Ejecutivo de la CTC-R, tomado el 7 de enero, procuró oficializar el proceso de las purgas refiriéndolo a cualquier dirigente o afiliado a una organización obrera a quien se le considerara mujalista o contrarrevolucionario. Dicho acuerdo fue propuesto por Jesús Soto y avalado con la presencia del Presidente de la República y el Ministro del Trabajo. Para ejecutar el mismo se designó una comisión depuradora integrada por Salvador, Soto, Aguilera, Alvarez de la Campa, Pellón y Louit.

En la práctica, sin embargo, la supuesta depuración se aplicó mucho más allá de las dirigencias tildadas de mujalistas o contrarrevolucionarias. Líderes auténticos, ortodoxos, social cristianos, anarquistas e independientes, así como afiliados al 26 de Julio fueron sumariamente despojados de sus cargos. En el caso del secretario general de la Federación de Músicos, la imputación consistía simplemente en llevar una "conducta contraria a los intereses del sector".[6] En el del líder tabacalero, Antonio Morejón, depuesto en diciembre de 1959, la razón invocada por sus acusadores fue simplemente que en 1955 había dirigido una comunicación al Ministerio del Trabajo pidiendo protección para los derechos de los miembros de su organización.[7] A Morejón le siguieron en rápida sucesión Armando Hernández de los metalúrgicos, Justo Quijano de los madereros, César Roig de barberos y peluqueros, Fidel Iglesias de los eléctricos, Dagoberto Ponce de los gráficos, Pedro Forcada de la química industrial, Luis Moreno también tabacalero y otros muchos que no es posible enumerar.

Dos meses después del inicio de las purgas, el Comité Ejecutivo de la CTC-R anunció que iban a celebrarse asambleas especiales para sustituir a los secretarios generales de las federaciones de la construcción, el tabaco, los trabajadores de la medicina, los músicos y los barberos y peluqueros. Ya para el mes de abril eran muchos más los altos dirigentes de 20 federaciones y cerca de dos mil sindicatos los que habían sido expulsados de sus cargos por la Comisión Depuradora.[8] Sólo con referencia al Sindicato de Trabajadores de Canteras, Tejas y Vidrios la referida comisión publicó un mes antes una larga lista de los sindicalistas que iban a ser expulsados de la organización.[9] Un libro reciente indica que las purgas eliminaron aproximadamente al 50 por ciento de los líderes sindicales elegidos en abril y mayo.[10] Robert Alexander, por su parte, estima que fueron 1,400 los secretarios generales de los 2,490 sindicatos entonces existentes y por lo menos la mitad de los secretarios generales de las federaciones de industria los que fueron privados de sus posiciones.[11] Carlos Franqui a su vez considera que cerca del 90 por ciento de los cuadros sindicales que habían sido democráticamente electos unos meses antes fueron víctimas de las purgas.[12]

## Procedimientos irregulares

Los procedimientos seguidos para la destitución de dirigentes o expulsión de afiliados fueron de todo punto irregulares. La propia resolución creadora de la comisión depuradora adolecía ya de un grave vicio cuando decía que los encartados en el proceso de las purgas serían oídos solamente cuando las acusaciones fueran manifiestamente frívolas o insuficientes.[13] Es decir, que el derecho que en todos los casos asiste al acusado de presentar sus descargos, era desconocido por dicha resolución.

Mas esta violación del debido proceso de ley fue sólo un anticipo de lo que vendría después. Las asambleas sindicales que debían decidir en última instancia sobre la suerte del acusado se efectuaban unas veces a espaldas de los afiliados o por medio de convocatorias amañadas. En la Federación Agrícola Nacional, por ejemplo, la asamblea se celebró con la presencia solamente de 25 delegados marxistas y sin que fueren avisados los 350 afiliados.[14] En la Federación Nacional de Trabajadores Tabacaleros la expulsión de sus líderes principales fue realizada de manera tan impropia que dio lugar a vivas protestas de la membresía y a una declaración de su Comité Ejecutivo diciendo que la asamblea había sido convocada por Jesús Soto sin consultar a los ejecutivos y con la asistencia de sólo una minoría de los interesados.[15]

Otras veces se acudía al procedimiento aún más burdo de cambiar en el último momento el lugar que se había indicado en la convocatoria. Esta práctica se utilizó, por ejemplo, en la purga de la Federación del Petroleo.[16] Se modificaba también a menudo la hora de la asamblea con el resultado de que los no comunistas llegaban tarde y lo único que podían hacer era enterarse de los acuerdos que habían tomado antes los castrocomunistas.[17] No era extraño tampoco que las reuniones fueran precedidas de un apresurado reclutamiento de simpatizantes comunistas, ya fueren miembros del sindicato o trabajadores ajenos al mismo.[18] Eran, por cierto, tácticas que el Partido Comunista había ensayado antes en otros tiempos y lugares. En esta oportunidad, el Gobierno Revolucionario se valió también de los servicios de antiguos líderes del PSP como Fausto Calcines, Ursinio Rojas y Juan Taquechel, quienes a su vez habían encontrado un discípulo aprovechado en la persona de Jesús Soto.

Soto se transformó después del congreso en una especie de muñidor y verdugo entusiasta e implacable que iba de asamblea en asamblea y de ciudad en ciudad, unas veces solo y otras veces acompañado del Ministro del Trabajo, ambos procurando siempre impulsar el proceso de las purgas. El dirigente textil extremó su celo revolucionario hasta el punto de proferir amenazas y enfrascarse en conflictos personales con los dirigentes perseguidos. En la Federación de Trabajadores de la Construcción, por ejemplo, se vio involucrado en una agria disputa con los líderes anticomunistas Luis Penelas y Nemesio Torres, en el curso de la cual Soto advirtió a sus contrincantes que si persistían en sus objeciones podían escoger entre el asilo diplomático o la cárcel.[19] Una disputa similar ocurrió en la Federación de Trabajadores Tabacaleros en la que sus dirigentes resintieron de tal manera los excesos de Soto que hicieron publicar en los periódicos una declaración en la que, entre otras cosas, formulaban la siguiente pregunta:

> *"¿Es justo que uno de los miembros del Comité Ejecutivo de la CTC-R ignore los derechos de nuestra federación e interfiera en sus asuntos internos de una manera tan dictatorial que parece una copia de los métodos usados por Eusebio Mujal?"*[20]

Soto contó, al propio tiempo, con la eficaz cooperación de Aguilera, Alvarez de la Campa y Louit, los cuales parecían interesados en demostrar que su fervor revolucionario no tenía límites. A su lado, siempre vigilante e implacable, estuvo por supuesto el Ministro del Trabajo deseoso también de probar su adhesión incondicional a los hermanos Castro. En los momentos más difíciles, Martínez Sánchez no dudó en recabar el apoyo de milicianos y miembros del Ejército Rebelde. Cuando en la asamblea convocada en el Sindicato de la Construcción de La Habana para sustituir a siete delegados surgieron serios problemas, Martínez Sánchez hizo acto de presencia en el sindicato acompañado de un inspector del ministerio, varios miembros del Ejército Rebelde y 80 miembros del Partido Comunista y procedió a hacer efectiva la sustitución.[21]

El ministro se hizo investir antes, a fines de noviembre de 1959, de las facultades necesarias para despedir funcionarios sindicales, sustituirlos con las personas que él escogiese e intervenir sindicatos y federaciones. Todo ello era contrario al ordenamiento jurídico en vigor e infringía los convenios internacionales sobre libertad sindical ratificados por Cuba, pero el ministro no tenía reparos en violarlos, consciente como estaba de que la revolución había comenzado ya a echar por tierra el Estado de Derecho.

Martínez Sánchez se sentía además respaldado por la acción del jefe de las Fuerzas Armadas, Raúl Castro, quien el 5 de abril de 1960 envió sus tropas al Palacio de los Trabajadores y dispuso la ocupación militar del recinto a fin de hacer aplicar una orden del Ministro del Trabajo.[22] Algo parecido había hecho antes el jefe de la policía de La Habana, Comandante Efigenio Ameijeiras, quien tras desplegar fuerzas a su mando en el local donde sesionaba la Plenaria Nacional de Trabajadores Azucareros, se personó en dicho acto acompañado de los jefes militares de seis provincias y tomó las medidas pertinentes para viabilizar los acuerdos del congreso.[23] Asimismo eficaz, fue el uso de la amenaza de recurrir a la violencia. Utilizando todas las variantes del terror psicológico, el Gobierno de Castro procuraba crear un estado de temor en cuantos eran sus víctimas potenciales.

Todas estas irregularidades y actos de fuerza fueron publicados, en forma más o menos concisa (y seguida a veces de una coletilla) en la prensa cubana aún no intervenida. Ellas aparecen detalladas en un informe que en forma de libro publicó en 1962 la Comisión Internacional de Juristas con sede en Ginebra, Suiza.

## Persecuciones y encarcelamientos

La expulsión de los líderes obreros y anticomunistas fue acompañada de una campaña de hostigamientos y persecuciones que obligó a los afectados a buscar asilo diplomático o a salir por cualquier otro medio del país y también dio lugar a arrestos y condenas por los tribunales revolucionarios y militares. Si bien la represión y el presidio político han sido dos constantes del régimen de Castro, las persecuciones que se desataron en 1960 y 1961 fueron particularmente intensas y de ellas no escaparon los pertenecientes a la clase trabajadora.

La lista de los encarcelados a raíz de las purgas es larga y sería vano intentar presentarla de manera completa. Me limitaré por tanto a citar por vía de ejemplo, a algunas de las víctimas más conocidas: Gabriel Hernández Custodio, secretario general del Sindicato Farmacéutico; Heriberto Fernández, secretario general de la Federación de Trabajadores de la Provincia de Camagüey; Pedro Forcade, secretario general del Sindicato de Productos Químicos; Aldo Cabrera, secretario general del Sindicato de Industrias Alimenticias; Reynol González, secretario general del Sindicato de Empleados Bancarios; Arturo Martínez Pagalday, secretario de organización del Sindicato de Empleados de Comercio al Detalle de la Provincia de La Habana; Rodolfo Riesgo, miembro del Sindicato de Periodistas; Reynol Núñez, dirigente de la Unión de Trabajadores Católicos; Roberto Torres Marín, dirigente telefónico; Mario Pombo, dirigente de los empleados del comercio; Enrique Fortún, de los trabajadores de plantas eléctricas; Odilio Santana, sindicalista del transporte; Guillermo Hernández Custodio también dirigente, como su hermano, del Sindicato Farmacéutico; Evelio Machín, dirigente azucarero; Julio Padrón, secretario general del Sindicato Gastronómico de la Habana; Reynaldo Saínz, del Sindicato de Artes Gráficas; Ezequiel Gómez Castro, secretario general del Sindicato del Transporte de La Habana; Pedro Fraginals del Sindicato de Plantas Eléctricas de La Habana y Gloria Lasalles, Isabel Tejera y Francisco Anido Maya, cuadros del Sindicato de Empleados del Comercio de La Habana.

En algunos casos la persecución de líderes, cuadros y simples afiliados opuestos al comunismo precede al X Congreso, como fue el caso de Heriberto Fernández, detenido primero el 29 de octubre de 1959 y condenado después a 17 años en 1961, a pesar de haber sido uno de los sindicalistas alzados en la Sierra Maestra. En otros, la persecución nacida de las purgas se entrelaza después con la de los trabajadores que participaban en las luchas clandestinas para derrocar lo que era ya una férrea dictadura. Algunos de estos últimos, como Carlos Matos, empleado del comercio, y Jorge Fundora del sector henequenero de Matanzas fueron fusilados en enero de 1960. Otro, Mario Chanes de Armas, fue condenado a 30 años de prisión en julio de 1961, pero no saldría de la prisión hasta 31 años más tarde. Otro sindicalista, Ernesto Díaz, condenado algún tiempo después, estaría también cerca de establecer una marca para los prisioneros políticos que más tiempo han pasado en prisión.

Los juicios seguidos contra éstos y otros muchos sindicalistas se llevaban a cabo por tribunales militares, revolucionarios o populares, cuyos integrantes eran nombrados por Raúl Castro y actuaban sin sujeción a los principios que normalmente rigen los procedimientos criminales. Los acusados podían valerse de abogados pero la utilidad de éstos era virtualmente nula dado que las imputaciones eran, por lo general, vagas y no se referían a un tipo específico de delito o éste aparecía definido en leyes posteriores al hecho imputado. El criterio principal que guiaba las decisiones de los tribunales era su apreciación del estado de peligrosidad del acusado con respecto a la marcha de la revolución. En muchos juicios el tribunal ni siquiera se tomaba el trabajo de oír testigos o practicar otras pruebas. Informes secretos y el interrogatorio que se hacía en la fase inicial de la investigación se utilizaban para obtener los datos que junto a otros posibles indicios y la denuncia original formaban la base de las sentencias condenatorias.

Los tribunales distribuían con entera discreción las penas a cumplir. La mayoría de los sindicalistas enjuiciados durante esta época, sufrieron sanciones que iban de 10 a 20 años. Una vez condenados eran trasladados a La Cabaña, Isla de Pinos u otras prisiones en muchas de las cuales tenían que cumplir sus condenas con presos comunes que a menudo servían de informantes. El plazo de la privación de libertad se cumplía con el mayor rigor a menos que el encarcelado se mostrara dispuesto a participar en los planes de rehabilitación, en cuyo caso se le trasladaba a una granja destinada al efecto en la que tenía que alternar el trabajo forzoso con los cursos de adoctrinamiento.

Al igual que otros muchos reclusos, los sindicalistas encarcelados fueron maltratados y sufrieron vejámenes. Según el testimonio de uno de ellos, la comida era ínfima en cantidad y pésima en calidad e higiene, las condiciones de vida y el hacinamiento eran insoportables y las golpizas en las que se utilizaban la bayoneta, los culatazos, la cabilla y las patadas eran frecuentes.[24] Otros muchos testimonios muestran que fueron inútiles las protestas y huelgas de hambre que en varias ocasiones se organizaron.

El período de las purgas anticomunistas y sus secuelas puso de relieve varios hechos fundamentales: en primer lugar, sirvió para disipar cuantas dudas habían existido antes sobre el rumbo ideológico de la revolución y la postura de su líder máximo; destacó, en segundo lugar, algo que se había puesto en evidencia desde el famoso juicio de los aviadores, a saber, que en Cuba ya no había un Estado de Derecho; arrojó luz, en tercer lugar, sobre los contornos del Estado Policiaco que en su lugar se estaba formando; y se pudo asimismo constatar que si bien el número de comunistas "con carnet" era reducido había un número mayor de sindicalistas, trabajadores y ciudadanos en general que estaba dispuesto a colaborar con Castro y los dirigentes del PSP. Es importante, por último, señalar que las purgas no se limitaron a los años 1959 y 1960, pues todavía hay noticias sobre la depuración de supuestos mujalistas en 1965.[25]

## La mano de Castro

Tras todas las arbitrariedades y abusos de poder que antes se refieren estaba, desde luego, la mano de Fidel Castro. Bastaría una rápida referencia a sus declaraciones inmediatamente después del X Congreso para corroborar esa afirmación. El 2 de diciembre, dirigiéndose al Congreso de Barberos y Peluqueros, Castro les pidió que extremaran su vigilancia de los enemigos de la revolución y no vacilaran en denunciar a cuantos trabajadores y clientes se expresaran en contra de su gobierno.[26]

Unos días después, el 15 de diciembre, dirigiéndose a los trabajadores azucareros, Castro reaccionó con furia a las críticas que un editorial del periódico *Avance* había hecho con respecto al acuerdo de depuración; calificó ese editorial de injurioso y cuestionó la autoridad moral de quien lo había escrito:

*"¿Qué derecho tienen para atacar a la revolución cuando la CTC está simplemente cumpliendo con una orden de su Congreso Nacional, que es a su vez, el reflejo del deseo de todos los trabajadores cubanos, de erradicar a los contrarrevolucionarios del movimiento obrero en el momento en que la patria está en peligro y necesita de gente fiel en vez de aquellos que la historia señala como indignos de confianza?"*[27]

Y más tarde, el día 20, en el discurso que pronunció en el Teatro Blanquita, ante un congreso de los trabajadores del comercio, el Primer Ministro se refirió a la creciente actividad contrarrevolucionaria y aconsejó a sus oyentes estar vigilantes y denunciar cualquier actividad sospechosa. Reconociendo que había trabajadores que no estaban de acuerdo con sus planes, Castro estimó oportuno indicar que:

*"Por cada servidor de la gente rica que ataca a la revolución, hay un trabajador obligado a defenderla y deseoso de contribuir a su progreso y velar porque nadie pueda entorpecer su camino hacia el bienestar general".*[28]

Castro sentaba así las pautas que otros dentro del gobierno habrían de seguir. En el propio mes de diciembre, Martínez Sánchez exhortó en dos ocasiones a los trabajadores a que eliminaran a los adversarios de la revolución y expresó confianza en que no quedara un solo mujalista al final del proceso de depuración.[29] Es claro, por cierto, que los poderes que a ese efecto se le concedieron emanaban de lo más alto del régimen, de igual modo que era también con la aprobación expresa de los hermanos Castro, que el gobierno hizo uso de las fuerzas armadas y la milicia para llevar adelante las órdenes de la Comisión Depuradora. Que la CTC-R dio vida a esta última bajo la instigación del gobierno, lo comprueba la antes referida presencia de Dorticós y Martínez Sánchez en el momento en que Jesús Soto propuso su creación.

Más allá de las asambleas sindicales de depuración, el gobierno apeló a los órganos represivos para perseguir a cuantos se atrevían a objetar los procedimientos empleados. La Comisión Obrera Nacional del PRC (A), que como se vio antes, el 20 de noviembre se había opuesto a la unión con el PSP, emitió después otros dos manifiestos de clara orientación antimarxista. Uno de ellos fue dedicado a impugnar unas declaraciones del Presidente del PSP, Juan Marinello, en las que éste afirmaba que quien enarbolara la bandera anticomunista era un traidor a la revolución.[30] Dichas declaraciones ponían de relieve que a estas alturas del proceso revolucionario, los líderes de la vieja guardia del PSP se disponían a abandonar sus posturas cautelosas y a hablar en nombre de la revolución de Castro. Los auténticos intentaron ripostar a esa provocación, sólo que esta vez el gobierno comenzó a hostigar, y en algunos casos a arrestar, a los signatarios del manifiesto. Tan frecuentes fueron las detenciones y persecuciones que una semana después, dos de esos firmantes, César Lancís y Rodrigo Lominchar, se vieron obligados a escapar a los Estados Unidos.

Fueron después los anarquistas los que sufrieron el rigor del castrismo, no obstante las coincidencias revolucionarias que en principio pudieran observarse. Ellos habían también combatido a Batista y una colaboración, al menos temporal, hubiera podido esperarse. Sin embargo, la relación fue siempre tensa y el apoyo de los anarquistas al régimen de Castro duró en realidad muy poco. Tan pronto los libertarios advirtieron las primeras señales de autoritarismo y monopolio del poder, comenzaron las discrepancias que iban siendo recogidas en los editoriales de los periódicos *El Libertario* y *Solidaridad Gastronómica*.[31] El 18 de enero de 1959 la Asociación Libertaria de Cuba (ALC) dirigió un manifiesto a los trabajadores y al pueblo en general alertando sobre las tendencias autoritarias del nuevo gobierno. El 20 de junio del propio año *El Libertario* criticó el propósito de Castro de utilizar las tierras de la reforma agraria para establecer granjas del Estado. Más tarde, el 25 de noviembre de 1959, el mismo órgano volvió a la carga para censurar los desfiles de jóvenes y niños uniformados que a su juicio eran un remedo de los Fasci Combatini de Mussolini. Ya a principios de 1960, los anarquistas condenaban la gradual pérdida de la libertad de prensa y publicaban en el mes de junio una declaración de principios abogando por la autogestión obrera de las empresas nacionalizadas y criticando "la presión militar dirigida a subyugar al pueblo de Cuba y obligarlo a aceptar un sistema político enteramente ajeno a su idiosincrasia e ideología".[32] Contra ellos se volcó de inmediato la propaganda oficial y la del PSP, la cual no tardó en tildarlos de agentes de la CIA. La ALC ripostó un mes después en un artículo publicado en *El Libertario* contentivo de nuevas críticas y sombrías predicciones. El gobierno arreció enseguida la represión; *El Libertario* dejó de pronto de existir y su editor en jefe, Abelardo Iglesias, tuvo que seguir el camino del exilio.[33] Otro dirigente anarquista, Lauro Blanco, que gozaba de considerable respaldo en el sector del transporte, fue poco después arrestado y condenado a una larga pena de privación de libertad.

Igualmente encarcelados fueron varios líderes anarquistas que se habían distinguido en la lucha contra Batista: Plácido Méndez, Antonio Degas, Alberto Miguel Linsuain, Sandalio Torres, José Acena y Alberto García.[34]

Le llegó, por último, el turno a los sindicalistas católicos de la JOC, algunos de los cuales, incluyendo a Reynol González, José de Jesús Plana, Eduardo García y Rodolfo Riesgo habían creado en marzo de 1959, una Unión de Trabajadores Cristianos (UTC). Despojados todos ellos de sus cargos sindicales a raíz del X Congreso, tuvieron después que sumirse en la lucha clandestina y sufrir los riesgos consiguientes. Eduardo García, que había ganado limpiamente las elecciones en el Sindicato de Empleados del Comercio, tuvo que asilarse en la Embajada de Venezuela. Plana y González pudieron también salir al destierro pero cuando unos años más tarde, Reynol González quiso regresar a Cuba fue capturado y condenado a 20 años de prisión.

## Actitud de la clase trabajadora

¿Cuál fue la actitud de la clase trabajadora cubana ante la manera abusiva e impropia como el gobierno había purgado a los dirigentes que ella misma había elegido? Dadas las manifestaciones de rebeldía que habían tenido lugar en el X Congreso, cabía esperar que la masa trabajadora reaccionara vigorosamente contra esa ingerencia del gobierno en sus asuntos internos y mucho más cuando dicha intervención se producía para poner a una minoría al frente de federaciones y sindicatos. Si los delegados se habían manifestado en el congreso en contra del pacto con los comunistas, era dable esperar que sus mandantes, la masa obrera, rechazaran de plano la imposición indebida de esos mismos comunistas.

No fue así, sin embargo, y salvo algunas protestas e incidentes, lo cierto es que la masa obrera contempló impávida la siniestra operación. Doce años atrás la gran mayoría de la clase obrera había permanecido indiferente o pasiva ante el cambio de mando de la CTC de manos comunistas a auténticas y ahora, frente al desplazamiento de los dirigentes del 26 de Julio por los comunistas y criptocomunistas, adoptaba la misma postura.

¿Qué razones pudieran explicar este fenómeno? Una de las principales se relaciona con la forma como Castro había socavado la posición de los líderes sindicales durante los primeros meses de la revolución.[35] Su táctica de dirigirse directamente a los trabajadores, de halagar sus egos haciéndoles ver que ellos eran los grandes protagonistas y beneficiarios de la revolución y de dispensarles nuevas y grandes ventajas, estaba ahora produciendo frutos. Castro había introducido una cuña entre la dirigencia y la masa, con el resultado de que la primera había visto debilitada su ascendencia y la segunda no sabía donde situar sus lealtades. Los depuestos pertenecían, además, a una nueva generación de dirigentes que aún no había podido estrechar o consolidar sus lazos con la membresía.

Es indudable, por otra parte, que entre el comunismo y el anticomunismo se entremezclaba el castrismo como algo aún difuso y difícil entonces de definir. Incluso entre aquellos que albergaban sentimientos contrarios al marxismo existían grados muy diversos de militancia según se tratara no sólo de la alta dirigencia de la CTC y las federaciones en comparación con los que podían tener los cuadros locales o los simples afiliados sino también entre estos últimos y los que por ser más capaces fueron elegidos sus delegados.

En materia sindical es preciso tener en cuenta también el factor de apatía e indiferencia que explica el alto porcentaje de afiliados que prefieren quedarse en sus casas en vez de asistir a las asambleas, a menos que éstas hayan sido convocadas para discutir reivindicaciones, aumentos de salarios o huelgas.

Las razones anteriores contribuyen a explicar cómo pudo llevarse a cabo sin graves alteraciones la brutal purga auspiciada por Castro. A ellas deben aún agregarse otras dos causas, a saber, el virtual estado de embelesamiento en que Castro mantenía a una gran parte de la clase trabajadora y la tendencia de esta última a inhibirse en los momentos críticos de la vida del país.[36]

## El drama de David Salvador (I)

Las purgas y destituciones afectaron de modo muy particular a David Salvador. El X Congreso lo había elevado a la posición cimera del sindicalismo y luego, el Comité Ejecutivo lo había puesto a la cabeza de la Comisión Depuradora, pero sólo unos pocos meses después, Salvador sería devorado por la vorágine revolucionaria.

Salvador había sido comunista y figurando como candidato del PSP fue elegido para un cargo municipal en Ciego de Avila en 1946. Antes de la dictadura de Batista fue secretario general del Sindicato de Trabajadores Azucareros del Central Stewart y sus Colonias. Se distinguió después por su dinamismo y valentía en la lucha del M-26-7 contra Batista, lo que unido a cierto carisma personal, lo convirtió en candidato natural al puesto máximo de la CTC.

Durante todo el año de 1959 trató de mantener en alto sus credenciales propugnando o apoyando las medidas más radicales. No solamente patrocinó la desafiliación de la ORIT, sino que enfatizó la necesidad que tenían los trabajadores de sacrificarse y la urgencia de adquirir armas y aviones; profirió amenazas contra los trabajadores de *Prensa Libre* y ayudó a Castro a confeccionar una candidatura a su gusto. Es famosa la conversación que tuvo durante el X Congreso con Emilio Máspero, el observador del movimiento social cristiano, hoy Secretario General de la Central Latinoamericana de Trabajadores (CLAT). Máspero le preguntó cuál era el proyecto de los trabajadores para el futuro del país y Salvador respondió: "Lo que diga el Comandante". A ese extremo había llegado el estado de adulación suicida en que habían caído muchos cubanos. Ya iniciado el proceso de depuración, Salvador advirtió a la ACAT que sería separada de la CTC-R si no expulsaba a Manolo Fernández; en diciembre publicaba con José M. de la Aguilera un folleto de adoctrinamiento revolucionario titulado *Y se hizo la luz*, en el que vilipendiaba a Huber Matos y glorificaba a Castro[37] y todavía en enero se pronunció en favor de la creación de milicias obreras.

Todo lo anterior parecía indicar que Salvador se encaminaba a una larga carrera sindical y a una no menos larga asociación con Castro. Sin embargo, en el propio año 1959 surgieron discrepancias poderosas que los fueron separando primero y los llevarían después al enfrentamiento. En su inmensa vanidad, Castro no toleraba, en primer lugar, personalidades fuertes que pudieran hacerle sombra; le era posible coexistir por tiempo indefinido con personas mediocres como Efigenio Ameijeiras, Juan Almeida o Armando Hart, pero procuró siempre deshacerse, por uno u otro medio, de quienes tenían personalidad y gozaban de popularidad como Camilo Cienfuegos, Ernesto Guevara o Huber Matos. Salvador entraba también en este grupo y Castro pudo pronto comprobar en el congreso y otros actos públicos cómo iba en ascenso su popularidad.

El Primer Ministro sentía la necesidad de rodearse de colaboradores incondicionales que admiraran su talento y siguieran al pie de la letra sus instrucciones y deseos. En el caso de Salvador ocurrieron ya en 1959 algunos incidentes que ponían de relieve la independencia del líder sindical. Además de sus saludos al AFL-CIO, se produjo otra desavenencia que disgustó a Castro. Este pidió a Salvador que en el mitin convocado el día 26 de octubre para anatematizar a Matos, solicitara la pena de muerte para el jefe militar de Camagüey. Salvador pronunció en esa reunión el discurso que él estimó apropiado sin pedir la pena de muerte. Unos meses antes, en abril, se manifestó partidario de evitar recursos extremos y procurar soluciones armónicas en los conflictos que surgieren con los patronos.[38] A Castro tal vez no le haya molestado lo de evitar las huelgas pero sí lo de procurar el entendimiento con los dueños de los medios de producción.

A estos incidentes vino a unirse la forma como el gobierno llevó a cabo la campaña de depuración. Ya en 1960, a medida que se fue avanzando en esa campaña, se fue operando una transformación en el pensamiento y la conducta de Salvador. Como antiguo comunista pronto advirtió las manipulaciones y tretas de que se valían los del PSP para irse apoderando de sindicatos. Como veterano sindicalista le repugnaban los fraudes que se cometían para destituir a dirigentes debidamente elegidos. Y como militante del M-26-7 le debe haber dolido aún más que todo se hacía a iniciativa o con el consentimiento de Castro.

Se fue así agotando el nivel de tolerancia de Salvador. Hacia mediados de febrero, comenzó a ausentarse de las reuniones de la comisión y a expresar inconformidad con los métodos empleados. Al mes siguiente se produjo la explosión del barco La Coubre que Castro atribuyó a "la mano criminal de los Estados Unidos". La explosión fue probablemente un accidente causado por la manipulación descuidada de las armas y municiones que el buque transportaba.[39] El Primer Ministro y la CTC-R organizaron una gran manifestación para conducir los ataúdes de las víctimas cubanas y francesas hasta el Cementerio de Colón. El Gobierno Revolucionario decretó un día de luto, destacó el hecho de que se había vertido sangre proletaria de los dos países y dispuso una indemnización de un millón de dólares para los familiares de las víctimas. La CTC-R sirvió una vez más a Castro publicando un folleto de adoctrinamiento revolucionario dirigido a probar que la explosión no fue un accidente sino un sabotaje criminal perpetrado por el Gobierno de los E.U. La introducción del folleto fue firmada por David Salvador y José M. de la Aguilera y su contenido se limitaba a reproducir las palabras de Fidel Castro en las honras fúnebres de las víctimas de la explosión.[40]

La explosión de La Coubre sirvió en todo caso de pretexto al gobierno para alejar a Salvador de Cuba en el momento en que se hacía más crítico el problema de las purgas. El Secretario General recibió, en efecto, la encomienda de viajar a Francia para entregar las indemnizaciones previstas. Cuando Salvador regresó, tres semanas después, tuvo el desagrado de saber que 22 de los 28 secretarios de las federaciones que se habían opuesto al entendimiento con los comunistas habían sido privados de sus posiciones. En los medios sindicales corrió también el rumor de que al entrar en su despacho lo encontró ocupado por Lázaro Peña. En un rapto de cólera tuvo un enfrentamiento con Jesús Soto y el Ministro Martínez Sánchez a quienes culpó de los excesos cometidos.

Al comenzar el verano de 1960 ya había concluido la fase más crítica de la captura del movimiento sindical. Todavía habrían de producirse algunos casos de expulsión de sindicalistas o destitución de dirigentes, pero el grueso de la tarea estaba ya realizado. Castro había destruido al ala sindical de su propio partido y comenzaba a entregar a los comunistas la dirección del movimiento obrero. Escogía, por supuesto, a los comunistas que habían profesado adhesión incondicional a su liderazgo.

# Notas

[1] Citado por Paul Bethel, *The Losers* (New Rochelle: Arlington House, 1969), pag. 26.

[2] Véase, por ejemplo, *Revolución*, 28 de noviembre de 1959, pag. 1.

[3] *El Mundo*, 13 de diciembre de 1959, pag. A4.

[4] Véase el *Diario de la Marina* del 15 de diciembre de 1959, pags. A1 y A12.

[5] Ibid, pag. A12.

[6] *El Mundo*, 2 de febrero de 1959, pag. A9.

[7] Idem, 9 de diciembre de 1959.

[8] Riesgo, op. cit., pag. 89, Víctor Alba, *Politics and the Labor Movement in Latin America* (Stanford, Calif.: Stanford University Press, 1966), pag. 297, y CERP, *Labor Conditions in Communist Cuba* (Coral Gables, Fl.: University of Miami Press, 1963), pags. 115-116.

[9] *El Mundo*, 24 de marzo de 1960, pag. A10.

[10] M. Pérez Stable, op. cit., pag. 73.

[11] Robert Alexander, *Organized Labor in Latin America* (New York: The Free Press, 1965), pag. 170.

[12] Carlos Franqui, *Retrato de Familia con Fidel*, op. cit., 1981), pag. 204.

[13] Véase *El Mundo*, 10 de enero de 1960, pag. A1.

[14] CERP, op.cit., pag. 116.

[15] Tan impropio había sido en este caso el procedimiento que hasta el Secretario Interino de la CTC, Noelio Morell, se negó a aceptar la nueva directiva. Véase International Commission of Jurists, *Cuba and the Rule of Law*. (Ginebra: H. Studer, 1962), pag. 232.

[16] Ibid, pag. 233.

[17] Hugh Thomas, op. cit., pag. 1,259.

[18] Ibid.

[19] *Bohemia*, año 52, no. 17, 24 de abril de 1960, pag. 67.

[20] *Havana Post*, 17 de diciembre de 1959, pags. 1 y 8.

[21] International Commission of Jurists, op. cit., pag. 232.

[22] CERP, op. cit., pag. 116.

[23] Córdova, op. cit., pag. 184.

[24] *El presidio político en Cuba comunista.* (Caracas: Ediciones ICOSOC, 1982), pags. 192 a 197.

[25] Véase *Vanguardia Obrera*, no. 143, 15 de septiembre de 1965, pag. 11.

[26] Riesgo, op. cit., pag. 90.

[27] Discurso del Máximo Líder de la Revolución Cubana ante la Plenaria Nacional Azucarera, op. cit., pag.20.

[28] *Havana Post*, 22 de diciembre de 1959, pag. 1.

[29] *El Mundo*, 9 de diciembre de 1959, pag. A3 y 13 de diciembre de 1959, pag. A8.

[30] *El Mundo*, 11 de febrero de 1960, pag. A6.

[31] El texto de estos editoriales aparece en Sam Dolgoff, *The Cuban Revolution-A Critical Perspective*. (Montreal: Black Rose Books, 1976), pag. 124 y siguientes.

[32] Abelardo Iglesias, *Revolución y dictadura en Cuba.* (Buenos Aires: Editorial Reconstruir, 1963), pag. 38.

[33] Véase Woodward, op. cit., pag. 43.

[34] Dolgoff, op. cit., pags. 131-133.

[35] Supra, caps. 2 y 3.

[36] Véase el Volumen I de esta obra, pags. 156 y 316.

[37] Duarte Oropesa, op. cit., Vol. IV, pag. 169.

[38] *Revolución*, 1o. de abril de 1959, pag. 7.

[39] Véase *El Mundo*, 5 de abril de 1960, pag. A1.

[40] Secretaría de Propaganda de la CTC-R, ¡¡*Sabotaje*!! *Folleto No. 4 de adoctrinamiento revolucionario*. (La Habana: Cooperativa Obrera de Publicaciones, 1960).

# Capítulo 6

## *Los otros aspectos del gran viraje*

### Las grandes líneas del esquema castrista

Logrado uno de los grandes objetivos del régimen —el control del movimiento sindical— Castro podía ahora tornar su atención hacia la socialización, o mejor, estatización de los medios de producción. Al entonces Primer Ministro ni siquiera le pasó por la mente la posibilidad de sustituir la propiedad privada de los medios de producción por un sistema de autogestión obrera al estilo yugoslavo o por una vasta red de cooperativas. El modelo que él y su hermano Raúl concibieron desde el primer momento era el modelo estalinista en el que tanto la propiedad como la administración de los instrumentos de producción se concentraban en el Estado. A éste le tocaba designar a los administradores de las empresas, quienes debían llevar a cabo su encargo siguiendo las pautas establecidas por el organismo central de planificación,[1] el cual debería a su vez conformarse a las directrices que en su día estableciera el comité central del partido.

Sólo un sistema de ese tipo era capaz de satisfacer la aspiración básica de Castro de ejercer un poder absoluto, personal y permanente. El partido sería creado a su imagen y semejanza, su comité central seguiría las instrucciones que de él iban a emanar, las cuales serían después desarrolladas por la agencia central de planificación cuyos miembros dependerían a su vez del poder supremo del Estado. Ni los mecanismos del mercado ni las determinaciones de los particulares tendrían su margen propio de acción. Los recursos se asignarían a las empresas no de acuerdo con las demandas del mercado sino de conformidad con lo que establecieran los planificadores; los ciudadanos trabajarían y serían remunerados según las normas que el Estado habría de fijar; el estímulo de la competencia sería sustituido por la emulación socialista; la libertad de trabajar por su cuenta y la de fijar el volumen y tipo de trabajo a realizar cederían el paso a la obligación de trabajar para el Estado.

En el modelo estalinista las organizaciones de trabajadores perderían su autonomía y pasarían a ser correas de transmisión del partido e instrumentos del Estado. La negociación colectiva cesaría de ser libre y desaparecerían también el derecho de huelga y las demás medidas de acción concertada.

Quedaría así totalmente transformado el sistema de relaciones laborales que existía antes en Cuba. En vez de tres actores (el gobierno, los empleadores y los sindicatos) habría uno (el Estado); en vez de interacciones no habría más que transmisión de órdenes y acatamientos. En vez de varias ideologías compitiendo por el favor del sindicalismo, no habría más que una. A todo ello se llegaría, sin embargo, por etapas y previa la transformación que será discutida en la segunda parte de este volumen. Por el momento, en el verano de 1960, lo importante era destruir a ese otro actor del subsistema de relaciones laborales que es el empleador o patrono.

## Prólogo a las grandes confiscaciones

De igual manera que ocurrió con el sindicalismo, la élite revolucionaria resolvió también proceder en forma acelerada a la expropiación de los medios de producción. No lo hacía en respuesta a una demanda popular sino de conformidad con los designios de Castro y sus camaradas. Como señala un autor, virtualmente no hubo antes ninguna ocupación espontánea de tierras o fábricas.[2] Lo que sí había habido era una expansión notable del sector público por medio de los antes mencionados métodos indirectos de la recuperación de bienes malversados y la intervención por motivos laborales. Se fue ampliando cada vez más la interpretación de las causas que podían originar tales procedimientos con el resultado de que ya en marzo de 1960 no eran nueve sino 25 los centrales azucareros confiscados por el gobierno.[3] Igual suerte corrieron las más importantes empresas del sector textil (la Textilera Ariguanabo y la Rayonera de Matanzas) ambas de Burke Hedges y ello no obstante la endeble o inexistente prueba circunstancial presentada contra sus dueños.

Con respecto a las intervenciones del Ministerio del Trabajo, bastaría indicar que en el mes de junio la *Revista Trabajo*, órgano del Ministerio, hizo saber que eran ya 107 las empresas de todo tipo ocupadas por el Mintrab.[4] En el propio mes de junio, el gobierno dictó una ley autorizando la prolongación indefinida de las intervenciones; varias resoluciones del Ministerio del Trabajo autorizaron asimismo a los administradores de empresas a obtener créditos del INRA a fin de seguir operando.[5]

Si bien no hubo ocupaciones espontáneas, sí hubo por esta época varias ocupaciones provocadas o amañadas que afectaron en particular a las empresas periodísticas que se habían distinguido en la oposición al gobierno. Grupos de trabajadores aleccionados al efecto presentaban una larga y gravosa lista de peticiones que la empresa se veía forzada a rechazar y ello se tomaba como pretexto para ocupar inmediatamente el local de la empresa. Tal subterfugio se utilizó primero con respecto a los periódicos *Avance* y *El País*, cuyos directores (Oscar Zayas y Guillermo Martínez Márquez) habían intentado polemizar con el Primer Ministro. Martínez Márquez, que era una figura prestigiosa del periodismo cubano, tuvo que acudir dos veces a las estaciones de televisión para refutar imputaciones que Castro le había dirigido. La polémica terminó a raíz de su segunda intervención cuando los empleados del periódico adictos a Castro lo ocuparon y éste fue convertido en imprenta del gobierno dedicada según Castro a "abrir las puertas del saber a obreros y campesinos".[6]

En el caso del *Diario de la Marina* que había sido fundado en 1832 y era el segundo periódico más antiguo de América Latina, el problema se planteó cuando un pequeño grupo de castristas impidió violentamente la publicación de una carta de apoyo a sus directores firmada por la mayoría de los trabajadores de ese órgano. Luego de la ocupación del diario por una turba de personas que no eran precisamente empleados de la empresa, el gobierno organizó una gran manifestación en la que los participantes llevaban ataúdes que simbolizaban al periódico y se lanzaban gritos e insultos contra su dirección. Se calcula que unas 15,00 personas participaron en esta manifestación. EL antiguo director de *La Marina* estima a su vez que sólo siete de los 500 empleados del diario participaron en la ocupación.[7]

Poco después le llegó el turno a *Prensa Libre*, rotativo mucho más liberal y populista que había apoyado al comienzo a la revolución. Al producirse la intervención, varios integrantes del personal pidieron que se les permitiera seguir operando el periódico en una base autogestionaria, petición que fue rechazada de inmediato por el gobierno.

Aun antes de que se iniciara la expropiación masiva de los medios de producción ya podía calificarse de vasto al sector público, alimentado como estaba por la Reforma Agraria, las recuperaciones, las intervenciones laborales y las ocupaciones amañadas. A las empresas que integraban ese sector vinieron a sumarse a fines de 1959 y principios de 1960, 1,400 "tiendas del pueblo" creadas y operadas por el gobierno para competir con los establecimientos comerciales.

## La expropiación masiva

Así estaban las cosas en el verano de 1960 cuando el gobierno decidió pasar de las medidas indirectas a las directas y llevar a cabo una expropiación masiva de bienes y empresas de todo tipo. Tal acción se llevó a cabo en cinco etapas que van de junio a octubre, ambos inclusive, de 1960. La primera etapa tuvo lugar en junio cuando se dispuso la nacionalización de las refinerías de petróleo. Aunque esa nacionalización se habría efectuado de cualquier manera y en un plazo más o menos breve, lo cierto es que las grandes empresas petroleras (Shell, Exxon, Texaco y Sinclair) cometieron el error de negarse a refinar el petróleo que Cuba había importado de la Unión Soviética lo que ofreció a Castro un pretexto para que se precipitaran los acontecimientos. Las compañías precitadas se sentían seguramente poderosas y pensaban que el gobierno no se atrevería a adoptar medidas drásticas. Castro ordenó, sin embargo, su expropiación siguiendo el ejemplo de Lázaro Cárdenas en México, quien en 1938 dispuso la nacionalización de las empresas petroleras que se negaban a cumplir determinada orden del gobierno. La diferencia está en que Cárdenas se detuvo ahí mientras que para Castro la nacionalización de las refinerías fue un simple punto de partida. Al mes siguiente encontró, en efecto, otra excusa para proseguir con las nacionalizaciones cuando el Gobierno de los E.U. amenazó con suspender la cuota azucarera de Cuba. Esta vez la expropiación comprendió a todas las empresas pertenecientes a ciudadanos de los E.U. o financiadas con capital americano.

De un golpe pasaron así a manos del gobierno 26 grandes corporaciones, incluyendo a las compañías de teléfono y electricidad, dos petroleras y 21 centrales azucareros. Pasada la conmoción causada por este decreto, los jefes de la revolución procedieron en septiembre a nacionalizar los bancos y el 24 de octubre al resto de las compañías controladas por intereses americanos. Todas estas medidas se justificaban a juicio del gobierno por la necesidad de compensar el daño que habría de causarse al país por la posible suspensión de la cuota azucarera.[8]

La validez de esta razón quedó, sin embargo, en entredicho cuando entre la segunda y la cuarta expropiación de los intereses americanos se produjo la expropiación de centenares de empresas cubanas en trece sectores económicos distintos. Aquí ya no podía invocarse el problema de la cuota ni el de la refinación del petróleo; la justificación se encontró, por tanto, en la necesidad de controlar los recursos básicos de la nación para la efectiva planificación de la economía.[9] Es decir, que ya en esta temprana fecha aparecen explícitamente establecidos dos ingredientes fundamentales de la economía marxista: la colectivización y la planificación. El preámbulo del decreto correspondiente decía al efecto lo siguiente:

> *"Es deber del Gobierno Revolucionario tomar cuantas medidas considere apropiadas para liquidar definitivamente el poder económico de los privilegiados que conspiran contra el pueblo y proceder en consecuencia a nacionalizar las grandes empresas industriales y comerciales que no han sabido adaptarse a las realidades de la Revolución y que nunca podrán ajustarse a ella".*[10]

No solamente pasaron a poder del Estado las grandes empresas identificadas en el decreto, sino que se otorgó al Banco Nacional la facultad de incluir en la lista de firmas a expropiar a cualquier otra empresa. Así se llevó a cabo en menos de cinco meses la drástica transformación de la economía cubana. Hacia fines de 1960 más de once mil empresas industriales, comerciales, financieras o de servicios habían pasado a manos del gobierno, lo que representaba aproximadamente el 80 por ciento de la capacidad industrial de Cuba; un poco antes, en octubre 15 de 1960, el 80 por ciento de la fuerza laboral cubana trabajaba ya para el Estado y lo hacía prestando servicios en alguno de los 14 "consolidados" que ese mismo mes fueron establecidos y operaban según el sistema de planificación central de la economía. Hacia fines de 1960, dice una autora, Cuba había ya dejado de ser un país capitalista[11] o como afirmaría algún tiempo después un asesor extranjero del Banco Nacional, en 1960 Cuba se había convertido en un país socialista, si bien la proclamación oficial de ello no se haría hasta abril de 1961.[12]

Castro procedió a colectivizar así al país a un ritmo tan rápido como el seguido por los bolcheviques en Rusia y mucho más rápido que el de Mao-Tse-Tung en China. Ni el más ardiente militante del PSP hubiera jamás soñado que una expropiación de esa magnitud pudiera tener lugar en Cuba. Y pensar que hay sesudos estudiosos de la cuestión cubana que sostienen que la revolución de Castro careció de ideología definida durante sus dos primeros años.[13]

La administración de las incontables empresas que en el otoño de 1960 formaban el sector público se confió en todos los casos a personas designadas por el Estado. No hubo la menor intención de confiar a los obreros la gestión de las empresas. La filosofía del régimen era muy clara al respecto: discusiones, todas las que quieran, pero la decisión corresponde al administrador nombrado por el gobierno. Carlos Rafael Rodríguez reafirmó ese enfoque cuando poco después calificó de "destructiva" la administración colectiva.[14] La clase trabajadora servía así para que en su nombre todo el poder se ejerciera por el grupo de revolucionarios profesionales que había realizado el gran vuelco; a los ojos de esos revolucionarios la clase obrera no era capaz de operar una empresa, a pesar de los ejemplos que ofrecían la experiencia yugoslava y la de los Kibutzin de Israel. En la mayor parte de los casos se procuró poner al frente de la administración a antiguos oficiales del Ejército Rebelde, a militantes del PSP o a gente de origen proletario que podían estimarse confiables aunque muchas veces fueran incompetentes.

Lo más que se dio a los trabajadores fue su participación en los Consejos Técnicos Asesores creados en noviembre de 1960, con respecto al sector nacionalizado. Los consejos despertaron poco interés y fueron disueltos en 1962. El propio Ernesto Guevara reconocía a la sazón que la participación de los trabajadores en su elección había sido pobre.[15]

Tras la expropiación de las grandes empresas vino la disolución de las organizaciones de empleadores. El 14 de octubre de 1960 se dispuso la desaparición de la más poderosa de ellas, la Asociación de Hacendados de Cuba. El decreto correspondiente se limitó a constatar el hecho de que habiéndose producido la nacionalización de todos los 161 ingenios del país los integrantes de la Asociación habían perdido su condición de hacendados. Algo más se demoraría la disolución de la Asociación de Colonos de Cuba que tenía docenas de miles de miembros, incluyendo un gran número de pequeños colonos. En total, 44 organizaciones de empleadores fueron eliminadas.[16]

Cabe agregar que el propósito de estatización se llevaría a sus últimas consecuencias en 1968 cuando 48,311 pequeños comercios privados fueron expropiados. Sólo quedaría en pie la Asociación Nacional de Agricultores Pequeños, si bien su número y libertad de acción serían muy inferiores a los que otros países socialistas como Polonia y Checoslovaquia habían permitido.

El enfoque seguido por Castro y sus colaboradores con respecto a las entidades patronales es el mismo que otros países socialistas habían utilizado antes y que los sandinistas tratarían de emplear después en Nicaragua: desprestigiar primero a los patronos y sus organizaciones, disminuir después sus poderes y hacerlas por último desaparecer.

## Fin de la negociación colectiva y el tripartismo

La extinción del sindicalismo independiente y la expropiación de los principales medios de producción entrañó una mudanza profunda en la dinámica de las relaciones obreropatronales. No era posible que subsistieran la práctica de la negociación colectiva ni tampoco los órganos de cooperación tripartita que a lo largo de los años se habían ido creando de conformidad con los principios de la Organización Internacional del Trabajo ¿Cómo era posible pensar que pudieran sobrevivir una negociación en la que faltaban sus dos partes contratantes y un tripartismo en el que uno de sus elementos había absorbido a los otros dos?

En realidad, la negociación colectiva estaba ya moribunda desde fines de 1959. No solamente se había dispuesto en diciembre su suspensión por un período de 120 días sino que en marzo de 1960 el gobierno confió al Ministro del Trabajo la facultad de revisar y modificar el contenido de los convenios así como la de aprobar o rechazar su inscripción.[17] Poco después se autorizó al propio ministro para que fijara las condiciones de trabajo en todas las empresas públicas o mixtas.[18] Se quiso así controlar la suscripción de convenios y excluir de la negociación al vasto sector estatizado, lo que reducía a su mínima expresión el papel que pudiera tener la negociación libre y voluntaria.[19]

El propio Mintrab fue al mismo tiempo ensanchando sus poderes de intervención y supervisión así como imprimiéndole un carácter distinto a sus funciones. En vez de actuar como órgano neutral encargado de regular y moderar las relaciones obreropatronales, la nueva Ley Orgánica del Ministerio del Trabajo dispuso que en lo adelante dicho departamento dejaría de ser neutral en los conflictos entre trabajadores y patronos. Otra ley dictada en marzo de 1960 (la de Procedimientos Laborales) tuvo especial empeño en colocar a los empleadores en situación de inferioridad exigiéndoles depositar fianzas en caso de apelaciones, obligándoles a mantener en las nóminas a cuantos trabajadores habían sido despedidos o licenciados y haciéndolos criminalmente responsables de cualquier despido ilegal.

El gobierno procuraba así desacreditar a los patronos, debilitar su posición ante la ley y atribuir un mayor valor al factor trabajo, todo lo cual respondía a la estrategia que desde el comienzo se había fijado. Era previsible, en esas condiciones, que las últimas reuniones de conciliación celebradas en el Ministerio del Trabajo se desarrollaran en un ambiente de gran tensión y animosidad.[20]

En lo que hace al tripartismo, los líderes de la revolución comenzaron en junio de 1959 por eliminar los directorios tripartitos que regían las cajas de seguros sociales, los que fueron sustituidos por el Banco de Seguros Sociales primero y por el propio Mintrab después y continuaron de inmediato con la política de dejar que cayeran en desuso los otros órganos tripartitos (comisiones de salarios mínimos y comisiones de cooperación social), hasta que en marzo de 1960 la Ley de Procedimientos Laborales se ocupó de certificar su defunción. Para mayor seguridad, el gobierno quiso evitar cualquier posible reaparición de esos órganos modificando los artículos de la Constitución que consagraban su existencia.[21] De los tres actores del sistema de relaciones laborales al nivel de las empresas (los empleadores, sus organizaciones y los sindicatos de trabajadores) solo quedaba en pie el factor trabajo al que un editorial de un periódico de La Habana calificaba ya en diciembre de 1959 como "el pueblo escogido"[22] en contraposición a los otros que se juzgaban parias o contrarrevolucionarios.

## Las milicias obreras

Controlados ya los sindicatos por elementos adictos al gobierno y liberados sus dirigentes de las tareas de reivindicación y negociación, parecía oportuno movilizar su potencial de organización de las masas en apoyo de la revolución. La creación de milicias de obreros y campesinos mereció pronto la más alta prioridad dado que si por una parte el aspecto de militarización que ellas entrañaban podía contribuir a asegurar la dominación oficial del movimiento obrero, por otra, su promoción en gran escala podía servir a los propósitos de defensa que el gobierno consideraba esenciales. Creadas en octubre de 1959 como milicias nacionales revolucionarias, ya en ese mismo año la CTC-R discutió la necesidad de establecer milicias obreras para defender las leyes revolucionarias y algunos sindicatos las establecieron por su cuenta. Sin embargo, no fue sino en enero de 1960 que el Comité Ejecutivo acordó formalmente su aparición.

El hecho de que las milicias obreras crecieran enseguida con rapidez se debió en buena parte al interés del gobierno en fomentarlas estableciendo para ello la infraestructura y apoyo logístico necesarios.[23] Aparecieron los centros municipales de adiestramiento, se dispuso la creación de una Dirección Nacional de Milicias y poco después de una escuela de responsables de milicias. En cada sindicato en que el número de milicianos llegara a 100 se escogería a un responsable que se entrenaría en la mencionada escuela y sería llamado después a dirigir un batallón. A los responsables se les exigía un juramento de lealtad a Castro, completar los cursos de formación y escalar tres veces el Pico Turquino. Al frente del adoctrinamiento se puso a un joven comunista llamado Carlos Aldana que con el tiempo llegaría a ser el ideólogo del PCC.

En marzo de 1960 cuando el proceso de depuración de los sindicatos estaba todavía en marcha más de 50,000 milicianos desfilaron ante Castro en el Campamento de Columbia.[24] Para la zafra de ese mismo año y en respuesta a los exhortaciones del Primer Ministro de que se tomaran medidas para repeler los actos de sabotaje que ocurrían en las plantaciones, 55,000 trabajadores nutrieron las filas de las Brigadas Azucareras. Los milicianos de origen proletario desfilaron el primero de mayo junto al ejército y la policía en lo que fue una celebración militar del Día del Trabajo.[25] Al mes siguiente, el Ministerio del Trabajo informó que había ya 500,000 trabajadores debidamente adiestrados en las actividades militares,[26] lo que significa que en seis meses el gobierno había movilizado, organizado y entrenado a un cuarto de la fuerza de trabajo. "Nuestras milicias, Castro señaló unos meses después, están formadas por obreros y campesinos; esta gente humilde está defendiendo a los trabajadores de América y del mundo con un profundo sentido de solidaridad humana".[27]

Aunque el ingreso en las milicias era voluntario, varios factores de inducción y coerción entraron también en juego. A los que se hacían milicianos se les eximía, en forma escalonada y por cierto tiempo, de su trabajo y se les garantizaba su salario mientras seguían cursos de adiestramiento hasta tres meses; el tiempo pasado en la milicia se consideraba como tiempo trabajado a los efectos del disfrute de vacaciones.[28] Es probable que los milicianos gozaran también de preferencias a efectos escalafonarios y del goce de ciertos beneficios. Quienes, por el contrario, rehusaban unirse a las milicias corrían el riesgo de ser considerados contrarrevolucionarios y cuando más tarde se estableció el racionamiento de los artículos de consumo podían ser postergados en su adquisición de los mismos.

El papel asignado a las milicias por la élite revolucionaria tenía varias facetas. La milicia era ante todo un centro de adoctrinamiento en el que la prédica del patriotismo se combinaba con el culto a la personalidad, la revisión de la historia y la enseñanza del marxismo. Cada batallón de milicias se consideraba asimismo como un órgano paramilitar, una especie de cuerpo auxiliar del Ejército Rebelde, en cuya capacidad prestaría valiosos servicios unos meses más tarde en la fallida invasión de Playa Girón. El ámbito masivo de las milicias, la frecuente realización de ejercicios militares y los desfiles y concentraciones en que sus miembros participaban contribuían a su vez a mantener al pueblo en constante estado de movilización. Muchos trabajadores que portaban fusiles o usaban metralletas llegaron entonces a creer que ellos eran en verdad, como Castro acostumbraba repetir, los grandes protagonistas de la revolución.

La estructura cuasi militar de la milicia se prestaba, por último, a superponer los lazos de obediencia y lealtad que ella inculcaba a los derechos que correspondían al trabajador y a las libertades de que siempre había gozado el miembro de un sindicato. Los dirigentes y cuadros sindicales vieron así cómo se debilitaba su autoridad frente al poder creciente que con respecto a los sindicalizados ejercían los jefes de milicia y el jefe máximo de la revolución. No sería incorrecto decir, en consecuencia, que fue la introducción de las milicias junto a la destitución de los dirigentes, lo que inició el declive del sindicalismo como fuerza de primer orden en la sociedad civil.

En los años cruciales de la implantación de un sistema totalitario en Cuba, la milicia fue también un factor de hostigamiento y de represión de los opositores a Castro. Junto a los Comités de Defensa de la Revolución (CDR) establecidos en el verano de 1960 y a los tribunales revolucionarios, la milicia conformó el triángulo que dentro de la sociedad cubana dio sustento al Ejército Rebelde y a la élite revolucionaria en el gran proyecto de socialización del país. La milicia y los CDR inician también el proceso de encuadramiento del pueblo en organizaciones de masa que la Constitución de 1976 plasmaría en su artículo 7.

## Contribuciones y renuncias de derechos

Fue también como resultado de la dominación de Castro y sus seguidores sobre el movimiento obrero que las asambleas sindicales comenzaron ya a partir de 1960 a poner en práctica una orientación distinta de la que antes habían seguido. Sus mayores esfuerzos se dirigieron en efecto a preconizar una política produccionista, a promover las contribuciones de los obreros a los planes del gobierno y a estimular la renuncia de las conquistas y derechos que se habían ido logrando a través de los años.

La adopción de una política produccionista en lugar de la reivindicatoria que el sindicato siempre había seguido fue precedida de varios discursos que al respecto pronunciaron Castro y sus ayudantes. Como se indicó antes, Castro insinuó primero esa orientación en sus alocuciones ante el Consejo Nacional de la CTC de mayo y septiembre de 1959, la confirmó después en sus discursos del mes de diciembre ante los congresos de los trabajadores azucareros y comerciales y ya en 1960 la hizo más explícita en sus discursos del 24 de febrero y el 16 de marzo. En resumen, eran como un "ritornello" del mismo tema: los trabajadores no debían ya luchar por ventajas inmediatas como lo hacían cuando el gobierno representaba otros intereses; en las nuevas circunstancias los trabajadores debían ayudar en el proceso de acumulación de capitales y preparar el camino hacia una planificación central de la economía. "El propósito fundamental del gobierno, dijo Castro en su discurso del mes de marzo de 1960 en una reunión de la FNTA, es defender los intereses de los trabajadores y liberarlos de la explotación en que antes se hallaban sumidos".[29] Los trabajadores cubanos, afirmó, eran antes sindicalistas porque sólo podían contar con el sindicato para protegerlos; los trabajadores debían comportarse ahora como estadistas "porque el Estado es suyo".[30] Estimulados por estos pronunciamientos y alentados por sus nuevos dirigentes, numerosas asambleas sindicales acordaron en 1960 posponer sus demandas económicas y aceptar una congelación de salarios. La primera asamblea en seguir este camino fue la organizada por el Comité Ejecutivo de la FNTA el 27 de marzo de 1960. A propuesta de Conrado Bécquer y en presencia de Castro, se acordó la congelación de los salarios, y el ejemplo de los azucareros fue imitado por otros sindicatos a cuyas asambleas acudían por lo general como invitados funcionarios del gobierno.

Entra después en escena Ernesto Guevara quien, en junio de 1960, sugiere en un discurso televisado que a su debido tiempo "todos tendremos que renunciar a ciertos privilegios".[31] "La sociedad nueva, diría algún tiempo después, sólo podemos conquistarla con sudor, trabajo y sacrificio".[32] El mensaje fue captado enseguida por varios sindicatos que resolvieron renunciar al pago del incremento debido por horas extraordinarias. Otras renuncias de derechos preexistentes vendrían después hasta culminar en la renuncia en masa de derechos que tendría lugar en el XI Congreso del que se hablará más tarde.

Casi simultáneamente con las renuncias, se desarrolló la campaña de las contribuciones obreras. Y de igual manera que en los otros casos, el movimiento tomó cuerpo a raíz de un discurso de Castro, en esta ocasión el ya citado del 24 de febrero. En el mismo, Castro expuso su teoría de que él había decidido dejar a un lado la política neocolonial de impulsar el desarrollo por medio de las inversiones de capitalistas cubanos o extranjeros y de preferir en cambio la contribución financiera de los trabajadores. Hizo hincapié al respecto en el orgullo y satisfacción que tendrían los obreros en contribuir con el cuatro por ciento de sus salarios y recalcó que ello sería decisivo para el futuro del país. Las nuevas industrias, señaló, pertenecerían a una nueva corporación llamada Pueblo Company S.A.[33]

De nuevo aquí se produjo de inmediato una concretización de los ofrecimientos que ya antes se habían hecho. Casi simultáneamente la CTC-R anunció que 144 sindicatos habían prometido sumarse a la campaña de las contribuciones que el gobierno esperaba sirviera para sellar su identificación con los trabajadores. Sin embargo, aunque el gobierno había insistido en que devolvería las contribuciones con intereses compuestos, muchos trabajadores se aprovecharon del carácter voluntario que inicialmente se les dio para negarse a contribuir. Ello dio lugar a que el gobierno dictara pronto una ley exigiendo que los trabajadores no contribuyentes hicieran constar por escrito su negativa y la ratificaran personalmente ante un funcionario del Mintrab.[34] Enfrentados a esta situación muchos obreros que se habían opuesto a la contribución empezaron a enviar a los periódicos cartas de arrepentimiento en las que formulaban la promesa de contribuir en el futuro.

Los que sí no tuvieron dudas ni remilgos en situarse del lado del castrocomunismo fueron Soto, Aguilera, Louit, Alvarez de la Campa, Iglesias Patiño y los demás agentes del gobierno que tanto habían perseguido a sus compañeros sindicalistas. Formulaban las mas fogosas acusaciones contra el "imperialismo yanqui"; trataban de organizar en América Latina (sin resultados) una organización rival de la ORIT, se burlaban de la amenaza de los E.U. de suspender la cuota azucarera diciendo que la Unión Soviética la supliría con creces; afirmaban que en caso de una intervención militar americana la cohetería soviética vendría en ayuda de Castro; viajaron a varios países socialistas y expresaron particular agrado en invitar y agasajar a los emisarios soviéticos que iban llegando a Cuba, incluyendo a Anastas Mikoyan y al Embajador S. M. Kudryatset. Fue precisamente en ocasión de una recepción ofrecida a este último que José M. de la Aguilera pronunció las siguientes palabras:

> *"Es hora ya de decir sin temor alguno, sin que nos tiemble la voz ni las rodillas y con nuestras frentes en alto que marchamos inexorablemente hacia el socialismo".*[35]

# Notas

[1] Una Junta Central de Planificación (Juceplan) fue establecida en febrero de 1960. Dicha Junta se ajustaría en su posterior funcionamiento al Gossplan soviético.

[2] Samuel Farber, *Revolution and Reaction in Cuba* (Middletown, Conn: Wesleyan University Press, 1976), pag. 218.

3 *El Mundo*, 20 de marzo de 1960, pag A1.

[4] "La Ley de intervención", *Trabajo* No 2, Junio de 1960, pag. 64. Véanse también los editoriales del *Diario de la Marina* del 27 de abril de 1960 y del *Havana Post* del 28 de abril de 1960.

[5] Véase el artículo 8 de la Ley No. 647 de 24 de noviembre de 1959.

[6] *El Mundo*, 17 de marzo de 1960, pag. A6.

[7] Véase José I. Rivero, *Prado y Teniente Rey* (Miami: 1986) y Juan Clark, op. cit., pag. 81.

[8] Ley No. 851 de 6 de Julio de 1960.

[9] Ley No. 980 de 3 de octubre de 1960.

[10] Ibid.

[11] M. Pérez Stable, op. cit., pag 74.

[12] Edward Boorstein, *The Economic Transformation of Cuba* (New York: Monthly Review Press, 1968), pag 33.

[13] Véase M. Pérez Stable, op. cit., pag. 73.

[14] Véase *Revolución* del 27 de noviembre de 1961, pags 3 y 4.

[15] Ernesto Guevara, "Discurso clausura ante el Consejo Nacional de la CTC, 15 de abril de 1962", en *Escritos y discursos* (La Habana: Editorial de Ciencias Sociales, 1977), pag. 133.

[16] Corporaciones Económicas de Cuba. (Exilio), *Cuba y la OIT. Denuncia e impugnación.* (Miami: Talleres Tipográficos, 1968), pags. 24-27 y 40.

[17] Véase Córdova, op. cit., pag. 230; véase también la ley No. 907 del 30 de diciembre de 1960.

[18] Resolución No. 16,782 de 23 de agosto de 1960.

[19] Para un tratamiento más detallado del proceso de extinción de la negociación colectiva, véase E. Córdova, *Castro and the Cuban Labor Movement*, op. cit., pags. 225-232.

[20] Véase Benjamín de la Vega, "Bisturí", *El Mundo*, 3 de marzo de 1960, pag. 4.

[21] Véase la Ley de Reforma Constitucional de 11 de marzo de 1960.

[22] Véase *Diario de la Marina*, 6 de diciembre de 1959, pag. 1.

[23] Al respecto de las medidas que con toda urgencia adoptó el gobierno, puede verse *El Mundo* del 7 y el 21 de enero de 1960.

[24] *El Mundo*, 28 de marzo de 1960, pag 1.

[25] Fidel Castro, "El fusil del sacrificio". *Trabajo*, No. 1, mayo de 1960 pag. 63.

[26] "Las milicias de un pueblo libre", *Trabajo*, No 2, junio de 1960, pag 76.

[27] Fidel Castro, *Cualquier sacrificio siempre será poco*. (La Habana: Instrucción Minfar, 1961), pags. 13 y 14.

[28] Véase *Revolución*, 9 de noviembre de 1960, pag. 6 y Ley Orgánica del Ministerio del Trabajo, artículo 14.

[29] Fidel Castro "El fusil del sacrificio", op. cit., pag. 30.

[30] Ibid, pag. 60.

[31] E. Guevara, "Discurso dirigido a la clase obrera", *"Obra Revolucionaria.* (La Habana), No. 11, junio de 1960, pag. 7.

[32] E. Guevara, *Diario*, op. cit., pag. 63.

[33] Fidel Castro, "El camino verdadero", op. cit., pag. 21.

[34] Ley 762 de 19 de marzo de 1960.

[35] Véase *Revolución* del 7 de noviembre de 1960 pag. 1 y *Bohemia Libre* (Miami) Año 52, No. 9, 4 de diciembre de 1960, pag. 53.

# Capítulo 7

## *Los últimos estertores del sindicalismo independiente*

### La oposición de los eléctricos

Después de obtener el apoyo de una gran parte de la clase trabajadora y de haber purgado a la dirigencia sindical no comunista, Castro se dio a la tarea de destruir los reductos que aún quedaban de sindicalismo independiente. La captura de éste había sido rápida y hasta fulminante pero a mediados de 1960 no era todavía completa. Los focos de resistencia eran particularmente notorios en los sindicatos de la construcción, plantas eléctricas, telefónicos, industria alimenticia, la medicina, el transporte y el comercio. Algunos autores incluyen también a los empleados de restaurantes en éste grupo.[1]

Era indudable que Castro y sus lugartenientes se habían movido con diligencia en los más diversos círculos sindicales; también era cierto que la clase obrera, que en el verano y otoño de 1959 dejó constancia de su oposición al comunismo, ahora daba muestras de volubilidad al plegarse a la dirigencia comunista que Castro había decidido imponer. En algunos de los grupos antes mencionados, la resistencia fue más bien sorda o matizada por el disgusto que causaban las tácticas empleadas para eliminar a los anticomunistas. Sin embargo, en varios sectores incluyendo el de plantas eléctricas, llegó a alcanzar proporciones importantes. Una directiva de este último, oriunda del M-26-7 y lidereada por Amaury Fraginals y Fidel Iglesias, había resistido con éxito cuantos intentos hicieron los comunistas en 1959 y 1960 por controlar la federación (FSPE). Tanto por convicción como por táctica, dicha directiva combinaba una clara militancia revolucionaria con una decidida postura anticomunista, lo que le permitió sobrevivir al asedio de los incondicionales de Castro y el PSP, sostenidos por el Ministro del Trabajo.

Los problemas comenzaron empero a agravarse en agosto de 1960 cuando la Compañía Cubana de Electricidad fue nacionalizada y Fraginals acusó al interventor del gobierno de reducir o suprimir beneficios y socavar la posición del liderazgo de la federación. El interventor y los comunistas replicaron calificando de falsa la acusación y añadiendo que ella buscaba propagar rumores contrarrevolucionarios. Tan acalorada fue la confrontación que se decidió convocar a una asamblea de la federación para dilucidar la cuestión. La asamblea acordó apoyar a Fraginals en su denuncia y ello provocó una fuerte ola de críticas de la prensa oficial.[2]

Algo más tarde, en noviembre 20 de ese mismo año, se produjo el sabotaje de cinco transformadores eléctricos ocasionándose un apagón que afectó a varios barrios de la capital. Tres días más tarde hubo un asalto en la oficina de la propia compañía en el que elementos anticastristas sustrajeron $100,000 para el sostenimiento de la lucha clandestina. La CTC-R convocó inmediatamente a una asamblea general y extraordinaria para depurar responsabilidades, cuya asamblea se fijó para el nueve de diciembre. Ese mismo día el periódico *Revolución* publicó un manifiesto suscripto por 600 trabajadores eléctricos condenando el sabotaje, acusando del mismo a la dirigencia de Fraginals y demandando la imposición de severas sanciones por los tribunales revolucionarios.[3] Casi simultáneamente la policía emitió un comunicado con los nombres de los trabajadores eléctricos pertenecientes al movimiento clandestino a los que se hacía responsables del sabotaje. Si bien el comunicado no mencionaba a Fraginals ni a Iglesias por sus nombres, sí se aludía a otros trabajadores miembros de ese grupo.

En esas condiciones y conociendo la experiencia de otras reuniones en circunstancias similares, Fraginals y sus colegas decidieron no asistir a la asamblea y convocar en cambio a sus seguidores para una manifestación de protesta contra el propósito de los comunistas de apoderarse de la federación. Más de mil trabajadores desfilaron así por las calles de La Habana, el nueve de diciembre de 1960 gritando consignas contra el comunismo y dando vivas a sus líderes.[4] Al llegar al Palacio Presidencial, los manifestantes pidieron ver al Presidente Dorticós, quien aceptó recibir una comisión integrada por Fraginals, Fidel Iglesias, René L. Diaz y Ela Gómez. La entrevista fue infructuosa: Dorticós: acusó a los eléctricos de poner en peligro a la revolución; los dirigentes de la federación replicaron que ellos no estaban combatiendo la revolución cubana sino la revolución comunista y procedieron a enumerar sus demandas: cumplimiento del convenio colectivo en vigor y cese de los despidos, transferencias y contrataciones dispuestos por el interventor.[5] No se logró ningún acuerdo y así concluiría una manifestación que dado su carácter excepcional en el contexto de lo que era ya un Estado totalitario, mereció incluso ser reportada en la primera página del *New York Times*. Pocos sospechaban que esa iba a ser la última manifestación obrera de protesta que tendría lugar en Cuba.

La demostración de los eléctricos no puso en peligro al régimen, pero sí tuvo un gran valor simbólico y tocó las cuerdas más sensibles de los líderes de la revolución. A toda marcha se orquestó una serie de actividades dirigidas a contrarrestar sus efectos. Fraginals e Iglesias fueron expulsados del M-26-7, y otros líderes eléctricos sometidos a la justicia ante los tribunales revolucionarios. Se inició asimismo un gran proceso de movilización a todo lo largo del movimiento obrero. Mitines relámpagos se organizaban por doquier; cientos de telegramas fueron enviados al ejecutivo de la CTC-R denunciando la actitud revolucionaria de los disidentes eléctricos, exigiendo sanciones e incluso dando consejos sobre cómo eliminar a los contrarrevolucionarios.[6] Tan alarmado estaba, al parecer, el gobierno que se convocó a una magna reunión conjunta de la CTC-R, las varias federaciones nacionales y los sindicatos de la provincia de La Habana con el fin de juzgar la conducta de los saboteadores, los líderes de la disidencia y sus "cómplices".

La reunión celebrada el 13 de diciembre aprobó un manifiesto dirigido a la nación en el que se condenaban los sucesos del 20 de noviembre y 9 de diciembre y se apelaba al patriotismo de los trabajadores eléctricos. El manifiesto fue firmado por 31 de las 33 federaciones de industria. A pesar del ambiente de enorme presión que caracterizó a la asamblea, hubo otra organización contestataria que se sumó a la de plantas eléctricas o al menos se negó a firmar el documento: la Federación de Obreros del Ramo de la Alimentación. FORA fue inmediatamente denunciada ante la CTC-R como una organización aliada de los contrarrevolucionarios.[7] El manifiesto del día 13 incluía, por último, un párrafo conminando a las demás organizaciones locales, provinciales y nacionales a que se definieran so pena de ser consideradas como contrarrevolucionarias.

La reacción en cadena provocada por la protesta de los eléctricos culminó en otra asamblea organizada por la CTC-R el 15 de diciembre. A esta reunión se suponía que asistieran sólo trabajadores eléctricos, pero el ejecutivo ceteceista invitó también a ella a los miembros de la Federación Estudiantil Universitaria, a estudiantes de la Escuela de Artes y Oficios, a simpatizantes y activistas de otros sindicatos y a cuadros y afiliados comunistas. Se adoptaron además rigurosas medidas de seguridad en conexión con el ingreso al salón de actos. Seguros así de contar con una "claque" devota, los organizadores lograron que la asamblea acordara la expulsión del movimiento obrero de todos los involucrados directa o indirectamente con el sabotaje, así como la remoción del Comité Ejecutivo de la Federación y del sindicato eléctrico de La Habana. Fue Jesús Soto el que propuso la resolución de marras, para cuya adopción no se requirió votación de clase alguna, ni nominal, ni a mano alzada, ni secreta. Actuando en gran factotum y de pie en el centro de la platea, Soto preguntó si alguien se oponía a su propuesta.[9] La resolución fue aprobada por unanimidad.

Consumados los hechos, Castro tuvo a su cargo el discurso central de la noche. Comenzó diciendo que para él los problemas del sector eléctrico no constituían una sorpresa, pues se trataba a su juicio de un sector privilegiado de la clase trabajadora cuyos líderes se habían confabulado con la administración para obtener mejores condiciones de trabajo a expensas del público.[10] Asimiló en ese sentido el sector eléctrico al bancario pero agregó que este último tenía la suerte de contar con un liderazgo inteligente. En el sindicato de los trabajadores eléctricos, puntualizó, se combinaban una masa obrera predispuesta a las actividades contrarrevolucionarias y una dirigencia que calificó de pobre. Atacó enseguida a Fraginals y sus seguidores, diciendo que estaban dispuestos a vender el derecho de primogenitura de la clase obrera, el derecho a gobernar y dirigir al país por el miserable plato de lentejas de sus particulares intereses. Les achacó asimismo la culpa por haber fomentado divisiones en la clase obrera y tratar de impedir que ésta alcanzara sus verdaderos objetivos.

> *"¿Saben ustedes, preguntó, cuál es el objetivo fundamental por el que debería luchar la clase obrera, el objetivo único por el que esa clase debería luchar en la sociedad moderna? Por la conquista del poder político".*[11]

Luego de indicar que esa clase representaba a la mayoría de la población y era la creadora de toda la riqueza del país, el líder máximo se apresuró a advertir que ella estaba condenada a vivir una existencia miserable a menos que se dispusiera a tomar el poder de las manos de los monopolios, los latifundistas y los intereses extranjeros. Para ello se hacía indispensable, dijo, que se adoptaran medidas drásticas y se "sacudiera la mata" de modo efectivo e inmediato.[12]

Todo esto lo decía Castro un año antes de su famoso discurso marxista-leninista y antes también de que los Estados Unidos rompieran relaciones con Cuba y se produjeran los acontecimientos que, según algunos autores, fueron los que empujaron al gobierno de Castro a buscar el apoyo de la Unión Soviética.

La crisis de los trabajadores eléctricos tuvo en todo caso un epílogo trágico. Tres obreros acusados por el informe de la policía política G2 de ser responsables del sabotaje —Julio Casiellas, Guillermo Le Santé y Orlirio Menéndez— fueron ejecutados unos días más tarde. Otros muchos trabajadores fueron juzgados y condenados a largas condenas de cárcel. Fraginals se sumió por algún tiempo en el clandestinaje hasta que pudo escapar a México por la vía del asilo diplomático.

## Otras señales de agitación

El sabotaje y la manifestación de los eléctricos no fueron las únicas muestras de rebeldía obrera que ocurrieron en la segunda mitad de 1960 cuando el viraje totalitario funcionaba ya a toda capacidad. Casi inmediatamente después de la reunión del 14 de diciembre convocada por la CTC, empleados de la emisora de radio y televisión CMQ causaron el incendio de los equipos técnicos de la estación. En el propio mes quedaron asimismo arrasadas por el fuego dos grandes tiendas por departamentos (El Encanto y La Epoca). Según el informe policiaco, el fuego fue también intencional y causado por empleados de esos establecimientos. Eduardo García Moure, ex-Secretario General del Sindicato de Comercio, que fue acusado como uno de los inductores del incendio, estuvo oculto durante varios meses hasta que, disfrazado y con pelo teñido, pudo asilarse en la Embajada de Venezuela. Algo después fueron quemados grandes depósitos de hojas de tabaco torcido, valoradas en cerca de un millón de dólares.[13] Numerosos cañaverales ardieron en sabotajes que eran a veces patrocinados por la CIA. Otros trabajadores anticastristas, pertenecientes al sector telefónico se vieron también involucrados en actos de sabotaje. Dos de ellos, Bienvenido Infante y Radamés Amador Cruzada, fueron capturados por agentes del G2 cuando trataban de inutilizar instalaciones de la compañía. Fueron ejecutados en marzo de 1961.

Se incrementó también por esta época la adhesión de muchos trabajadores a los movimientos subversivos que procuraban salvar la revolución del desvío castrocomunista. Muchos de ellos se afiliaron al Movimiento Revolucionario 30 de noviembre, nombre vinculado al levantamiento popular en que pereció el líder Frank País, pero otros se unieron al Movimiento de Recuperación Revolucionaria (MRR), la Fracción

Obrera Auténtica o el Directorio Estudiantil Universitario. Un número apreciable de ellos participó en acciones dirigidas por esas organizaciones. Por ejemplo, Oriol Acosta, cuadro sindical de la industria azucarera y Eurípides Núñez, antiguo dirigente de la fábrica de tabacos H. Upman, fueron primero encarcelados en la prisión de Boniato en conexión con sus actividades disidentes y luego fusilados en la misma.

El ritmo de las actividades subversivas se incrementó en los meses finales de 1960 y principios de 1961. No solamente los trabajadores sino gente de todas las clases sociales participó en la lucha anticastrista de estos meses cruciales. Las perspectivas de una guerra civil o del derrocamiento de la dictadura nunca fueron más grandes que en los momentos anteriores al fatídico desembarco de abril de 1961 cuando el Presidente Kennedy dispuso de manera irreflexiva (¿o deliberada?) el lanzamiento de la infausta operación de Playa Girón. El previsible fracaso de ésta trajo consigo el encarcelamiento de centenares de miles de cubanos y el fin de las actividades clandestinas dirigidas a derrocar a Castro.

Aunque en realidad las acciones de sabotaje y oposición a Castro se llevaron acabo por obreros de sectores diversos, algunos autores como Dudley Seers sostienen que el apoyo o la oposición al régimen se hallaban relacionados con el nivel de ingreso, el color de la piel y la edad de los trabajadores involucrados.[14] Seers fue uno de los primeros observadores extranjeros en advertir la importancia que iba teniendo el factor racial en el curso de la revolución.

## La contraofensiva del gobierno

El Gobierno Revolucionario reaccionó contra la creciente actividad conspirativa con su habitual estrategia de dureza y engatusamiento. Se reactivaron los tribunales revolucionarios y se escucharon de nuevo los gritos de paredón. "La unidad en la acción para lograr una revolución democrática se había convertido, dice Riesgo, en unidad ideológica cuyo cuestionamiento más insignificante representaba el presidio o el fusilamiento".[15] Se produjo una drástica purga de FORA y se designó un nuevo comité ejecutivo provisional encabezado por Jesús Soto y Rogelio Iglesias; otras purgas se llevaron a cabo en los sectores tipográfico, del comercio, de la construcción y telefónico. En este último sector, el secretario general del Sindicato Provincial de La Habana envió una carta a sus afiliados pidiéndoles que se opusieran a los planes de comunización del gobierno, tras lo cual procedió a refugiarse en la embajada de un país latinoamericano.[16] Despidos sumarios de cientos de empleados tuvieron lugar en la Compañía Cubana de Electricidad, Compañía Cubana de Teléfonos, Compañía de Tránsito de La Habana y varias tiendas por departamentos. El propio Gobierno Revolucionario reconoció oficialmente después que 314 trabajadores habían sido separados de sus cargos y otros trasladados a distintos lugares por razones políticas, es decir, por no ser confiables a los ojos del régimen.[17]

Rigurosas medidas preventivas se dictaron con respecto a la celebración de las asambleas sindicales. Ningún sindicalista podía participar en ellas sin antes haber sido registrado por los encargados de la seguridad. Una estricta vigilancia se puso además en vigor alrededor de los locales sindicales, los centros sociales y las organizaciones juveniles. Tan marcadas fueron estas medidas que el propio Castro afirmó en una ocasión que eran psicológicamente contraproducentes.[18]

Nuevos impulsos se dieron a la militarización del trabajo. En noviembre de 1960, Castro urgió a los trabajadores a que convirtieran las empresas en unidades militares.[19] Comités de Vigilancia Revolucionaria fueron creados en los centros de trabajo a fin de cooperar con las milicias y los CDR en la prevención del sabotaje.[20] En ese ambiente febril de estos meses finales de 1960 y primeros de 1961, el gobierno fomentó esas medidas lanzando una consigna elocuente: "del taller a las trincheras y de las trincheras al taller".[21] El propio Castro advirtió además a los trabajadores que la lucha contra los saboteadores sería en lo adelante su responsabilidad.[22]

Estas fueron algunas de las medidas de carácter contingente o circunstancial que el gobierno adoptó en esta fase crítica de la captura. Junto a ellas se tomaron también otras que tuvieron una proyección de largo alcance. Una ley de 1961 incluyó como causal de despido a "cualquier actividad contrarrevolucionaria", sin molestarse en precisar su significado y aclarando que el despido se dispondría sin perjuicio de la responsabilidad criminal correspondiente.[23] De la gravedad que esta última medida podía tener da fe el hecho de que entre el 1⁰ de enero de 1959 y el 29 de noviembre de 1961, el régimen de Castro decretó la aplicación de la pena de muerte con respecto a 28 nuevas figuras supuestamente delictivas.[24] La pena de muerte se previó en enero de 1961 para los que, con propósitos contrarrevolucionarios, incendiaran cualquier fábrica, taller, instalación industrial, almacén, tren, automóvil, aeronave o cualquier otro vehículo.

La represión alcanzó, por último, su punto culminante con la creación, en junio de 1961 del cuerpo de Seguridad del Estado dentro del Ministerio del Interior, cuyo cuerpo seguiría en pie como dispositivo fijo del régimen a todo lo largo de los siguientes 35 años. El Minint llegaría a contar con más de 75,000 funcionarios de seguridad apoyados por un enjambre de informantes y dirigidos por un ministro y nueve viceministros. La historia habría de demostrar que el Minint superaría en eficacia represiva a la KGB soviética y la STATSI de Alemania Oriental. Junto a las milicias, el Ejército Rebelde, los tribunales revolucionarios y los CDR, dicho ministerio vendría a completar la urdimbre de aparatos de seguridad que habría de garantizar la perdurabilidad del régimen.

Los beneficios y ventajas del engatusamiento fueron, en cambio, de proyección más bien temporal e inmediata. Había que superar la crisis que germinaba en algunos sectores y para ello nada mejor que poner más dinero en el bolsillo de los trabajadores y ampliar sus posibilidades de esparcimiento. Sin llamarle bono pascual o de Navidad, Castro dispuso en diciembre de 1960 el reparto de 50 millones de pesos entre los dos millones de personas que formaban la fuerza de trabajo.[25] Se procedió también a ordenar que del cuatro por ciento de los dineros que se iban a destinar a la industrialización, un uno por ciento se asignara a la construcción de clubs o círculos sociales de recreo. La medida fue adoptada por el Comité Ejecutivo de la CTC a propuesta del propio Castro, lo que explica que casi inmediatamente se anunciara la creación de 300 círculos sociales en pequeños pueblos y bateyes de la isla.[26] Poco importó que estas decisiones fueran contrarias a la tan ponderada línea produccionista y pudieran tener efectos inflacionarios. Lo primordial era superar la crisis y consolidar el control de la clase trabajadora. Para ello se acudió también al procedimiento de distribuir entre obreros y campesinos las casas expropiadas o abandonadas por sus dueños exiliados en otros países.

La política de reparto de propiedades tomó cuerpo en dos discursos que Castro pronunció en 1961. El Primer Ministro aprovechó primero la ocasión del 1º· de mayo para asignar a la CTC la obligación de entregar un número limitado de viviendas exclusivamente entre los trabajadores que estuvieren sindicalizados, tuvieren ingresos menores de $150 mensuales, contaren con familias numerosas y vivieren "en condiciones miserables". A los beneficiados se les asignaba como renta el 10 por ciento de sus ingresos.[27] Unos mese después, a raíz de su discurso del 26 de julio, Castro amplió el programa de distribución de viviendas incautadas estableciendo un régimen de cuotas para los distintos sectores de la población.[28]

Hasta noviembre de 1961 se habían entregado 7,709 viviendas y se encontraban pendientes de autorizar 6,447. Los trabajadores sindicalizados beneficiarios fueron 3,544 y el número de familiares favorecidos 23,228 personas. Algunos trabajadores recibieron casas o apartamentos en la zona del Vedado por sumas que iban de 3 a 15 pesos mensuales. La distribución estuvo a cargo de una comisión integrada por Aguilera, Iglesias Patiño y Héctor Carbonell.[29] La propiedad de los inmuebles incautados pasó al Instituto de Reforma Urbana.[30]

Aunque los resultados del programa de reparto de propiedades fueron modestos, la Comisión cumplió fielmente con la misión que le había sido asignada; su informe omitió sin embargo decir que las mejores mansiones confiscadas o abandonadas fueron ocupadas por altos personajes del nuevo régimen empezando por Castro que ya en enero de 1959 se asignó la residencia que tenía en Cojimar el senador Agustín Cruz. Esa fue la primera de una larga serie de casas, villas, "pent-houses", apartamentos e islas que habrían de ponerse a su disposición. Se decía entonces que el propio Máximo Líder sostenía la tesis de que los revolucionarios debían vivir bien para poder cumplir eficazmente con sus funciones. El Partido Comunista se preocuparía más tarde de crear dentro de su estructura un Departamento de Cuadros encargado del cuidado y atención de los dirigentes.

## Quejas ante las organizaciones internacionales

Como el aparato totalitario funcionaba ya a toda capacidad y resultaba imposible bregar dentro de Cuba por la existencia de un sindicalismo independiente, a los dirigentes sindicales cubanos no les quedó otro camino que el de formular protestas ante los organismos internacionales. Acudieron a cuantas organizaciones pudieran tener competencia para conocer de los problemas de libertad sindical y violación de los derechos humanos, pero principalmente a la Organización de Estados Americanos (OEA) y a la Organización Internacional del Trabajo (OIT). Los sindicalistas no podían esperar que sus quejas tuvieran efectos prácticos pero sí que sirvieran para poner en evidencia los abusos cometidos por el Gobierno de Castro.

En el ámbito regional las reclamaciones se dirigieron a la Comisión Interamericana de Derechos Humanos (CIDH), la que después de largas investigaciones hizo públicos varios informes detallando numerosos casos de arrestos, encarcelamientos, deportaciones y ejecuciones de trabajadores y ciudadanos en general que habían ocurrido en 1959 y 1960. Uno de esos informes indicaba que la Comisión había recibido 112 quejas y 1,350 comunicaciones relativas a la violación de los derechos humanos, algunas de las cuales se referían a obreros y campesinos.[31] Lo más revelador fue, sin embargo, el hecho que la CIDH dirigió 48 comunicaciones oficiales al Gobierno de La Habana de las cuales recibió contestación en sólo 12 casos.

En el ámbito global correspondió a la Organización Internacional del Trabajo tramitar las quejas relativas a los derechos sindicales. En 1961, por ejemplo, la Federación de Trabajadores de Plantas Eléctricas en el Exilio formuló una queja concerniente al fusilamiento de los tres sindicalistas ejecutados bajo la acusación de sabotaje. La OIT pidió al Gobierno de Cuba que informara si la pena capital había sido dispuesta por un tribunal de justicia y conforme a los procedimientos de ley. Luego de una larga demora, el Gobierno de Castro contestó diciendo que dichos trabajadores habían sido declarados culpables de sabotaje y que "todos los trabajadores espontáneamente habían pedido su fusilamiento".[32] El Comité de Libertad Sindical dejó constancia en su informe final de lo difícil que resultaba conciliar esa respuesta con el hecho de que cientos de trabajadores habían sido despedidos de la misma compañía y otros muchos trasladados a posiciones en las que "no podían cometer sabotajes".[33] Solicitó asimismo al Gobierno de Cuba que le suministrara el texto de la sentencia condenatoria, petición que fue ignorada por las autoridades cubanas. Once comunicaciones y recordatorios fueron remitidos por la Comisión en los dos años siguientes pero ni uno sólo de ellos obtuvo respuesta. En 1963, la OIT se vio obligada a archivar el caso, no sin antes deplorar la inexplicable actitud del gobierno y señalar que los sindicalistas acusados de delitos políticos y comunes tenían el mismo derecho que cualquier otro ciudadano de ser juzgados pronta e imparcialmente por un órgano judicial independiente.[34] Ese mismo derecho, recordaría el Comité unos años más tarde, asistía a los sindicalistas puestos en prisión por el Gobierno de Cuba, el cual de nuevo se había negado a ofrecer la información pertinente. Haciendo gala de un gran optimismo, el Comité invitaba a las autoridades de la isla a que en el futuro cooperaran más efectivamente con los procedimientos de la OIT.[35]

A nadie puede sorprender la actitud evasiva adoptada por el Gobierno de Castro en esos casos. Cuba había violado abiertamente los más elementales principios de la Declaración de los Derechos Humanos y del Convenio 87 de la OIT sobre la libertad sindical. Por grandes que fueran las aptitudes dialécticas de sus portavoces no había modo alguno de ofrecer la menor justificación o explicación al respecto. Tan consciente estaba el Gobierno Revolucionario de sus faltas y arbitrariedades que en 1960 decidió no enviar delegación alguna a la Conferencia Internacional del Trabajo. Por primera vez en 40 años, Cuba que había sido uno de los países fundadores de la OIT, estuvo ausente de ese evento. No lo estaría por mucho tiempo, sin embargo, pues al año siguiente con la CTC firmemente en manos de los comunistas, Castro enviaría una delegación en la que el veterano líder del PSP, Ursinio Rojas, asumió la representación de los trabajadores. Rojas aprovechó la ocasión para lanzar un ataque virulento contra los Estados Unidos, tan virulento que el Presidente de la Conferencia tuvo que llamarle varias veces al orden.[36]

Otras quejas serían presentadas en los años subsiguientes tanto al Comité de Libertad Sindical como a la Comisión Encargada de la Aplicación de Convenios y Recomendaciones. De ellas se dará cuenta en otras partes de este libro. Por el momento conviene observar que dos de las más importantes leyes dictadas por el Gobierno Revolucionario en esta primera época (la Ley Orgánica del Ministerio del Trabajo de 1960 y la Ley de Organización Sindical de 1961) fueron declaradas por la OIT contrarias al artículo 2 del Convenio 87 por contener disposiciones que autorizaban al Ministerio del Trabajo a intervenir y controlar las organizaciones de trabajadores y empleadores.[37] Las susodichas leyes no estaban en consonancia con ese Convenio, que se considera en el mundo como la Carta Magna del sindicalismo, pero sí lo estaba con la transformación que Castro había operado en poco más de un año en la índole y propósito del ordenamiento sindical cubano.

## El drama de David Salvador (II)

Después de su enfrentamiento con Jesús Soto, el Ministro Martínez Sánchez y el propio Castro, David Salvador presentó su renuncia irrevocable como Secretario General de la CTC. Estuvo conspicuamente ausente de la celebración del Día del Trabajo, habiendo preferido retornar a su base del Central Stewart en Camagüey. Castro nada dijo de su renuncia y de hecho la CTC quedó acéfala por algún tiempo.

La situación personal de Salvador se fue haciendo insostenible; su personalidad y arrastre sindical le hacían difícil permanecer en la sombra. El había representado una de las más vigorosas tendencias de oposición a la entrega del movimiento obrero al liderazgo del PSP, y fue el Presidente de ese partido, Juan Marinello, el que ya en febrero de 1960 había dicho que ser anticomunista era en sí mismo una postura contrarrevolucionaria.[38] Era pues inevitable que ya en junio de ese año se viera obligado a sumirse en el clandestinaje. Desde sus cambiantes escondites estableció contactos y celebró reuniones con otros disidentes hasta fundar el antes citado Movimiento 30 de Noviembre del que vinieron a formar parte, entre otros, Gabriel Hernández Custodio de los empleados de farmacia, Jesús Fernández de los eléctricos, Luis Moreno y Joaquín Agramonte de la federación provincial de Camagüey.

Era difícil, sin embargo, liderear un movimiento subversivo en las condiciones de vigilancia y represión constantes que caracterizaban al régimen de Castro. Y así fue que el 1⁰ de noviembre de 1960, Salvador fue capturado en la playa de Jaimanitas en La Habana cuando trataba de escapar con otros compañeros.

De inmediato comenzó a montarse otro capítulo infame del sindicalismo castrista de esta época. Al día siguiente de su captura fue expulsado deshonrosamente del movimiento obrero por el Comité Ejecutivo de la CTC el cual demandó asimismo la imposición del más severo castigo al que calificaba de traidor. Muchos sindicatos pidieron que fuera ejecutado y su propia organización del Central Stewart le denunció como lacayo del imperialismo. A toda prisa fue juzgado por un tribunal revolucionario el cual lo condenó a 30 años de prisión.

A su salida de la cárcel muchos años después, Salvador pudo trasladarse a los Estados Unidos donde vive actualmente en la ciudad de Los Angeles. Otros muchos sindicalistas siguieron una suerte similar en 1960 y años posteriores. Como es bien sabido, el presidio político (también llamado presidio histórico) ha sido una característica constante del régimen de Castro y de ella no fueron excepción los sindicalistas. Muchos de ellos fueron torturados, expuestos a ejecuciones simuladas o privados de libertad por largos años. Todavía en 1976, una petición presentada a la Embajada de Cuba en Venezuela por un grupo de sindicalistas cubanos y venezolanos mencionaba a 19 antiguos dirigentes gremiales que estaban en la cárcel y agregaba que la lista era incompleta y sería posteriormente ampliada.[39]

Un triste reverso del sombrío relato anterior tuvo lugar en el otoño de 1960. Se trata de la Semana del Júbilo Popular organizada por Soto, Aguilera e Iglesias Patiño para celebrar el triunfo obtenido por Castro al capturar al movimiento sindical. El punto culminante de esta Semana fue una concentración realizada frente al Capitolio en el curso de la cual se circuló un juramento (luego remitido a todos los sindicatos) que incluía la promesa de ingresar en las milicias, intensificar la vigilancia en el trabajo para descubrir y encarcelar contrarrevolucionarios, producir más sin reclamar aumentos de salarios, evitar el ausentismo y la indisciplina y defender con la vida al Máximo Líder Fidel Castro.

## El XI Congreso de la CTC

Ya hacía meses que se había consumado la captura del sindicalismo por Castro y sus aliados comunistas, pero no fue sino en noviembre de 1961 que se estampó el sello de la victoria en el XI Congreso de la CTC. Un hombre superdotado para ejercer el oficio de dictador y una masa obrera confundida e incapaz de percibir los verdaderos designios de Castro, se habían combinado para producir la liquidación del sindicalismo cubano. A ellos hay que agregar el grupo de colaboracionistas (tipo Louit, de la Aguilera, Alvarez de la Campa y Soto) que sin ser comunistas o siéndolos a medias había contribuido a asestarle un golpe mortal a un movimiento sindical próximo a cumplir un siglo de existencia. En su marcha hacia el goce irrestricto de un poder totalitario, Castro logró así entre 1959 y 1961 controlar y emascular los cuatro posibles focos de rebeldía que tradicionalmente se habían significado en la historia de Cuba: el ejército, los estudiantes, los sindicalistas y la prensa independiente.

El XI Congreso tuvo lugar los días 26 al 28 de noviembre en el Palacio de los Trabajadores. Unos días antes otro fuego intencional había destruido parte del edificio, pero el gobierno apeló a los obreros de la construcción, eléctricos y metalúrgicos para que trabajando horas extraordinarias se pudiera reconstruir el salón de sesiones. El esfuerzo realizado fue saludado por la prensa como otro triunfo de la revolución.

Un total de 9,650 delegados (la cifra más alta jamás registrada en un congreso obrero) se dieron cita en La Habana para el congreso. Hay que aclarar que el congreso de la CTC fue precedido por la celebración de 25 congresos de otros tantos sindicatos nacionales que habían sustituido a las 33 antiguas federaciones de industria. La prensa cubana informó que dichos delegados habían sido elegidos por los dos millones de trabajadores que participaron en las elecciones realizadas en el mes de octubre. ¿Cómo se efectuaron las mismas? *Vanguardia Obrera*, que era entonces el órgano de la CTC, instó a los trabajadores a que dieran una demostración de solidaridad postulando a un sólo candidato para cada puesto.[40] Otro órgano oficialista, la revista *Trabajo* dio a su vez cuenta de que en el 98 por ciento de los casos la candidatura única había sido electa por unanimidad.[41] Sin duda, Castro había aprendido pronto la técnica y resultado de las elecciones en los países comunistas.

Los congresos de los sindicatos nacionales sesionaron los días 22, 23 y 24 de noviembre. Lo hicieron en los mejores hoteles y salones de los clubes de recreo de la antigua burguesía cubana. Los trabajadores azucareros, por ejemplo, se reunieron en el Habana Hilton en tanto que los metalúrgicos lo hicieron en el Habana Yacht Club. A los delegados se les ofreció un programa variado de conciertos, banquetes, conferencias, espectáculos teatrales, ballets y películas. Ministros del Gabinete y altos funcionarios de los órganos de gobierno recibieron instrucciones de asistir a los diversos congresos y mezclarse con los delegados en un ambiente de camaradería.[42]

El gobierno prestó también especial atención al aspecto internacional de la gran reunión proletaria. Unos 200 delegados fraternales de otros países socialistas fueron invitados y compartieron con los delegados cubanos el tiempo dedicado a los agasajos y a las sesiones de trabajo. Se tocaron los himnos de la Unión Soviética, Alemania del Este, Bulgaria y Checoslovaquia y los presentes cantaron la Internacional al comienzo del congreso de la CTC. El congreso de la federación minera resolvió enviar un mensaje a Nikita Khruschev saludándole como "el primer minero del mundo".[43] Otros mensajes se dirigieron a Walter Ulbricht, el jefe comunista de Alemania del Este y a jerarcas de otros países socialistas. Gente y países que dos años antes eran totalmente desconocidos en Cuba acaparaban ahora los honores. Huelga decir que los congresos de noviembre del 61 hicieron hincapié en la necesidad de intensificar la lucha antiimperialista que había sido ya lanzada en la Declaración de La Habana de septiembre de 1960. A los sindicatos se les pidió entonces incidentalmente que discutieran la Declaración e hicieran que sus afiliados la firmaran. La Declaración fue un llamado a la insurrección de los pueblos de América.

El XI Congreso y las anteriores reuniones sectoriales tuvieron al parecer tiempo para adoptar algunas resoluciones (de las que se dará cuenta en el siguiente capítulo). Todas fueron aprobadas por unanimidad; ni un sólo delegado pidió hacer uso de la palabra para ofrecer enmiendas o expresar opiniones discrepantes. La mansedumbre fue tan notable que en su discurso ante el congreso, Blas Roca recomendó que se alentara en el futuro la discusión y se efectuaran votaciones antes de dar por adoptada una resolución.[44] En menos de tres años, Castro no sólo había capturado al sindicalismo sino que había transformado el espíritu acalorado y vehemente de sus reuniones para convertirlas en monótonas repeticiones del más fiel acatamiento.

La unanimidad se produjo también por supuesto a la hora de elegir la nueva directiva. Era el momento escogido por Castro para poner al movimiento obrero en las experimentadas manos de los antiguos líderes comunistas y también de imprimirle una dirección más vigorosa a la CTC. (Hacía varios meses, en efecto, que Héctor Ramos Latour había sustituido al anodino Noelio Morell, compartiendo con Lázaro Peña el mando de la CTC). El designio castrista de establecer un régimen comunista en Cuba se confirmaba así en la esfera sindical con la elevación a las más altas posiciones de los líderes de la vieja guardia del PSP, Lázaro Peña, Fausto Calcines, Carlos Fernández, Ursinio Rojas y Héctor Carbonell.

No estaba, sin embargo, en el ánimo de Castro entregar por completo a la clase trabajadora a los dirigentes del PSP. Los sindicatos de Cuba y el proletariado entero, como todo el país, debían responder sólo a él y sólo de él recibir orientaciones. Ello explica el que se diera también cabida en el Ejecutivo a los criptocomunistas y oportunistas que tanto le habían ayudado en la captura: Jesús Soto, José María de la Aguilera, Rogelio Iglesias, Octavio Louit y Odón Alvárez de la Campa. Junto a ellos entraron también tres desconocidos que se debían enteramente a Castro y la revolución: María de los Angeles Periú, Vicente Valdés y Waldina Restano.

La elección de una directiva a la medida de Castro y sus lugartenientes constituía, sin duda, un colofón apropiado del proceso de seducción, depuración, represión y dominación del movimiento obrero iniciado en el otoño de 1959. Fueron, sin embargo, los discursos pronunciados en el XI Congreso los que con mayor énfasis dieron la tónica de euforia y triunfalismo y del indiscutible sentido comunista de la revolución. Si bien hubo un torrente de alocuciones, dos fueron de particular significación: la de Martínez Sánchez y la de Castro. El primero señaló con razón que el congreso marcaba el fin de una etapa y el comienzo de otra; afirmó enseguida que no fue esa reunión producto del azar sino el resultado de los incansables esfuerzos de un grupo de compañeros que aparentemente era una minoría pero que tenían el apoyo de la mayoría del pueblo. Y fue hacia el final que pronunció un párrafo que habría de ser antológico:

> *"Ya no están aquí los traidores y descarados que gritaban ¡Ven-ti-seis, Ven-ti-seis!, para oponerse a la unidad del movimiento obrero y tampoco están los que gritaban en los pasillos ¡Melones, Melones! Ellos no están aquí, pero los melones sí estamos aquí y seguimos siendo melones, verdes por fuera y rojos por dentro".*[45]

Era natural que la etapa de la captura del sindicalismo concluyera con un discurso de quien fue su promotor. Era también de esperar que estimulado por la presencia de miles de incondicionales, Castro hiciera referencia con júbilo a la eliminación de los llamados "piernas flojas" y al éxito logrado en su empeño de implantar un Estado Comunista en Cuba. Ya era tiempo de proclamar, sin embargo, que su gobierno era nada menos y nada más que un gobierno de obreros y campesinos; atrás quedaban sus veladas referencias a la revolución de los humildes, por los humildes y para los humildes. Los trabajadores ejercían ya todo el poder, afirmación que fue puesta en entredicho en el propio congreso por la observación de Blas Roca en el sentido de que ni un sólo obrero había sido nombrado para una posición de nivel ministerial o similar.[46]

La revolución, indicó Castro, había tenido que avanzar cautelosamente al principio porque en 1959 la estructura del poder le aconsejaba ser paciente y ocultar sus propósitos. Pocos fueron los miembros de la clase trabajadora, añadió, que pudieron visualizar entonces el futuro brillante que les aguardaba. Fueron muchos más los que con gran miopía se contentaban con reclamar ventajas inmediatas en vez de luchar por la abolición de la propiedad privada.[47] Era preciso en esas condiciones elogiar ahora el instinto de ciertos sectores obreros que comprendieron el carácter de la revolución y tuvieron fe en su gobierno. Aludió en ese sentido a la demanda de los trabajadores azucareros de establecer cuatro turnos de seis horas cada uno. "Si nosotros hubiéramos aceptado esa demanda, dijo Castro, habríamos hipotecado el futuro de la revolución, imponiéndole costosas condiciones de trabajo; le pedimos por lo tanto a los azucareros que dejaran a un lado esa demanda y ellos aceptaron nuestra solicitud y mostraron una admirable comprensión de nuestras intenciones".[48] Se refirió a seguidas a los niveles de salario y otros beneficios que la revolución había heredado de anteriores gobiernos calificándolos de obstáculos y gravámenes que perjudicaban al desarrollo del país. Algunos de esos beneficios obtenidos en el pasado por los trabajadores eran a su juicio pagos absurdos que la revolución no podía aceptar. Elogió por tanto los acuerdos adoptados por los diversos congresos con respecto a la renuncia de tales beneficios y dijo que los obreros estaban ahora despejando el camino de obstáculos a fin de poder desarrollar, libre de ataduras, la riqueza del país.[49]

Al final de su discurso Castro pronunció a su vez una oración digna de figurar, por su clarividencia, entre las piezas escogidas de sus obras completas, sobre todo a la luz de los acontecimientos posteriores a 1989.

Dijo el jefe de la revolución que según sus informaciones "en 20 años (o sea en 1981) Rusia estaría produciendo el doble de la producción de todos los países capitalistas juntos". Esta experiencia, añadió, debería alentar a los cubanos a continuar con entusiasmo y determinación en el camino que él había trazado. Rusia, insistió, tuvo que trazarse su propia ruta; Cuba no tenía más que seguir ese ejemplo.[50]

# Notas

[1] Pérez Stable, op. cit., pag. 73 y Woodward, op. cit., pag. 50.

[2] Véase Monaham y Gilmore, op. cit., pag. 13 y Draper, *Castro's Revolution: Myths and Realities* (New York: Frederick A. Praeger, 1962).

[3] *Revolución*, 9 de diciembre de 1959, pags. 1 y 5.

[4] Véase el *New York Times* del 10 de diciembre de 1959, pags. 1 y 4.

[5] Monaham y Gilmore, op. cit., pags. 14 y 15.

[6] Un recuento detallado de estos sucesos aparece en *Revolución* de los días 10 al 15 de diciembre de 1960.

[7] *Revolución*, 15 de diciembre de 1960, pag. 1.

[8] Ibid, pags. 1 y 13.

[9] Ibid, pag. 13.

[10] *Obra Revolucionaria*, no. 32, 15 de diciembre de 1960, y *Trabajo*, No. 8, diciembre de 1960, pag. 3.

[11] *Revolución*, 16 de diciembre de 1960, pag. 1.

[12] Ibid.

[13] "Un mes de acontecimientos laborales", *Trabajo*, año 2, No. 2, febrero de 1961, pag. 88 y No. 3 de marzo de 1961, pag. 88.

[14] Dudley Seers, *The Economic and Social Revolution.* (Chapel Hill, N.C.: University of North Carolina Press, 1964, pag. 3.

[15] Riesgo, op. cit., pag. 94.

[16] *Trabajo*, No. 3, marzo de 1961, pag. 42.

17 OIT, *Boletín Oficial*, (Ginebra) julio de 1963.

[18] *Revolución*, 9 de noviembre de 1960, pag. 1.

[19] *El Mundo*, 15 de noviembre de 1960, pag. 1.

[20] *Trabajo*, No. 2, febrero de 1961, pags. 89 y 90.

[21] Ibid, pag. 63.

[22] *Trabajo*, No. 4, abril de 1961, pag. 126.

[23] Ley No. 924 de 4 enero de 1961.

[24] Véase Rosa Ravelo, "Transformación del derecho penal en Cuba" (manuscrito inédito), Miami, 1989 pags. 2-20.

[25] "Un mes de acontecimientos laborales", op. cit., pag. 167.

[26] *Revolución*, 18 de diciembre de 1960, pag. 1.

[27] CTC Revolucionaria, *El trabajo unido de todos*. (La Habana: Imprenta CTC Revolucionaria, 1962), pag. 8.

[28] Ibid, pags. 8 y 9.

[29] Ibid, pag. 12.

[30] "Una quincena de acontecimientos laborales", *Trabajo*, año II, No.10, agosto de 1961, pag. 42.

[31] Véase "Report on the Situation of Political Prisoners and their Relatives in Cuba"; approved by the Inter-American Commission on Human Rights, May 2, 1963 (OAS/Ser/L/V/II, Doc. 4).

[32] 58th Report of the Governing Body Committee on Freedom of Association. ILO *Official Bulletin*, Vol. XLV, No. 1, Suplemento, enero de 1962, pags. 104 y 105.

[33] Ibid, pag. 107.

[34] Véase 70th Report of the Governing Body Committee on Freedom of Association. ILO *Official Bulletin*, Vol. XLVI, No. 3, Suplemento, 11 de julio de 1963, pag. 34.

[35] Véase ILO *Official Bulletin*, Vol. LIII, No. 2, Suplemento, abril de 1966, pag.47.

[36] Véase Internacional Labour Conference, Forty-fith session, Geneva 1961. *Record of Proceedings* (Ginebra, 1962), pag. 149.

[37] Véase ILO *Official Bulletin*, Vol. LIII, No. 2, Suplemento, 1970, pag. 107.

[38] *El Mundo*, 11 de febrero de 1960, pag. A6.

[39] Véase "Libertad para sindicalistas cubanos". *Informativo CLAT* (Caracas) año 2, No. 3, junio de 1976, pag. 12.

[40] *Vanguardia Obrera*, 7 de octubre de 1961, pag. 2.

[41] "Un mes de acontecimientos laborales". *Trabajo*, No. 17, noviembre de 1961, pag. 121.

[42] Véase *Revolución*, 25 de noviembre de 1961, pag. 6.

[43] Ibid.

[44] *Revolución*, 28 de noviembre de 1961, pag. 5.

[45] *Revolución*, 27 de noviembre de 1961, pag. 2 y *Trabajo*, No. 19, 1961, pag. 21.

[46] *Revolución*, 28 de noviembre de 1961, pag. 3.

[47] *Revolución*, 29 de noviembre de 1961, pag. 7.

[48] Ibid.

[49] Ibid, pag. 5.

[50] Ibid.

# SEGUNDA PARTE

## La transformación

# Capítulo 8

## *Hacia una nueva organización de trabajadores*

### Las primeras adaptaciones

Aunque los años 1959-1961 corresponden al período de la captura, es indudable que muchas decisiones relativas a la transformación de la naturaleza y actividades de los sindicatos fueron también tomadas durante ese tiempo. En realidad, el proceso de la transformación se anticipa, entrecruza y sigue al de consumación de la captura. Esta ultima se efectuó, en efecto, con un propósito y a fin de lograr unos objetivos que trascendían al simple control de las organizaciones de trabajadores y fueron manifestándose velada o abiertamente desde el comienzo de la revolución. La captura no se hizo sólo, en efecto, con el objeto de darle más poder a Castro sino con vista a un cambio estructural profundo en el que los sindicatos iban lenta e hipotéticamente al menos a asumir un "role" de primer rango. La implantación del socialismo, dijo Castro en 1961, es un proceso complejo que no es posible lograr en unos pocos meses o dos años.[1]

El cambio más importante tuvo que ver con la función primaria del sindicato de representar y defender los intereses de sus miembros. Esa función pudo llevarse a cabo durante los primeros meses de la revolución cuando sus máximos dirigentes auspiciaban una política de redistribución de la riqueza. A medida, sin embargo, que el régimen hacía hincapié en la necesidad de dar prioridad al aumento de producción se fue operando, desde la segunda mitad de 1959, una erosión en el ejercicio de ese cometido. El sesgo produccionista se fue agudizando en 1960 cuando los sindicatos cesaron de formular reivindicaciones, desistieron de pedir aumentos de salarios y aceptaron la virtual congelación de los ingresos de sus miembros. Como se vio antes, la supeditación de la lucha por ventajas inmediatas y en particular por el ajuste de los salarios al costo de la vida, comienza con los acuerdos de congelación del Comité Ejecutivo de la FNTA de marzo de 1960,[2] se ratifica con el gran mutis que al respecto de sus demandas hicieron los trabajadores el primero de mayo y alcanza su mayor expresión con el juramento de la Semana del Júbilo en el sentido de "producir más sin reclamar aumentos de salarios".[3]

De la congelación se pasó a la renuncia del recargo que normalmente se pagaba por las horas extraordinarias de trabajo. Iniciada también por algunos sindicatos azucareros (que dejaban asimismo a un lado los beneficios de la superproducción y el diferencial azucarero), la renuncia del "overtime" fue pronto difundiéndose a otros sectores. Luego vino la todavía más insólita y significativa renuncia de la jornada máxima de ocho horas representada por la introducción en 1960 del trabajo voluntario no retribuido; como se verá más adelante esta práctica comprendió también desde el comienzo la variante del trabajo sin remuneración durante los Domingos Rojos.

Lo que Castro había concebido como la nueva organización de los trabajadores tornaba de esa manera la espalda a las dos cuestiones fundamentales de la relación de trabajo, a saber, el salario y la jornada. De nada sirvió el que ellas hubieran merecido invariablemente la atención de los trabajadores cubanos desde los primeros congresos celebrados en el siglo pasado y constituyeran en todas partes el interés máximo de los trabajadores. En menos de dos años, la voluntad de un solo hombre había logrado que los trabajadores soslayaran sus intereses y sus organizaciones desistieran de ejercer sus funciones básicas.

Se echaban a un lado la jornada y los salarios, se eliminaban del vocabulario laboral las palabras *demandas* y *reivindicaciones*, y se acogían en cambio durante este mismo período de la captura otros asuntos que habían sido antes extraños a la gestión del sindicato, como son la propagación de los principios revolucionarios, el adoctrinamiento marxista y la prédica insurreccional hemisférica. La utilización del sindicato como instrumento de difusión del marxismo se hizo no sólo a través de sus publicaciones y reuniones sino también por medio de su participación en organismos del tipo de los consejos escolares encargados de examinar y aprobar los textos de enseñanza que en lo adelante iban a ajustarse a los principios marxistas y al pensamiento de Castro. Cabe también citar como ejemplo de esta nueva función a la diseminación que dieron los sindicatos a la Declaración de La Habana de septiembre de 1960, en la que Castro hizo un vehemente llamado a la insurrección de los pueblos de América Latina. A los sindicatos se les pidió discutir la Declaración en sus asambleas y hacerla firmar por sus miembros.[4] Otra muestra ilustrativa de la transformación se tiene en la ya señalada exhortación a los trabajadores contenida en el juramento de la Semana del Júbilo para que ingresaran en las milicias y se dispusieran a dar sus vidas por Castro. Estas señales de belicismo curiosamente se hacían visibles en el propio año de 1960 en que los sindicatos hacían renuncia de su derecho a la huelga.

Fue también notable la rápida adaptación a la economía planificada que los sindicatos se propusieron hacer en ese mismo año 1960. Apenas hacía unos meses que se había puesto en pie la Junta Central de Planificación (Juceplan) y estaban apareciendo en el plano local las Juntas de Coordinación, Ejecución e Inspección (Jucei), cuando ya en agosto de ese año, los líderes de la FNTA se disponían a trabajar con los funcionarios del gobierno en la elaboración y ejecución de los planes[5] y en noviembre, siete sindicatos nacionales discutían la necesidad de ahorrar materia prima, aumentar la productividad y hacer rentable el funcionamiento de las empresas interesadas.[6] Respondían así a la consigna que Guevara lanzó en junio de 1960: producción, ahorro y organización.[7]

## Las grandes transformaciones: reales y presuntas

Es probable, sin embargo, que la transformación más profunda fuera la operada en el espíritu mismo del sindicalismo. Éste, desde su aparición en Europa a principios del siglo XIX, fue un instrumento de impugnación y protesta en el plano de las empresas y de cuestionamiento y a veces desafío al sistema sociopolítico. Sin embargo, el maltrecho movimiento que emergió de la movilización y depuración dispuesta por Castro, echó por la borda esa tradición contestataria y resolvió convertirse en un *ente subordinado in totum* al liderazgo de la revolución. La subordinación se hizo efectiva en la práctica antes de ser institucionalizada y fue luego evolucionando hacia la sumisión incondicional. Tan pronunciada fue esa entrega y ese sometimiento que algunos aluden al rebajamiento del sindicato al papel de adjunto de la administración en el plano de las empresas, y del Partido en el nivel macrosocial; otros han llegado a caracterizar la organización sindical del castrismo como un simple *no ser*. El sindicato dejó de ser una fuerza social independiente y optó por subordinarse al Estado, o al decir de los más ardientes castrocomunistas de la época, a identificarse con éste. Dado que el Estado iba gradualmente convirtiéndose en el empleador único, el sindicato perdió la condición autónoma que le era indispensable para que pudiera funcionar con eficiencia en la relación obreropatronal. No en vano algunos funcionarios del gobierno estaban ya en 1961 expresando dudas sobre la razón de ser de los sindicatos e incluso sugiriendo que eran organizaciones "obsoletas e inútiles".[8]

Lo notable es que esa subordinación del sindicato al Estado-Patrono, es decir, su virtual emasculación, coincidía con los esfuerzos que hacía el régimen para insuflar en el sindicalismo el odio de clases. Se predicaba el principio de la lucha de clases y se inculcaban sentimientos de antagonismo y combatividad cuando ya no había otra clase que enfrentar; de cara al Estado, en cambio se pedía colaboración y acatamiento. El obrerismo organizado tenía que ser en consecuencia a la vez agresivo y manso.

Aunque el Máximo Líder atribuyó también importancia en sus discursos a la reivindicación del negro y la emancipación de la mujer, su propósito fundamental fue el fomento de los odios de clase. "La tiranía tiene sus raíces en males de índole social", dijo Castro en uno de sus primeros discursos.[9] Había que atacar y denigrar a los dueños de empresa, designarlos siempre como capitalistas y patronos sin escrúpulos, nunca como empresarios o empleadores, colmarlos en fin de los más injuriosos epítetos. "El enemigo social, diría en 1975 el Informe Central al I Congreso del PCC, eran los modernos esclavistas, los monopolios extranjeros, los feroces terratenientes y burgueses".[10] A ellos, Castro les imputaba el haber "reeditado, bajo formas nuevas y aun peores, la esclavitud apenas abolida en 1886".[11] Ellos eran los opresores en cuyas manos existía todo un aparato de terror, puesto también a la disposición de una camarilla corrompida de gobernantes.[12]

Las referencias al egoísmo desenfrenado de los patronos, a su actitud reaccionaria, a la explotación del hombre por el hombre y a la corrupción de sus costumbres eran como latiguillos que aparecían constantemente en la prensa oficial. Junto a ellos se convirtió también en lugar común describir el cuadro de miseria en que, según Castro, había vivido la clase obrera "que era explotada despiadadamente"[13] y que "apenas podía organizarse en un ambiente de brutal y cruda represión".[14] El socialismo, que seguiría a la economía de mercado no sólo significaría enriquecimiento material, "sino también la oportunidad de crear una extraordinaria riqueza cultural y espiritual en el pueblo y forjar un hombre con profundos sentimientos de solidaridad humana, ajeno a los egoímos y mezquindades que envilecen y agobian a los individuos en el capitalismo".[15]

## La teoría y la práctica

En teoría, la transformación sindical más trascendente debería haber sido la derivada de la elevación de la clase trabajadora a la categoría de clase dominante. Castro no se cansaba de repetir que la revolución se había hecho para los trabajadores y que a ellos pertenecía ahora el Estado. Lo dijo con especial énfasis en su célebre discurso del 1 de diciembre de 1961 cuando afirmó que "la fuerza fundamental de la revolución, la espina dorsal de la revolución está integrada por la clase obrera".[16] En términos más generales Guevara no perdía ocasión de afirmar que "quien hace la historia es la clase trabajadora".[17] En pura lógica esto debía significar que el sindicalismo como movimiento organizado de trabajadores y el Estado como expresión política de su nueva posición de mando podían equipararse y sus dirigentes ser intercambiables. Los funcionarios sindicales podían pasar a desempeñar funciones de gobierno y los dirigentes oficiales y del Partido podían transferirse a la CTC. Esta hipótesis no se ha dado, sin embargo, en Cuba donde el gobierno ha estado en manos de los revolucionarios profesionales y políticos de nuevo cuño que han estado al lado de Castro. No es común que los sindicalistas sean llamados a ocupar posiciones politico-administrativas, al menos no en los planos más altos. Algunos sindicalistas han sido trasladados a ejercer responsabilidades en el Partido o de tipo politico-administrativo sobre todo al nivel local, pero son muchos más los que han permanecido por tiempo indefinido en la CTC. Son numerosos, en cambio, los que han pasado del Partido a las más altas posiciones de la CTC, incluyendo la secretaría general, confiada a Miguel Martín en 1966 y a Pedro Ross en 1989 (ambos militantes de organizaciones del Partido).

Es cierto que a la clase trabajadora se le rendían toda clase de alabanzas e incluso se le acreditaban hazañas que no había realizado, pero todo ello tenía un valor simbólico o interesado. Las grandes empresas, los ingenios azucareros y hasta ciertos poblados perdieron sus nombres antiguos y fueron rebautizados con nombres de obreros o revolucionarios —a veces desconocidos— que habían muerto en la lucha contra Batista. Se procuraba hacer ver la gran importancia del obrerismo, pero no se le llamaba a gobernar ni se le adiestraba para ello. Castro estaba dispuesto a confiar la administración de las empresas a gente de origen humilde, pero no iba mucho más lejos. La organización de los trabajadores había dejado de ser un verdadero sindicato sin llegar a ser poder público. En 1975 sólo el 6,4 por ciento de los miembros del Comité Central del PCC eran trabajadores sindicalizados.

En la práctica se fue produciendo así una disminución del valor del sindicato como organización social y un aumento de su papel como órgano coadyuvante de la administración en la tarea de aumentar la producción. En 1970, el Ministo del Trabajo Jorge Risquet, calificaría a los sindicatos como "oficinas de trabajadores vanguardias".[18] Más recientemente se ha subrayado la pérdida de independencia de los sindicatos y su gradual marchitamiento.[19] Hasta el Director del órgano de la CTC, el periódico *Trabajadores*, no sería nombrado por el Comité Ejecutivo de la CTC, sino por el Buró Político del Comité Central del PCC. En realidad y durante algunos años, la CTC y sus sindicatos nacionales tuvieron que dedicarse a ejercer funciones secundarias incluyendo las de organizar concursos literarios y emulativos, distribuir el vestuario y calzado de trabajo, estimular la práctica de los "fisminutos", actuar como cancerberos de los trabajadores, fomentar el trabajo voluntario y cobrar las cuotas de las Milicias de Tropas Territoriales.

Otro cambio significativo fue el de la supresión del derecho a presentar varias candidaturas en las elecciones sindicales y la eliminación en este período del voto secreto. Las directivas serían elegidas tras la presentación de una candidatura única cuyos integrantes habrían sido previamente aceptados por las autoridades competentes del también único partido en el poder. El procedimiento se hizo más complicado en las elecciones preparatorias del XII Congreso de la CTC pero no llegó a modificar el carácter sectario, selectivo y de control desde lo alto del proceso eleccionario. Se hicieron esfuerzos por aparentar un sistema democrático pero en ningún momento se llegó al pluralismo. Su aceptación hubiera sido contraria a la índole totalitaria del régimen.

Una última alteración concierne al propósito omnicomprensivo de la afiliación sindical. Se decía que la afilición era un derecho y no un deber de los trabajadores pero en la práctica todos los cubanos que iniciaban su vida laboral pasaban automáticamente a formar parte de la sección sindical correspondiente.

## Renuncia masiva de derechos y beneficios

En el mes de noviembre de 1961, cuando se celebraron los congresos de los sindicatos nacionales y de la CTC, adquirió su mayor fuerza y amplitud el movimiento dirigido a anular los derechos y beneficios que la clase obrera había obtenido en años anteriores. A las renuncias de tipo puntual y específico hechas por ciertos sindicatos se les dio una proyección más general de manera que abarcara al conjunto de la clase trabajadora.

Fueron primero los 25 congresos nacionales los que en forma unánime y al parecer sin reservas hicieron dejación voluntaria de varios derechos que antes habían sido consagrados en leyes y convenios colectivos. No importó que la Constitución, supuestamente en vigor, prohibiera la renuncia, adulteración o dejación de los derechos que ella y las leyes conferían a los trabajadores.[20] Los delegados presentes echaron por tierra sin grandes deliberaciones el derecho a los nueve días de licencia por enfermedad, el bono o suplemento de Navidad, la jornada máxima semanal de 44 horas (sustituida por la de 48 horas) y el incremento constitucional del 9,09 por ciento.[21] Decidieron también renunciar al cobro del recargo por las horas extraordinarias que fuere necesario trabajar en la zafra de 1962. Y llevando al extremo sus impulsos masoquistas se pronunciaron en favor de la revisión de todas las cláusulas de los convenios colectivos que entrañaren participación en las utilidades o cualquier otro tipo de beneficio que fuere excesivo, pareciera incosteable o no estuviere de acuerdo con la marcha del socialismo. Autorizaron, por último, al Ministro del Trabajo a que expurgara de los convenios colectivos cualquier estipulación que pudiera perjudicar al desarrollo de la producción, el aumento de la productividad o el progreso del socialismo.[22] Vale añadir que estas renuncias de los 25 sindicatos nacionales fueron expresamente ratificadas por el XI Congreso de la CTC.

A primera vista todo ello parecía estar en consonancia con la disposición de los asambleistas de apoyar a la revolución con todo tipo de sacrificios y procurar el cumplimiento de las metas fijadas en los planes de desarrollo económico. Es conveniente señalar, sin embargo, que la adopción de las precipitadas renuncias fue acompañada de una serie de exhortaciones hechas al efecto por los líderes de la revolución. Como se acotó antes, Castro calificó de hipotecas y obstáculos a los derechos y beneficios que fueron objeto de renuncia.[23] Guevara afirmó a su vez, que los antiguos convenios colectivos eran inapropiados en una economía socialista y advirtió que el gobierno no toleraría la resistencia de los trabajadores a aceptar la revisión y modificación de dichos convenios.[24] El Presidente Dorticós subrayó, por último, ante el congreso, cómo habían cambiado los objetivos de la clase trabajadora que ya no se referían a la conquista de demandas económicas inmediatas sino a permitir que la sociedad avanzara en el camino del socialismo.[25]

Junto a los acuerdos relativos al abandono de derechos, se adoptaron otras resoluciones que evidenciaban hasta qué punto había llegado la transformación del sindicalismo. Bajo el rubro de tareas generales del movimiento sindical se resolvió, por ejemplo, intensificar los esfuerzos dirigidos a diseminar la cultura socialista entre los trabajadores, luchar por la derrota del imperialismo y dar su apoyo incondicional a las Organizaciones Revolucionarias Integradas (ORI).[26] Estas organizaciones creadas en julio de 1961 eran el eufemismo empleado por el régimen para sepultar al M-26-7, absorber al PSP y anticipar la formación del Partido Comunista de Cuba.

Otra resolución de carácter sociopolítico se refirió al fortalecimiento de la alianza obrerocampesina, punto éste que como se destacó antes, pertenece a las más hondas raíces ideológicas del marxismo. El Congreso dio también su respaldo a la estatización de las grandes empresas y a la adopción del Plan de Desarrollo Económico. En un plano más cercano a la temática laboral se pronunció en favor de la emulación socialista y la elevación de las normas mínimas técnicas que se fijaren para la ejecución de los trabajos, lo que implicaba una modificación substancial del sistema de remuneración.

No podía imaginarse un vuelco más brusco en la orientación de los congresos sindicales. Más allá del cambio de directivas, el movimiento sindical bajo la égida de Castro se dio en el XI Congreso una nueva misión, una nueva naturaleza y hasta una nueva deontología. Estuvo además dispuesto a privarse de algunas de las conquistas que el mismo PSP había antes considerado sagradas y que representaban valores de consideración, no sólo en el aspecto económico sino también en el orden humano y de preservación de la salud. Y, sin embargo, ni un solo sindicalista alzó su voz para expresar la menor discrepancia; diez mil delegados asintieron sin chistar y con increíble mansedumbre a cuantos sacrificios y mudanzas se les proponían. Castro dijo en su discurso de clausura que era una gran satisfacción ver que no había un solo traidor o enemigo entre esas diez mil personas,[27] pero bien hubiera podido utilizar otros términos para calificar a esa muchedumbre.

Es posible que algunos delegados pensaran que el fin colectivo era bueno y deseable pero es lamentable que ni uno solo de ellos haya tenido el valor de decir que hay cierto derechos laborales que pertenecen a la categoría de derechos humanos y que son, por tanto, inviolables. Tampoco se atrevió nadie a señalar el valor que había tenido la negociación de convenios en la mejora del nivel de vida de los trabajadores y el perjuicio que representaba su extinción.

## Una estructura sindical "a la soviética"

Fue muy temprano también en la historia de la revolución cuando el régimen de Castro resolvió modificar la estructura del movimiento sindical cubano. El esquema de tres grados que por tantos años se había seguido (el sindicato, la federación y la confederación) dispersaba el poder de dirección y hacía más difícil controlar un movimiento que contaba ya con 34 federaciones, unos 2,400 sindicatos y cerca de dos millones de miembros. Se hacía necesario reducir el número de sindicatos y federaciones mediante la fusión de algunos de ellos, cosa que el gobierno planeó primero hacer con la cooperación voluntaria de los interesados (usando para ello a los nuevos dirigentes salidos de las purgas) y luego plasmó en la Ley de Organización Sindical.

La campaña de fusiones se inició en mayo de 1960 en el congreso de los trabajadores de la construcción, sector caracterizado por la multiplicidad de oficios, que según los comunistas tendía a fraccionar al movimiento obrero.[28] Continuó en agosto con la unión de varios sindicatos portuarios de La Habana, Nuevitas y Puerto Tarafa, sector que asimismo había sido proclive a la diversidad de organizaciones,[29] y luego alcanzó también a los sectores gastronómico, telefónico, minero, metalúrgico y petrolero. Pronto se hizo claro que la meta era reorganizar al sindicalismo cubano conforme al principio socialista de "en cada industria un solo sindicato, en cada empresa una sección sindical".

Con el terreno así preparado se comenzó en marzo de 1961 a discutir un proyecto de reorganización del sindicalismo. Según el órgano del Ministerio del Trabajo, el esquema propuesto por el gobierno había sido unánime y entusiásticamente aprobado por el Comité Ejecutivo de la CTC.[30] Convertido en ley en agosto de 1961, el nuevo esquema[31] resultó ser una copia al carbón del modelo sindical soviético.

Como en la URSS, el nuevo régimen sindical extendió, por una parte, el derecho de sindicalización a los trabajadores del sector público (medida indispensable dada la gradual asimilación de este último a toda la economía), y por otra, suprimió la sindicalización por oficios repudiada siempre como divisionista por la ortodoxia marxista. La similitud se hizo aún más evidente en otros aspectos que parecían peculiares de la Unión Soviética pero fueron no obstante copiados por la ley cubana, a saber, la exclusión de la sindicalización de los trabajadores de las cooperativas de producción agrícola,[32] la fijación en cerca de 25 del número de sindicatos nacionales (el mismo número existente en la Unión Soviética) y la existencia de la misma cifra como el número de trabajadores requerido para formar una sección sindical.

El número de las secciones crecería grandemente en el futuro, como se verá cuando se trate de los congresos nacionales de la CTC, pero el de los sindicatos nacionales quedaría por algún tiempo establecido en los siguientes 23:

## SINDICATOS NACIONALES

Industria Básica
Minera
Industria Alimenticia
Industria Ligera
Educación y Ciencia
Petróleo
Marina Mercante y Puertos
Transporte
Comunicaciones
Industria Azucarera
Civiles de las FAR
Aviación Civil
Gastronómico
Comercio
Salud
Forestal
Pesca
Prensa y Libro
Tabacalero
Construcción
Administración Pública
Artes y Espectáculos
Agropecuarios

A las secciones se les obligaba a mantener vinculación con el sindicato nacional de industria y con los órganos locales, provinciales y regionales de la CTC. Esta doble vinculación permitía un control más completo de las instancias inferiores por las superiores. El poder de éstas se hizo más claro en los estatutos que los diversos sindicatos adoptaron (siguiendo un modelo preparado por el gobierno) en los congresos del mes de noviembre de 1961; según lo previsto en ese modelo, los acuerdos que se tomaban en los niveles más altos eran de obligatorio cumplimiento para los de grado inferior.[33]

La ley reconocía el derecho de los trabajadores de sindicalizarse o no, pero si optaban por sindicalizarse tenían que hacerlo en el sindicato que correspondiese de la CTC oficial. A ésta se le confería pues un monopolio en la representación de los trabajadores que se contraponía al pluralismo sindical implícito en el Convenio 87 de la OIT (que Cuba había ratificado), pero se hallaba de acuerdo con el modelo soviético. Esta negación del derecho a afiliarse a la organización que se estimare por conveniente se hallaba reforzada por la autorización que se otorgaba al Ministro del Trabajo para aceptar o rechazar la constitución de cualquier nuevo sindicato.[34]

Al nivel más alto de la estructura sindical, la ley y los estatutos previeron la existencia de un Comité Ejecutivo compuesto por 13 miembros, un Consejo Nacional del que formarían parte los secretarios generales de los sindicatos nacionales y, desde luego, el congreso nacional de la CTC que se reuniría cada cinco años. El mismo límite de 13 miembros se previó como el número máximo de integrantes de los otros comités ejecutivos de los sindicatos y las secciones. Según la prensa oficial, tal máximo se había establecido para evitar la burocratización del modelo sindical,[35] fenómeno que paradójicamente vino a tipificar más tarde al sindicalismo cubano.

## Objetivos y funciones de las organizaciones de trabajadores

Tanto la ley como los estatutos dedicaron particular atención a la definición de los objetivos y funciones de la naciente organización de trabajadores. Se trataba de darle mayor precisión y fuerza legal a lo que ya de antes se había estado predicando por los jefes de la revolución. A ese efecto, la Ley de Organización Sindical echó a un lado los fines de representación y defensa de los intereses de los trabajadores tildados de corporativos y seccionales, para darle preferencia a los de ayudar en el cumplimiento de los planes de producción y desarrollo de la nación, promover la eficiencia, expansión y perfeccionamiento de los servicios sociales y públicos y contribuir al mejoramiento de la administración pública. A estos objetivos básicos agregó los de organizar y realizar actividades de educación política y asistir al Estado en la formación de los círculos sociales de trabajadores. Es decir, que el sindicato pasaba en realidad a convertirse en un órgano auxiliar del Estado en lo que se refiere a planes, servicios y administración de la cosa pública y una correa de trasmisión del partido único en lo concerniente a la educación política.

En principio, el sindicato como órgano representativo de la clase dominante debería participar en la elaboración no sólo de los planes sino también de las leyes. En la práctica, los sindicatos se encargarían en el futuro de organizar reuniones para la *discusión* de los planes por los trabajadores y de *sugerir* posibles nuevas leyes en los acuerdos de sus congresos. Disposiciones posteriores habrían de ensanchar ligeramente sus poderes con respecto a los proyectos de decretos-leyes y decretos que el Mintrab sometía al Consejo de Estado, ya que se previó que dicho ministerio *consultaría* antes al Consejo Nacional de la CTC. Como se verá más adelante, el Estado asignaría a los sindicatos funciones más tangibles en materia de seguridad e higiene del trabajo; no llegarían a alcanzar, sin embargo, los poderes que otros países socialistas les otorgaron en lo que hace a la inspección del trabajo en general.

Los objetivos generales conectados con los poderes del Estado fueron desarrollados con mayor detalle en el antes citado *estatuto modelo* que se refirió al papel de los sindicatos en el cumplimiento de las medidas de seguridad social, la distribución de viviendas, la administración de guarderías infantiles y la participación en la planificación de la economía. El Estatuto Modelo invirtió asimismo la antigua función de defensa del trabajador para asignarle ahora la de disciplinarlo; en 1961 ésto se dijo todavía con cierta sutileza al hablar del deber de los miembros del sindicato de aumentar la producción, combatir el ausentismo y observar la disciplina sindical. Posteriores disposiciones legales y acuerdos de la CTC habrían de erigir la función disciplinaria en la más perceptible y trascendente de sus funciones.

El papel de correa de trasmisión del Partido se formulaba también de modo implícito o indirecto en los estatutos. No era aún prudente decirlo claramente a fin de no recalcar demasiado la condición subordinada del sindicato; era preferible insinuarlo sólo diciendo que las actividades de propaganda sindical se permitirían únicamente en la medida en que fueren compatibles con los intereses de la producción, el Estado y los servicios públicos. Recuérdese además que el partido único entonces existente apenas había sido creado un mes antes de la promulgación de la ley.

Otras funciones no mencionadas taxativamente en la ley o los estatutos pero de hecho ejercidas ya en la práctica (y explicitadas más tarde en el código del trabajo y leyes complementarias) fueron ya en esta época la de contribuir al ahorro de materiales, procurar la reducción de los costos de producción, estimular la realización de trabajos voluntarios no retribuidos y contribuir al fomento de los deportes. Leyes posteriores le darían también facultades para intervenir en la educación de los jóvenes. El código de la niñez y la juventud, por ejemplo, estableció que "es un deber de honor para la clase obrera educar a la nueva generación en el modo comunista". De modo general, Lázaro Peña definiría más tarde al sindicato como "una escuela de formación y educación para todos los trabajadores".[36]

Para justificar esta nueva concepción de las relaciones del sindicato con el Estado, Castro hacía uso de una retórica que ya en el decenio del 60, y mucho más en los posteriores, resultaba trasnochada. Exageraba la importancia de la clase obrera y la convertía en epónimo de la nación cubana sin darse cuenta de que la revolución tecnológica y los cambios en la composición del empleo habían reducido grandemente el tamaño de esa clase y desdibujado sus contornos. Utilizaba el lenguaje que Marx y sus discípulos habían empleado cien años atrás cuando se pensaba que el sector industrial iba a crecer de modo incesante y que el proletariado industrial sería casi coextenso con el del pueblo trabajador o el de las clases populares. Sus lecturas reflejaban una situación que guardaba muy poca relación con los cambios operados en la segunda mitad de este siglo. Agitaba al pueblo y transformaba al Estado a partir de premisas que habían dejado de ser válidas.

## La importación del modelo soviético

Con muy pocas adaptaciones, lo que Castro y sus colaboradores hicieron en 1961 fue importar pura y simplemente el modelo soviético, que había sido en realidad elaborado por Stalin diez años después del triunfo de la revolución bolchevique. Los padres del comunismo no habían definido con precisión el papel de los sindicatos en la nueva sociedad y ello dio lugar a que una parte importante del movimiento obrero ruso encabezada por A. G. Sljapnikov e I. Tomski tratara de mantener su independencia frente al Estado. Estos sindicalistas pensaban que esa independencia era necesaria para defender a los trabajadores de cara a las autoridades públicas que fungían también como empleadores. No querían que las organizaciones de trabajadores pasaran a ser un mero apéndice del Partido y del gobierno.

Este movimiento que se conoció con el nombre de la Oposición Sindical, cobró fuerza y llegó a contar con importantes apoyos. En el Décimo Congreso del Partido Comunista celebrado en 1921, por ejemplo, Alejandra Kollontai se pronunció en favor del reconocimiento de organizaciones sindicales independientes, dirigidas por los trabajadores y no por los revolucionarios profesionales que controlaban el Partido. Otros dirigentes más poderosos, incluyendo a Lenin y Trotski se declararon, sin embargo, en favor del sometimiento del sindicato al Partido Comunista.

No fue sino en 1927 que se resolvió en definitiva la pugna en favor del Partido y que vino a extinguirse por consiguiente la Oposición Sindical. Surgió entonces bajo la égida de Stalin un modelo de organización de los trabajadores que asignaba al sindicato dos tipos de funciones, unas que eran auxiliares del Estado y otras que correspondían a la antigua facultad patronal de dirigir la producción y disciplinar la fuerza de trabajo. La única tarea importante que se reservó al sindicato fue la de oponerse a las arbitrariedades de la administración pero como quiera que ésta iba a ejercerse por un ente que había perdido su independencia, no pudo alcanzar nunca verdadero relieve. Mal podía en efecto el sindicato, que debía seguir la línea del Partido, llevar a cabo funciones de contrapartida de la administración y de crítica y protesta contra las políticas del Estado cuando estaba en realidad sometido a la autoridad de éste. En la práctica del comunismo soviético y el de otros países socialistas, muy pocas veces —si alguna— se significó el sindicalismo como tribuna de oposición a los errores, desvíos o arbitrariedades de las políticas del Estado. Sólo en el plano microsocial, o sea, en el interior de las empresas pudo el sindicato ejercer su función crítica y ello en forma disminuida dada la amplitud de los poderes conferidos al administrador.

Este era pues el tipo de sindicalismo (por llamarlo de alguna manera) que mejor convenía a los intereses hegemónicos de los hermanos Castro. Convertir al otrora arisco y rebelde sindicalismo cubano en una caja de resonancia de los dictados del poder supremo, era para ellos el ideal de un movimiento obrero colaboracionista. Lo extraño es que ni una sola voz obrera o campesina se hubiera oído en Cuba cuando el XI Congreso acogió el modelo estalinista. Tampoco se escucharon discrepancias cuando se discutió la Ley de Organización Sindical que reflejaba el esquema sindical de Stalin. En Cuba no hubo ni un atisbo siquiera de oposición sindical; mucho menos surgieron en la CTC los equivalentes cubanos de Tomski o Sljapnikov. Tamaña sumisión anunciaba en 1961 lo que habría de ser la línea posterior de la CTC: jamás en sus subsiguientes reuniones o asambleas se adoptaría resolución alguna contraria a la política del Gobierno de Castro; jamás se escucharían voces de crítica en sus cenáculos más íntimos. Un espeso silencio propio del *no ser* sindical sería en el futuro la marca distintiva de la Central de Trabajadores de Cuba.

## Perfil de los afiliados y dirigentes

¿Cómo extrañarse entonces que fuera la obediencia estricta a los mandatos de Castro la directriz fundamental de la actitud obrera y campesina? Para el simple afiliado el cambio fue duro pero menos traumático que para los cuadros y dirigentes. No había ya en realidad una afiliación sindical en el sentido de expresión de una voluntad clasista de formar parte de una organización de trabajadores. El término de membresía sindical perdió valor y fue gradualmente reemplazado por el de pertenencia a la clase trabajadora y ésta a su vez se hacía equivalente al de clases populares. Dado que todos los trabajadores en activo estaban virtualmente obligados a formar parte del sindicato, el ser sindicalizado no tenía ya la significación que antes tenía de representar la parte más consciente y motivada del proletariado.

El deber de obediencia se refería al sindicato, al partido y al Máximo Líder y entrañaba algunas obligaciones de hacer que no habían existido antes (ingresar en la milicia, asistir a cursos de formación y participar en el adiestramiento militar). En términos de actitud, la obediencia generó hábitos de pasividad, resignación y conformismo que se trasladarían más tarde a la ejecución del trabajo y al comportamiento ciudadano.

Para los dirigentes sindicales la transformación fue mucho más seria. Ya no ocupaban sus cargos para servir a los trabajadores miembros del sindicato sino para servir al Estado. Ya no se medía la eficacia de su gestión por los beneficios que obtenían sino por los sacrificios que requerían, todo lo cual hacía difícil e ingrata su actuación. El propio Castro admitió en mayo de 1960 que las nuevas tareas de los cuadros y dirigentes eran desagradables y arduas;[37] sobre ellos recaía, dijo, la penosa tarea de recabar un aumento en los esfuerzos de producción. Debían además ocuparse de inducir a los trabajadores a economizar materiales, mejorar la calidad de los productos y cuidar las maquinarias, cuestiones estas que les eran ajenas cuando las empresas pertenecían a particulares.

A las anteriores funciones vinieron a añadirse las de movilizar a los trabajadores para las frecuentes concentraciones y manifestaciones del régimen, organizar el trabajo voluntario no retribuido y ocuparse de las cuestiones de defensa del país. Tenían que atender asimismo al cobro de las cuotas sindicales ya que el descuento automático por nómina (check-off) fue suprimido en 1959. Conforme a la ideología marxista-leninista el check-off conduce a la burocratización del sindicalismo, en tanto que el cobro directo permite mantener contactos personales con la masa afiliada.

Complementaria de la función de estimular los aumentos de producción fueron las de involucrarse en la fijación de las normas mínimas de rendimiento y velar por la puesta en práctica de la emulación socialista. Las normas comenzaron a introducirse en el verano de 1960 en tanto que los primeros ensayos de emulación datan de la segunda mitad de ese año. Ambas cuestiones eran totalmente ajenas a la experiencia sindical y laboral cubana y entrañaron por tanto la necesidad de aprender técnicas y adaptarse a una problemática extraña. Los antiguos dirigentes del PSP sabían algo de la teoría concerniente a la razón de ser de estas técnicas pero tampoco ellos estaban familiarizados con su práctica.

Lo que se produjo primero pues fue un cambio en la descripción de tareas de los cuadros y dirigentes y ese cambio trajo a su vez consigo una mudanza en el perfil del liderazgo. Simultáneamente tuvo lugar otro fenómeno que influyó en la tipología de los dirigentes: el régimen atribuyó la más alta valoración en el ascenso a las funciones de mando a los trabajadores que demostraran mayor lealtad a los principios de la revolución y una más grande admiración por el Comandante en Jefe. Se estableció al efecto la presunción de que esas características eran más comunes entre los trabajadores de las capas más bajas del proletariado. Era menos importante tener las aptitudes intelectuales y de temperamento necesarias para dirigir a otros que contar con una hoja de servicios de incondicional apoyo al régimen. Este enfoque se utilizaría también en la estimación de la forma como se cubrían las oportunidades de empleo y se ejecutaban los trabajos; la adhesión a la revolución se colocaría por encima de la idoneidad para el cargo.

# Notas

[1] Véase *Cuba's Socialist Destiny*, op. cit., pag. 9.

[2] Supra, pag. 109.

[3] Véase Duarte Oropesa, Tomo IV, pag. 247.

[4] Véase la Circular de la CTC del 6 de septiembre de 1960 firmada por O. Alvarez de la Campa.

[5] *Bohemia*, año 52, No. 33, 21 de agosto de 1960.

[6] *Revolución*, 9 de noviembre de 1960, pag. 6.

[7] E. Guevara, "Discurso dirigido a la clase obrera", *Obra Revolucionaria*, No. 11, 16 de junio de 1960, pag. 13.

[8] *Trabajo*, Año II, No. 15, octubre de 1961, pag. 47.

[9] *Political, Economic and Social Thought of Fidel Castro*, op. cit., pag. 180.

[10] Fidel Castro, "Informe Central al Primer Congreso del Partido Comunista de Cuba", *Juventud Rebelde*, diciembre de 1975, pag. 7.

[11] Ibid, pag. 19.

[12] Ibid, pag. 4.

[13] Ibid.

[14] Este lenguaje ponzoñoso (e inexacto) se mantuvo incólume a lo largo de los años, como puede verse en el editorial de *Trabajadores* del 25 de julio de 1994, pag. 2.

[15] Informe Central, pag. 7 y siguientes.

[16] *Revolución*, 2 de diciembre de 1961, pag. 1.

[17] Guevara, *Diario*, op. cit., pag. 63.

[18] *Granma*, 1 de agosto de 1970, pags. 5 y 6.

[19] Perez Stable, op. cit., pag. 107.

[20] Este principio estaba consagrado en el artículo 72.

[21] Véase *Los 25 congresos nacionales de industria y el XI Congreso Nacional de la CTC* (La Habana: Suplemento de Trabajo, s.f.), pags. 2 y 3.

[22] *Revolución*, 29 de noviembre de 1961, pag. 4.

[23] Supra, pag. 128.

[24] *Revolución*, 29 de noviembre de 1961, pag. 3.

[25] Idem, 27 de noviembre de 1961, pag. 1.

[26] *Revolución*, 25 de noviembre de 1961, pag. 6.

[27] Idem, 29 de noviembre de 1961, pags. 1 y 3.

[28] Véase "El Congreso de la Construcción", *Trabajo*, No. 2, junio de 1960, pag. 94.

[29] *El Mundo*, 27 de agosto de 1960, pag. A13.

[30] *Trabajo*, No. 4, abril de 1961, pag. 122.

[31] Ley No. 962 de 1 de agosto de 1961.

[32] Esto respondía en la URSS a la peculiar naturaleza de los kolhozes y los artels; en Cuba esta exclusión se derogaría más tarde. Castro no quería ruedas sueltas en su esquema totalitario.

[33] Véase *Revolución*, 24 de noviembre de 1961, pags. 1 y 6.

[34] Ibid.

[35] Idem, 22 de noviembre de 1961, pag. 1.

[36] "Lázaro Peña y la democracia sindical", *Trabajadores*, 24 de mayo de 1993, pag. 4.

[37] "Los trabajadores son aliados naturales de la revolución", *Trabajo*, No. 1, mayo de 1960, pag. 96.

# Capítulo 9

## *Transformaciones operadas en la política de empleo y las escalas salariales*

### Objetivos generales y primeras medidas

Uno de los primeros objetivos del régimen de Castro en la década del 60 fue el de establecer una política de empleo de proyección general. Este tipo de política no se había articulado debidamente antes de la revolución pero una vez consolidada ésta, las nuevas condiciones de una sociedad socialista hacían necesario planificar de manera distinta el destino y ubicación de la fuerza laboral. Antes incluso de que el Estado fuera dueño de todos los medios de producción ya estaban las autoridades reemplazando al mecanismo del mercado en la función de emplear a la población apta para trabajar. Los fines inmediatos fueron los de ampliar las oportunidades de empleo y capacitar a ciertos sectores específicos de la mano de obra que parecían destinados a quedar desempleados en las nuevas condiciones históricas. A mediano y largo plazo el gobierno se propuso alcanzar la meta del pleno empleo y ejercer un control total de los movimientos de trabajo.

Los primeros pasos dados en 1959 y 1960 fueron un tanto precipitados y culminaron en fracasos. A fines de 1959 se estableció en el Ministerio del Trabajo una Oficina de Control del Empleo que no pudo llegar a realizar los objetivos previstos en la Ley Orgánica del Ministerio del Trabajo. Luego, entre marzo y mayo de 1960, se llevó a cabo un Censo Laboral que buscaba hacer un inventario de los recursos humanos que iban a estar a la disposición de la Junta Central de Planificación y a impulsar la industrialización.[1] Otros objetivos del Censo eran conocer y divulgar con exactitud los datos relativos al desempleo y al subempleo y establecer las bases para el control por el ministerio de los movimientos de trabajo.[2] Se pensaba establecer un registro nacional de desempleados y se decía con la mayor ligereza que en el futuro las plazas que vacaren serían cubiertas por medio de una lotería entre los incluidos en el registro. Los desempleados se clasificarían en diversos grupos según el número de personas a su cargo y las necesidades de cada trabajador, lo que significaba que ni la antiguedad ni el mérito iban a tenerse en cuenta.[3] La Ley del Censo Laboral prescribía también que las personas que se hallaban entonces desempeñando un trabajo no podían ser trasladadas, ascendidas o degradadas sin la autorización del Ministerio del Trabajo .

El Ministro Martínez Sánchez declaró a la prensa que los datos relativos al número de empleados, subempleados y desempleados serían dados a conocer el 1ro. de mayo de ese año, pero en realidad no fueron hechos públicos sino dos años más tarde.[4] No se supo nunca, por otra parte, si se había llegado a establecer el Registro Nacional de Desempleados, ni se volvió a hablar de la descabellada lotería. Era evidente que la confección del censo, el análisis de sus informaciones, la preparación de estadísticas y la operación de la oficina de control excedían las capacidades intelectuales del Ministro y sus asesores. (Cabe señalar que Martínez Sánchez trataría de suicidarse unos años más tarde, a raíz de unas críticas que le hiciera Castro).

El Censo tuvo, no obstante, repercusiones en cuanto a la agitación que los enumeradores creaban en los centros de trabajo a donde llegaban provistos de un largo cuestionario y con el encargo de entrevistar al administrador y todo su personal. También las tuvo con respecto a la merma que entrañaba en el poder de dirección de los empleadores.[5]

Algo más eficaces fueron los cursos de formación profesional que el gobierno ofreció a los empleados y empleadas del servicio doméstico que perdieron sus empleos tras la salida de Cuba de las primeras olas de exiliados. Antiguos cocineros, jardineros y choferes (hombres y mujeres) recibieron adiestramientos como mecanógrafos, taquígrafos y choferes de equipos pesados.[6] Era todavía una tarea modesta pero mostraba el propósito de la dirigencia revolucionaria de combatir el desempleo y crear nuevas oportunidades de trabajo. Lástima grande que esos primeros cursos de formación estuvieran combinados ya con otros de adoctrinamiento marxista.[7]

## Control creciente del empleo

En los subsiguientes años de la década de 60, el Gobierno Revolucionario procuró orientar mejor la forma en que iba a procederse a la distribución de los recursos humanos del país. Se trató de aprovechar de manera más racional el potencial que el Estado tenía a su disposición. Si en 1959 la población de la isla era de 6,7 millones de habitantes, ella alcanzaría los ocho millones al final del siguiente decenio.

La política oficial se enderezó hacia una conjugación de las directivas de planificación del empleo emitidas por Juceplán con el reconocimiento del derecho de los ciudadanos a solicitar empleo en las entidades de producción existentes. Por medio del sistema educacional y de los crecientes poderes del Mintrab y las Direcciones Municipales de Trabajo se procuró canalizar las demandas de empleo hacia los tipos de trabajos que Juceplán estimara más convenientes para el país. Era necesario coordinar los diversos eslabones de la economía productiva y ello condujo a que la distribución del trabajo y de los medios de producción se llevara a efecto en forma centralizada y siguiendo los criterios de burócratas no siempre conocedores de la realidad, lo que trajo consigo ciertos desequilibrios. Sobre la agencia central de planificación imperaban además los dictados del Comandante en Jefe quien a veces contribuía a agudizar esos desequilibrios facilitando por ejemplo, la formación de médicos y otros profesionales en detrimento de los oficios.[8]

El punto de partida de la nueva política era la aplicación del principio socialista "de cada cual según su capacidad, a cada cual según su trabajo", y ello imponía la adopción de reglas precisas para la selección de los trabajadores. Sin embargo, éstas se demoraron en adoptarse y por algún tiempo fueron decisiones casuísticas y enfoques incompletos los que tendieron a prevalecer.

A partir de 1967 comenzaron a dictarse con más visión resoluciones sobre la forma de cubrir las plazas vacantes así como sobre la reubicación de trabajadores con capacidad disminuída y demás aspectos relativos a ingresos, traslados y ascensos.[9] La línea que el gobierno trazó para reubicar los recursos humanos se dirigió hacia tres objetivos:

- Elaboración de una política de empleo para todos los trabajadores del país encaminada a establecer una *organización y control de la vida laboral.*
- La ubicación de los egresados universitarios y técnicos medios.
- La posible reubicación del personal excedente por causas no imputables al mismo.[10]

Las resoluciones adoptadas a partir de 1967 contienen ya el elemento de control que habría de ser el denominador común de los programas de empleo del gobierno. A medida que tomaba forma el Estado totalitario, las autoridades dirigían sus pasos hacia la sujeción de todas las actividades laborales a los dictados que venían de lo alto. A los pequeños agricultores que eran miembros de la ANAP se les obligaba a vender sus productos al Estado y a someterse a otras restricciones que se fueron haciendo tan rígidas que algunos de ellos decidieron traspasar sus propiedades al Estado y convertirse en asalariados agrícolas.

Se procuraba también desalentar cuántas otras formas de trabajo por cuenta propia existían antes en Cuba. Castro no deseaba permitir que existieran segmentos de la población trabajadora que no dependieran del Estado. Es por ello que se dispuso en 1968 la prohibición del trabajo por cuenta propia y la expropiación masiva de decenas de miles de pequeños comercios y hasta insignificantes actividades artesanales. Ni las pequeñas bodegas, modestos cafés, kioskos, vendutas, microtalleres y otros establecimientos expropiados tenían el menor valor estratégico para el desarrollo económico del país.[11] Su mantenimiento era, sin embargo, un símbolo del valor que podían tener la iniciativa privada y su eficacia contrastaba con los problemas que ya empezaban a plantearse en algunos consolidados y empresas del Estado. La libertad de trabajo —siquiera sea limitada a actividades de menor significación— era incompatible con la noción que Castro tenía del poder absoluto del Estado. Su eliminación era, pues, imperativa y si ella se demoró por algún tiempo fue sólo por la consecuencias que el cese de tantas actividades podía acarrear en el nivel de empleo.

## El expediente laboral y la tarjeta de trabajo

El control de la vida laboral de los cubanos se hizo aún más notorio con el dictado en 1969 de la Ley del Expediente Laboral.[12] Dicha ley estableció con carácter obligatorio para todos los trabajadores el expediente laboral y la tarjeta de control de la fuerza de trabajo. El expediente constituía "la acumulación ordenada y cronológica de todos los datos y antecedentes de la vida o historia laboral del trabajador"[13] incluyendo las medidas disciplinarias dispuestas por la administración y las observaciones que ésta hacía sobre el comportamiento del trabajador. La tarjeta de control era el documento que resumía los aspectos necesarios para la identificación y localización del trabajador en su expediente. Las administraciones de las empresas estaban obligadas a confeccionar ambos documentos, mantenerlos actualizados y comunicar al Mintrab los datos contenidos en la tarjeta y los cambios ulteriores.

Ninguna empresa podía emplear un trabajador sin haber iniciado o recibido de otra empresa el expediente laboral y sin haber verificado o establecido la tarjeta de control. Un reglamento posterior permitió la permuta de los puestos de trabajo siempre que existiere igualdad de condiciones y calificación de los permutantes y aquella fuere aprobada por los administradores respectivos.[14] También se autorizaba a los trabajadores a cambiar de centros de trabajo siempre que ello fuere compatible con "la necesidad social de distribuir racionalmente y estabilizar la fuerza de trabajo de acuerdo con los requerimientos de la economía".[15]

El gobierno sostenía que el expediente laboral se utilizaba para registrar los datos sobre la trayectoria del trabajador que luego servirían para sustentar sus derechos en materia de seguridad social.[16] En la práctica el expediente incluía también referencias a la actitud del trabajador frente a la revolución (su participación en el trabajo voluntario, su enrolamiento como miliciano, su presencia en actos conmemorativos, los informes del CDR, etc.) En 1980 la Resolución 590 y en 1987 la No. 50 formalizaron esta práctica e introdujeron la obligación de llenar ciertas planillas dirigidas a evaluar los méritos del trabajador. Como quiera que la forma como ello se hacía originaba una discriminación ideológica y política, la Comisión de Expertos en Aplicación de Convenios y Recomendaciones de la OIT estimó que dichas planillas y cierta parte del contenido de los expedientes laboral y escolar eran contrarias al Convenio 111 sobre la discriminación en el empleo.

El tema del expediente laboral fue en consecuencia objeto de frecuentes discusiones y objeciones en la Conferencia Internacional del Trabajo; cediendo a las críticas expresadas en esa conferencia el régimen derogó en 1993 la resolución 590 y afirmó que se había modificado el contenido del expediente laboral. La modificación tuvo por objeto extraer del mismo las antes mencionadas planillas que inscribían los méritos y deméritos de los trabajadores.

La modificación legislativa no produjo, sin embargo, un cambio real y el expediente siguió utilizándose con fines discriminatorios. Los informes que el gobierno enviaba a la OIT hablaban de progresos en la armonización del expediente laboral con el convenio No. 111, pero todavía en la Conferencia Internacional del Trabajo de 1995, el Grupo de los Trabajadores significó que "no todo estaba aún resuelto" y el de los Empleadores advirtió que "aunque habían pasado muchas cosas, no estaba claro que ello hubiera tenido consecuencia alguna en la aplicación y respeto del Convenio". Este último grupo añadió que la actual situación puede tratarse sencillamente de otra manera de eludir el cumplimiento del Convenio".[17]

En los expedientes y tarjetas siguieron deslizándose referencias más o menos explícitas al grado de adhesión de los trabajadores a la revolución. Pudieron así utilizarse para influir en las evaluaciones, decidir sobre los ascensos, perseguir disidentes y fortalecer la base popular de la revolución. Conjuntamente con el Expediente Escolar, el Expediente Laboral vino a representar una muestra elocuente del propósito del régimen de penetrar hasta en los menores detalles de la vida de cada uno de los habitantes. Dado que la educación sólo podía ser impartida por el Estado y éste procuraba además colocar al ciento por ciento de la fuerza de trabajo bajo su control, es claro que la vigilancia del Estado se fue haciendo omnipresente. Cabe agregar que tanto las grandes empresas como el Mintrab transmitían a la Seguridad del Estado cuantas informaciones podían ser útiles para la consolidación del régimen.[18]

El expediente laboral podía ser visto por el interesado dos veces al año pero el examen tenía que hacerse previa solicitud por escrito y en presencia de un delegado sindical. La solicitud previa daba a la administración y los dirigentes sindicales tiempo suficiente para retirar las páginas más críticas del archivo que iba a ser revisado por el trabajador. Debería agregarse que las evaluaciones que periódicamente hacían las administraciones repercutían también en las posibilidades de adquirir los equipos electrodomésticos y demás artículos que los sindicatos y los centros de trabajo distribuían de conformidad con los planes elaborados por la CTC y el Ministerio de Comercio Interior. El expediente se fue convirtiendo así en una especie de fantasma que perseguía al trabajador durante toda su vida.[19]

Huelga decir que el trabajador que perdiere, destruyese o intentase introducir datos falsos en la tarjeta de trabajo incurría en responsabilidad criminal.[20] Sólo en Brasil con la *libreta de trabajo* que se estableció durante el régimen semifascista del Estado Novo existió algo semejante.

## La cuestión del pleno empleo

Los líderes de la revolución establecieron desde el comienzo la meta del pleno empleo como una de las grandes transformaciones que iban a llevar a cabo en el país. Afirmaban que el empleo de la totalidad de la fuerza de trabajo era una marca distintiva del sistema socialista y ansiaban comparar los logros que al efecto se proponían alcanzar con el cuadro sombrío que, según ellos, existía antes de la revolución. Según la Tesis sometida al I Congreso del PCC efectuado en 1975, una tercera parte de la fuerza de trabajo se hallaba desempleada antes de 1959;[21] otras veces se ofrecía la cifra de 650,000 desempleados, muy superior a la que aparece en publicaciones anteriores a la revolución.[22]

Es innegable que en el primer decenio de la revolución y sobre todo desde que comenzaron a llegar los subsidios de la Unión Soviética se experimentaron progresos notables en las tasas de empleo. En los documentos sometidos al I Congreso del Partido se hizo constar que en los 16 años transcurridos desde 1959, la revolución había creado un millón 400 mil nuevos empleos y que se había tenido éxito en erradicar la desocupación y el llamado tiempo muerto.[23] Esas afirmaciones invitan, sin embargo, al análisis y requieren ciertas matizaciones.

La revolución expandió, sin duda, las oportunidades de empleo durante el período de la transformación. Se intensificaron las actividades agrícolas, las construcciones y la producción industrial, sobre todo en las empresas caracterizadas por el uso intensivo de la mano de obra. Se produjo asimismo un incremento notable de los empleos en el área de los servicios sociales. En su informe al I Congreso del PCC, Castro afirmaría que sólo en las ramas de la educación, la salud, la defensa del país y la seguridad de la nación se estaba dando empleo a más de 400,000 personas. En 1973 se dictó la Ley del Servicio Social que estableció el derecho y la obligación de los graduados de nivel superior y medio de permanecer durante tres años en los centros de trabajo a que se destinaren con arreglo a las necesidades económicas y sociales del país. En el mismo informe antes citado, el Máximo Líder aseveró que en Cuba hasta los encarcelados participaban en las actividades productivas percibiendo el correspondiente salario. Aunque casi nunca se menciona el dato, es oportuno recordar que los centenares de miles de cubanos que marcharon en estos años al exilio dejaron tras sí innumerables puestos de trabajo vacantes.

Un porcentaje considerable del crecimiento del empleo correspondió a la mano de obra femenina. Mientras el empleo masculino, creció en un 23 por ciento, el de las mujeres lo hizo en un 40 por ciento. De menos de una décima parte de la fuerza de trabajo empleada, la mano de obra femenina, pasó a constituir en estos años una cuarta parte de la ocupación total del país (y llegaría después al 38 por ciento). No es seguro, sin embargo, que los trabajos que se les dieron y la forma como eran reclutadas fueran las más convenientes.

La adscripción masiva de las mujeres a las labores de producción trajo consigo su empleo en ocupaciones que eran manifiestamente poco deseables, penosas o de secundaria importancia. Se les utilizó, en efecto, *inter alia,* en la siembra y recolección del tabaco, las viandas y los vegetales, como torneras, fundidoras, estibadoras, carpinteras de ribera, macheteras, operadoras de tractores y equipos pesados, desyerbadoras, desbrozadoras de caminos, cocineras a bordo de barcos pesqueros, guardajurados, braceras, grueras, albañileras y trilladoras de café.[24] A Castro y sus colegas lo que le importaba era aumentar la producción e inflar las cifras de la población económicamente activa. "El proletariado no tiene sexos", decía a su vez Guevara.[25] La imagen de las barrenderas del Kremlin estaba seguramente en la mente de quienes inducían a las mujeres a desempeñar las labores más ingratas.

El ingreso de las mujeres en el mercado de trabajo se debía en buena parte a la propaganda que en todas partes se hacía sobre la liberación de la mujer, a los esfuerzos de la Federación de Mujeres de Cuba y a las presiones de la CTC, los Comités de Defensa de la Revolución y las demás organizaciones de masas. En muchas zonas del interior de la isla, las mujeres estaban ya en activo entre los 15 y los 19 años.[26] Si es verdad que un número grande de mujeres accedió también a los campos profesional y técnico, no es menos cierto que otras muchas se vieron privadas de esas oportunidades por su temprana vinculación al trabajo manual.

Un segundo factor que es preciso tomar en cuenta para apreciar en su justo valor las alegaciones de Castro sobre el pleno empleo, es el del cambio en las técnicas empleadas para medir el desempleo. Se echaron a un lado los parámetros que antes se usaban para definir al sub-empleo y se estimó como empleado a todos los que laboraban 15 o más horas a la semana o lo hicieren sin retribución para un familiar. El resultado de ello fue que las cifras que oficialmente se daban de los empleados ocultaban en realidad un buen número de sub-empleados.

Un tercer factor que es preciso analizar es el de la creación en 1963 del Servicio Militar Obligatorio. Concebido con carácter universal para todos los comprendidos entre las edades de 18 y 45 años y con una duración de tres años, el SMO tuvo sin duda una gran influencia en el cómputo de los empleados y desempleados. Sea porque a los conscriptos se les consideraba como ocupados, sea porque su permanencia en dicho Servicio abría nuevas oportunidades de empleo, lo cierto es que el mismo ayudó a mantener fuera de las filas de los desempleados a un gran número de jóvenes y a abrir las puertas de las empresas a gente de otras edades. Como se verá más adelante, los reclutas no solo recibieron adiestramiento militar sino que prestaron además servicios relacionados con la producción, sobre todo en la agricultura. Tal recargo de ocupaciones se hallaba prohibido por convenios internacionales, pero las prohibiciones o condenas de tales organismos eran letra muerta para el régimen de Castro.

Otro punto a considerar es el de las movilizaciones frecuentes de trabajadores para la realización de actividades agrícolas o de construcción de las llamadas obras sociales. Las movilizaciones aparentaban ser formas espontáneas de contribuir al desarrollo, pero en el fondo contenían elementos compulsorios o semicompulsorios. Estos podían hallarse unas veces en la manera como se hacía la convocatoria, otras en el modo de reclutar candidatos por la CTC y finalmente otras en la presión social que ejercían las organizaciones de masas. Que la línea divisoria entre el trabajo voluntario y el forzado era muy tenue lo prueba el hecho de que en 1970, año de la zafra de los diez millones, el por ciento de desempleados bajó al 1,8 por ciento siendo así que en los ocho años anteriores había alcanzado un promedio de 4,7 por ciento. En relación con esa zafra el gobierno llevó a cabo, como se sabe, una intensa campaña de movilización.

El punto crítico en la evaluación de las estadísticas del empleo y desempleo publicadas por el régimen de Castro es el de la relación entre el tamaño del personal de las empresas y sus necesidades reales de producción o servicios. La estimación del número de trabajadores que iba a laborar en los diversos sectores y empresas, se hacía primero por los técnicos de Juceplán quienes fijaban parámetros o números fijos o aproximados. Estas estimaciones eran a veces artificiales y casi siempre sesgadas hacia los cálculos más elevados, conscientes como estaban dichos técnicos que era el lado más elevado el que agradaría al jefe de la revolución. Las administraciones a su vez, optaban siempre por contratar al número máximo de trabajadores previsto aunque no tuvieran necesidad de todos ellos, sabedores también de que así contribuían a la realización de la aspiración de Castro de poder proclamar el logro del pleno empleo.

Dos fenómenos contrapuestos contribuyeron al propio tiempo a deformar el cuadro del empleo y a echar sombras sobre los reclamos del gobierno. El primero fue que a medida que se prolongaba la revolución se fue produciendo una transferencia elevada de la fuerza laboral del campo hacia las ciudades hasta llegar en años subsiguientes, a un 75 por ciento de población urbana y un 25 por ciento en las áreas rurales. El segundo fue el ritmo decreciente de los programas de industrialización del país, lo que significaba que el país se estaba adentrando en una situación de urbanización sin industrialización.

El resultado inevitable fue que se produjera un déficit de mano de obra en la agricultura en tanto que grandes grupos de la fuerza laboral urbana pasaban a engrosar las plantillas infladas de las industrias o del sector de los servicios o bien fueron absorbidos en buena parte por una hipertrofiada burocracia estatal. La consecuencia inevitable fue la desvalorización del empleo y el acostumbramiento del país a vivir por encima de las posibilidades reales de la economía. Las semillas de la crisis que habrá de examinarse en la cuarta parte de este volumen fueron, por tanto, sembradas ya en los años 60 sólo que no produjeron una verdadera quiebra nacional en virtud de los subsidios que se estaban recibiendo de otros países socialistas.

Estos fueron, en todo caso, los años en que se sostenía con cierto triunfalismo que el problema de la revolución no era el desempleo sino la falta de recursos humanos. Y fue éste el pretexto que se invocó para crear el Ejército Juvenil del Trabajo y para introducir en los planes educacionales del país el sistema de estudio y trabajo y el de "la escuela al campo", así como para prohibir por ley la vagancia.

Es claro, a la luz de lo anterior, que es harto difícil sostener que Cuba alcanzó en estos años un genuino pleno empleo, al menos según la definición que de éste da la Organización Internacional del Trabajo. Para que el pleno empleo exista hace falta, según la OIT, no sólo que haya ocupación para todas las personas disponibles y que busquen trabajo, sino que éste sea productivo, útil y libremente elegido. Desde el momento en que haya personal superfluo en las empresas o que se restrinja la libertad para escoger empleo, dejan de concurrir las circunstancias que la OIT prescribe para que pueda hablarse de pleno empleo. Y la mejor prueba de que la inmensa mayoría de las empresas estaban en esta época sobredotadas se tiene en el hecho de que fue el propio Castro el que ya antes de la época de la crisis se pronunció contra lo que él llamó el vicio de las plantillas infladas. En 1973, por ejemplo, al pronunciar su discurso resumen del XIII Congreso de la CTC, el Máximo Líder se lamentó del hecho de que las empresas de la revolución utilizaran mucha más fuerza de trabajo que la empleada antes de 1959. Citó incluso el caso del Central Cuba Libre que empleaba en la época capitalista 200 trabajadores para hacer las reparaciones en tanto que "ahora utiliza más de 700 obreros en ese mismo período".[27] Críticas similares pueden verse también en el siguiente congreso y luego con mayor insistencia en la época de la crisis, incluyendo editoriales del periódico *Trabajadores*.[28]

Un último factor que es preciso analizar para poner en su justo contexto la cuestión del empleo es el del nivel de los salarios, tema al que se dedicará también la siguiente sección. Castro prometió en 1959 elevar el nivel de vida de los cubanos, eliminar el monocultivo e industrializar al país pero no fue así. Creó el Ministerio de Industrias con Guevara al frente y desarrolló algunas actividades fabriles en sectores que no habían sido bien explotados antes, como la industria pesquera, ciertos renglones metalúrgicos, el ensamblaje de material rodante e incluso la expansión de una siderúrgica, pero ya en 1964 detuvo ese desarrollo. Para entonces Cuba había formalizado una nueva situación de dependencia con la Unión Soviética en la que Khrushev convenció a Castro de que, en la división internacional del trabajo, a Cuba le correspondía la tarea de suministrar azúcar a su país y a los demás del Comecon (CAME), mientras que éstos se ocupaban de abastecer a Cuba de productos industriales. Pronto comenzaron así a llegar a Cuba las maquinarias alemanas, los autobuses húngaros, los tractores checoslovacos y los Lada soviéticos al tiempo que la dirigencia revolucionaria abandonaba sus planes de diversificación de la economía y se intensificaba la producción de azúcar, cítricos, tabaco y otros productos del agro. Fue en este nuevo giro de la economía que Castro comprometió al país en 1970 en la desatinada empresa de producir diez millones de toneladas de azúcar, cosa que no logró y sí trajo consigo una verdadera desarticulación de la producción no azucarera.

Simultáneamente a esta evolución se fue introduciendo un nuevo sistema salarial caracterizado por sus bajas escalas. Reduciendo de esa manera los costos de la mano de obra le fue posible al gobierno emplear más personas en renglones muy distantes de la industria pesada para los que no se requerían grandes calificaciones y parecía por tanto normal fijar tasas modestas de retribución.

Para los cubanos que se ocupaban en la producción de azúcar se escogió el término de "empleados en los complejos agroindustriales" y cuando al I Congreso del PCC se le informó sobre el cuadro de las fuerzas laborales del país, tales trabajadores conjuntamente con los agropecuarios fueron incluidos al lado de los industriales, los de servicios y los de la construcción en una misma amplia categoría que englobaba al 65 por ciento de todos los recursos humanos. Sólo se incluyeron en el sector rural a los pequeños agricultores que se dijo representaban el 9,7 por ciento de la fuerza laboral.[29]

Es siempre más fácil, en todo caso, elevar los niveles de empleo fomentando actividades primarias que requieren un uso intensivo de la mano de obra que procurando promover un desarrollo balanceado. Muchas de esas actividades primarias sirvieron para reducir el desempleo y también para crear un subempleo que llegó a ser muy extendido en varias provincias.

## Las nuevas escalas salariales

Tras la eliminación de la negociación colectiva y la congelación salarial era necesario establecer las bases de un nuevo sistema de determinación de los sueldos y salarios. Ya se había declarado oficialmente (en abril de 1961) que Cuba era un Estado socialista y ello hacía también imperativo aplicar los principios del nuevo sistema al ancho campo de las remuneraciones.

En 1961 se encargó al Ministerio del Trabajo la realización de los estudios relativos a la implantación de una escala salarial única para todo el país. Se decía que el régimen castrista había heredado una situación salarial anárquica que era indispensable rectificar, racionalizar y simplificar.[30] Las autoridades del régimen llamaban anárquico al sistema que existía en Cuba y existe en todos los países occidentales de tener salarios mínimos generales y sectoriales y salarios justos estipulados en los convenios colectivos. Con gran premura se procedió en todo caso a preparar cursos sobre organización de los salarios en el socialismo, cuyos cursos produjeron ya en 1961 la primera graduación de 500 técnicos.[31]

La tarea pareció, sin embargo, exceder de nuevo a las aptitudes del Mintrab lo que dio lugar a que se recabara la cooperación de especialistas soviéticos, quienes ya en 1962 llegaron a Cuba y comenzaran a formar los nuevos funcionarios encargados de la organización del trabajo y los salarios.[32] No es de extrañar en consecuencia, que el nuevo régimen de salarios fuera no sólo inspirado en los principios socialistas sino que en la práctica resultara una copia del modelo soviético con las adaptaciones hechas por el Congreso de Ayuda Mutua Económica (CAME) y las mayores rigideces que Castro deseaba imponer.

En la base del nuevo sistema estaban desde luego los principios básicos previstos en la doctrina marxista sobre determinación de los salarios. El primero de ellos era que el pago de los salarios se ajustaría a la cantidad y calidad del trabajo aportado, lo que no significaba sin embargo, que el trabajador tuviera derecho a recibir el producto íntegro de su trabajo dado que la propia teoría socialista había dado vida a otro principio, enunciado por el propio Marx, en el sentido de que no todo el producto creado podía ser destinado al consumo individual.[33] Una parte de lo producido debía dedicarse, en efecto, a la creación de fondos sociales destinados a satisfacer las necesidades comunes de la sociedad. Sólo después de haber nutrido los fondos sociales se procedía a la distribución de la parte correspondiente al creador de la riqueza de acuerdo con la cantidad y calidad de su trabajo.

Estos dos principios se tuvieron en cuenta en Cuba pero tanto la medición del trabajo aportado como la fijación y administración de los fondos sociales darían lugar después a serias desviaciones. ¿Cómo asegurar, en efecto, que los fondos sociales revirtieran en beneficio efectivo de la masa obrera? Lenin había previsto una "contabilidad y un control rigurosos"[34] pero en las circunstancias de un país en el que los proyectos del Máximo Líder se sobreponían a todos los principios, la función de vigilancia atribuida a los sindicatos era nula y no llegaría a preverse nunca una transparencia fiscal adecuada. Lo que ocurriría así en la práctica es que una buena parte de los fondos se aplicaran al robustecimiento del aparato militar y la Seguridad del Estado, al fomento de las guerrillas en otros países de América Latina, al envío de cuerpos expedicionarios a Africa, Granada y otros países, y a la elevación del nivel de vida de los "mayimbes"[35] (o nomenklatura). El gobierno se ocuparía también de la educación y la salud pero el monto de los salarios se mantendría siempre deliberadamente bajo; una gran parte de la famosa plusvalía que según la doctrina marxista iba a parar a los bolsillos de los capitalistas sería ahora captada por la nueva élite dirigente. Sólo el nombre había cambiado pues el término de *plusvalía* había sido sustituído por el de *excedente económico*.

¿Cómo se procedió en esta primera época de las transformaciones a establecer la estructura salarial? Lo primero fue clasificar a la gran masa de los trabajadores del país en cuatro grupos: obreros, trabajadores administrativos, técnicos y personal dirigente. El sistema de salarios que para el conjunto de ellos se estableció estaba compuesto por cinco elementos básicos: la escala, los calificadores, las tarifas, las formas de pago y las primas. Se esperaba que con el tiempo la diferencia entre el trabajo manual y el intelectual se fuera haciendo más tenue, lo que efectivamente ocurrió algunas veces (con efectos negativos sobre la economía) y otras no.

La escala elaborada en Cuba para los obreros incluía al principio (en 1963) 23 grupos pero ese número fue luego reducido a ocho y más tarde fijado en 14.[36] Para cada grupo se especificaban coeficientes que expresaban la relación entre los distintos grados de complejidad de los trabajos. Los parámetros de esa relación se fijaron de manera muy estrecha pues Castro deseaba implantar una sociedad igualitaria en la que se fueran atenuando las diferencias socioeconómicas y se fuera desvaneciendo todo vestigio de individualismo. Mientras en la URSS la correlación entre el primero y el último grupo fue de 1:8; en Cuba la relación fue de 1:3,08[37] lo que entrañaba un achatamiento enorme de la pirámide salarial con su consiguiente deterioro de los estímulos y efectos negativos sobre la economía. Aunque se previó que además del salario básico establecido en la escala se pudiera pagar una remuneración adicional llamada plus salarial, también se previó que al ascender el trabajador a un grupo superior y pasar a percibir un básico más elevado, disminuyera el monto de su remuneración adicional de manera a evitar las grandes diferencias de ingreso.

El nuevo sistema requería el establecimiento previo de normas de trabajo consistentes en la fijación de los gastos de tiempo necesarios para la realización de la actividad propia del puesto o cargo en cuestión. Si bien se dio preferencia al salario a destajo no desapareció el salario por unidad de tiempo el cual se pagaría con respecto al tiempo normado .

La escala salarial única comenzó a implantarse entre 1963 y 1964 a medida que las empresas reunían las condiciones que el gobierno estimaba adecuadas. Con el tiempo la escala dejó de ser única y comenzaron a aparecer diversas escalas para los más diversos colectivos laborales. Los grupos se fueron dividiendo en subgrupos y categorías y para unos y otros se previeron diversos niveles. Se fue así retornando a la proliferación de tarifas que antes tanto se criticaba y que el régimen tuvo al fin que admitir era inevitable.[38] Sin embargo, hubo una interrupción en 1968 cuando el salario se desvinculó de las normas, se permitieron los horarios de conciencia y se renunció al cobro de las horas extras, todo lo cual se consideró después un error.

Con respecto a la remuneración adicional que en forma de primas y otros suplementos salariales estaba previsto pagar, vale indicar que su monto experimentó fluctuaciones importantes en razón de los cambios que se operaban en el gran debate sobre los incentivos materiales y los incentivos morales. Favorecidos estos últimos por Guevara durante los primeros años del período de transformaciones, es claro que no fueron muchos los pluses salariales que entonces se pagaron y que su ascendencia total fue más bien testimonial. Los incentivos materiales adquirirían después más relieve y llegarían a representar una parte importante de la retribución. La reforma general de los salarios prevista para el quinquenio 1981-85 propuso el aumento de la llamada parte móvil del salario mediante el empleo de primas relacionadas con la cantidad y calidad del trabajo; la parte móvil debería constituir no menos de un 15 a un 25 por ciento de la retribución salarial. Sin embargo, otras reformas dictadas en el posterior período de crisis volverían a exaltar los incentivos morales y disminuir los de índole material. Así fue dando tumbos la política salarial del régimen de Castro sin que se produjera reacción alguna de la CTC o los trabajadores.

## El problema de los salarios históricos

Al lado de la escala salarial única aplicable a los que ingresaban al mercado de trabajo o pasaban a ocupar cargos distintos, subsistieron durante algunos años los llamados *salarios históricos*. Se denominaban de esa manera los salarios que provenían de la época anterior a la revolución o que habían sido establecidos en los primeros meses de ésta y eran por supuesto más elevados que las escalas del nuevo sistema salarial. En 1970 el salario medio mensual era según las nuevas escalas de sólo 108 pesos en tanto que los salarios históricos eran dos o tres veces más altos.

La razón por la cual Castro permitió el mantenimiento de estos últimos salarios fue su decisión de no lastimar al gran número de trabajadores que estaban percibiéndolos. Según el Informe del Comité Central presentado al I Congreso de PCC el 79,9 por ciento del total de los trabajadores tenían derecho en 1962 a percibir la diferencia entre la remuneración que correspondía al cargo que ocupaban y el salario histórico que estaban devengando.[39] Suprimir tales salarios obligando a cerca de dos millones de trabajadores a percibir salarios inferiores a los que habían estado devengando hubiera, sin duda, causado una gran inquietud social e incrementado la oposición al Gobierno Revolucionario. Dado que Castro colocó siempre en lo más alto de sus prioridades a las necesidades de su mantenimiento en el poder, optó por dejar en pie esos salarios aun al precio de dar vida a una dualidad de sistemas. Su explicación oficial sería desde luego más desinteresada y elegante pues se referiría a su propósito de afirmar "el respeto más absoluto a las conquistas de los trabajadores".[40] Otra razón que también determinó la subsistencia de los salarios históricos fue el hecho de haberse dictado en agosto de 1962 una resolución del Mintrab que ratificaba la congelación salarial según las cantidades que en ese momento percibían los trabajadores.[41] El Primer Ministro aludiría también en son de crítica a "las debilidades e imprecisiones administrativas que generalizaron la práctica de mantener fijo el salario del obrero aunque éste se trasladara a un puesto de menor remuneración".[42]

Era una práctica que socavaba la procedencia del nuevo sistema salarial, deformaba al sistema socialista de remuneración y tendía a crear divisiones entre los mismos trabajadores. No era posible esperar a que desapareciera por atrición el salario histórico que de manera tan ostensible negaba los postulados de igualdad y que tan incómodos problemas creaba al gobierno. Éste se propuso pues eliminarlo gradualmente, imprimiéndole plena consagración a su sistema de organización del trabajo y los salarios. Se procedió así a suprimirlo con respecto a los trabajadores que eran reclutados para sustituir a los que percibiendo un salario histórico se jubilaban, renunciaban o eran despedidos; se dispuso también su eliminación cuando el titular del salario histórico era afectado por una racionalización de la empresa que implicaba su traslado, sea a otro centro de trabajo, sea a otro puesto de la misma empresa. La extinción del salario histórico se aplicó también a los trabajadores que previa baja o cese de la relación de trabajo se vinculaban a otra entidad o centro de trabajo, aun cuando hubiese percibido un salario superior en el puesto que ocupaba en la anterior entidad o centro de trabajo. Ya en 1972 sólo el 18,9 por ciento de los trabajadores no agropecuarios seguían percibiendo la diferencia. Luego, en 1977, se aprobó una ley dirigida a prohibir la creación de nuevos salarios históricos.[43] Dicha ley ratificó algunas de las precitadas causas de supresión de los salarios históricos y extendió también su aplicación a todo trabajador que luego de haber permanecido temporalmente sin trabajo y sin vínculo laboral se contratara nuevamente en un puesto de trabajo. Así, de manera gradual pero incesante, fueron desapareciendo de la escena laboral los últimos vestigios del "ancien regime" laboral, vestigios que representaban un embarazoso contraste con el austero sistema salarial de la revolución. Los líderes de ésta insistían en que la sociedad nueva sólo podía conquistarse con sudor, trabajo y sacrificios y una gran parte de los interesados estaba al parecer dispuesta a aceptar esa prédica.

## Otros cambios ocurridos en la esfera laboral

Más allá de la política del empleo y los niveles de salarios, Castro llevó su empeño de transformación nacional hasta los más recónditos rincones del sistema de las relaciones laborales. El Ministerio del Trabajo desdobló sus funciones y pasó a llamarse también Comité Estatal de Trabajo y Seguridad Social, todo ello de acuerdo con el patrón soviético. La CTC dejó de ser una confederación de federaciones y sindicatos para pasar a ser la Central de Trabajadores de Cuba. Había ya desaparecido por supuesto el Tribunal de Garantías Constitucionales y Sociales que era la última instancia de la jurisdicción laboral. Al nivel de las empresas aparecieron primero los consejos técnicos asesores, hubo luego unas comisiones obreras encargadas de resolver las controversias disciplinarias y a partir de 1964 se dispuso el establecimiento de consejos de trabajadores cuyo cometido principal sería el de resolver conflictos individuales y fortalecer la susodicha disciplina laboral.

Sufrieron cambios igualmente profundos las condiciones de trabajo. En la industria azucarera fueron eliminados el diferencial azucarero y el pago de la superproducción, así como la conexión que en el pasado existió entre el salario y el precio del azúcar. El mantenimiento de esta última relación le hubiera significado una enorme bonanza a los trabajadores azucareros, pues si en los tres decenios anteriores a la revolución el precio del azúcar apenas si llegó en su punto más alto a cinco centavos la libra, (4.96 fue por algunos el precio de referencia para pagar el diferencial) en las décadas del 60 y el 70 alcanzó cotizaciones que oscilaron entre 10 y 40 centavos. El sector del comercio asistió por su parte a la pérdida de la jornada de verano y otros grupos más específicos como el de los bancarios y el de los transportistas vieron la desaparición de la jornada máxima especial de seis horas al día.

La libertad de trabajo siguió experimentando serios quebrantos y en su lugar fueron apareciendo formas veladas de trabajo forzoso, incluyendo el trabajo voluntario no retribuido al que se hará referencia más adelante. Hasta los menores fueron incorporados al proceso de producción por intermedio de la Unión de Pioneros de Cuba (UPC), creada en 1961; y el Ejército Juvenil del Trabajo cuya fundación data de 1973.

El trabajo forzoso adquirió un carácter particularmente riguroso con las Unidades Militares de Ayuda a la Producción (UMAP). También se adoptó en 1973 una Ley contra la Vagancia que la OIT juzgaría contraria a los principios que inspiran los convenios sobre la abolición del trabajo forzoso.

En todos estos cambios estuvo siempre presente el designio de Castro. El hombre que en pocos años transformó una sociedad capitalista en socialista, no confrontó mayores dificultades en alterar la índole del sistema laboral. Es verdad que pudo contar para ello con la cooperación del movimiento obrero que no sólo se dejó cambiar su naturaleza sino que en 1963 declaraba por boca del Consejo Nacional de la CTC que todos los dirigentes sindicales estaban en el deber de librarse totalmente de los viejos conceptos, limitaciones, preocupaciones e incluso del lenguaje propio del pasado capitalista. Nuestras tareas, añadía el Consejo, son nuevas y distintas y han de llevarse a cabo dentro del contexto de la nueva sociedad que estamos construyendo.

# Notas

[1] Véase *El Mundo*, 26 de enero de 1960, pag. 1.

[2] "El primer censo laboral", *Trabajo*. No. 1, mayo de 1960, pag. 93.

[3] Véase *Havana Post*, 19 de abril de 1960, pag. 1.

[4] Véase Ministerio del Trabajo, *Censo Laboral 1960*. (La Habana: Ministerio del Trabajo del Gobierno Revolucionario, 1962)

[5] *Diario de la Marina*, 25 de abril de 1960.

[6] Véase E. Córdova, *Castro and the Cuban Labor Movement*, op. cit., pag. 245.

[7] Véase el discurso de Fidel Castro dirigido a los instructores del gobierno en: *Autocrítica de la Revolución Cubana*. (Montevideo: Ediciones Uruguay, 1962, pags. 64-69.

[8] En Cuba llegó a haber antes de la crisis de los años 90 más de una docena de facultades de medicina.

[9] Eulalia Viamonte, *Elementos de derecho laboral cubano* (La Habana: Ministerio de Educación Superior, 1983), Tomo 1, pag. 113.

[10] Ibid, pag. 114.

[11] El Propio Castro reconoció que no había razón válida para esa "ofensiva revolucionaria" y que ella había agravado los problemas financieros y de escasez de fuerza de trabajo. Véase Informe Central, al Primer Congreso del Partido Comunista de Cuba, *Juventud Rebelde*, 1975, pag. 5.

[12] Ley No. 1225 de 29 de agosto de 1969.

[13] Artículo 2.

[14] Resolución del Mintrab No. 459 del 31 de agosto de 1969.

[15] Ibid.

[16] Véase Martha Eugenia López Villeda, *Nivel de vida del trabajador y el movimiento sindical*. (La Habana: Editorial Científico-Ténico, 1991), pag. 21.

[17] 78ª Conferencia Internacional del Trabajo, *Actas Provisionales*, No. 26. (Ginebra, 1995), pags. 11-18.

[18] Juan Clark, *Mito y realidad*, op. cit., pag. 270.

[19] Entrevista con Juan Benemelis; citada en J. Clark, op. cit., pag. 27.

[20] Disposición Final de la Ley 1225.

[21] *Informe Central al I Congreso del Partido Comunista de Cuba*, (La Habana: Editorial Pueblo y Educación, 1978).

[22] Véase Raúl Lorenzo, *El empleo en Cuba* y Consejo Nacional de Economía, *El empleo y el desempleo de la fuerza trabajadora* (La Habana, 1958).

[23] Informe Central, op. cit., pag. 20. Véanse también las *Directivas para el desarrollo económico y social del quinquenio 1976-1980.* (La Habana: Ediciones del DOR del PCC, 1976).

[24] Véase E. Córdova, *El mundo del trabajo en Cuba Socialista* (Caracas: Fondo Latinoamericano de Ediciones Sociales, 1992), pag. 242.

[25] Guevara, op. cit., pag. 38.

[26] Véase S. Catasús et al. *Cuban Women. Changing Roles and Population Trends*. (Geneva: ILO, 1988), pag. 28.

[27] Las admisiones hechas por Castro al respecto del exceso de personal figuran ya en las *Memorias del XIII Congreso.* (La Habana, 1974), pags 24 y 25, y en las *Memorias del XIV Congreso de la CTC.* (La Habana: Editorial Orbe, 1980), pag. 28.

[28] Véase, por ejemplo, el editorial del día 4 de julio de 1994.

[29] Véase Informe Central, op. cit., pag. 22 y E. Viamonte, op. cit., pag. 114.

[30] Viamonte, op. cit., pag. 201.

[31] Ibid, pag. 202.

[32] Ibid, pag. 203.

[33] Karl Marx, "Crítica al programa de Gotha" en *Obras escogidas* (Moscú: Editorial Progreso, 1974). Tomo III, pag. 5.

[34] Vladimir Ilich Lenin, "Las tareas inmediatas del poder soviético", en *Obras escogidas*, (Moscú: Editorial Progreso, s.f.), pag. 680.

[35] El nombre mayimbe procede de la jerga ñáñiga y alude a las auras tiñosas que vuelan alto.

[36] Córdova, *El mundo del trabajo*, op. cit., pag. 252 y Viamonte, op. cit., pag. 205.

[37] Viamonte, idem, pag. 205.

[38] Córdova, op. cit. en nota 32, pag. 253.

[39] F. Castro, "Informe del Comité Central del PCC", op. cit., pag. 20.

[40] Ibid.

[41] Resolución No. 5798.

[42] *Revolución*, 3 de septiembre de 1962, pag. 5.

[43] Ley no. 12 del 27 de diciembre de 1977.

# Capítulo 10

## *Del apoyo incondicional a la integración y la dependencia*

### Razones de la integración

Como se indicó en los primeros capítulos de este volumen, la inmensa mayoría de la población trabajadora y aun de la sociedad en general, prestó al comienzo su apoyo espontáneo a la revolución de Castro. Sin embargo, a medida que se hacía evidente su carácter socialista y se advertía la forma como el gobierno patrocinaba a la vieja guardia comunista, se produjeron defecciones, entre los líderes y aun en las masas, pero la adhesión de los trabajadores siguió siendo mayoritaria.

Hacia mediados y fines de los años 60, cuando se hicieron más ostensibles las deficiencias del sistema y éste intensificó su evolución hacia el totalitarismo, se experimentó un cambio en el carácter del apoyo popular. En 1961 se sintieron, por otra parte, las primeras señales de escasez de alimentos[1] y en 1962 apareció la libreta de racionamiento que el gobierno engañosamente llamó libreta de abastecimiento. Cesó la ilusión de una prosperidad creciente y en su lugar se instaló una cierta decepción entre los cubanos pensantes y los que sufrieron mermas en su estandard de vida. Ya no se hablaba de la identificación incondicional con Castro y sus objetivos sino de la necesidad de integrarse en el proceso revolucionario para defender al país y poder funcionar dentro del mismo. La campaña que en tal sentido se hacía adquirió mayor relieve tras el malhadado desembarco de Playa Girón y la propaganda constante que se hacía contra los exiliados a quienes se insistía en llamarles "gusanos". El gobierno alentaba entonces la división entre los "buenos" cubanos que se quedaban en Cuba y los que describía como gente rica y partidaria del imperialismo yanqui que marchó a los E.U.

El fenómeno de la integración se revistió así de dos facetas: una relacionada con el fervor nacionalista que se estimulaba de modo constante en el pueblo y otra de contornos clasistas que se dirigía de modo especial a la clase trabajadora. Una y otra se fomentaban por medio de la propaganda masiva que el gobierno llevaba a cabo a través de todos los medios de difusión. Miles de horas de la programación radial y televisiva se consagraban cada mes a la propagación de las consignas del régimen. De la prensa escrita se podía decir que no tenía otra razón de ser ni otro contenido que el de servir también al gobierno, carácter que se hizo aún más visible cuando aparecieron *Granma* como órgano del partido, *Juventud Rebelde* como órgano de la Juventud Comunista y *Trabajadores*, órgano de la CTC.

El peso de esta propaganda se hacía sentir en todos los rincones de la isla. Junto a ella operaban en el mismo sentido el sistema educacional y las cada vez más abarcadoras organizaciones de masas. Castro orientó al sistema educacional no sólo en el sentido de difundir el marxismo sino también en el de borrar de la historia de Cuba todo lo que no fuera favorable a la revolución. De hecho, la historia que se enseñaba se redujo a la descripción de la guerra contra España y el vejamen de la esclavitud en el siglo pasado y a la lucha de Castro contra Batista en el siglo XX. El período intermedio (1902-1959) quedó fijado en la mente de los estudiantes como el de la república mediatizada o neocolonia. La educación primaria se enlazaba al propio tiempo con el ingreso en la Unión de Pioneros en la que el uso de la pañoleta roja y el adoctrinamiento marxista preparaban a los menores para la *integración* y su posterior ingreso en la Juventud Comunista. El trabajo de estas organizaciones se completaba después con el de la Federación de Estudiantes de Enseñanza Media (FEEM) y la Federación de Estudiantes Universitarios (FEU) y una vez terminada la educación entraban en juego la CTC, la Federación de Mujeres Cubanas y las otras organizaciones de masas. Al pueblo cubano el adoctrinamiento y la propaganda le han acompañado sin interrupción durante todos los períodos de su vida.

Para los que entraron en ese ciclo algo tarde o fueron milagrosamente inmunes a su influencia ideológica, la integración funcionaba de una manera indirecta, que pudiéramos llamar de presión psicológica. El individuo que impulsado por su instinto gregario deseaba pertenecer al grupo de su elección o al que le correspondía, no tenía más remedio que integrarse aceptando o pretendiendo que aceptaba la ideología del grupo. Su negativa a seguir ese camino lo marcaría como un joven descarriado, antisocial, en estado de peligrosidad o contrarrevolucionario. La imaginación del régimen siempre fue rica en acuñar términos fáciles de retener y conducentes a denigrar la oposición. Pronto, se hizo necesario, sin embargo, acudir a otros procedimientos más convincentes para no ya denigrar sino destruir a los disidentes.

## Disciplina laboral socialista

Las señales de endurecimiento con respecto al trato que se iba a dar a los trabajadores se hicieron patentes en 1964 cuando se dictaron las primeras disposiciones formales sobre la disciplina laboral.[2] Como siempre, la adopción de estas medidas fue precedida de un intenso trabajo de preparación y adoctrinamiento. Se difundió ante todo la idea de que todo sistema de producción requiere de una disciplina laboral dirigida a permitir el mejor desenvolvimiento y coordinación de las actividades económicas. Se trató, a seguidas, de convencer a los trabajadores de que la disciplina que se iba a implantar era la disciplina de los propios trabajadores que éstos debían aceptar como un deber moral. Acentuando aún más la propaganda, se dijo que las nuevas medidas disciplinarias iban a diferir sustancialmente de las que se implantaban en las llamadas "sociedades antagónicas" (esclavista, feudal y capitalista). Según los voceros del régimen en la sociedad esclavista se empleaba la disciplina del látigo, en la feudal se apelaba a la coacción y la influencia de la Iglesia y en la capitalista se utilizaba la disciplina del hambre. Tales afirmaciones se hacían incluso en los textos de enseñanza universitaria.[3] Muy distinta era, según esos textos, la disciplina socialista que debía ser consciente y voluntariamente aceptada por los interesados así como estimarse necesaria para la construcción del socialismo. ¡Qué lejos estaban los autores de la primigenia Ley 1166 de pensar que las ulteriores regulaciones de la disciplina iban a ser más rigurosas que los más severos sistemas jamás previstos en otros países!

En realidad, en Cuba regía desde 1938 una regulación de las obligaciones del trabajador y el empleador dentro del contrato de trabajo que era básicamente similar a la establecida en los demás países occidentales. Se preveía la obligación del trabajador de realizar sus labores con la diligencia debida, la de asistir con puntualidad al trabajo, la de atender las indicaciones u órdenes del patrono y la de guardar fidelidad a la empresa o explotación no divulgando los secretos de fabricación ni compitiendo con el patrono.[4] Si el gobierno de Castro decidió por tanto eliminar ese elenco de obligaciones hay que presumir que lo hizo por la simple razón de que lo consideró insuficiente para lograr el objetivo que para él era supremo de aumentar la producción.

Y en efecto, la Ley de Justicia Laboral puso al comienzo mismo de su regulación un título dedicado a la aplicación de la justicia laboral que imprimía mayor severidad a las obligaciones del Decreto 798. Donde antes la infracción del deber de asistir al centro de trabajo se medía a los efectos de su sanción en días de ausencia injustificada, ahora la Ley 1166 se refería a la inobservancia del horario de trabajo. Es decir que llegar tarde al trabajo, no ya dejar de asistir al mismo, podía dar lugar a la aplicación de medidas disciplinarias. Donde antes el trabajador estaba obligado a indemnizar al patrono por los perjuicios que *culpablemente* ocasionare en los materiales, máquinas o instrumentos de trabajo, ahora se suprimía la palabra "culpablemente" y se consideraba que cualquier daño podía constituir una violación de la disciplina. Donde antes se decía que el trabajador debía guardar respeto y consideración al patrono y a los compañeros de trabajo, ahora se añadía la falta de respeto a terceras personas en el centro de trabajo.

A los efectos de la aplicación de sanciones las violaciones de la disciplina laboral se clasificaban en leves, menos graves y graves. Entre estas últimas se incluía el daño causado a la empresa que fuere de más de cien pesos, así como la infracción del horario de trabajo por más de 15 veces en el mes.[5]

Aunque hubo cambios en la determinación del órgano encargado de aplicar en primera instancia las medidas disciplinarias, la responsabilidad se asignó en definitiva al administrador de la empresa. Sus decisiones eran muy raramente impugnadas por el sindicato, pero la ley previó una posible indemnización de daños y perjuicios en favor del trabajador y a cargo del administrador en caso de imposición indebida de medidas disciplinarias. El XII Congreso de la CTC (1966) trató de darle mayor fuerza al papel de los sindicatos en la disciplina laboral pero ello no se hizo para proteger a los trabajadores sino para la más efectiva aplicación de la disciplina.[6]

Los nuevos enfoques preveían además medidas disciplinarias que no fueron conocidas antes en Cuba como el aplazamiento del descanso, la amonestación pública y el traslado a otro puesto de trabajo o cargo. Tanto estas medidas como las de suspensión y separación se mantenían en vigor aun cuando fueran apeladas hasta que se dictara resolución judicial definitiva.

La ley de 1964 fue sólo el comienzo de un largo proceso de agravamiento de la disciplina laboral. Durante los siguientes 13 años se dictaron no menos de cuatro regulaciones diferentes de esa disciplina cada una de las cuales estuvo dirigida a hacer más rigurosa la aplicación de sanciones.[7] El proceso culminaría en 1992 con la Ley de Organos de Justicia Laboral de Base a la cual se hará referencia en la última parte de este volumen.

Es de tener en cuenta también que la legislación sobre disciplina laboral se completaba con la sujeción del trabajador a los *reglamentos disciplinarios* que eran de tres clases: el interno o de la empresa, el ramal o correspondiente al sector de que se trataba y el que se hubiera adoptado para la categoría a que perteneciera el trabajador. Si bien estos tres tipos de reglamentos tenían que ser discutidos y analizados en asambleas de trabajadores organizadas por la administración y el sindicato, los poderes de estas asambleas eran muy limitados pues se circunscribían a "aportar elementos que se tomarán en cuenta *si procedieren*".[8]

Más allá de lo establecido en las leyes, el régimen supo desarrollar desde temprano mecanismos de control directos e indirectos enderezados a desalentar la resistencia pasiva del trabajador. Algunos de estos mecanismos fueron copias de los que habían sido antes utilizados en la Unión Soviética; otros como el mayor grado de militarización del trabajo provenían de la propia inventiva del régimen cubano. Cualquiera que fuera su origen, estos mecanismos sirvieron para impedir que el ausentismo y la indisciplina adquirieran proporciones más graves. En febrero de 1961, Guevara visitó sorpresivamente una fábrica metalúrgica en la provincia de La Habana y encontró que el 25 por ciento del personal estaba ausente alegando enfermedad u otras causas.[9] Unos meses más tarde denunció ante la primera reunión plenaria de las unidades de producción de la Gran Habana que el ausentismo estaba alcanzando proporciones alarmantes.[10] Por esa misma época, Lázaro Peña criticaba a los trabajadores de la más grande empresa textil de Cuba (la de Ariguanabo) por su pobre desempeño y productividad declinante.[11] El gobierno decidió entonces lanzar su primera campaña contra el ausentismo y la baja productividad disponiendo en 1962 severas penas contra los obreros que no se presentaren a trabajar. Poco después no solamente la disminución deliberada del rendimiento sino también la apatía en el trabajo y el descenso de la productividad fueron considerados como formas de disensión que podían provocar actos de repudio o la crítica del sindicato. Huelga decir que el sabotaje fue calificado como un acto contrarrevolucionario castigado con las penas más severas de privación de libertad y a veces con la pena capital.

## La UMAP, el Servicio Militar Obligatorio y otros institutos afines

En el otoño de 1965 el Gobierno de Castro dio vida a una organización de trabajo forzoso llamada Unidades Militares de Ayuda a la Producción (UMAP). Hasta entonces los dirigentes de la revolución habían estado procurando imponer por medios indirectos un patrón de conducta y un tipo de persona que se ajustara en todo, tanto en su pensamiento y manera de ser como en su aspecto externo, al hombre nuevo, nacido de la revolución, mas no habían logrado obtener el éxito que deseaban. Se advertía, en cambio, un aumento entre los jóvenes de las actitudes rebeldes, la aparición de los primeros disidentes y la multiplicación de los que se dejaban el pelo largo o vestían en forma no convencional. A Castro, le molestaba en particular la existencia de homosexuales cuya conducta se contraponía a la imagen que él y su régimen querían dar de machismo. Al máximo líder, que se proclamaba ateo, le disgustaba asimismo que hubiera aún jóvenes que ingresaran en seminarios católicos o se unieran a los Testigos de Jehová, la secta protestante que el PCC calificaba de fanática e irracional y que más firme se mantenía en su independencia frente al régimen. A estos grupos se sumaron masones, intelectuales disidentes y simples sospechosos de no simpatizar con el gobierno.

Se pensó así en segregar a todos esos grupos de "desviados" del resto de la sociedad mediante su reclusión en centros de adoctrinamiento y trabajo establecidos al efecto en las áreas rurales del país, principalmente en la provincia de Camagüey. La creación de las UMAP perseguía al propio tiempo el objetivo de aumentar la producción agrícola, pues a los reclusos se les iba a hacer trabajar en tareas de diversa índole, desde construir sus propias viviendas hasta cosechar viandas, desyerbar caminos y guardarrayas, cortar cañas y ocuparse en arduos menesteres de tipo agrícola o del trabajo en talleres. Las granjas de reeducación política se convirtieron en campos de trabajos forzados, en los que los confinados estaban obligados a cumplir metas en sus labores.

La reclusión de los llamados antisociales o desviados se hacía por un simple acto administrativo, sin la menor intervención de los tribunales, sin que se requiriera la presentación de pruebas y por tiempo indefinido. A los internados se les trataba con la mayor dureza al punto que hubo reclusos que se automutilaban; otros que adoptaron actitudes rebeldes fueron torturados y algunos murieron a manos de los guardianes.[12] Según el relato de uno que estuvo internado en un campamento de UMAP, la experiencia del trabajo en esas unidades de producción fue una forma de esclavitud copiada de los campos de concentración estalinistas.[13] Según otro fue una especie de anticipo del archipiélago Gulag cubano.[14]

Los jóvenes internados en los campamentos de la UMAP vivían en barracones rudimentarios cercados con alambres de púas y vigilados por militares fuertemente armados. Se les obligaba a trabajar de doce a catorce horas al día en condiciones sumamente penosas. A los miembros del grupo de los Testigos de Jehová que se resistían a trabajar en unidades militares, "los ataban, los subían a las carretas y los tiraban en los campos de caña como si fueran sacos de papas". Parecida suerte tuvieron los adventistas que se negaban a trabajar los sábados. Se calcula que unos cien prisioneros murieron a consecuencia de los maltratos sufridos. Fueron muchos también los que se ahorcaron o fueron ametrallados al intentar escapar.[15]

En total se calcula que varias decenas de miles de jóvenes (alrededor de 40,000) fueron internados en los campos y talleres de las UMAP. Entre ellos estuvo el hoy Cardenal Jaime Ortega quien a la sazón era un joven sacerdote. Fue una experiencia infortunada que provocó fuertes críticas dentro y fuera de Cuba, lo que dio lugar a que el gobierno se viera obligado a suprimirla en 1967-68.

Dos años antes de la aparición de las UMAP (1963) se había establecido el Servicio Militar Obligatorio, más tarde llamado Servicio Militar General (SMG), ya que reclutaba por tres años a todas las personas comprendidas entre las edades de 18 a 45 años. El SMG de Cuba se diferenciaba del que existe en otros países en que además de impartir instrucción militar utilizaba a los reclutas en actividades de producción, principalmente en la agricultura. A algunos reclutas que se consideraban de confianza se les daba una instrucción militar relativamente completa; al resto y sobre todo a los que se estimaban reacios a la integración se les obligaba a un mes de actividades militares y el resto del tiempo a realizar actividades económicas diversas en violación de lo previsto en convenios internacionales (como el No. 29 de la Organización Internacional del Trabajo) que prohíben la realización de trabajos que no estén relacionadas con la formación militar.

Dado que a los reclutas se les remuneraba sólo con siete pesos mensuales, el SMG significaba una operación particularmente productiva para el régimen. Representaba el tener a su disposición a centenares de miles de trabajadores (321,600 soldados según algunos cálculos de la época)[16] a los que se les obligaba a producir riquezas en beneficio del Estado. Constituía además una escuela de disciplina laboral, formación socialista y colectivización del trabajo que preparaba a los jóvenes para su posterior ingreso en el Ejército Juvenil del Trabajo así como para las diversas formas de militarización del trabajo que habrían de aparecer más tarde. No desperdiciaba tampoco el Estado la oportunidad que el servicio militar le daba de continuar y profundizar el adoctrinamiento marxista, el culto a la personalidad y la revisión de la historia.

El régimen castrista fue particularmente riguroso con los reclutas. Al General A. Ochoa se le recuerda en Cuba sobre todo por los fusilamientos de reclutas durante la guerra de Angola. No había escape tampoco para los que se resistieran a ingresar en el servicio militar ya que el régimen se negaba a aceptar hasta la más común y justificable de las excusas, la objeción de conciencia.

Se comprende así que al cabo de varios años fuera particularmente elevada la cifra de desertores. Algunos de los jóvenes que trataban de salir de Cuba por los medios más riesgosos lo hacían para escapar del SMG. La evasión del servicio militar era sancionada con tres años de privación de libertad al término de los cuales, el evasor tenía que ingresar por el mismo período en el SMG.[17]

Cabe agregar que tanto la participación de los reclutas en el trabajo agrícola como en las UMAP fueron en parte reemplazadas en los años 70, primero por la Columna Juvenil del Centenario y luego por el Ejército Juvenil del Trabajo. La CJC fue creada a iniciativa de Castro aprovechando el centenario del Grito de la Demajagua y siguiendo el ejemplo de las organizaciones juveniles establecidas en Alemania durante Hitler y en Italia en la época de Mussolini. En 1972 llegó a contar con más de 43,000 jóvenes de los cuales el 30 por ciento eran menores de 16 años de edad. Actuaba en las seis provincias de Cuba y a su lado surgieron otras columnas en industrias específicas como la textil y la construcción. Aunque la Columna del Centenario es importante sobre todo como precursora del Ejército Juvenil del Trabajo establecido en 1973, tuvo también su propia y especial relevancia; se estima que en tres años sus integrantes cortaron 1,635,000 arrobas de caña,[18] lo que da una idea del beneficio que el régimen derivaba de estas nuevas formas de organización del trabajo. De ellas se servía además para formar los futuros militantes y líderes del PCC.

No terminan con la UMAP y el servicio militar las formas de trabajo forzoso que el régimen de Castro implantó en sus primeros años. En la propia década del 60 surgieron otras dos variantes principales: una que se estableció *de facto* por medio de prácticas penitenciarias y otra que se impuso abierta y deliberadamente a cualquier ciudadano con el pretexto de la necesidad de promover el desarrollo del país. La primera comprendía a su vez varias modalidades: 1)la obligación de trabajar que se aplicaba a los presos políticos como forma suplementaria de expiar sus culpas;[19] 2)la que se exigía bajo el llamado Plan Progresivo como medio de obtener el permiso para salir del país a los que eran dejados en libertad; y 3)la que formaba parte del Plan de Rehabilitación dirigido a un posible acortamiento del período de privación de libertad para los que aceptaban seguir cursos de adoctrinamiento y realizar obligatoriamente las labores que se les encargaban. El trabajo forzoso de los presos políticos se inició en 1964 en la prisión de Isla de Pino en la que había entonces más de 7,000 presos políticos. El Plan de Rehabilitación que data de 1962 fue sustituido en 1970 por el Plan Progresivo del cual se eliminó el aspecto de adoctrinamiento pero se conservó el de realización obligatoria de trabajos con el aditamento de que el plan se aplicaba automáticamente a todos los que ingresaban en el penal por razones políticas.

La disposición de carácter general representada por una ley de 1971, tenía por objeto imponer la prestación de trabajo a todos los que el régimen consideraba como vagos o parásitos sociales. Era un remedo de las leyes indigenistas que hace dos siglos se dictaron en la América Central para imponer el trabajo obligatorio a quienes no tenían "modo de vivir conocido". No importaba que quienes se abstenían de trabajar fueran mantenidos por familiares o amigos y no constituyeran por tanto una carga pública; cuantos por cualquier motivo no deseaban trabajar para el Estado eran enviados a laborar en sitios designados al efecto. Algunos piensan que esta Ley contra la Vagancia tuvo como objetivo luchar contra el ausentismo laboral que alcanzaba niveles muy altos en ciertos sectores económicos o como medio de reclutar trabajadores en áreas indeseables.[20] Es más probable, sin embargo, que la ley fuera un rezago del odio clasista de los primeros tiempos, una muestra de desprecio a los que según el régimen vivían del trabajo ajeno. "Basta ya de gente indolente o viciosa" le dijo Castro a un periodista que le entrevistó algún tiempo antes.[21] La ley fue en todo caso considerada por la OIT como una forma de trabajo forzoso.[22]

## Las movilizaciones

Junto a las formas abiertas o encubiertas de trabajo forzoso estuvieron siempre presentes las campañas de movilización. Aplicadas a la esfera del trabajo entrañaban menos obligatoriedad en la prestación de los servicios pero una mayor generalización. El régimen de Castro mostró desde el comienzo una especial aptitud para llevar adelante sus empeños de movilización social y mantener vivo lo que pudiera llamarse el sentido heroico de la revolución. Esa aptitud que se utilizó primero con fines políticos pronto se trasladó al campo del trabajo. Unas veces se movilizaba a los trabajadores para que asistieran a las grandes celebraciones del régimen, otras se les convocaba y ponía en pie de guerra para las que el gobierno consideraba las no menos grandes batallas de la producción.

El gobierno demostraba aptitud para tocar las cuerdas sensibles del patriotismo y la construcción del socialismo y grandes segmentos de la masa trabajadora se mostraron receptivos a los llamamientos de los líderes sindicales o del partido. Era un fenómeno singular: los mismos trabajadores que se veían obligados a aceptar la congelación de sus salarios y la renuncia de beneficios respondían positivamente a las consignas del régimen relativas a la producción. Desde 1960 hasta el momento actual la más persistente característica de las consignas oficiales ha sido la de pedir a los trabajadores mayor dedicación en sus esfuerzos y una cuota creciente de sacrificios.

A Castro se le ocurrió en 1969 que era necesario hacer una zafra de diez millones de toneladas, meta que no se había alcanzado antes en Cuba, y que requería por supuesto un esfuerzo especial de los trabajadores. Había ya olvidado sus promesas de industrialización y deseaba inscribir esa hazaña en su ejecutoria. Desoyó los consejos de los técnicos de Juceplan y el Banco Nacional e impuso su decisión de supeditar cualquier otro objetivo al de completar la gran zafra. Su realización se consideró como una prueba de la capacidad de la revolución para poder avanzar en el área de la economía. Centenares de miles de trabajadores fueron movilizados para el trabajo en las plantaciones y los ingenios de fabricar azúcar. No era la primera vez que Castro desplazaba a los habitantes de las ciudades hacia el campo. Entre 1966 y 1967 se calcula que un 1 por ciento de la fuerza laboral fue desburocratizada; la mitad de ese por ciento correspondió a los empleados públicos que fueron trasladados de La Habana al campo.[23] Esta vez sin embargo (para la zafra de los diez millones) la transferencia de mano de obra fue mucho mayor. Gente que no había laborado jamás en el campo fue obligada a cortar caña y participar en su acarreo.

La meta fijada no pudo completarse en 1970 y la economía sufrió un descalabro considerable, pero Castro dejó constancia una vez más del poder que tenía para manipular a discreción a la masa obrera. Dócilmente y sin serios contratiempos una gran parte de esa masa (que experimentó un cambio dramático en sus condiciones de trabajo y vida) respondió al llamamiento del Máximo Líder. Era la época en que el régimen se esforzaba por estimular el estajanovismo aguijoneando a los trabajadores a que produjesen por encima de las normas previstas. Poco antes de la zafra el gobierno había dado gran publicidad a la figura del machetero Reynaldo Castro de Calimete en Matanzas a quien se le acreditaban marcas extraordinarias en el corte de la caña.[24] Era una especie de Stakhanov criollo, la encarnación del "hombre nuevo" que la revolución había prometido moldear. Su fama no le duró mucho pero sirvió para incentivar la movilización de 1969-70 con relación a la cual el gobierno había incluso emitido sellos de correo anunciando la zafra de los diez millones. Los sellos daban por descontado el triunfo presentando las diversas fases del proceso de siembra, fertilización, corte, transporte y molienda.

De menos importancia pero asimismo significativa fue la movilización dispuesta con motivo de las labores a realizar en el Cordón del Café, otra obra del Comandante en Jefe dirigida a abastecer de café a la ciudad de La Habana por medio de su siembra masiva alrededor de la capital. El café es cultivo de terrenos montañosos; sus granos más finos se cosechan en alturas de más de 3,000 pies. La Habana no tiene montañas a su alrededor, pero Castro impuso su plan que culminaría en otro fracaso.

La facilidad con que el régimen de Castro disponía las movilizaciones laborales se debía en parte a la predisposición que para ello inculcaba el sistema educacional. El plan La Escuela al Campo y la insistencia con que se difundía la práctica de convertir una parte de las vacaciones escolares en períodos de trabajo generalmente efectuados en la agricultura, contribuían a impulsar la movilización de los trabajadores urbanos hacia el campo.

¿Hasta qué punto hubo resistencia y malestar ante esa demanda creciente de esfuerzos? Los datos disponibles muestran que el ausentismo alcanzó al 20 por ciento de la fuerza de trabajo en 1969-70. Ese contraste entre los trabajadores que respondían con entusiasmo a los llamamientos de Castro y los que permanecían indiferentes o reacios marca una división poco advertida, más bien silenciosa, de la clase trabajadora de cara al sesgo castrocomunista de la revolución.

## El sistema de seguridad social

No todos fueron rigores y sacrificios para los trabajadores en el período de la transformación. En marzo de 1963 alrededor de 1,600,000 trabajadores discutieron el anteproyecto de la que habría de ser la Ley de Seguridad Social,[25] ley que dio forma definitiva a las reformas que en el sentido de la unificación de los seguros el Gobierno Revolucionario había iniciado en 1959. Se echó a un lado el viejo y defectuoso sistema anterior representado por la fragmentación de la seguridad social en 52 cajas o fondos de retiro que ni cubrían a todos los trabajadores ni eran capaces de otorgar pensiones adecuadas. Ese mismo año se elevó a 40 pesos mensuales el mínimo de las jubilaciones; cuatro años después se fijó en 60.

La nueva Ley de Seguridad Social (Ley 1,100) significó un progreso notable para los trabajadores. No solamente se unificaba y consolidaba la administración de los seguros, sino que se extendía su cobertura hasta cubrir a todos los trabajadores y se añadía la protección contra riesgos que antes no se cubrían debidamente. Los órganos de la prensa castrista han insistido siempre en decir que el régimen anterior apenas cubría al 46 por ciento de la población laboral cubana y exageraban sus problemas de administración afirmando que había sustracciones de fondos y que muchos riesgos importantes no estaban cubiertos por las cajas de retiro.[26] La realidad es que: i)el amparo alcanzaba a cerca de dos terceras partes de la fuerza laboral cubana; ii)al lado de las 52 cajas de retiro funcionaban el Fondo de Maternidad Obrera y el Seguro de Accidentes del Trabajo, consagrándose además la obligación patronal de pagar nueve días de licencia por enfermedad al año; y iii)el enfoque tripartito de administración de fondos hacía difícil las posibilidades de su malversación.[27]

No hay duda, sin embargo, de que la nueva Ley de Seguridad Social aumentó substancialmente el número de personas protegidas, redujo grandemente los gastos de administración haciendo posible el pago de pensiones más apropiadas y estableció una protección más eficaz en el caso de enfermedad o accidente del obrero o campesino. Más de 250,000 obreros agrícolas quedaron así protegidos por primera vez y el número de beneficiarios fue aumentando hasta alcanzar en 1993 la cifra de 1,270,000 personas.[28] Para entonces, sin embargo, el monto de las prestaciones se había reducido grandemente y el presupuesto acusaba un déficit de 425 millones de pesos en relación con las jubilaciones y pensiones.[29] Con respecto a los riesgos cubiertos, la ley de 1963 no previó subsidio alguno de desempleo ya que se suponía que el Estado iba a crear empleos para todos los trabajadores. Cuando más tarde, en el período de crisis, comenzó a aumentar el número de desempleados, hubo necesidad de arbitrar las medidas de emergencia que se discutirán más adelante.

A las ventajas antes señaladas vino a sumarse una modificación radical del régimen contributivo consistente en la supresión de la obligación de cotizar de los trabajadores (cosa que se había dispuesto ya en una ley de 1962) y la conversión de los gastos de la seguridad social en una partida del presupuesto nacional. Otra medida favorable a los trabajadores prevista en la Ley de Seguridad Social fue la aceptación de la prueba testifical como medio de probar los años de servicio de un trabajador, medida que permitió amparar a miles de trabajadores que antes no tenían posibilidad de acreditar su antigüedad en el trabajo.[30] El régimen de seguridad social se completaría años más tarde con un sistema de asistencia social dirigido a cubrir tanto al que trabaja y su familia como al resto de la población no trabajadora frente a situaciones de emergencia.[31]

El sistema vasto e integral que de esa manera se concibió no contemplaba participación alguna de los trabajadores o sus organizaciones en su gestión y fiscalización. Era un sistema enteramente estatal que respondía a la índole del sistema político que Castro había creado. El Estado se convertía en el empleador único y también en el proveedor único de los beneficios de seguridad y asistencia social que él mismo diseñaba y administraba. El pueblo cubano tendría así que depender tanto en su vida activa como pasiva del Estado omnipotente que se estaba gestando.

El nuevo sistema respondía también al afán igualitario que el máximo líder había estado imprimiendo a la política laboral de la revolución. Las condiciones de atribución, las fórmulas de cálculo y los límites cuantitativos buscaban en efecto la igualación de los trabajadores; la cobertura comprendía a todos los que prestaban servicios al Estado, y los que laboraban en cooperativas, organizaciones políticas y de masas.[32] Dado que los salarios de base reflejaban ya esa tendencia (salvo los salarios históricos destinados a desaparecer) no era difícil seguir adelantando ese objetivo por medio del monto de las pensiones que por regla general representaban el 50 por ciento de la remuneración. El ritmo que Castro quería imprimirle a la revolución tendía a quemar etapas y llegar en el más breve plazo posible a la sociedad comunista que los teóricos marxistas habían previsto para el final de la construcción del socialismo. Era una mezcla del propósito plausible de lograr que no hubiera personas que no tuviesen medios de subsistencia decorosos y del reconocimiento de la necesidad de ir hacia un desarrollo austero y realista que olvidara las promesas de bienandanzas del año 1959. Se había acabado la época de las grandes utopías; ahora se combinaban algunos beneficios con demandas de sacrificios y promesas de mejoramientos.

Cabe advertir en todo caso que la extensión de los beneficios de la seguridad social fue la primera y la última reforma del ordenamiento laboral que se adoptaría en favor de los trabajadores. Con excepción de los primeros meses de la revolución, Castro no sería nunca generoso con la clase obrera. El precio del azúcar subiría en los siguientes años hasta alcanzar niveles asombrosos, hasta diez veces más altos que los prevalecientes antes de la revolución,[33] pero el Máximo Líder utilizó esos dineros para fortalecer su ejército, financiar guerrillas y cuerpos expedicionarios y no para elevar los salarios de los trabajadores.

La Federación Nacional de Trabajadores Azucareros en el Exilio calcula en miles de millones de dólares el total de lo que el gobierno dejó de pagar en sueldos y salarios a los trabajadores de ese sector. Es oportuno señalar también que aun en períodos en que se incrementó la productividad de los trabajadores, el gobierno procuró siempre abonar los salarios por debajo del nivel de la productividad.[34] La capacidad de pago de las empresas del Estado aumentó substancialmente también debido a los miles de millones de dólares que la Unión Soviética remitía cada año en subsidios. Sin embargo, esos dineros jamás se traducirían en mejores ingresos monetarios para el pueblo trabajador. Los enormes recursos financieros que Castro tuvo a su disposición durante 30 años fueron en su mayor parte dedicados a llevar adelante sus planes personales. Si a los trabajadores cubanos se les hubieran pagado sus salarios de acuerdo con el precio del azúcar y los ingresos del Estado muchos habrían alcanzado una independencia económica suficiente para no tener que subsistir con la ayuda de las prestaciones de la seguridad social. Tal hipótesis no entraba empero en los planes de los hermanos Castro para los que el subsistema laboral, incluyendo a la seguridad social, era parte de un sistema totalitario basado en la imposición y la dependencia del Estado.

# Notas

[1] Farber, op. cit., pag. 219.

[2] Ley No. 1166 del 23 de septiembre de 1964 (Ley de Justicia Laboral).

[3] Véanse, por ejemplo, E. Viamonte, "La disciplina laboral" en *Elementos de Derecho del Trabajo* (La Habana: Ministerio de Educación Superior, 1983), tomo 2, pag. 137.

[4] Véase E. Córdova, *Derecho laboral cubano* (La Habana: Editorial Lex, 1957), capítulo X.

[5] Artículos 4, 5 y 6 de la ley de 1964.

[6] Véase infra, capítulo XII.

[7] Véase las leyes No. 7 del 19 de agosto de 1977, No. 8 del 22 de agosto de 1977, el Decreto-Ley No. 11 de diciembre del mismo año, el Decreto-Ley No. 32 del 16 de febrero de 1980, y el Decreto No. 85 del 19 de marzo de 1981.

[8] Viamonte, op. cit., tomo 2, pag. 159.

[9] Guevara había visitado la fábrica acompañado de un amigo argentino. Véase Ricardo Rojo, *Mi amigo el Ché*. (Buenos Aires: Editorial Jorge Alvarez, S.A., 1968), pag. 117.

10 *Revolución*, 25 de septiembre de 1961, pag. 2.

[11] Véase Córdova, *Castro and the Cuban labor Movement*, op. cit., pag. 282.

[12] Clark, op. cit., pag. 203 y Luis Bernal Lumpuy, *Tras cautiverio, libertad* (Miami, 1968), pag. 56.

[13] Luis Bernal Lumpuy, idem., pag. 57.

[14] José A. Zarraluqui, "Archipiélago UMAP", *El Nuevo Herald*, 26 de noviembre de 1995, pag. 13A.

[15] Lumpuy, op. cit., pags 54-55 y Zarraluqui, loc. cit.

[16] Riesgo, op. cit., pag. 128.

[17] Ibid, pags 128-129.

[18] Ibid, pag. 130.

[19] Research Institute for Cuban Studies, *Human Rights in Cuba*. (Miami: Saeta Ediciones, 1991), pag. 15.

[20] Véase, por ejemplo, Clark, op. cit., pags 208 y 339.

[21] José Guerra Alemán, *Barro y Cenizas*. (Madrid: Fomento Editorial S.A., 1971), pag. 63.

[22] Véase International Labor Conference, 73rd Session, 1987, *Report of the Committee of Experts on the Application of Conventions and Recommendations* (Geneva, 1987), pag.91.

[23] C. Mesa Lago, *The Labor Force Employment, Unemployment and Underemployment in Cuba*. (Bervely Hill, Calif.: Sage, 1972), pag.518.

[24] Véase E. Córdova, *El mundo del trabajo en Cuba socialista*, op. cit., pag. 192.

[25] "Una inversión valiosa", *Trabajadores*, 27 de marzo de 1993, pag. 5. Véase también *Trabajadores*, 1 de agosto de 1994, pag. 5.

[26] Comité Estatal de Trabajo y Seguridad Social, *Seguridad Social. Curso medio*. (La Habana, 1982), pags 3 y sgtes. Véase también "Apartado 2009", *Trabajadores*, 1 de agosto de 1994, pag. 5.

[27] Véase volumen I, pag. 284.

[28] "Apartado 2009", *Trabajadores*, loc. cit., pag. 5.

[29] Ibid. Sin embargo, el propio Apartado 2009 señalaba en el mismo periódico que a corto plazo el déficit era de 106.5 millones (*Trabajadores*, 29 de agosto de 1994, pag. 5)

[30] Ibid.

[31] Ley No. 24 del 28 de agosto de 1979.

[32] La ley de 1979 suprimió la referencia al sector privado e incluyó, en cambio, a los integrantes del Ejército Juvenil del Trabajo y hasta a los reclusos incorporados a la actividad laboral.

[33] El azúcar alcanzaría 29 centavos la libra en 1974. Véase Alberto Recarte, *Cuba: economía y poder* (Madrid: Alianza Editorial, 1980), pag. 144.

[34] Pérez Stable, op. cit., pag. 131. La autora señala también otros períodos en que los salarios igualaron o superaron la productividad.

# Capítulo 11

## *Trabajo voluntario, normas de producción y emulación socialista*

### Trabajo voluntario

Ninguna práctica laboral del régimen refleja mejor la ambivalencia de ciertos sectores del pueblo trabajador hacia la revolución que el trabajo voluntario no retribuido. Aunque en el período de la transformación fueron mayoritarios los obreros y campesinos que se sumaron espontáneamente a la campaña del trabajo voluntario, muchos fueron obligados a participar en ella arrastrados por la presión social o compelidos por la propaganda de los jefes del gobierno. Es bueno recordar, en efecto, que se trataba de una de las transformaciones más bruscas de la revolución; el trabajo voluntario no retribuido era totalmente extraño a la experiencia laboral cubana anterior a 1959 e incluso estaba mal visto o condenado por una disposición legal de 1934 que prohibía el trabajo de los empleados sin retribución como honorarios o meritorios.[1] Su práctica se extendería, sin embargo, de manera extraordinaria en los años 1959-75 y llegaría a consagrarse en la Constitución en el siguiente período.

El trabajo voluntario no retribuido data de 1959 si bien las opiniones difieren en cuanto a la fecha exacta y circunstancias de su aparición. Según algunos autores tuvo su comienzo en octubre de 1959 cuando muchos habitantes de La Habana se dedicaron a pintar y remozar edificios en vísperas de la convención de la Asociación Internacional de Agentes de Viaje.[2] Otros afirman que su origen se remonta al verano de ese mismo año cuando los trabajadores del sector de la aviación resolvieron —con el apoyo del gobierno— trabajar horas extraordinarias sin reclamar el sobrecargo y en los Domingos sin retribución como contribución al desarrollo.[3] Cabe observar que lo ocurrido en octubre no fue una práctica laboral sino un gesto de la ciudadanía relacionado con un acontecimiento específico.

Es interesante observar en todo caso, que en septiembre de 1959 se creó una Organización del Trabajo Voluntario con el propósito de darle una dimensión nacional a este tipo de trabajo. Si su inicio fue, pues, espontáneo su sistemática propagación ulterior fue obra del gobierno, que se inspiraba a su vez en los precedentes soviéticos que Castro y sus colaboradores tomaban como modelos.[4] A su debido tiempo el gobierno transferiría a la depurada CTC la responsabilidad de fomentar y organizar el trabajo voluntario. Los dirigentes oficiales y sindicales apelaban a los sentimientos patrióticos de los trabajadores y se valían del sentido heroico de la revolución para pedir a los trabajadores el sacrificio de laborar más horas y recibir menos salario. Al declinar posteriormente la productividad, el trabajo voluntario se convirtió en un medio de suplir las deficiencias en el rendimiento del trabajo que debía realizarse normalmente durante la semana. También fue frecuente recurrir a él cuando ocurrían emergencias de cualquier tipo o cuando se constataban atrasos en el cumplimiento de las metas fijadas en los planes de desarrollo. Su realización en los sábados se hizo así crónica en tanto que el aumento de las horas extraordinarias para recuperar atrasos se hacía a discreción de los administradores.

El fervor revolucionario, que el gobierno había mantenido *in crescendo* a través de los años, motivaba a muchos voluntarios, pero otros actuaban en forma casi irracional imbuidos por una especie de fanatismo a la persona de Castro. El culto a la personalidad y el carisma que el Comandante en Jefe poseía a los ojos del proletariado eran responsables no sólo del trabajo voluntario sino también de las proezas laborales a las que se hará referencia más tarde. En 1961, por ejemplo, cuando surgieron los Batallones de Trabajo Voluntario no era ya el trabajo *gratis et honore* del sábado sino también el del domingo. La prensa informaba en efecto que los miembros de esos batallones dedicaban todos sus días de descanso al trabajo, levantándose a las tres y cuatro de la mañana para empuñar sus instrumentos, trasladarse a los lejanos campos de caña y ayudar a los trabajadores agrícolas "en beneficio de los cuales dejaban el producto de su trabajo".[5] Al parecer aún no habían advertido que el gran beneficiario del trabajo voluntario no era otro que el Estado.

Aunque el trabajo voluntario era por lo general ineficiente pues se planificaba mal y su rendimiento no era elevado, tenía en fin de cuentas un gran valor para el Estado. Es cierto que los voluntarios movilizados tenían que realizar labores para las que no tenían experiencia y a menudo sufrían accidentes, pero su carácter masivo y gratuito entrañaba ganancias considerables para el Estado. El valor exacto de esa ganancia no es fácil de cuantificar. Al comienzo de su generalización (en 1969), Mesa Lago calculó que representaba 50 millones de dólares al año.[6] El autor de este libro estimó a su vez en 1992 que el total obtenido por el Estado en 30 años excedía los 2,000 millones de dólares.[7] Al margen de las ganancias materiales, el trabajo voluntario significó para el gobierno una manera de controlar el tiempo libre de los trabajadores y forzarlos a identificarse y expresar su conformidad con las pautas del gobierno.[8] A largo plazo el régimen de Castro esperaba que el trabajo voluntario contribuyera a forjar el "hombre nuevo" capaz de vivir en una sociedad comunista. Guevara indicaría en este sentido que los trabajadores voluntarios de vanguardia eran los que mejor cumplían los ideales del verdadero comunista. "Son ellos los que dicen a los demás compañeros: sígueme por este camino".[9]

Lo curioso del trabajo voluntario es que a medida que se generalizaba se hacía menos voluntario. El partido único, la CTC y el Estado combinaban sus esfuerzos para presionar a los obreros a que realizaran trabajos en beneficio de la sociedad todos los fines de semana o al menos dos al mes. La ORI, el PURS y el PCC, cada uno a su turno hacían saber que el trabajo voluntario era indispensable para el éxito de la revolución y exhortaban a la Central de Trabajadores a que llevara a cabo un reclutamiento masivo. La CTC comunicaba al Partido por medio de sus sindicatos y secciones cuál era el porcentaje de trabajadores que se comprometía a suministrar. El antiguo movimiento sindical que, se había habituado bien durante estos años a su papel de brazo auxiliar del Partido y el Estado, creó a ese efecto un Departamento de Trabajo Voluntario con secciones en las diversas provincias y en 1961 incluyó en el Buró Ejecutivo de la CTC un Secretariado de Trabajo Voluntario. No solamente se asemejaba en esto a los sindicatos soviéticos sino que se emparentaba también con el Frente Nacional del Trabajo de la Alemania Nazi al que Hitler atribuyó la responsabilidad de asegurar el suministro de mano de obra necesario para el funcionamiento de las industrias de guerra. El Estado, por último, que era el gran beneficiario, fijaba los objetivos y trataba de coordinar las actividades a desarrollar.

El régimen hizo gala de nuevo de sus aptitudes para la propaganda. Junto a las fotos de Castro y Guevara cortando caña[10] o realizando tareas industriales, la prensa dedicó numerosos artículos a exaltar el heroísmo de las brigadas soviéticas y a poner de relieve los avances logrados en otros países socialistas con el concurso del trabajo voluntario. El gobierno contribuyó también a la temprana institucionalización del trabajo voluntario dictando en 1964 una reglamentación oficial de su prestación, con indicación de sus modalidades y efectos.

La conjugación de estos tres factores fue la que creó el clima cercano a la coerción que presidía el desenvolvimiento del trabajo voluntario. Quienes rehusaban prestarlo se veían privados del derecho a obtener los refrigeradores, lavadoras, radios, aparatos de televisión, lámparas y demás utensilios eléctricos que si bien forman parte de la vida moderna, cada vez escaseaban más en Cuba. Sobre ellos pesaba además el riesgo —a veces convertido en amenaza— de ser considerados como parásitos sociales o incluso contrarrevolucionarios, respecto a los cuales podían hacerse anotaciones en el expediente laboral y verse preteridos en sus derechos escalafonarios.

No todos los que se abstenían de realizar trabajos voluntarios eran objeto de represalias. Estas podían depender de la actitud del administrador o jefe sindical correspondiente y la propia postura y aspiraciones del trabajador. Aquellos que cumplían con las obligaciones de su cargo, se declaraban neutrales o apolíticos y no se interesaban en ser ascendidos podían eximirse del trabajo voluntario sin que se les aplicaran graves sanciones. Esto dio lugar a otra gran paradoja de la experiencia del trabajo voluntario: aquellos obreros y campesinos que profesaban su más ardiente identificación con el régimen de Castro eran los más afectados por el trabajo voluntario. Su adhesión incondicional a la revolución en cierto modo les penalizaba en el sentido de tener que trabajar jornadas más largas o sacrificar el descanso del fin de semana. Era una situación parecida a la que llevaba a muchos trabajadores jóvenes a inscribirse en las milicias o en la Asociación de Jóvenes Rebeldes.

Además de los militantes, los que pensaban obtener méritos y los que se sumaban al trabajo voluntario atemorizados por las consecuencias que podía irrogarles su abstención, había un gran número de trabajadores que se mostraban dispuestos a laborar en los campos por el simple deseo de cambiar de horizontes o de conocer otras personas. La conjugación de estos diversos grupos explica la impresionante expansión del trabajo voluntario. En 1963, la CTC contribuiría con 50,000 voluntarios permanentes a la zafra azucarera. En 1967 cerca de 300,000 personas eran ya movilizadas para el trabajo no pagado.[11] Grandes contingentes de trabajadores voluntarios fueron movilizados dos años después para participar en la famosa zafra de los diez millones de toneladas. Sólo con respecto a los que trabajaban en los Domingos Rojos el número de voluntarios llegaría a alcanzar el millón y medio de trabajadores hacia los años finales del período en estudio.[12] Para esta época no eran sólo los hombres adultos sino también las mujeres, los estudiantes, los jubilados y hasta los minusválidos los que eran llamados a participar en el trabajo voluntario.

La expansión del trabajo voluntario tuvo también lugar con referencia al tipo de labores a ejecutar. Aunque la agricultura siguió siendo el destino más común de los movilizados, a éstos se les utilizaba también en el arreglo de caminos y vías de ferrocarril, las reparaciones de camiones, tractores y carretas, la limpieza de ingenios y fábricas y el sector de la construcción. En la industria, el trabajo voluntario se empleaba asimismo para sustituir a los obreros que pasaban a integrar una brigada de trabajo o eran trasladados a otro lugar.

En cuanto a sus formas de prestación, el aumento del trabajo voluntario coincidió con la inclinación de algunos trabajadores a renunciar a sus vacaciones. Estas renuncias sirvieron al gobierno para presentarlas como un ejemplo que debía ser imitado por otros. Otra manera de expandirlo guardó relación con los proyectos de obras sociales que el gobierno elaboraba en base a la colaboración no pagada de los trabajadores.

Las variantes principales que en esas condiciones adoptó el trabajo voluntario pueden clasificarse así: i) el trabajo que se realiza en exceso de las ocho horas normales de trabajo; ii) el que se efectúa durante el día o días de descanso semanal; iii) el que se presta durante todo o parte del período de vacaciones anuales; y iv) el que se realiza por períodos variables en relación con la ejecución de obras determinadas.

Lo notable es que todo este elenco de prestaciones voluntarias tenía muy precarios fundamentos en la doctrina marxista leninista. Marx y Engels se refirieron en el Manifiesto Comunista a "la obligación de trabajar para todos", pero no discutieron el tema del trabajo no pagado bajo el comunismo.[13] Lenin sí aludió al concepto de trabajo voluntario pero lo concibió en el sentido de pedir a los trabajadores que después de cumplidas las ocho horas de trabajo productivo se dedicaran a realizar sin remuneración deberes relativos a la administración del Estado.[14] Esta noción del voluntarismo era, desde luego, muy distinta de la que Castro fomentaba con respecto a cortar cañas, desyerbar sembradíos o recoger boniatos, no obstante lo cual él, que nunca había trabajado, quería que todos sintieran la motivación y el deber de realizar sin retribución actividades productivas.

Aunque hubo pues serias dudas sobre la índole voluntaria de los trabajos no pagados al punto que muchos le llamaban pseudo voluntario, lo cierto es que fue por muchos años una de las características más conspicuas del nuevo régimen laboral. No produjo la transformación del trabajador cubano en el hombre nuevo que Castro y sus asesores habían previsto pero sí puede decirse que pudo extenderse gracias a la colaboración no sólo de la CTC sino también de una gran parte de la clase trabajadora. La revolución había logrado crear una conciencia favorable en un sector del pueblo pero otra parte aún mayor se veía sometida a los mandatos de Castro. Hubo por supuesto muchos que se abstuvieron o se quejaron en voz baja pero no hubo protestas ni revueltas en los 30 años de aplicación intensiva del sistema.

En 1993 la Organización Internacional del Trabajo pidió al Gobierno de Cuba "la completa eliminación de los aspectos coercitivos del trabajo voluntario".[15]

## Proezas laborales y su reverso

El contraste de las actitudes observables en la masa trabajadora fue particularmente notable en el decenio de los años 60. Mientras unos trabajadores que probablemente llegaban al 20 por ciento de la fuerza laboral se dedicaban a realizar proezas laborales para la mayor gloria y honor del Máximo Jefe, otros faltaban con frecuencia al trabajo o disminuían deliberadamente su rendimiento. El ausentismo se estima que alcanzó en 1969-70 al 20 por ciento de la fuerza de trabajo[16] en tanto que de la resistencia pasiva y la indisciplina laboral se encargaban de dar cuenta las resoluciones que adoptaban los congresos sindicales.[17]

Las proezas laborales no sólo respondían a las constantes exhortaciones de Castro y sus seguidores sino que eran también una consecuencia del grado de generalización que había alcanzado el trabajo voluntario. Si el número de los voluntarios iba en aumento hasta contarse en centenares de miles, la participación en ese programa dejó de constituir un mérito especial. Era necesario hacer algo mucho más impactante para distinguirse y obtener galones como revolucionario y fidelista de primer rango. De ahí nació esa exageración (que algunos llamarían aberración) de trabajar 12, 14 ó 16 horas al día o más de 75 a la semana o alrededor de 3,5000 ó 4,000 al año. El ambiente de frenesí revolucionario de los primeros meses de la revolución se había instalado de modo permanente entre ciertos trabajadores. Se glorificaba al trabajo con minuciosa insistencia, se decía que las verdaderas batallas eran las de la producción, se aseguraba que estar presente en un puesto de trabajo era como estar presente en una trinchera y se afirmaba una y mil veces que los héroes más grandes eran los que sobresalían en el desempeño de sus labores.

No importó que el modelo soviético que se trataba de imitar fuera ajeno a la idiosincrasia de los cubanos. ¿Qué le hubiera importado al trabajador cubano de otras épocas que el minero ruso Aleksei I. Stakhanov hubiera establecido marcas en la extracción del carbón? Tampoco se paraba mientes en el carácter forzado de la propaganda, en el hecho de que ella coincidía con una escasez notable de bienes de consumo, ni en la violación que entrañaba de principios y conquistas consagrados tras largos años de luchas. Allá iban impertérritos los macheteros y los carreteros dispuestos también a romper cuantos récords existieran. En verdad, la multiplicación de esas proezas prueba hasta qué punto llegaba la capacidad de persuasión del Máximo Líder y cuán grande era la paciencia e ingenuidad de los estajanovitas cubanos.

De cuantas hazañas realizaban los trabajadores, daban cuenta los periódicos de la época y lo hacían por supuesto para elogiar sus acciones y estimular a otros a seguir ese ejemplo. La masa laboriosa, decían los editoriales, no debe vacilar jamás ante ninguna tarea por difícil y penosa que fuere. Los nuevos héroes aparecían en la televisión y ocupaban sitios de honor en la tribuna presidencial de los grandes desfiles y concentraciones del régimen. Así se inició la costumbre de divulgar por todas partes las hazañas que se realizaban con el fin de atraer adeptos a la revolución, costumbre que se ha mantenido hasta hasta el momento actual.

Los que llevaban a cabo hazañas, de igual modo que los involucrados en el trabajo voluntario, realizaban la mayor parte de las veces labores útiles y productivas. De un héroe del trabajo se dijo años después que había aportado valores superiores al millón de pesos en diez años de actividad; de otro se afirmó que había cortado más de cuatro millones de arrobas de caña; a otros en fin, se les acreditaba el que pudieran seguir funcionando empresas que no parecían rentables. Sin embargo, los autores de esas proezas en ocasiones se enfrascaban en tareas insignificantes o injustificadas y este fenómeno fue en aumento en los años subsiguientes. ¿Acaso era necesario que los dos maestros panaderos que *Granma* destacaba en una edición de 1988 llegaran a acumular más de 4,000 horas de trabajo al año? ¿Es que ellos solos querían subsanar las deficiencias de distribución y consumo que entonces se percibían? Desde luego que el colmo de realizar trabajos inútiles corresponde a los miles de trabajadores que en el siguiente decenio se dedicaron a cavar túneles siguiendo las consignas oficiales.

Es dable pensar que las llamadas hazañas del trabajo fueron el producto de un fenómeno de psicosis colectiva provocado por la propaganda del régimen y la influencia del poder carismático de Castro. El Máximo Líder alentó siempre la práctica del sobre-trabajo convencido al parecer del dogma marxista que coloca al trabajo como fuente de todas las riquezas. Usando y abusando de su ascendencia con los trabajadores les urgía una y otra vez a que realizaran mayores esfuerzos. Nunca mostró compasión con los infelices trabajadores que en respuesta a sus apelaciones comprometían su salud y embrutecían sus mentes laborando 16 ó 18 horas seguidas. Al contrario, fustigó a los que se atrevieron a insinuar que las jornadas excesivas afectaban a la salud calificándolos de gusanos, timoratos y pseudorevolucionarios.[18]

Es claro que el régimen resolvió pronto a su vez aprovechar al máximo el impulso masoquista de ciertos trabajadores proveyendo a su incremento por medio de un sistema de recompensas. Algunas de ellas tenían una índole económica pero la mayor parte consistía en títulos, galardones e incentivos morales que no costaban nada al gobierno. Para mejor estimular al plus trabajo se estableció toda una jerarquía de merecimientos. Se comenzaba con simples certificados de las horas trabajadas o con la inscripción del nombre del trabajador en el Libro de Honor de la empresa o entidad correspondiente; se ascendía después a la condición de mejor trabajador o trabajador de avanzada. Luego, si el trabajador persistía en sus esfuerzos, podía llegar a ser vanguardia provincial o incluso vanguardia nacional. Con el tiempo se crearon también las órdenes de mérito en el trabajo (la de Jesús Menendez, Lázaro Peña, etc. ); también al término de la molienda se proclamaban los héroes y heroínas de la zafra. La máxima distinción equivalente al más alto reconocimiento en la aristocracia del trabajo correspondía al título de Héroe del Trabajo, oficialmente instituido en el XIII Congreso de la CTC. Todo ello, parece innecesario decirlo, copiaba de nuevo al modelo soviético con sus naturales adaptaciones a la realidad cubana.

A los que ingresaban en la precitada jerarquía se les ofrecían agasajos y consideraciones proporcionales a su condición. En ningún caso llegaban a pertenecer a la nueva clase formada por la élite revolucionaria, los altos jefes militares, los funcionarios superiores de la Seguridad del Estado y los ministros y grandes jerarcas de la burocracia oficial. Bastaría añadir para corroborar esa afirmación que ningún grupo obrero aparece entre las nueve categorías de privilegiados de la revolución identificadas por Juan Clark en las encuestas hechas en 1971 y 1986.[19] En estas encuestas fueron los líderes gubernamentales y del Partido los que figuran como los máximos beneficiarios; algunos escalones más bajos se sitúan los jefes militares y más abajo aún los administradores de empresa. Por ninguna parte aparecen los vanguardias o los líderes del trabajo. No solamente seguían siendo proletarios toda su vida sino que una vez incluidos en los grados más altos de la orden del trabajo quedaban comprometidos a seguir realizando esfuerzos extraordinarios hasta su jubilación o su muerte. En todo ello ejerció por algún tiempo un cierto efecto mágico el que una y otra vez se hiciera saber a los trabajadores que ellos eran los titulares del poder político y los dueños de todas las riquezas. No eran muchos todavía en esta época los que se detenían a pensar en la discrepancia que había entre esas afirmaciones y la realidad de su condición económica y política.

## Las normas de producción

Mientras el trabajo voluntario se efectuaba por los "integrados" y las proezas quedaban a cargo de los fanatizados, las normas y la emulación se concibieron con carácter general para la gran masa de los trabajadores. Se diferenciaban así también de la disciplina laboral que se dirigía a controlar a los recalcitrantes y los hostiles. El esquema laboral comunista preveía medidas diferentes para cada una de las capas y actitudes del pueblo trabajador. Los que lo fueron elaborando hablaban con frecuencia de la universalidad y la uniformidad en el trato a los trabajadores pero en realidad se fueron estableciendo distingos y creando divisiones. Si bien las normas y la emulación parecían en principio que por su propia amplia proyección constituían una excepción, en realidad su aplicación generó también nuevas categorías.

Conviene señalar que la normación es parte esencial de la organización del trabajo en una sociedad socialista y que en tal sentido todos los trabajadores tienen el deber social de ajustarse a ella. Para los marxista-leninistas la normación se considera tan consubstancial al régimen como los estudios de tiempo y movimiento lo fueron para el taylorismo. Ernesto Guevara la definió diciendo que era la expresión del cumplimiento del deber social. Para el sistema cubano en particular, la norma se definía como la expresión del trabajo vivo necesario para la ejecución de una actividad laboral en un tiempo determinado, por un trabajador que posee la calificación requerida y realiza su labor con habilidad e intensidad medias.[20] Es pues como una medida de trabajo cuya determinación cumple varias funciones: contribuye a crear las bases para la planificación del trabajo y la producción, establece los mínimos que el Estado-empleador exige de su personal, imprime cierta racionalidad a la fijación de las escalas salariales y sienta las bases para el fomento de la remuneración por rendimiento. Aunque los catálogos y manuales en vigor no lo digan claramente, el objetivo final de las normas, de igual manera que el de la emulación, es obtener de cada trabajador el máximo posible de producción y este objetivo era particularmente fácil de realizar en el trabajo por rendimiento o a destajo. Los comunistas habían antes denunciado los abusos a que se prestaba el destajo pero ahora que estaban en el poder no tenían reparos en favorecerlo. Lo que era antes anatema se convirtió de repente en una de las formas preferidas de remuneración. A principios de la década del 70, el 20 por ciento de los trabajadores percibían sus salarios bajo el sistema del destajo.[21]

Al implantarse el sistema de la normación en 1962, los comunistas cubanos se inspiraron por supuesto en el precedente soviético pero en su posterior desarrollo, la normación procuró ajustarse a la definición, clasificación y mediciones formuladas por el Consejo de Ayuda Mutua Económica (CAME) del cual Cuba pasó a formar parte en 1972. En una evolución posterior hubo también influencia del modelo de la China comunista y sobre todas sus etapas se hicieron sentir también las instrucciones que desde lo alto emitía Castro y su círculo de asesores. El Comandante en Jefe que estaba convencido del poder ilimitado que ejercía sobre la clase obrera, quiso siempre que las normas y sus correspondientes escalas salariales fueran lo más rígidas posibles.[22] Uno de sus más cercanos asesores de esta época, Blas Roca, afirmaba que quienes iban lentos en sus trabajos y cumplían menos tarea que la que pueden y deben, "esos son enemigos nuestros".[23]

Al calor de estas influencias fue que la primigenia regulación de las normas estableció en 1962 que si bien el trabajador que sobrecumplía la norma recibiría 0,5 por ciento de incremento en su salario por cada 1 por ciento de aumento, aquel que la incumplía sería afectado por un descuento de 1% por cada 1% que quedara por debajo de la norma. Tan irritante diferencia sería más tarde dejada sin efecto, previéndose un porcentaje igual para los aumentos y descensos en el cumplimiento de las normas. No desapareció en cambio el principio del mayor crecimiento de los índices de productividad del trabajo en relación con los índices de aumento del salario medio, ya que ello se consideraba como la única posibilidad económica de acrecentar las riquezas de la sociedad.

En los inicios de su introducción, algunos estudios indican que la vinculación del salario a la norma fue bien recibida por los trabajadores de mayor rendimiento, en tanto que los de producción promedio adoptaron una actitud más reservada y los de menor rendimiento se aterrorizaron ante la perspectiva de rebajas salariales.[24] Se pensaba entonces que la determinación de las normas iba a tomar en cuenta principalmente los aspectos físicos del trabajo a realizar. Era la época de la prédica igualitaria, el salario medio de 136 pesos mensuales y la relación 1:4,5 entre los salarios más bajos y más altos. Más tarde, sin embargo, comenzó a atribuirse importancia a los elementos relativos a la complejidad del trabajo, a ampliarse algo el abanico salarial y a reconocer que era necesario estimular el trabajo del personal técnico y administrativo. El Comandante en Jefe, que tanto había insistido en la más estricta igualación, se dio al parecer cuenta del efecto desalentador que ello iba a tener con los trabajadores calificados y los técnicos. Cambió así de rumbo en su discurso de clausura del XIII Congreso de la CTC en el que anunció incrementos especiales para el personal técnico. Fue una de las muchas modificaciones que experimentó la política oficial de normas y salarios. Cabe agregar que además de las variaciones que se produjeron en los años 60, cuando aún no se conocía bien la técnica de normación, el reglamento se enmendó también en los años 1970, 1976, 1978, y 1982. Cada cierto tiempo se organizaban Encuentros Nacionales de Organización del Trabajo y prácticamente cada uno de ellos recomendaba nuevos cambios.

Uno de los más importantes de estos cambios fue el relacionado con la clasificación de las normas. Se estimaba al principio que la clasificación fundamental era la que distinguía entre las normas elementales, semi-técnicas y técnicas, pero luego se pensó que era necesario también clasificarlas según su forma de expresión en normas de tiempo, de rendimiento y de servicio, según su campo de aplicación en interramales, ramales y de empresa y según su forma de aplicación en normas únicas, normas tipo y normas específicas.[25] Así se fueron llenando los catálogos de más y más normas hasta alcanzar en 1989 la astronómica cifra de 2,500,000 normas registradas en los catálogos de las empresas. Así fue cumpliendo el gobierno con su propósito de simplificar la trama normativa que iba a regir la organización del trabajo. Cada empresa, cada sector y cada categoría se empeñaba en tener su propia normación y a ello accedía el Departamento de Organización del Trabajo y Salarios del Mintrab.

Esta creciente complejidad de las normas explica a su vez la diversidad de métodos o procedimientos seguidos para su elaboración, así como las diferentes personas o entidades responsables de su fijación. Las normas de empresa eran elaboradas por la administración de la misma en coordinación con la organización sindical existente en ese nivel. La confección de las normas ramales incumbía al ministerio u organismo competente en la rama económica de que se trataba en coordinación con el sindicato nacional correspondiente. Tratándose de normas interramales, la preparación de su plan se atribuía al Comité Estatal de Trabajo y Seguridad Social en coordinación con la CTC y los sindicatos nacionales competentes.[26] Aunque no se mencionaban expresamente, tenían también importancia práctica los métodos de estudio y medición del tiempo de trabajo y las características de los diversos procesos de producción.

¿Qué papel desempeñaban los trabajadores en esos procesos? La literatura oficial se esfuerza desde luego por destacar el mismo diciendo que con anterioridad a su implantación, las normas debían "analizarse y discutirse con los trabajadores".[27] Los técnicos explicaban "detalladamente" a los trabajadores el procedimiento utilizado para su elaboración, su fundamentación y su plazo de vigencia. Todo esto tenía lugar 15 días antes de la implantación de la norma, cuyo plazo podía reducirse en algunos casos a sólo tres días. Los técnicos respondían en las asambleas a las preguntas que hacían los trabajadores pero nunca o casi nunca modificaban sus estimaciones. Los trabajadores no tenían facultad para aprobar o rechazar las normas que en todos los casos eran elaboradas desde afuera. Decir en esas condiciones que "el criterio de los trabajadores es decisivo en nuestra sociedad socialista",[28] parece un tanto exagerado.

A los trabajadores no solamente se les imponían normas que no fueron elaboradas por ellos, sino que tales normas eran muchas veces inapropiadas, demasiado gravosas para unos o muy por debajo de la capacidad productiva de otros. Los normadores trabajaban con frecuencia con datos técnicos o artificiales y pocas veces conocían la inmensa variedad de circunstancias que influyen en la ejecución del trabajo. Todo ello se traducía en la práctica, o bien en esfuerzos agotadores para sólo cumplir con la norma o bien en la inclinación a holgar por parte de quienes eran capaces de cumplirla con facilidad o estimaban que no valía la pena obtener la pequeña prima o bonificación prevista.

Entre normadores y trabajadores se estableció pronto una competencia. Los normadores elevaban el nivel de las normas cada vez que advertían que muchos trabajadores las excedían o cumplían sin mayores esfuerzos y los trabajadores respondían con indiferencia o resistencia pasiva. En ciertas situaciones la normación pasaba entonces a relacionarse con la disciplina laboral o terminaba por imponerse una fijación o revisión que era errónea o injusta. Algunos años más tarde el órgano de la CTC resumiría la cuestión diciendo que muchos eran los pecados cometidos en nombre de la normación.[29] Para los trabajadores no era solamente el agobio de tener que arreglárselas con los cambios y revisiones de un sistema que se hacía cada vez más complicado, sino también la frustración de constatar que las normas eran también un impedimento para que pudiera lograr un aumento sostenido en sus ingresos. La propaganda oficial trataba de persuadirlos de que en un Estado de trabajadores era innecesario y hasta contradictorio que los trabajadores reclamaran derechos u organizaran protestas contra ellos mismos, pero es más probable que fuera la combinación de la acción represiva y persuasiva del Máximo Líder la que los inclinara al quietismo. Ya antes del I Congreso del PCC, el 48 por ciento de los trabajadores tenían normas de producción[30] aplicables a sus esfuerzos.

## La emulación socialista

Las normas de producción encontraban su complemento en la emulación socialista cuyos orígenes se remontan a la segunda mitad de 1960 cuando se efectuaron sus primeros ensayos en el corte de caña y otras tareas agrícolas. Los que estaban implantando el socialismo en Cuba sabían bien por la experiencia soviética que era preciso sustituir el interés económico de la ganancia personal por otro mecanismo que impulsara también a los trabajadores a producir más. Ese mecanismo fue la emulación o competencia que al fomentarse entre los propios trabajadores (Guevara la llamó en alguna ocasión "emulación fraternal") tendría la ventaja de aunar los incentivos materiales y los morales. A través de ella, el régimen procuraba incitar a los trabajadores a que imitaran o superaran los rendimientos de sus compañeros y les hacía asimismo identificarse con las metas y objetivos de la revolución lo que le daba también una clara significación política.[31] En el sistema laboral cubano casi todas las instituciones convergen al mismo fin de propender a la consolidación del régimen. Según Guevara la emulación era un arma para aumentar la producción y un instrumento para profundizar la conciencia de las masas.

Conscientes de todas las implicaciones que ella entrañaba, Castro y sus colaboradores se empeñaron en darle a la emulación el mayor número posible de manifestaciones. Además de la competencia entre los trabajadores y sus compañeros se organizaron emulaciones entre los grupos de trabajadores, entre empresas, entre provincias y hasta entre el trabajador o cada uno de esos grupos consigo mismos. La multiplicación de emulaciones se produjo asimismo en cuanto a las áreas de actividad y materias en que se fomentaba. Nacida en la agricultura y la industria en cuyos sectores era más fácil medir las unidades de producción o de corte, recogida y cultivo acreditables a cada trabajador, la emulación se extendió pronto al transporte, los servicios y la construcción. En el transporte se contaban lo viajes, en los servicios el número de usuarios o consumidores y la calidad de los servicios y en la construcción se daba importancia al tiempo en que se terminaba la obra. A la emulación que pudiéramos llamar clásica consistente en el número de unidades producidas se vinieron a añadir después las de ahorro de materiales, conservación de equipos, utilización o recogida de desperdicios y en general a todo lo que pudiera conducir a una reducción de los costos de producción. Hasta los barberos y peluqueros participaron en competencias emulativas.[32] Charles Fourier se hubiera sentido complacido de ver hasta qué punto se consagraban en Cuba algunos de los principios que él había concebido para sus falansterios.

Los sindicatos actuaban también aquí como grandes propulsores de todas las diversas variedades de emulación hasta hacer de ellas un método de trabajo de aplicación general. La CTC se dotó también de una Secretaria de Emulación y Trabajo y ya para 1977 el Secretario General de la CTC informaba al XVI Congreso que cerca de dos millones y medio de trabajadores estaban comprendidos en la emulación.[33] Esta tenía además carácter recurrente: el trabajador o grupo que se distinguía en determinado aspecto de su trabajo debía continuar o mejorar su ejecutoria durante toda su vida activa. Al finalizar una zafra, por ejemplo, se hacía una verificación de los resultados y aquellos trabajadores o grupos que figuraban como más destacados procedían enseguida a escribir al Comandante en Jefe haciendo constar su disposición de mantener o superar esos resultados en la siguiente zafra.

El esfuerzo del gobierno y la CTC por fomentar la emulación llegó a extremos increíbles en las modalidades de "emulación en caliente" o "al rojo vivo" en las que para superar atrasos, los trabajadores se comprometían a trabajar a toda hora, día y noche, hasta superar la crisis. Castro y la sumisa CTC fueron también responsables de otra singular transformación: los días de fiestas que antes se utilizaban para la recreación o el descanso, ahora se aprovechaban para organizar nuevos planes de emulación o jornadas de trabajo voluntario. Cualquier efemérides patriótica así como las nuevas celebraciones del calendario castrista (natalicio de Castro o de Guevara, el aniversario de la fundación de la CTC, la Revolución de Octubre o el 26 de Julio) daba lugar a nuevas competencias emuladoras. Estas solían comenzar unos días antes de la celebración y se hallaban precedidas por las acostumbradas exhortaciones y seguidas por los más encendidos elogios de la prensa al espíritu revolucionario de los obreros y campesinos.

Hay que acreditarle una vez más a la élite revolucionaria el éxito obtenido en la promoción de lo que pudiera llamarse la fiebre emulativa. ¿Quién le hubiera dicho al trabajador cubano de otras épocas que iba a conmemorar con un plus trabajo la fecha del nacimiento de Stalin? ¿A qué barbero cubano de otras épocas le hubiera interesado competir con barberos polacos o checos por la Copa de la Amistad en el Corte del Cabello, cosa que ocurrió años más tardes en el período de la crisis? Sólo pensando en el surrealismo o el teatro del absurdo es posible imaginar que todo eso existió y que a todo ello se prestó la clase trabajadora cubana.

Desde el punto de vista de las recompensas no había por otra parte razones válidas que explicaran el progreso de la emulación. ¿Qué se le ofrecía en efecto a los emuladores? En muchos casos no pasaba de un gallardete, un diploma o una bandera, es decir, el acceso a uno de los peldaños más modestos de la orden del mérito del trabajo. A veces el emulador tenía que contentarse con llevar a su casa un simple certificado o tal vez una camiseta. Sólo los más afortunados o los que habían realizado faenas dignas del mayor encomio podían llegar a obtener premios de cierta significación como un refrigerador, un televisor, una bicicleta o una prolongación de sus vacaciones. Es verdad que ciertos emuladores empecinados que llegaban a efectuar tareas sobrehumanas hasta el punto de ostentar el título de Vanguardia Nacional o Héroe del Trabajo se vieron recompensados con un automóvil o un viaje a un país socialista, pero no es menos cierto que otros de esta misma categoría serían más tarde sólo simbólicamente agradecidos con una comida especial en un hotel de turismo o una noche en un cabaret. Es bueno recordar a este respecto que según la filosofía de la CTC los compromisos emulativos se regían por el principio de que la emulación reconoce los esfuerzos pero premia solamente los resultados.[34] El obrero laborioso y cumplidor que se afanaba en su trabajo pero carecía de las fuerzas o destrezas de los que realizaban proezas, no lograba nunca recibir una compensación adecuada. A ellos se les recordaba que la revolución sólo otorga los estímulos a partir del sobrecumplimiento sistemático del deber social de trabajar.[35]

# Notas

[1] Apartado primero del Decreto No. 276 del 27 de enero de 1934.

[2] Pérez Stable, op. cit., pag. 76. Véase también *Revolución* del 6 de octubre de 1959.

[3] Córdova, *El mundo del trabajo en Cuba socialista*, op. cit., pags. 49, 156.

[4] El trabajo voluntario apareció en Rusia en mayo de 1919, fecha en que los obreros que trabajaban en el ferrocarril Moscú-Kazan resolvieron prestar servicios sin retribución los sábados y domingos.

[5] *Revolución*, 13 de febrero de 1961, pag. 1.

[6] C. Mesa Lago, "Economic Significance of Unpaid Labor in Socialist Cuba", *Industrial and Labor Relations Review* (Ithaca, N.Y.), Vol. 22, No. 3, abril de 1969, pag. 339.

[7] Córdova, op. cit. en nota 3, pag. 165.

[8] Clark, op. cit., pag. 265.

[9] Ibid, pag. 433.

[10] Véase Córdova, op. cit., pag. 157.

[11] Véanse las actas de los congresos XIII y XIV de la CTC.

[12] C. Marx y F. Engels, *Obras escogidas*, (Moscú: Editorial Progreso, 1973), Vol. I, pag. 129.

[13] V. I. Lenin, "The Inmediate Tasks of the Soviet Government", en *Marx, Engels, Lenin on Historical Materialism.* (Moscow: Progress Publishers, 1972), pag. 595.

[14] Véanse Pérez Stable, op. cit., pag. 115 y Clark, op. cit., pag. 239.

[15] Conferencia Internacional del Trabajo, *Actas Provisionales*, 80ª reunión, (Ginebra, 1993), No. 25, pag. 27.

[16] Véase Pérez Stable, op. cit., pag. 115.

[17] Dichos temas figuran en las memorias de todos los congresos celebrados a partir del número XI.

[18] *Trabajadores*, 27 de enero de 1990, pag. 6.

[19] Clark, op. cit., pag. 439.

[20] Esta definición aparece en el código del trabajo y en varios textos de enseñanza del derecho laboral.

[21] Informe Central al Primer Congreso del PCC, op. cit., pag. 20.

[22] Riesgo, op. cit., pag. 176.

[23] Blas Roca, *Planificación y Trabajadores*. (La Habana, s.f.), pag. 20.

[24] Riesgo, op. cit., pag. 170.

[25] Véase E. Viamonte, *Elementos de derecho laboral cubano*, op. cit., pag. 241 y siguientes.

[26] Ibid, pags. 247 y 248.

[27] Ibid, pag. 250.

[28] Ibid.

[29] *Trabajadores*, 17 de julio de 1990, pag. 3.

[30] Informe Central al Primer Congreso del PCC, op. cit., pag. 20.

[31] Clark, op. cit., pag. 266.

[32] Córdova, *El mundo del trabajo*, op. cit., pag. 109.

[33] CTC, "Los sindicatos en el proceso de rectificación". Documento base sometido al XVI Congreso de la CTC, párrafo 79.

[34] Resolución 270 del 15 de octubre de 1968.

[35] Informe Central al Primer Congreso del PCC, op. cit., pag. 20.

# Capítulo 12

## *Cambio de guardia en la CTC; el XII Congreso*

### Caracterización general de los congresos de esta época

Convertida la CTC en brazo auxiliar del Estado, es claro que sus reuniones y congresos dejaron de tener carácter sindical para convertirse en celebraciones dirigidas a insuflar un nuevo espíritu clasista y fortalecer la conciencia revolucionaria de la clase obrera. Lo diría Castro al resumir en 1975 quince años de acción obrera: "el fruto más importante del trabajo de la CTC en esta etapa de la revolución en el poder, está dado por su contribución al desarrollo de la conciencia revolucionaria de la clase obrera y al impulso en ella de una nueva actitud colectivista ante el trabajo y ante la propiedad social".[1] El régimen aprovechaba también el proceso de preparación de los congresos nacionales para movilizar a los trabajadores en tanto que su realización (que se rodeaba de gran publicidad) ofrecía a sus más altos personeros la oportunidad de transmitir consignas y a los delegados la de proclamar su lealtad al Comandante en Jefe.

Los organizadores de estos congresos procuraban ajustar su formato a lo que había sido la práctica normal de los que se efectuaban antes de la revolución: se escogían a los delegados, se preparaba la agenda, se presentaban propuestas de resolución y se programaban reuniones plenarias y de los varios comités previstos por la comisión organizadora. Aquí terminaban, sin embargo, las semejanzas que se referían en todo caso más a la mecánica de los congresos que al fondo de su desenvolvimiento. Los delegados no eran libremente elegidos y en ningún caso podían adherirse a ninguna otra ideología que no fuera la castrocomunista; los proyectos de resolución estaban preparados de antemano por la dirigencia oficial; no había margen para una genuina discusión de los diversos puntos del orden del día; los delegados se limitaban a desempeñar con ejemplar unanimidad el papel de simples aprobadores de las tesis y resoluciones que se les circulaban; su mayor actividad se relacionaba con la asistencia al recargado programa artístico y cultural que tenía lugar en los mismos días del congreso.

Las otras dos notas características de los congresos castristas conciernen a la presencia inevitable de altas personalidades oficiales y delegados fraternales en sus diversos actos y al reconocimiento en todos ellos de que la figura estelar única era el Comandante en Jefe. La adulación a éste se extendía a las Memorias del congreso, encabezadas por su discurso inaugural (y cerradas a veces con su discurso resumen), a la prensa sindical y oficial igualmente llena de ditirambos, a sus intervenciones y hasta a los estudios que se publicaban después con relación a los congresos. El discurso clausura del XII Congreso, por ejemplo, llenó cinco páginas del diario *Granma* y fue publicado por la CTC en un folleto de 116 páginas. Un libro relacionado con ese congreso calificó el discurso de Castro de "brillante", "trascendental", "valiente", "honrado", "lleno de importantísimas orientaciones" y contentivo de "frases axiomáticas".[2] Según el propio autor de este libro un mensaje enviado por Raúl Castro fue recibido "con extraordinario júbilo" por el congreso.[3]

Además de los proyectos de resolución y de los discursos de Castro y otros jefes del gobierno, los delegados debían conocer de dos documentos básicos, a saber, el que trataba de las tesis y el que contenía el informe preparado por el Presidente de la Comisión Organizadora. El primero era un documento de fondo que analizaba los problemas que confrontaba el país y las tareas que debían realizar los trabajadores para superarlos. El segundo se limitaba a hacer un recuento de las actividades llevadas a cabo por la CTC después del último congreso. Al lado de estos dos documentos figuraba asimismo la convocatoria del congreso que curiosamente no se contentaba con señalar la fecha, lugar y orden del día de la reunión sino que incluía también llamamientos, exhortaciones, consignas y gritos de combate. El régimen de Castro no ha desperdiciado nunca la menor oportunidad de llevar adelante su labor propagandística y adoctrinadora.

La CTC insistía en esta época en que era un ente autónomo y sus congresos absolutamente libres. Llama la atención, sin embargo, que para la celebración de XII Congreso la dirigencia de la CTC sometió previamente al Buró Político del Comité Central del Partido la propuesta de efectuar el congreso y que fue ese Buró el que fijó la fecha y designó la Comisión Organizadora.[4] Cabe observar también que dos meses antes del inicio del congreso el presidente de la referida Comisión, Miguel Martín, presentó un informe sobre el procedimiento seguido a una plenaria provincial obrera presidida por el Ministro del Trabajo. En su presentación Martín explicó además cuales eran los cambios estructurales del movimiento sindical, las cuestiones del trabajo agrícola y la emulación socialista que el congreso se proponía discutir.

## Evaluación de tareas

El informe que Miguel Martín presentó al XII Congreso ofrecía un cuadro optimista de las actividades realizadas por la CTC entre 1962 y 1966. El presidente de la comisión organizadora calificó primero de logros los apoyos que la central había dado a Castro en la lucha contra el sectarismo y durante la crisis de los cohetes. Aludió enseguida a la discusión masiva de proyectos de legislación sobre normas, emulación y seguridad social, todo lo cual había tenido lugar en 1962. Para el siguiente año, Martín hizo hincapié en los 50,000 voluntarios permanentes que la CTC brindó para los trabajos de la zafra, así como a la organización de las primeras competencias entre macheteros y a la movilización de los trabajadores para reparar los daños ocasionados por el ciclón Flora. Según el precitado documento, constituía asimismo un logro el haber cooperado en la implantación de la emulación socialista y en la administración de las pruebas de escolaridad a las que se sometieron cientos de miles de trabajadores.

En 1964, continúa diciendo Martín, la CTC se enfrascó en la organización del I Encuentro Nacional de Emulación y en la discusión por los sindicatos de la Ley del Servicio Militar Obligatorio. En ese mismo año el informe destaca el hecho de que más de 800,000 trabajadores estaban estudiando distintas materias. Para 1965 los hechos más destacados fueron, según el informe, la celebración del II Segundo Encuentro Nacional de Emulación y de la Semana de Girón, el surgimiento de las primeras brigadas de macheteros millonarios (es decir, que habían cortado más de un millón de arrobas de caña) y de los primeros macheteros decimillonarios, así como la creciente incorporación de la mujer al agro y a la industria y la utilización de centros de acopio cañero.

Con excepción del aspecto educacional, no era una ejecutoria espectacular en lo que se refiere al bienestar y progreso de los trabajadores. Sí era, en cambio, ilustrativa del énfasis que ponía la CTC en movilizar a los trabajadores para que incrementaran sus labores con particular referencia a la industria azucarera. Se vislumbraba entre líneas un declive de los ambiciosos planes de industrialización y un retorno más o menos pronunciado si no a la monoproducción sí al auge de las actividades agroindustriales.

Aunque el informe indica las razones por las cuales se había pospuesto la celebración del Congreso, tales razones no parecen suficientes. Decir que el XII Congreso, que debió haberse celebrado a fines de 1963, tuvo que postergarse hasta agosto de 1966 por la necesidad de reparar los daños del ciclón Flora y en razón de los trabajos que entrañaba la implantación de las normas y la escala salarial, no representan una excusa satisfactoria. Tampoco lo es el afirmar que era imperativo consagrar mayor tiempo a la lucha contra viejos vicios sindicales y normas heredadas del capitalismo, pues tales problemas son precisamente los que corresponde ventilar en un congreso. Es más probable que el congreso fuera pospuesto debido a la crisis existencial que afectó al sindicalismo durante los años iniciales de la transformación, cuando hubo dirigentes que cuestionaban la razón de ser de los sindicatos en un régimen proletario. Las organizaciones sindicales que habían nacido dentro del sistema capitalista y para combatir los abusos del patrono no encontraban fácil acomodo en un medio en el que no había más patrono que el Estado y éste se decía representante de los trabajadores. Mantener a los sindicatos en un marco socialista implicaba violentar su esencia propia o crear un ente distinto. No en vano en el seno de la CTC se hablaba a la sazón de la necesidad de proceder a una "revitalización" del movimiento obrero.

Junto al trauma que entrañaba la necesidad de "recrear" al sindicato, contribuyó también a determinar la postergación del XII Congreso la pugna que por ese tiempo se entabló entre los viejos y los nuevos comunistas.[5] Era de temer que esa pugna se tornara particularmente áspera en el ámbito sindical en el que tanta ascendencia había alcanzado el antiguo PSP y donde necesariamente habrían de discutirse asuntos estrechamente ligados a la teoría marxista. Parecía prudente en esas condiciones, esperar a que se consolidara sin discusión el predominio de Castro, a fin de evitar incidentes embarazosos en el curso del congreso.

La experiencia de esta posposición sirvió en todo caso al régimen para patrocinar una reforma de los Estatutos de la CTC dirigida a establecer que los congresos se celebraran cada cinco años y no cada dos años como se había previsto en el pasado. Esta ampliación del plazo permitiría preparar con mayor facilidad los congresos y asegurar que estos continuaran desenvolviéndose sin el menor inconveniente.

## Desarrollo del XII Congreso

El XII Congreso de la CTC tuvo lugar en el Palacio de los Trabajadores de La Habana los días 25 al 29 de agosto de 1966. Asistieron al congreso 3,278 delegados, más 300 macheteros destacados, varios vanguardias y 12 miembros de la ANAP. Estuvieron también presentes 33 delegaciones extranjeras y una representación de la Federación Sindical Mundial, así como de la FMC, los CDR y la UJC.

La inmensa mayoría de los delegados (el 93 por ciento) eran hombres,[6] lo que significa que el auge de la incorporación de la mujer a los trabajos agrícolas e industriales aún no hallaba reflejo en la composición de los congresos sindicales. La edad media de los delegados era 31 años;[7] era pues un congreso más bien juvenil del que casual o deliberadamente se había marginado a los trabajadores de mayor edad que conocían las condiciones de trabajo vigentes antes de la revolución.

¿Cómo se produjo la elección de los delegados? El informe oficial indica que se efectuaron elecciones en 10,962 secciones sindicales con un promedio de 84 por ciento de asistencia. Fueron propuestos 76,025 candidatos y electos en la primera vuelta 45,508 trabajadores. El 74 por ciento de los electos eran nuevos dirigentes, lo que de nuevo muestra el impacto especial que la revolución parecía tener entre las generaciones jóvenes.

Los trabajadores electos constituían en realidad el primer universo del que habrían de salir los precandidatos y candidatos finalmente escogidos. La primera etapa del proceso de selección se llevaba a cabo por una comisión ad hoc formada en cada sección sindical por representantes del núcleo o célula del PCC, la UJC, el sindicato y la administración de la empresa. La comisión procedía a depurar de la lista inicial de electos a quienes no se consideraban confiables o carecían de méritos para ser designados delegados. La nueva lista se elevaba entonces a la consideración de una instancia superior del movimiento obrero donde nuevamente se consideraban méritos y deméritos a fin de reducir el número de precandidatos. Los criterios que usaban estas comisiones eran principalmente la militancia en el partido, la condición de miliciano, las horas acumuladas de trabajo voluntario, los diplomas, galardones o reconocimientos obtenidos en el trabajo, la asistencia a cursos de formación ideológica y, por supuesto, el examen del expediente laboral del interesado con vista a discernir su respeto a la disciplina laboral y su índice de productividad. El resultado de este examen selectivo que Castro llamó elípticamente en su discurso final "método de masas", se tradujo finalmente en "una candidatura unipartidista, uni-ideológica y uni-revolucionaria confeccionada por una Comisión Ad hoc de manera unilateral".[8] No es posible en esas condiciones hablar del derecho de los trabajadores a elegir libremente a sus dirigentes sindicales, como prescribe el artículo 3 del Convenio 87 de la OIT. El Comité de Libertad Sindical del Consejo de Administración de la propia organización ha determinado en varias ocasiones que un sistema que impone la aprobación previa por las autoridades de los candidatos a miembros de una dirección sindical es incompatible con los principios de la libertad sindical.[9]

El XII Congreso sesionó durante cuatro días y medio. Su apertura tuvo lugar el 25 por la noche, durante la cual los delegados escucharon los discursos de rigor y disfrutaron del programa artístico cultural. Probablemente fatigados por sus arduas labores no fueron muchos al parecer los que al día siguiente intervinieron en la discusión del informe del Presidente de la Comisión Organizadora Nacional del evento. Según las Memorias y el ya citado libro de Tellería, solamente participaron en esa discusión los representantes de la Federación Sindical Mundial, la Central Unica de Trabajadores de Chile y el Consejo Central de los Sindicatos de la URSS.[10] En la tarde de ese mismo día se sometió a la consideración del pleno el informe de la Comisión de Credenciales y el que había preparado un miembro de la Comisión Organizadora, Justo Guerra, sobre reforma de los Estatutos de la CTC y reducción del número de sindicatos nacionales. Aún no repuestos de su cansancio, los delegados prefirieron dejar los turnos principales al Ministro del Trabajo, Basilio Rodríguez, y al representante de los sindicatos sudvietnamitas. El tercer día se reservó para la constitución en diversos lugares de La Habana de los 14 sindicatos nacionales previstos en la reforma estatutaria. Ese número que representaba una reducción considerable con respecto al antes citado de 23, habría a su vez de experimentar ulteriores modificaciones hasta fijarse más tarde en 18. El cuarto día hubo al parecer más actividad para los delegados al Congreso pues se constituyeron siete comisiones de trabajo de cuyos dictámenes conocería al día siguiente la asamblea plenaria también llamada a escuchar una breve intervención de Miguel Martín y el largo discurso resumen de Castro.

El entonces Primer Ministro quiso inflamar los ánimos de los asambleistas arremetiendo contra los explotadores, los pseudo revolucionarios y los críticos de su gobierno. Aunque hacía ya más de siete años del triunfo de la revolución, la referencia a los explotadores aparece con frecuencia en su discurso tal vez para superar la deficiencia que según él existía en los primeros tiempos del régimen, "en los que había muchos trabajadores que no habían adquirido plenamente una conciencia de clase".[11] Admitió a seguidas que se habían manifestado al comienzo pugnas, divisiones y tendencias pero que él había logrado ganar las conciencias de los trabajadores probando que la revolución era cada vez más la revolución de los trabajadores. A las consignas de unidad que antes se lanzaban, era necesario subrayar la preocupación por los problemas de la producción; "hay que mirar hacia adelante y enfrascarse en la tarea de crear una sociedad nueva", dijo el Máximo Líder. Se refirió luego al déficit de los brazos en la agricultura y confesó que ello constituía un problema grave pues "hoy por hoy el centro de trabajo de la revolución es el esfuerzo agrícola".[12] Tras aludir al uso creciente de las máquinas, anunció que se planeaba incorporar a un millón de mujeres en diez años a la producción y calificó al trabajo voluntario como instrumento de producción y como instrumento de educación y capacitación.[13] Habló de los esfuerzos que se hacían para construir viviendas y los éxitos logrados en algunos sectores alimentarios. Y terminó diciendo que sus palabras iban dirigidas "a lo más selecto de nuestra masa obrera", "a los trabajadores ejemplares, a los vanguardias, a los que habían tenido el honor de representar a los trabajadores en este congreso", a todos los cuales les dio la siguiente encomienda:

> *"Y nosotros con una fe inconmovible en nuestro pueblo y en nuestros trabajadores sabemos que ustedes serán portadores de estos puntos de vista revolucionarios, que ustedes serán portadores de este mensaje a nuestra clase obrera".*[14]

## Elección del Comité Ejecutivo Nacional

Castro dijo también en su discurso final que una de las tareas más difíciles de la revolución era ejercer la función de dirigente sindical porque muchas veces tenían que pedir sacrificios en vez de presentar cosas agradables a los trabajadores. Tan penosa era en verdad esa responsabilidad que ella había destruido en pocos años la imagen de Lázaro Peña como el gran campeón de los derechos de los trabajadores. Peña había sido elegido por unanimidad secretario general en el XI Congreso pero cinco años después su prestigio y reputación se habían deteriorado tanto que al decir de un procastrista observador extranjero su solo nombre concitaba la unánime oposición de los trabajadores.[15]

El viejo luchador decidió en consecuencia no presentar su candidatura a la reelección. En sus declaraciones del mes de febrero de 1966 hizo saber que sería secretario general hasta el congreso de agosto en cuya oportunidad éste debería elegir democráticamente a su sustituto.[16] La forma como esa elección se llevó a cabo no fue en realidad muy democrática pues ni hubo varios candidatos que aspiraran al cargo ni la designación de Miguel Martín se hizo por la decisión libre y espontánea de los delegados. Estos sabían ya de antemano quién era el dirigente escogido por el régimen para sustituir a Lázaro Peña y la manera como ello se hizo saber sentó un precedente para ulteriores elecciones. El dirigente que fuera escogido antes para presidir la comisión organizadora y recibiera un destaque especial en los preparativos y primeras sesiones del congreso, ése era sin duda el ungido por Castro, gran elector del liderazgo de la CTC. En el caso del XII Congreso, era una instrucción oficial más que un secreto a voces el hecho de que Miguel Martín Pérez, procedente no de una organización obrera sino de la Unión de Jóvenes Comunistas, fuera el escogido para reemplazar a Peña a quien se le confió la posición de Presidente de una Comisión Laboral que fungiría como asesora del Comité Central del Partido. Casi un cuarto de siglo más tarde el mismo procedimiento se seguiría para elevar a Pedro Ross Leal, también "apparatchik" a la posición cimera de la CTC.

Junto a Miguel Martín fueron seleccionados para integrar el Buró Ejecutivo de la CTC, Ursinio Rojas como Secretario de Finanzas, Conrado Béquer como Secretario Agropecuario, Agustín García Marrero, Secretario de Organización, Rigoberto Fernández León, Secretario de Trabajo Voluntario y Emulación, Héctor Ramos Latour, Secretario de Asuntos Laborales y Sociales, y Mario Rodríguez Martínez, Secretario de Educación, Cultura y Deportes.

Varias observaciones procede hacer en este punto con respecto a la composición y estructura de los órganos de dirección de la CTC. La primera es que la cuota de poder de los viejos comunistas se había reducido a Ursinio Rojas en el Buró Nacional y a Agapito Figueroa, Jorge Aldereguía y a algún otro en la dirección de los sindicatos nacionales. La segunda se relaciona con la exclusión de los mandos superiores de José M. de la Aguilera y O. Alvarez de la Campa que habían sido premiados en el XI Congreso pero que o bien cayeron en desgracia o bien no habían podido aguantar los rigores del totalitarismo castrista.[17] También marginados de las altas posiciones fueron Waldina Restano, María de los Angeles Periú y Vicente Valdés, seguramente "quemados" también en la espinosa tarea que los nuevos tiempos exigían de los dirigentes. Unicos supervivientes del equipo que dirigió la CTC entre el X y el XI Congreso fueron Conrado Bécquer dirigente sin escrúpulos que puso su experiencia en la industria azucarera al servicio de Castro y Héctor Ramos Latour que había pronto sobresalido como estrella ascendente en el firmamento obrero.

Estas alteraciones en el personal dirigente señalaban un cambio de guardia en la cumbre de la CTC dirigido a reemplazar los cuadros gastados o poco confiables con sangre nueva salida de las filas del partido y de los cursos de formación ideológica organizados por el régimen. Era también una depuración silenciosa que buscaba eliminar a quienes pudieran actuar por su cuenta o al amparo de su prestigio personal, los cuales tenían que ceder sus puestos a dirigentes que debían su ascenso a Castro y sólo a él eran leales. No era ya sólo la capacitación sindical o el aprovechamiento mostrado en el conocimiento del marxismo, sino también la prueba del culto a la personalidad la que influía en la selección de la nueva dirigencia.

Motivaciones más profundas explican los cambios operados en la estructura de la CTC. ¿Por qué razón se había reducido el número de miembros del Buró Nacional y asimismo el elenco de los sindicatos nacionales? La explicación puede encontrarse en la transformación operada en este período de un movimiento basado en la afiliación voluntaria a otro en el que la pertenencia al sindicato se producía automáticamente con la vinculación al trabajo de las nuevas generaciones. Esta expansión de la membresía estaba llamada a aumentar el número de secciones sindicales que si en 1966 se calculaban en unas 11,000 en los años subsiguientes pasaría a alcanzar cifras de 40,000 ó 50,000 y en 1992 subiría a 76,000 secciones.[18] Ello entrañaba a su vez un ensanchamiento desmesurado de la base de la pirámide sindical que si fuera a encontrar reflejo en los niveles intermedios y más altos de esa pirámide haría más complicado y difícil el control que Castro deseaba tener del movimiento obrero. Se hacía pues necesario concentrar la masa de los nuevos miembros y nuevas secciones en un número razonablemente pequeño de sindicatos nacionales que estuvieran a su vez regidos por un grupo reducido de altos dirigentes. La estructura seguiría así siendo piramidal pero sus proporciones seguirían siendo manejables. Ya se había establecido el principio de que los órganos inferiores debían acatar las instrucciones que emanaban de los superiores y la eficacia del control radicaba pues en la magnitud y accesibilidad de las instancias dirigentes.

Fue en virtud de esas circunstancias que el panorama del sector trabajo quedó en 1966 enmarcado en los siguientes subsectores:

***Lista de sindicatos nacionales fijada por el XII Congreso***

| | |
|---|---|
| Trabajadores agrícolas y forestales | Artes gráficas |
| Industria alimenticia | Industria azucarera |
| Artes y espectáculos | Construcción |
| Transporte y comunicaciones | Educación |
| Industria textil y de las pieles | Medicina |
| Comercio y administración | Industria minero-metalúrgica |
| Industria química y farmacéutica | Industria tabacalera |

Junto a esta dimensión sectorial existiría también en el organigrama de la CTC una división territorial que todavía en esta época correspondería a las seis provincias tradicionales de Cuba y unos años más tarde se extendería a las 14 provincias previstas en la Constitución de 1976.

## Las resoluciones aprobadas

En el capítulo de las resoluciones aprobadas, el XII Congreso reflejó a cabalidad el interés de Castro por las cuestiones relativas al llamado internacionalismo proletario. La economía nacional enfrentaba ya serios problemas pero la dirigencia del régimen prefería enfatizar los aspectos internacionales, tanto como maniobra de distracción como en razón de los planes que Castro siempre había acariciado al respecto. No menos de seis resoluciones fueron en consecuencia adoptadas: una de solidaridad con el "heroico pueblo de Viet Nam", otra en apoyo a la I Conferencia de Solidaridad con los Pueblos celebrada ese mismo año en La Habana (la llamada Tricontinental), una tercera de respaldo a la lucha armada que libraban los guerrilleros en Guatemala, Colombia, Perú y Venezuela, otra de apoyo a la lucha de los negros norteamericanos contra la opresión y la discriminación racial, una quinta de solidaridad con la lucha de la clase obrera y los movimientos populares en Europa y América del Norte, y finalmente otra que tomó la forma de una carta abierta a los obreros norteamericanos en la que se denunciaban la guerra de agresión de E.U. contra el pueblo vietnamita y el "bloqueo" impuesto a Cuba.[19]

No podía ser más clara la militancia que transpira de estas resoluciones y el objetivo que con ellas se perseguía de proyectar en el plano internacional a la revolución cubana y a su Máximo Líder. Ningún otro movimiento obrero de América Latina se atrevía a asumir tan radicales posturas. Las ambiciones de Castro desbordaban las fronteras nacionales; no era solamente que él quisiera convertirse en el gran patrón de la izquierda latinoamericana sino que iban también en la dirección de erigirlo en líder del Tercer Mundo en su empeño de combatir a los E.U.

En el plano nacional las principales resoluciones adoptadas fueron las referentes a la reforma de los estatutos de la CTC, la de dar un mayor apoyo a la agricultura y la de fortalecer la disciplina laboral. A fín de dar un efecto especial al preconizado retorno al agro, la presidencia del congreso presentó a los delegados a 200 dirigentes que al terminar las sesiones partirían para incorporarse por dos años al sector agrícola.[20]

Tanto estas resoluciones como las de proyección internacional, seguían la línea adoptada desde sus inicios por la revolución de mantener a la clase trabajadora bajo una sostenida andanada de ideología radical y de hacerles recordar los deberes que imponía el establecimiento de una sociedad socialista.

Cabe indicar, sin embargo, que el congreso tuvo también oportunidad de adoptar ciertas medidas de beneficio a los trabajadores. Aprovechando los elevados precios que estaba alcanzando el azúcar en el mercado mundial, los delegados acordaron que se concediera a los trabajadores el pago por horas extras y el incremento por condiciones anormales de trabajo. Se pidió asimismo que se tratara de solventar la deuda por concepto del descanso acumulado. Curiosamente lo que el congreso pedía en ese sentido estaba previsto en la legislación laboral pero se estaba incumpliendo en la práctica.

Es de notar que ni las resoluciones internacionales, ni las de índole nacional eran presentadas por determinados delegados. Los proyectos correspondientes eran innominados o se decían presentados "por los delegados al XII Congreso" sin que se especificaran los nombres. Todas estaban preparadas de antemano por los miembros de la Comisión Organizadora, los dirigentes de la CTC o los responsables del partido. No era tampoco común que en el curso del congreso algún delegado tuviera la idea de proponer una resolución; todavía en 1966 se suponía que los delegados desempeñaran un "role" pasivo y carecieran de iniciativa. Ni siquiera se pedían aclaraciones cuando se suprimían del secretariado de la

CTC los puestos de secretario de actas, de asuntos jurídicos, de prevención y accidentes y de asistencia social. Ni tampoco se solicitaba información sobre algún punto obscuro del informe de actividades o sobre el alcance de alguna resolución que pudiera afectarles de modo directo. Los delegados tenían que presumir que la dirigencia del país era omnisapiente y debían por tanto limitarse a asentir a sus propuestas. A este triste papel de multitud amorfa había quedado reducido el proletariado cubano.

# Notas

[1] Informe Central al Primer Congreso del PCC, op. cit., pag. 22.

[2] Evelio Tellería, *Los congresos obreros en Cuba.* (La Habana: Editorial de Arte y Literatura, 1973), pags. 539-543.

[3] Ibid, pag. 535.

[4] Declaraciones de Lázaro Peña publicadas en *Granma* el 23 de febrero de 1966, pag. 1.

[5] Duarte Oropesa, op. cit., vol. IV, pag. 494.

[6] Tellería, op. cit., pag. 523 y *Memorias del XII Congreso de la CTC* (La Habana 1967), pag. 80.

[7] Tellería, op. cit., pag. 523.

[8] Riesgo, op. cit., pag. 147.

[9] Véanse por ejemplo los acuerdos del CLS en los casos No. 418, No. 843 y No. 1086.

[10] Tellería, op. cit., pag. 531.

[11] Ibid, pags 539-540.

[12] Ibid, pag. 543.

[13] Ibid, pag. 543.

[14] Ibid, pag. 546.

[15] Véase Adolfo Gilly, "Inside the Cuban Revolution", *Monltly Review* (New York), vol. 16, No. 6, octubre de 1964, pag. 13.

[16] *Granma*, 23 de febrero de 1966, pag. 1.

[17] Aguilera fue encarcelado en 1964 y marchó después al exilio.

[18] Véase *Trabajadores* del 31 de agosto de 1992, pag. 8.

[19] Memorias del XII Congreso, op. cit., pag. 51.

[20] Ibid, pag. 80 y Tellería, op. cit., pag. 533.

# Capítulo 13

## *La resurrección de Lázaro y el síndrome del 99 por ciento*

### Los prolegómenos del XIII Congreso

Entre 1966 y 1973 el movimiento obrero organizado atravesó por dos etapas, una primera de crisis que llega hasta 1970 y otra que culmina en el XIII Congreso en la que creció de manera notable.[1] La afiliación sindical pasó de los dos millones de trabajadores, (alrededor del 84 por ciento de la fuerza de trabajo);[2] el número de secciones sindicales subió de unas 11,000 en 1966 a más de 24,000 siete años después;[3] las asambleas de discusión de las tesis del XIII Congreso reunieron a más de un millón y medio de participantes, es decir a más del 88 por ciento de los que habían sido convocados a participar.[4]

Este crecimiento se debió ante todo al carácter virtualmente obligatorio que había adquirido la sindicalización en el período de las transformaciones y también a la dinámica generada por Castro a partir de 1970 cuando al dirigirse al Consejo Nacional de la CTC expresó: "nosotros debemos tratar de hacer el más poderoso movimiento obrero que haya existido jamás".[5] El Comandante en Jefe, Primer Secretario del Partido y Primer Ministro del Gobierno estaba al parecer consciente del estancamiento en que estuvo sumida la CTC y la obligación que él y su revolución habían asumido de encarnar a toda la masa trabajadora del país. Los dirigentes sindicales de la CTC comprendieron que la central debía estar a la altura de lo que se esperaba de ella y realizaron grandes esfuerzos de movilización y reclutamiento.

La celebración del XIII Congreso de la CTC coincidió con la del XX Aniversario del Asalto al Cuartel Moncada y de *La Historia me Absolverá*, aniversarios estos que la dirigencia revolucionaria había logrado elevar al rango de fechas históricas. No es de extrañar por consiguiente, que el congreso se concibiera como saludo a esos aniversarios y que sus organizadores aspiraran a convertirlo en *"un aporte trascendente a la gran tarea de la Revolución Socialista, a los esfuerzos que se dirigen a lograr la mejor organización, las más alta productividad, el más eficaz aprovechamiento de nuestras potencialidades y el más celoso ahorro de los recursos y medios para vencer más pronto al subdesarrollo..."*[6]

Los organizadores habían dispuesto de tiempo suficiente para preparar el congreso pues éste se celebraba no ya dos años después del anterior, como se hacía antes de la revolución, ni tampoco cinco años más tarde, como se había acordado en el XII Congreso, sino siete años después. Para explicar esa demora se aludía unas veces al tiempo que era necesario invertir en la "laboriosa tarea de la elaboración de las tesis" y otras se ponderaba la importancia que iba a tener el congreso que según un informe sometido al VI Consejo Nacional de la CTC iba a ser "un acontecimiento de trascendencia histórica"[7] en el que "se trazaría la política laboral de la revolución para un período de varios años".[8] Ni en la prensa ni en los documentos de la CTC se hacía referencia a los tropiezos que se confrontaban en la organización del congreso, pero ellos se reflejaban en las posposiciones y en los cambios que se hicieron en la integración de las dos comisiones organizadoras que se nombraron. Para éstas era más importante estar seguras de lograr un resultado que fuera del agrado de Castro que tener a la expectativa a una membresía que, por lo demás, había reiterado en la zafra de 1970 su extraordinaria docilidad y resignación.

Del recuento de las actividades que la Comisión Organizadora presentó con respecto al período transcurrido desde la celebración del XII Congreso, parece inferirse que hubo dos etapas: una poco eficaz y en la que hubo "dificultades y debilidades"[9] (1966-70), y otra que por instigación de Castro inicia un proceso de "superación, de reestructuración y reorganización de los sindicatos y secciones", (1970-73).[10] En la primera etapa la CTC logró, no obstante, desarrollar la emulación, contribuir con sus contingentes propios a la cosecha anual de la caña, y promover el trabajo voluntario ("no obstante los defectos de algunas movilizaciones").[11] El récord no parece haber sido muy impresionante pues fue al cumplirse esos primeros cuatro años que el jefe de la revolución decidió intervenir para recabar un "desarrollo superior, ascendente y estable de la CTC",[12] lo que significa que fue probablemente en este período que se produjo el crecimiento cuantitativo antes señalado.

La lectura de esas primeras páginas del informe de actividades conduce a pensar que Miguel Martín Pérez no tuvo mucho éxito como secretario general de la CTC al punto de ser sustituido por Héctor Ramos Latour antes de cumplir el término de su mandato. A Martín y sus colegas se les ocurrió la idea de organizar un Movimiento de Avanzada dirigido a agrupar vanguardias y obreros fanatizados que iban a aservir de ejemplo a la clase trabajadora. Martín tuvo también la sana intención de racionalizar al movimiento sindical reduciendo el número de cuadros profesionales, cuyo plan fue anunciado ya en el Informe al XII Congreso. Ambos proyectos funcionaron en la práctioca en detrimento del sindicalismo, al menos tal como el mismo era concebido por Castro.

Ramos tampoco dio al parecer la talla pues no se le mencionó como candidato a la reelección; ni uno ni otro fueron por otra parte incluidos en la Comisión Organizadora del XIII Congreso. Es más, sus nombres fueron excluidos por completo de los documentos que forman la Memoria del Congreso.

Aún más significativo fue el silencio que sobre la gestión de ambos mantuvo Castro en su discurso resumen del congreso. El Máximo Líder que había sido antes responsable de la elección de Martín y del ascenso de Ramos Latour, optó en esa oportunidad por ignorarlos dedicando en cambio sus elogios "al compañero Lázaro Peña que ha sido el alma de este proceso que precedió al congreso, desde que se trabajó en las tesis hasta la celebración del evento".[13] El otro único sindicalista mencionado fue el viejo líder comunista Agapito Figueroa a quien se le elegiría como vicesecretario general; pero ni la mención de Castro ni el cargo habrían de servirle de mucho unos años más tarde cuando a la muerte de Peña hubo necesidad de escoger un nuevo secretario general. Bajo Castro la carrera de los sindicalistas estaba siempre sujeta a interrupciones bruscas y giros inesperados. Las organizaciones de trabajadores debían por su parte su crecimiento a una combinación de impulsos externos y fuerzas interiores.

Los impulsos externos provenían sobretodo de la omnipresente intervención del Partido y el Estado. Igual que había ocurrido en anteriores congresos, algunas reuniones preliminares eran presididas por miembros del Comité Central del PCC o por el Ministro del Trabajo; ambas representaciones figuraron también (mayoritariamente) en la Comisión Organizadora y la decisión final sobre la celebración del congreso se tomaría por el susodicho Comité Central.

## Elección de Lázaro Peña

Los congresos de la CTC distaban mucho de reflejar lo que entre uno y otro ocurría en el mundo del trabajo. No solamente hubo entre el

XII y el XIII por ejemplo, un incremento del trabajo voluntario y la emulación socialista, sino que se exhortaba constantemente a la clase obrera a que produjera más, se reiteraban las movilizaciones para las actividades agrícolas y de construcción, se le recargaba con los ejercicios militares que periódicamente se realizaban y se le pedía que dedicara también parte de su tiempo a asistir a las asambleas sindicales o de producción, a participar en la guardia obrera o a hacer número en las grandes concentraciones del régimen. Las horas de trabajo se extendían en muchos sectores, las vacaciones se postergaban o renunciaban y todo ello se seguía pagando con el salario medio de 136 pesos mensuales que, sin embargo, Castro decía que causaba exceso de circulación monetaria e inflación.[14] Había ya voces que en Cuba decían que el Estado explotaba a los trabajadores, pero un observador atento hubiera podido también afirmar que eran muchos los que gustosamente se dejaban explotar.

Entre el XII y el XIII Congreso ocurrió también otro hecho de cierta importancia en la esfera del trabajo. Hasta 1972 el sistema sindical y laboral cubano había tratado de copiar cuantas instituciones y prácticas se habían utilizado en la Unión Soviética, con muy pocas excepciones. Una de éstas era la promoción del movimiento de inventores y racionalizadores que en Rusia cobró importancia en la época de Stalin coetáneamente con el estajanovismo. A fines de 1972 la revolución de Castro procuró superar esa deficiencia formalizándose la creación de la Asociación Nacional de Inventores y Racionalizadores (ANIR) a la cual se había referido ya en 1971 el VI Consejo Nacional de la CTC. Esta creación buscaba estimular la inventiva y aprovechar la experiencia de los que día a día realizaban las labores de la producción a fin de aumentar el volumen de ésta o reducir sus costos. Aunque los que aspiraban a integrar esa Asociación experimentaban a menudo muchas frustraciones en sus gestiones dirigidas a obtener el reconocimiento del valor de sus sugerencias, la idea de pertenecer a este grupo atrajo al parecer a muchos, pues en poco tiempo la ANIR llegaría a contar con miles de miembros. Impulsaba ese crecimiento el hecho de que los "aniristas" obtenían ciertos suplementos y pasaron a formar parte, junto a los vanguardias y los héroes del trabajo, de la élite revolucionaria que se estaba formando dentro del proletariado.[15]

Para los 2,231 delegados que el 11 de noviembre de 1973 se instalaron en el salón-teatro del Palacio de los Trabajadores para iniciar las sesiones del XIII Congreso, éste tenía una muy grata y especial significación. Para ellos había la posibilidad de viajar gratis a la capital, alojarse durante varios días en locales de cierto confort, disfrutar del programa de agasajos y comidas que el gobierno había preparado y sobre todo, de librarse por ese tiempo del severo régimen de labores que pesaba sobre los trabajadores. Ya el trabajo voluntario había dejado de tomarse semifestivamente para convertirse en una carga seria, en tanto que la emulación se extendía de la agricultura a la industria y adoptaba las más diversas formas. Quedar exento de esos deberes siquiera sea por unos días era en verdad un privilegio sobre todo cuando la lista de agasajos incluía números de ballet y danza moderna, comparsas y actuaciones de conjuntos folklóricos acompañados de paseos, visitas y comidas. Los delegados tenían además la compensación moral de verse colmados de elogios. Castro en su discurso resumen les alabó su conciencia política y revolucionaria, su comprensión, su espíritu altruista y solidario, su actitud ejemplar y desinteresada, su cultura política, su madurez política, su entusiasmo, su honestidad, su combatividad y su internacionalismo, por todo lo cual dijo que él y la revolución se sentían legítimamente orgullosos. Los conmovidos delegados le reciprocaron su generosidad interrumpiendo su discurso con aplausos y ovaciones nada menos que 118 veces.

No era difícil pronosticar en vista de esa mutua simpatía que el XIII Congreso iba a celebrarse sin incidentes ni contratiempos, o sea, en la forma previsible en que a partir del XI Congreso todos se han desarrollado. Poco antes del Congreso en una entrevista publicada en la revista *Bohemia*, Luis Martel y Olga Amaro, presidente y vicepresidente de la Comisión Organizadora, luego de reconocer que tres años atrás "la CTC no estaba a la altura del proceso revolucionario", afirmaron que la situación había cambiado y que el congreso se efectuaría "dentro del espíritu de combate, de abnegación y de sacrificio personal que requerían las apremiantes tareas del momento".[16] No es seguro que fuera ese espíritu de combate o el deseo de satisfacer a Castro lo que determinó el que Lázaro Peña, Agapito Figueroa, Jesús Escandell y demás compañeros de la candidatura única fueran elegidos por unanimidad. Castro calificaría más tarde a Peña de "maestro de cuadros sindicales" y explicaría que si bien él desempeñaba un alto cargo en la dirección del partido, la "enorme importancia de la CTC y la necesidad de vigorizarla", habían determinado el que se le llamara de nuevo a liderear el frente obrero.[17] Estas explicaciones y la necesidad de apelar de nuevo al viejo dirigente comunista, parecen confirmar la impresión de que la central obrera pasó antes de 1970 por una seria crisis.

La unanimidad de la elección se hizo extensiva a las demás actuaciones del congreso. No siempre las votaciones fueron del ciento por ciento pero sí llegaron o excedieron al 99 por ciento, como se verá en seguida al tratar de las tesis. Los delegados habían sido elegidos según un procedimiento similar al de los anteriores congresos: las secciones sindicales elegían precandidatos, los cuales se reunían con los dirigentes intermedios de los organismos sindicales en unas llamadas conferencias regionales o provinciales en las que se procedía a un proceso de selección. Tanto en la postulación como en la pre-elección y selección se leían los datos personales de los interesados. Las conferencias regionales escogían también a los precandidatos representantes de ese nivel, quienes debían también someterse al mismo proceso de ratificación y aprobación por una instancia más alta en la que estaría representado el Partido.[18] El régimen se aseguraba de esa manera de la calidad y actitud de los que en definitiva asistirían al congreso.

## Las tesis del congreso

De la experiencia soviética le vino al régimen de Castro la denominación de tesis para aludir al documento de base de un congreso. Antes de la revolución, los congresos sindicales se ocupaban principalmente de elaborar una plataforma de reivindicaciones dirigidas al gobierno y a los empleadores, la cual a menudo se combinaba con una referencia a los objetivos de tipo mediato y los acuerdos concernientes al ámbito internacional. Las reivindicaciones aspiraban a convertirse en derechos y casi nunca se hablaba en la plataforma de obligaciones de los trabajadores.

Precisamente lo contrario ocurría ahora con las tesis que se circulaban antes entre los sindicatos y se sometían más tarde al congreso nacional. Las tesis enunciaban los esfuerzos que debían realizar los trabajadores, sugerían renuncias de ciertos derechos y fijaban los rumbos a seguir por las organizaciones de trabajadores. Todo ello se hacía al amparo de razonamientos derivados de la doctrina marxista-leninista, lo que significaba que, al ser esa la doctrina oficial, dichos razonamientos no podían ser cuestionados. Es posible que se expusieran ideas relacionadas con la aplicación de algunos aspectos de las tesis pero su esencia y fundamentos eran inatacables. En la filosofía comunista no eran simples proposiciones sino dogmas o conclusiones definitivas.

Nada mejor para demostrar la exactitud de las anteriores observaciones que examinar el contenido de las tesis sometidas al XIII Congreso y consultar el resultado de las votaciones que sobre ellas se tomaron. Inscriptas bajo el lema de "Hacia un movimiento obrero más fuerte, poderoso y democrático" las tesis en cuestión pudieran clasificarse en varios grupos distintos. El primero que concierne al trabajador individual, comienza recordando el principio enunciado por Marx en la Crítica del Programa de Gotha ("de cada cual según su capacidad, a cada cual según su trabajo") y postulando en consecuencia la norma de que "cada uno debe ser remunerado según la cantidad y calidad de su trabajo". A ella se añade la necesidad de incorporar al trabajo creador a todos los hombres y mujeres aptos para ello y la observancia estricta de la disciplina laboral. Se cita una frase del discurso de Castro del 26 de Julio de ese año con respecto al uso de los estímulos morales y materiales y se afirma que es necesario perfeccionar las normas. Luego se elogia la iniciativa de renunciar al cobro de las horas extras y se indica que el tener que emplear horas extras para cumplir con las metas debería considerarse como demérito y no mérito.[19] Según esta tesis hay que "erradicar el vicio del empleo de horas extras innecesarias y excesivas" y procurar en cambio, cumplir y sobrecumplir los planes de producción sin necesidad de horas extraordinarias de trabajo. A ese esfuerzo particular la tesis agrega el de la obligación de realizar un doble turno en caso de ausencia del trabajador que debía suplir al interesado en las empresas de funcionamiento continuo.[20]

Establecidas esas premisas, las tesis del XIII Congreso se pronunciaban en favor de la eliminación de los salarios históricos ("sin perjudicar ningún interés legítimo"), la promoción constante del trabajo voluntario y gratuito y la derogación de la resolución 270 que confería derechos especiales de jubilación a los trabajadores que habían realizado tareas excepcionales. Originada en una ligereza del Máximo Líder que deseaba premiar a los que en momentos difíciles mantuvieron una "ejemplar actitud revolucionaria", los beneficios de esa resolución se habían extendido a más de medio millón de trabajadores poniendo en peligro la viabilidad del sistema de seguridad social. Se hacía pues necesario corregir el error de Castro y para ello se proponía no otorgar ninguna otra jubilación o pensión al amparo de la susodicha resolución.

Esta primera parte de las tesis incluía por último, una referencia a la necesidad de debatir la política de protección e higiene del trabajo y de instituir el sistema de *compromisos colectivos de trabajo* como base de las relaciones entre la administración y los trabajadores. Los compromisos sustituían a los antiguos convenios colectivos, pero en vez de consagrar nuevos derechos o "conquistas" para los trabajadores, se ocuparían ahora, según las tesis, de concretar las obligaciones mutuas de la administración y los trabajadores para cumplir el plan de producción o de servicios y procurar que el mismo expresara "las máximas posibilidades para aprovechar al máximo (sic) la jornada de trabajo, reducir los costos, elevar la calidad, recuperar piezas y materiales, racionalizar el consumo de la energía eléctrica y todo cuanto más conviniera al éxito del trabajo, a la protección del trabajo y al acrecentamiento de la producción y la productividad".[21]

Una segunda parte de las tesis se consagró al trabajo de la mujer y de los jóvenes. En cuanto a la primera se postulaba la necesidad de allanar el camino de la incorporación y permanencia de la mujer en el trabajo a cuyo efecto destacaba la necesidad de derogar las disposiciones que prohibían el acceso de la mujer a los trabajos insalubres y establecían que ciertas plazas serían ocupadas únicamente por ellas.[22] Con respecto a los segundos se remitía al congreso la consideración de la conveniencia de crear comisiones sindicales juveniles dependientes del organismo sindical que las creara.

El tercer grupo de tesis guardaba relación con las formas de participación del llamado movimiento sindical en la gestión administrativa y estatal. A la cabeza de esas formas de participación, la tesis colocaba a las asambleas de producción o servicios, valoradas por ellas como útiles, "pese a los defectos que se observaban en su preparación y desarrollo",[23] y respecto a las cuales se subrayaba su función de velar por el cumplimiento y el sobrecumplimiento del plan de producción. El documento en examen señalaba que las asambleas deberían ser preparadas en común por la administración y el sindicato y celebrarse cuando menos una vez cada dos meses. Junto a las asambleas se encarecía la procedencia de mejorar la representación sindical en los consejos de dirección de las empresas. Sin embargo, la tesis no especificaba cómo iba a procederse a la selección del representante de los trabajadores ante el consejo. Cabe agregar que en la práctica, eran muchas las empresas que ni siquiera tenían consejo de dirección y otras tantas las que funcionaban sin representación sindical en el consejo o que apenas tomaban en cuenta sus críticas y sugerencias. Como señala la propia tesis, la supuesta representación muchas veces actuaba en un ambiente hostil o de paternalismo inferiorizante.[24]

En el plano de las realizaciones mucho más efectiva fue en esta parte la propuesta de ratificar la creación de la Asociación Nacional de Inventores y Racionalizadores (ANIR) dirigida por la CTC, la cual como se ha dicho antes, llegaría a contar años después con más de cien mil miembros.

Hacia el final del documento, las tesis tratan del carácter de la organización sindical, cuestión ésta que según ellos había originado incomprensión y dado lugar a errores de importancia en el sistema de relaciones de las organizaciones de trabajadores con los órganos del Estado y del Partido. Para disipar esos errores, la tesis afirma que dichas organizaciones no forman parte del aparato estatal ni se hallan adscriptas al Partido. Los sindicatos, sostiene la tesis, son organizaciones de masas de carácter autónomo que, no obstante, "reconocen abierta y conscientemente la dirección del Partido como destacamento de vanguardia y máxima organización de la clase obrera; acogen, hacen suyas y siguen la política y las consignas del Partido".[25]

Un último grupo de tesis trata de la emulación socialista que según el criterio de ese documento debería siempre ser organizada por la CTC y los sindicatos con el concurso de la administración y no al revés como en la práctica estaba muchas veces ocurriendo. Lo importante era en todo caso que la emulación sirviera para producir más y mejor con menos costo. Para poder ser trabajador de avanzada, el obrero o campesino debía tomar un compromiso personal y concreto de cuantía, de cumplimiento o sobrecumplimiento de las normas de producción , de elaboración de piezas sin defectos, de aprovechamiento de materiales, de aprobación de exámenes de superación técnica o de instrucción. La tesis concerniente a la emulación aludió a un nuevo plan de emulación socialista llamado de *fechas históricas* y puso de relieve la necesidad de evitar que la emulación convalide la rutina y sea, en cambio, un medio de incitar, encauzar y materializar los esfuerzos e iniciativas de los obreros. A fin de propiciar el logro de esos objetivos, la tesis estableció los índices para otorgar la bandera Héroes del Moncada a los colectivos de trabajadores y los requisitos para ser seleccionado trabajador de avanzada.

## La discusión de las tesis y el síndrome del 99 por ciento

Transmitidas con antelación a todas las organizaciones de trabajadores, éstas pronto organizaron asambleas de discusión que según la versión oficial consumieron un promedio de más de 73 horas.[26] El debate se inició con la asamblea de la empresa Cubana de Acero y concluyó con la que tuvo lugar en la fábrica de tabacos Fernández y Roig. El propósito de la discusión no era tanto lograr un consenso sobre el alcance de las tesis como facilitar la más amplia y plena comprensión de las mismas. Se trató también de promover la "crítica concreta y precisa que diera vida a la función de contrapartida de la administración que debe y tiene que jugar (sic) el movimiento sindical".[27]

¿Hasta qué punto se lograron esos objetivos? Según los datos que figuran en el Informe de la Comisión Organizadora 1,504,150 trabajadores sobre un total de 1,709,597 participaron en la discusión y votación de las tesis.[28] Con el objeto de facilitar las votaciones, las tesis se agruparon en diez grupos distintos, registrándose en cada uno de ellos los siguientes resultados:

### Votación de las tesis del XII Congreso

| | *Enunciado de la tesis* | *Porcentaje de votos favorables* |
|---|---|---|
| I. | "De cada cual según su capacidad, a cada cual según su trabajo". | 99,1% |
| II. | Trabajo voluntario gratuito en bien de la sociedad. | 99,4% |
| III. | Resolución No. 270. | 99,0% |
| IV. | Deberes y derechos que se complementan. | 99,0% |
| V. | Formas de participación del movimiento sindical en la gestión administrativa. | 99,4% |
| VI. | Trabajo de la mujer y de los jóvenes. | 99,4% |
| VII. | Emulación socialista, méritos colectivos e individuales. | 99,4% |
| VIII. | Solidaridad con otros países. | 99,3% |
| IX. | Carácter de la organización sindical. | 99,3% |

**Fuente**: *Memorias del XIII Congreso de la CTC.* "Informe", pags. 16, 17 y 18.

Como se podrá observar en ningún caso los votos a favor fueron inferiores al 99 por ciento de los emitidos, lo que permitió a la Comisión Organizadora declarar que las tesis "eran la orientación de todo el movimiento sindical cubano en el inmediato porvenir".[29] Tamaña votación, esa avalancha de votos favorables y el insignificante número de votos en contra y de abstenciones (que oscilaron entre el 0.3 y el 0.01 por ciento), da pie también para comentarios que, o bien suscitan dudas sobre la exactitud de las cifras, o bien son críticos del comportamiento de los votantes. ¿Cómo es posible comprender, en efecto, que el 99.4 por ciento de las mujeres estuvieren de acuerdo sobre su posible contratación para trabajos insalubres o peligrosos? ¿Acaso es razonable pensar que sólo una fracción del uno por ciento estuviere en desacuerdo con los requisitos que para ser trabajador de avanzada se exigían con respecto al sobrecumplimiento de normas, no haberse ausentado del trabajo, no haber fallado en las horas de entrada y salida del trabajo, haber participado en el trabajo voluntario y resultar promovido en cursos de superación técnica? ¿Es verdaderamente posible que sólo 119 trabajadores en todo el país (el 0.01 %) hayan cuestionado la tesis de que los sindicatos son autónomos a pesar de tener que seguir la dirección, políticas y consignas del PCC?

Todavía más difícil es aceptar que según la tabulación hecha en el Informe de la Comisión ni un solo trabajador en todo el país ofreciera una modificación o enmienda a las tesis. Es asimismo incongruente, o sumamente triste, que los trabajadores más viejos que iban a ser perjudicados por la derogación de la Resolución 270 se pronunciaran en favor de ello "unánimemente y cantando",[30] como dice el informe de la Comisión. ¿Es que no hubo, por otra parte, una sola asamblea entre las 24,466 consultadas que objetara a la eliminación de los salarios históricos legítimos?

Es cierto que las asambleas no tenían poder de decisión y que ninguna de ellas podía suprimir o alterar lo que había sido elaborado en los planos más altos del régimen. Es probable que ello motivara indiferencia entre los sindicalizados pero es posible también que muchos se inhibieran por temor o que les faltara el ánimo para expresar francamente su opinión.

## El informe y las resoluciones

Era costumbre de los congresos sindicales de otras épocas discutir al comienzo de sus sesiones el informe de las actividades realizadas por el Comité Ejecutivo saliente. Esa norma no se siguió, sin embargo, en este XIII Congreso en el que el informe en cuestión (que por cierto no lleva firma alguna), no hace un verdadero recuento de las actividades llevadas a cabo por la CTC limitándose a ciertas referencias generales. Sus autores ponen el énfasis en las orientaciones y planes del futuro dedicando ante todo varios párrafos a subrayar los esfuerzos que debían hacer los trabajadores para asegurar el éxito de la siguiente zafra. Se apela en este sentido a obreros y campesinos para que "en el corte cada uno rinda al máximo, en el alza no se pierda un minuto, la molienda sea en el menor tiempo posible, el costo de la producción sea el más bajo posible y el ahorro del petróleo el más significativo que se pueda lograr".[31] Esta apelación ha sido por cierto una constante a todo lo largo del régimen de Castro; sobre los trabajadores azucareros ha recaído siempre la carga más pesada de las muchas que ha debido sobrellevar el sector laboral. No solamente en tiempo de zafra sino también en el período de limpia, alistamiento y siembra de la caña y en el de reparaciones y preparación de los centrales, las autoridades, la CTC y la prensa oficial instan constantemente a los colectivos obreros interesados a que eviten atrasos y redoblen esfuerzos. La razón es obvia: se trata de aumentar las divisas que aporta el azúcar; para ello el régimen de Castro ha extendido la duración de las zafras haciendo que los involucrados en ellas laboren a veces más de seis meses. En tanto que antes las zafras comenzaban alrededor del 6 de enero y terminaban antes de mayo, ahora empiezan en noviembre y algunos ingenios se ven obligados a prolongarlas hasta junio o julio.

Otras referencias del informe van más allá de la zafra para reiterar la importancia de las tesis y añadir indicaciones que en resumen, entrañan mayores obligaciones de trabajo. Bastaría citar por ejemplo, la que exceptúa del límite de 55 horas semanales (no ya de 44 ó 48) a las industrias básicas, incluyendo azúcar, construcción, minería y petróleo, la que limita el doble turno a ocho veces al mes, la que procura alentar al movimiento de las microbrigadas, la que establece la doble ocupación en las actividades que sean factibles y la relativa a la utilización de los jubilados como instructores de oficios o activistas sindicales.

Al congreso le correspondió, por último, conocer de una veintena de resoluciones que trataban de las más diversas materias, desde la solidaridad con el pueblo de Chile y la promoción de la cultura hasta los planes vacacionales y la edición de un periódico y revista de la CTC. Muchas de estas resoluciones tenían como denominador común la admonición dirigida a los trabajadores sobre la necesidad de trabajar más y mejor. La relativa al papel del movimiento sindical en apoyo a las tareas de educación, por ejemplo, señala la necesidad de combinar armónicamente el estudio y el trabajo en todos los tipos y niveles de la educación y recuerda el planteamiento del "compañero Fidel" que "cada hora que se pierda, cada minuto que se pierda lo pierde el país".[32] La que se refiere a la participación de los trabajadores en las tareas de defensa del país, prescribe que los trabajadores no movilizados deberán suplir el trabajo de los movilizados. Otra referida al trabajo de la mujer se contrae al deber de estudiar en los diversos centros de trabajo "qué posibilidades existen de incorporar más mujeres a la producción". Asimismo la que se relaciona con la juventud trabajadora recuerda cómo ella debe alternar sus estudios "con la práctica sistemática del trabajo". Una resolución especial sobre la zafra habla del plus trabajo que era requerido, de la "emulación de los cuatro pasos del millón" y del sobrecumplimiento de las normas de trabajo. No falta tampoco en la resolución sobre la seguridad social una petición dirigida a autorizar el trabajo remunerado de los jubilados por vejez y de las pensionadas no incapacitadas. Otra resolución sobre la formación profesional y técnica de los trabajadores habla de la triple función social que tienen los obreros-maestros de trabajar, estudiar y enseñar. No faltan, por supuesto, en la resolución sobre organización del trabajo y los salarios, los señalamientos sobre el aprovechamiento máximo de la jornada y la lucha diaria por producir más y mejor en menos tiempo. Este casi perenne abogar por la intensificación de los trabajos, encuentra por fin su culminación en la resolución sobre el trabajo voluntario dirigida a promoverlo e intensificarlo todavía más.

Tal como había ocurrido en otros congresos, ninguna resolución fue propuesta por uno o varios delegados específicamente identificados. Todas fueron alegadamente presentadas por "los delegados al XIII Congreso obrero" y se hallaban redactadas en forma anónima con anterioridad al congreso. Cabe presumir que fueron preparadas de antemano por el mismo grupo de colaboradores de Lázaro Peña que tuvo a su cargo la redacción de las tesis y del informe. Se comprende en esas condiciones que otro rasgo común a las resoluciones fuera el de su aprobación unánime o por la misma mayoría abrumadora que aprobó las tesis. El síndrome del 99 por ciento había sin duda penetrado a fondo en las prácticas sindicales del régimen de Castro. Nunca antes de 1959 los predecesores más o menos genuinos del PCC habían obtenido más de 145,000 votos en las elecciones. En 1973, sin embargo, un extraño fenómeno de conversión ideológica había hecho de unos dos millones de trabajadores los más fervientes e inconcusos seguidores de Marx.

# Notas

[1] Véase el "Informe" en XIII Congreso de la CTC, *Memorias*. (La Habana, 1974), pag. 2.

[2] Estos datos aparecen en XIV Congreso, *Memorias*. (La Habana: Editorial Orbe, 1980), pag. 129 y Riesgo, op. cit., pag. 165.

[3] Los números de las secciones sindicales varían grandemente de una publicación a otra. Véase Riesgo, idem.

[4] Informe sometido al XIII Congreso, op. cit., pag. 7.

[5] Citado por el Presidente de la Comisión Organizadora del XIII Congreso en entrevista publicada en *Bohemia*, año 65, no. 36, 7 de septiembre de 1973, pag. 47.

[6] Informe, op. cit., pag. 1.

[7] H. Ramos Latour, Informe al Consejo Nacional de la CTC celebrado en 1971.

[8] Riesgo, op. cit., pag. 153.

[9] Informe, op. cit., pag. 2.

[10] Ibid.

[11] Ibid.

[12] Ibid.

[13] Fidel Castro, "Jamás nuestro movimiento obrero fue tan sólido como lo es hoy día", en XIII Congreso, *Memorias*, op. cit., pag. 50.

[14] Ibid, pags. 32-36.

[15] Conforme a una resolución aprobada por el XIII Congreso en todos los centros de trabajo debía existir un Rincón de la Innovación y Racionalización.

[16] *Bohemia*, octubre de 1973, pag. 47.

[17] Fidel Castro, "Jamás nuestro movimiento fue tan sólido", op. cit., pag. 50.

[18] Véase la parte final de la precitada entrevista de la revista *Bohemia*.

[19] *Bohemia*, loc. cit., pag. 47.

[20] XIII Congreso, "Tesis", pags. 6 y 7.

[21] Ibid, pag. 11.

[22] Ibid, pag. 14.

[23] Ibid, pag. 11.

[24] Ibid, pag. 12.

[25] Ibid, pag. 18.

[26] "Informe", op. cit., pags. 7 y 8.

[27] Tesis, pags. 18 y 19; Informe, pag. 11.

[28] "Informe", pag. 16.

[29] Ibid, pag. 18.

[30] Ibid, pag. 13.

[31] Ibid, pag. 3. Véase también el proyecto sobre la resolución especial de zafra.

[32] Apartado 7 de la resolución sobre el papel del movimiento sindical en apoyo a las tareas de educación.

# TERCERA PARTE

## La institucionalización

# Capítulo 14

## *Formación del Partido Comunista de Cuba*

### Características del naciente PCC

Establecido desde el comienzo el carácter clasista de la revolución y hecho público más tarde el presunto acceso de los trabajadores al poder, parecía indispensable darle expresión política formal a esa nueva situación transformando lo que hasta entonces se llamaba "destacamento de vanguardia del proletariado", en un auténtico partido comunista.

La primera señal de institucionalización que en este sentido se produjo sucedió en el período anterior cuando en 1965 se creó el Comité Central del Partido Comunista de Cuba (PCC). No solamente no fueron demasiado exitosas las experiencias anteriores de partido único (ORI y PURSC) sino que ellas no llegaban a responder al fin verdadero de la revolución de Castro. Se fue haciendo así imperativo abandonar la incómoda pretensión de establecer una coalición de fuerzas diferentes y procurar en cambio la aparición de un partido que consagrara explícitamente la "pensée unique" que Castro deseaba implantar. Si desde 1961 se había proclamado la naturaleza socialista de la revolución y el credo marxista-leninista de su jefe, parecía oportuno conjugar tales circunstancias con el órgano político que iba a regir los destinos del país.

Dos características tuvo la creación de ese partido. No fue el mismo el resultado de un congreso constitutivo de militantes que tuviera a su cargo la elección de un comité central sino que fue éste el que se estableció primero y sus miembros, (escogidos por Fidel y Raúl Castro con la cooperación de los demás integrantes de la élite revolucionaria), fueron los que prepararon diez años más tarde el congreso del partido. Llama en segundo lugar la atención el que si bien al crearse el Comité Central se invocaron los precedentes del PSP y del originario Partido Comunista de Cuba fundado en 1925, en ningún momento se dijo que este nuevo instrumento fuera orgánicamente la prolongación o el continuador de los anteriores. A Marinello, Roca, García Agüero y demás de una parte y a

Mella, Baliño y Martínez Villena de otra, se le rendían todos los tributos, pero el Comité Central de 1965 y el I Congreso de 1975 lo serían del *Partido Comunista de Fidel Castro*. Bastaría señalar a ese efecto que mientras la CTC revolucionaria mantuvo la continuidad numérica de sus congresos, el PCC llamaría al congreso de 1975 el Primer Congreso del Partido Comunista de Cuba. Castro dejaba así claramente establecido que con él nacía y de él dependía el régimen comunista y el Partido Comunista de Cuba.

Este desenganche histórico tenía además otra significación: mientras los anteriores dirigentes comunistas se habían siempre adherido sin reservas a la línea del Comintern, Castro estaba dispuesto a colocar a Cuba en la órbita soviética y a servir de punta de lanza de la penetración comunista en el Tercer Mundo, pero ello se haría según las conveniencias propias de ambas partes y en tanto en cuanto se ajustara a sus objetivos personales.

El PCC fue así una criatura de Castro, pero su estructura, funciones, estilo de actuación y nomenclatura fueron copia de lo que existía en la Unión Soviética. Los órganos previstos (célula o núcleo, comité de fábrica, comités regionales, comité central, buró político y comisiones auxiliares), las funciones que se le asignaban (adopción de planes de desarrollo y programas del partido) y su forma de proceder (acuerdos tomados por consenso o unanimidad), eran todos remedos del original soviético. Junto al Partido habían ido apareciendo las otras instituciones que habrían de servir de basamento al régimen de Castro. En 1961 surgió dentro del Ministerio del Interior la Seguridad del Estado inspirada en el órgano del mismo nombre de la URSS y en la primigenia Checa-soviética. En el verano de 1960 aparecieron los Comités de Defensa de la Revolución cuyos precedentes eran los comités locales creados por la Checa durante el período del comunismo de guerra y los *danweis* de la China comunista. Tales órganos, junto a las milicias y los tribunales revolucionarios, asegurarían el más estricto sistema de vigilancia y represión.

La revolución rusa no sólo proporcionó inspiración ideológica a los jefes de la revolución sino que su aparato institucional constituyó el modelo a seguir. Como diría años más tarde una publicación de la Academia de Ciencias de Cuba "las ideas revolucionarias del Octubre Rojo son las que hoy en día nos guían en la construcción de la nueva sociedad socialista de Cuba".[1]

Hubo, sin embargo, una institución bolchevique que no tuvo su eco equivalente en Cuba. Se trata de la Comisión Central de Control que Lenin quiso que tuviera una fuerte representación obrera. Lenin, que no había sido líder sindical, se preocupó, no obstante, por conferirle a los trabajadores un cierto poder de vigilancia sobre los revolucionarios profesionales que ejercían el poder.[2] En Cuba la situación fue distinta: ni los trabajadores desempeñaron un papel importante en la creación del comité central, ni a Castro le interesaba que se establecieran trabas institucionales a su poder absoluto.

Conviene indicar que en los diez años que el Partido funcionó de la manera algo anómala que acaba de describirse fue sólo el Buró Político el que sesionó con alguna regularidad. En la práctica, el Comité Central dejó de ejercer las facultades que le correspondían. En 1970 se trató de superar la confusión que existía entre el Partido y las organizaciones de masas, por una parte y entre las funciones del Partido y las del Estado por otra. La cúpula revolucionaria —léase Castro y sus más cercanos colaboradores— reconoció que se habían cometido errores y aclararon entonces que el Partido no era una organización de masas, sino "una selección de los más decididos" y que su papel no era el de sustituir a la administración sino orientar, dirigir y supervisar el curso de la revolución.[3]

## Constitución del Comité Central

El Comité Central de lo que aún entonces se llamaba misteriosamente "el Partido" se constituyó los días 30 de septiembre y 1º de octubre de 1965. No fue un hecho que tuviera especial trascendencia en los medios de difusión o en la opinión pública. La prensa escrita del mes de septiembre dedicó más atención a los preparativos para la celebración de la Tricontinental y los acontecimientos de Vietnam que a la reunión constitutiva de dicho Comité.

No fue sino el día 29 de septiembre que *Revolución* anunció en un titular que se iba a organizar el poder local y que se estaban dando pasos para la institucionalización del Partido.[4] El día antes Castro había pronunciado un discurso en el acto conmemorativo del quinto aniversario de los CDR en el que dijo que toda revolución necesitaba una cabeza y que hacía falta por tanto crear un comité central que sustituyera a la Dirección Nacional del PURSC. Se quiso de inmediato dar la impresión de que el Partido en cuestión iba a ser simplemente una mutación del anterior, siendo así que las diferencias eran obvias dado que no se trataba ahora de unificar o integrar elementos diversos sino de dar vida a un ente nuevo y único. Al frente de éste, dijo Castro en su precitado discurso, debería existir un comité central "donde estén presentes los más genuinos valores de la revolución".[5]

Los periódicos del día 30 señalaron que ese día iba a reunirse la Dirección Nacional del PURSC para discutir la constitución del Comité Central "y otros aspectos de la organización del Partido".[6] A la reunión asistieron los miembros de los Comités Provinciales y los secretarios generales de los Comités Regionales del Partido en todo el país, pero en la nota de prensa del día siguiente se dijo que habían tratado de la constitución de las administraciones locales y las tareas de organización del Partido.[7] Presidió la reunión Castro, en su condición de Primer Secretario de la Dirección Nacional del PURSC y a su lado tomaron asiento Osvaldo Dorticós y Armando Hart. Se leyó un informe de José A. Naranjo sobre la constitución y tareas de las administraciones provincial, regional y local y se hizo saber que Castro había hecho el resumen del acto.

No se dio cuenta de otras discusiones preliminares que se suponía tuvieron lugar el 1° de octubre y fue así que el pueblo cubano se sorprendió al día siguiente de saber que se había constituido el Comité Central del Partido. Se supo también que Armando Hart había hablado sobre la organización del Partido y Castro sobre la importancia del poder local. Blas Roca señalaría después que "el gran discurso de Castro debía ser asimilado por todos".[8]

Fue así, en esas condiciones un tanto nebulosas, que nació el Partido, o mejor dicho la cabeza del Partido. Una cosa es en todo caso cierta: la clase trabajadora no intervino directa ni indirectamente en la creación del partido único. Ni se hicieron pronunciamientos por la CTC ni se organizaron manifestaciones, ni se ejerció presión popular alguna para que se organizara el mencionado instrumento político. Tampoco se efectuó referéndum de clase alguna para configurar el nuevo esquema político. La creación de éste fue decidida en lo más alto del nuevo sistema de igual manera que se había hecho antes con las organizaciones precursoras del PCC.

Mas si la clase trabajadora no fue un factor determinante en la constitución del Partido y sus órganos de apoyo tampoco formuló la menor objeción a las decisiones relativas al régimen de partido único y estado totalitario que se estaba formando. Su gran masa urbana y campesina eran como un cuerpo inerte que se dejaba llevar y simplemente acataba los cambios que se efectuaban en su nombre.

Nada mejor para corroborar lo anterior que examinar la composición del Comité Central y de los otros órganos que se crearon el 2 de octubre, es decir del buró político, el secretariado y las comisiones auxiliares. La presencia de la clase obrera en esos organismos fue mínima o inexistente. Ni un solo obrero o campesino fue incluido en el buró político o en el secretariado.[9] En cuanto al Comité Central compuesto por 89 miembros sólo Lázaro Peña, Ursinio Rojas y Roberto Veiga fueron incluidos como titulares (si bien los primeros fueron escogidos más por su vieja militancia comunista que por ser obreros). La mayor parte de los integrantes CC fueron militares: más de 50 comandantes, siete capitanes y un teniente. El componente civil del CC estuvo principalmente representado por las figuras históricas de la revolución (Vilma Espín, Haydée Santamaría y Celia Sánchez), algunos comunistas de vieja cepa (Fabio Grobart, Juan Marinello, Blas Roca y Manuel Luzardo), algún que otro rezago del 26 de Julio (como Marcelo Fernández, José Llanusa o Faustino Pérez) o del Directorio Estudiantil 13 de Marzo (como Faure Chomón) y unos pocos criptocomunistas y adláteres de Castro (como Raúl Roa, Alfredo Yabur, José A. Naranjo, Isidoro Malmierca y Miguel Martín, éste último a la sazón secretario general de la UJC).[10]

En la presunta revolución de obreros y campesinos, éstos brillaron pues por su ausencia en la composición del CC. Ni un solo sindicalista aparece tampoco formando parte de las comisiones auxiliares. La CTC fue prácticamente ignorada en la designación del CC. Apenas tres dirigentes figuraron como mascarón de proa del órgano que tan larga singladura iba a realizar. O bien la mayoría de los componentes de la central mostraron un inexplicable desinterés en compartir el poder político o bien se dieron cuenta de que la dirigencia revolucionaria había previsto para ellos un papel secundario. Es así que en el propio mes en que los sindicalistas eran virtualmente marginados del CC, la dirigencia obrera declaraba tener 60,000 voluntarios permanentes para la zafra de 1966,[11] varios sindicatos importantes informaron antes sobre las cuantiosas sumas de trabajo voluntario que aportaban a la revolución y otros se ofrecían para trabajar los Sábados Comunistas o los Domingos Socialistas.[12] Obreros y campesinos se sacrificaban por la revolución pero eran otros los que se encargaban de dirigir al país.

Una y mil veces Castro había dicho a los trabajadores que ellos eran los titulares del poder político, pero la situación que ahora se les presentaba era por cierto muy diferente. Habían quedado virtualmente excluidos de los círculos de poder del partido único y no podían ejercer la función fiscalizante que Lenin había asignado a la Comisión de Control. Dado que no se produjo protesta de clase alguna por parte de la CTC habría que colegir que la clase obrera se había resignado a ceder el poder a otros grupos o personas.

## El primer congreso del PCC

En su discurso de 1965 ante el congreso de los CDR, Castro había dicho que el primer congreso del partido se celebraría a finales de 1966,[13] pero en realidad no fue sino en diciembre de 1975 que tuvo lugar el mismo. Los diez años transcurridos permitieron darle cuerpo a lo que había sido un organismo *sui generis* dotado de instrumentos de dirección pero carente de bases sólidas. Ahora, en cambio, el 17 de diciembre de 1975 fue posible reunir en el Teatro Carlos Marx (antes Blanquita) de La Habana a 3,116 delegados convocados para celebrar el Primer Congreso del Partido Comunista de Cuba. Los años transcurridos habían servido para el crecimiento y estructuración de las bases.

A diferencia de lo ocurrido con el Comité Central, a este congreso del PCC se le rodeó de una gran publicidad. El año 1975 fue declarado "Año del Primer Congreso" y a lo largo del mismo se llevaron a cabo múltiples reuniones preparatorias e incontables jornadas emulativas "en saludo al susodicho congreso".[14] Las promesas de cumplir metas, movilizar trabajadores voluntarios y realizar proezas laborales menudearon en los meses que precedieron a la reunión. Poco antes de celebrarse ésta se organizó una emulación especial que duró dos semanas y en la que participaron más de 10,000 centros de trabajo de la Provincia de La Habana.[15] Durante los días del congreso la prensa oficial informó que más de un millón y medio de trabajadores cumplieron sus compromisos con un mes de antelación; cerca de 42,000 centros de trabajo habían también alcanzado sus metas.[16] Se confirió el título de trabajador de avanzada del I Congreso a los que duplicaban, triplicaban o hasta cuadruplicaban sus normas. Domingos Rojos o Socialistas se organizaron en la segunda semana de cada mes, además de los Sábados Comunistas. Las tripulaciones de los barcos pesqueros renunciaron a descansar durante el mes de diciembre y, según publicó el órgano de la CTC, se mantuvieron pescando día y noche.[17] El Ejército Rebelde efectuó maniobras especiales en saludo al Primer Congreso. Se produjeron filmes sobre Mella y otros líderes comunistas. Por último, las sesiones del Congreso se transmitieron en directo a todo lo largo del país por radio y televisión y ello incluyó el informe de Fidel Castro que según *Juventud Rebelde* leyó en tres sesiones durante 10 horas y 45 minutos.[18]

De esa manera, en ese ambiente más bien surrealista, tuvo lugar la inauguración del Congreso a las ocho de la mañana del día 17. Al teatro Carlos Marx lo habían remozado y la tribuna presidencial se había engalanado con los cuadros de Marx, Engels, Lenin, Martí, Maceo, Gómez,

Mella, Camilo Cienfuegos y Guevara. Junto a Castro, su hermano y el Presidente Dorticós ocuparon asientos en la tribuna varios Héroes del Trabajo y los más encumbrados representantes de las delegaciones extranjeras incluyendo a Mijail Suslov (el ideólogo del PC soviético), Todor Yivkov (1er. Secretario del PC de Bulgaria) y Janos Kadar de Hungría.[19]

Según el anuncio oficial los delegados habían sido elegidos mediante voto directo y secreto en las asambleas de balance, renovación y/o ratificación de mandatos del Partido. De los 3,116 delegados, 481 eran mujeres; los electores habían tenido buen cuidado de escoger entre ellos a "precursores de la lucha anti-imperialista, participantes del asalto al Moncada, combatientes de la Sierra Maestra y del desembarco del Granma". A los efectos de este estudio, tiene más importancia el dato que se ofreció al comienzo del congreso de que el 66 por ciento de los delegados eran obreros y el 22 por ciento campesinos.[20]

Esta presunta preponderancia de los trabajadores en la composición del congreso debería haberse reflejado en la integración de los órganos rectores del partido pero no fue así. Aunque el buró político se amplió a 12 miembros ninguno de los nuevos titulares (y por supuesto ninguno de los reelegidos) era trabajador. Algunos obreros y campesinos sí fueron incluidos en el Comité Central pero el peso de su representación total no pasó del 6,4 por ciento.

Esta aparente incongruencia de que más del 80 por ciento de los supuestos delegados trabajadores eligieran solamente a un 6,4 por ciento de los dirigentes o bien significa que se había utilizado una acepción muy amplia para identificar a los trabajadores o bien muestra que éstos seguían conformándose con su condición de seguidores o aprobadores de lo dispuesto por la élite revolucionaria. Uno ve las fotografías tomadas durante el congreso y contempla una masa de personas alzando al unísono sus brazos en señal de asentimiento. Uno lee las actas de los cuatro o cinco días de sesiones del congreso y constata cuan pocos fueron los delegados trabajadores que hicieron uso de la palabra y cuan pobre fue el contenido de sus exposiciones. El Primer Congreso del PCC como los congresos sindicales de alcance nacional se ajustaron al guión que sus organizadores habían establecido. No hubo nunca debates o interpelaciones. La aprobación unánime fue siempre de rigor.

Cuando el pleno del congreso fue a elegir a los miembros del buró político y el Comité Central y Fabio Grobart propuso el nombre de Fidel Castro como Secretario General, he aquí lo que dijo la prensa al día siguiente: "Puestos de pie, vibrantes de emoción, los delegados aclamaron durante más de cinco minutos la proclamación de Fidel Castro".[21] Y cuando concluido el congreso se convocó al pueblo a un gran mitin en la Plaza de la Revolución, Castro preguntó a la multitud si alguien estaba en contra o se abstenía de votar con respecto a los acuerdos del Primer Congreso; cientos de miles de voces exclamaron ¡NO! Luego preguntó si estaban de acuerdo y las mismas voces gritaron ¡Si! El Máximo Líder declaró entonces aprobados por unanimidad los acuerdos del congreso y añadió que esa extraordinaria e histórica reunión "se había desenvuelto espléndidamente bien", que había sido una reunión muy seria y que los documentos elaborados eran magníficos.[22] Durante los días subsiguientes continuaron celebrándose actos en apoyo de los acuerdos del Congreso, actos que la prensa calificó de "multitudinarios y entusiastas".[23]

## Acuerdos y resoluciones

Aunque la tarea principal del congreso consistió en escuchar el interminable informe del Secretario General del PCC y en aprobarlo por unanimidad, hubo también otras actividades. Se dedicó, por ejemplo, un día al trabajo de las comisiones y en éstas se discutieron las tesis propuestas que luego se aprobaron por unanimidad en el pleno, así como varias resoluciones. Los acuerdos más importantes que en este sentido se adoptaron fueron los de aprobar la Plataforma Programática que la comisión organizadora había preparado así como el proyecto de Constitución Socialista redactado por una comisión ad hoc. Tan importantes documentos merecían un estudio profundo y en otras circunstancias hubieran suscitado largos debates. En las circunstancias de 1975, sin embargo, nadie expresó ideas o formuló sugerencias que hubieran podido mejorar el contenido de esos documentos. Cierto que se habían realizado antes muchas asambleas para discutir la futura Constitución pero un congreso tan importante debería haber examinado con mayor atención el proyecto de Ley Fundamental; en vez de ello se despachó la cuestión con rapidez y el pleno decidió estampar simplemente el sello de su aprobación unánime.

En cuanto a las resoluciones, cabe decir que unas eran de escaso interés y que sólo tres tenían verdadera importancia.[24] Entre las primeras pueden citarse la relativa a la formación de la niñez y la juventud, la concerniente al XI Festival Mundial de la Juventud y la que expresaba reconocimiento a todos los que participaron "en la organización y aseguramiento del congreso".

La primera resolución de indudable trascendencia era la que trataba de la nueva división político-administrativa del país. En vez de las seis provincias tradicionales se proponía la fragmentación de la isla en 14 provincias y un cambio en el número de municipios. Las seis provincias remontaban su origen a la época colonial y se ajustaban a las características geográficas del territorio insular; los argumentos que se ofrecían en favor del cambio no parecían por lo demás convincentes. Hubiera sido dable esperar que algún delegado expresara sus reservas al respecto. A los delegados de Oriente, por ejemplo, podía haberles disgustado el que la mayor provincia de Cuba se dividiera ahora en cinco y que los que vivían en Bayamo y Manzanillo en vez de llamarse orientales o bayameses tuvieran ahora que llamarse "granmenses". Mas ningún delegado osó cuestionar el caprichoso planteamiento de Castro.

La segunda versaba sobre la siempre delicada cuestión de la religión. Aunque la masa trabajadora cubana no era particularmente devota, no hay duda que la mayoría de los obreros y campesinos eran creyentes o tenían cierta sensibilidad religiosa. El propio Che Guevara se había quejado en la Sierra Maestra de que "una misa de campaña atrae más gente que una conferencia política".[25] ¿Y qué ocurrió en el Congreso? A la consideración de los delegados se les sometió una resolución que instruía al Partido a que se esforzara

> *"sistemática y pacientemente por difundir entre las masas las concepciones científicas del materialismo-dialéctico e histórico, sobre la naturaleza y el pensamiento y por librar a las masas de los dogmas y supersticiones y de los prejuicios por éstos engendrados".*

¿Cómo reaccionaron los delegados ante esta propuesta? Pues simplemente con el silencio aprobatorio y el apoyo unánime, actitud difícil de comprender cuando ya para entonces eran frecuentes los actos de discriminación, a veces violentos, contra los católicos, la Iglesia se hallaba marginada, sus jerarquías, clero y fieles eran objeto de expulsiones o insultos en declaraciones de voceros del régimen y era casi nula la posibilidad de organizar actos públicos.[26] En 1976 la población católica cubana que en 1960 era de un 89 por ciento había descendido a un 38 por ciento y el porvenir se presentaba aún más sombrío.

Una última resolución de importancia se refería a la plena igualdad de la mujer, cuestión ésta que desde luego no sólo los delegados sino todos los cubanos estaban dispuestos a apoyar. Llama, no obstante, la atención el hecho de que en ese mismo congreso que se pronunciaba sobre la equiparación de la mujer en todos los aspectos de la vida, sólo 481 de los 3,136 delegados eran mujeres. Esa aparente contradicción tenía sin embargo una fácil explicación: en el gran esquema sociopolítico que

Castro estaba erigiendo a la mujer le correspondía pertenecer de modo principal a la Federación de Mujeres de Cuba. No se les excluía en modo alguno del Partido pero su hábitat natural era la FMC. Ya en 1972 dicha federación contaba con 1,600,000 miembros, es decir el 63 por ciento de las mujeres de Cuba.[27]

## El informe central de Castro o las dos caras de un mismo país

El punto central, la atracción máxima del congreso era por supuesto el informe que Castro iba a presentar, informe que tomó largos meses preparar y cuya lectura ocupó tres sesiones de la reunión. Los objetivos principales que guiaron la preparación del informe fueron: 1) ensalzar la obra del gobierno revolucionario, 2) pintar con los colores más sombríos la historia republicana anterior a Castro y 3) poner de relieve la ardua labor que aún era necesario llevar a cabo y los sacrificios que ello entrañaba. Todo ello con vista a acreditar la procedencia del sistema comunista que se había estado implantando.

Es comprensible que el jefe de la revolución haya tratado de convencer a sus oyentes de los progresos alcanzados en sus 17 años de gobierno. Algunos, ya mencionados antes, fueron ciertos, otros son exagerados o inexactos y no faltan los que parecen inverosímiles.

Cierto que se expandió la flota mercante, se desarrolló la industria pesquera, se fomentó el cultivo de cítricos, se incrementó la producción de níquel y se dio especial atención a la práctica de los deportes y al mejoramiento de la industria cinematográfica. Fueron éstos años de entusiasmo revolucionario en los que se aprovechó la inmensa capitalización que produjo la expropiación del sector privado, la creciente ayuda soviética y de los otros países socialistas, los altos precios del azúcar y el volumen apreciable de plus trabajo que aportaba la clase obrera.

No es fácil aceptar en cambio las afirmaciones del informe relativas al crecimiento llevado a cabo por la revolución en veintitantas ramas de la producción. Hay que tomar con cierto escepticismo los fabulosos aumentos que en ese informe se registran en la industria básica, la ligera, la alimenticia, la agricultura, la construcción y el comercio. No es posible conciliar ese reclamo con la confesión que el propio informe contiene sobre los errores cometidos por el régimen durante este período. Entre otros se reconocen los siguientes desaciertos: 1) que la gestión económica no fue todo lo eficiente que debía haber sido; 2) que los recursos no fueron utilizados al máximo; 3) que hubo una excesiva centralización;

4) que se utilizó de manera muy restringida el estímulo material; 5) que no existió un sistema único de dirección para toda la economía, coexistiendo en cambio dos distintos: el del financiamiento presupuestario y el del cálculo económico; 6) que no se llevó a la práctica un sistema de cobros y pagos entre las diversas unidades del sector estatal; 7) que se aplicó una política errónea de gratuidad en la provisión de ciertos servicios; 8) que no se aplicó el principio de la retribución con arreglo al trabajo realizado; 9) que se crearon condiciones favorables al ausentismo y la indisciplina laboral; 10) que *de facto* se suprimió el presupuesto estatal; 11) que se creó un excedente de circulación monetaria; y 12) que en la universidad desaparecieron por algún tiempo los estudios de economía política del socialismo y la carrera de contador público.[28]

El conjunto de esas equivocaciones apunta a una situación más bien anárquica poco propicia al desarrollo económico. Añádanse a ellos los quebrantos del sistema de planificación debidos a los proyectos caprichosos y absurdos del Comandante en Jefe: el Plan de Frutas de Banao, el Plan de Arroz del Jíbaro, el Plan Ganadero del Este, el de siembras de melones en los pinares de Mayarí y el de plantar 500 millones de eucaliptos, todos los cuales o bien fracasaron o bien dejaron mucho de desear.[29] Con respecto a la comercialización del tabaco, Castro decidió cambiar los nombres tradicionales de las marcas de tabaco lo que ocasionó pérdidas en el mercado europeo hasta que el mayor importador de ese mercado, Davidoff, pudo convencer al Máximo Líder del error cometido.

Una segunda razón por la cual parece justificado cuestionar la lista de los éxitos económicos contenida en el Informe Central se relaciona con las deficiencias y escaseces que fueron sintiéndose algo más tarde en el consumo de varios de esos renglones. ¿Cómo explicar que siguieran racionándose artículos como la harina de trigo, los huevos, la carne, las pastas alimenticias, el calzado, los tejidos, el papel, el cartón y los envases de vidrio, a pesar de haber aumentado varias veces la producción de esos mismos bienes? Y sobre todo ¿qué pasó después con esos mismos artículos cuando no fue ya el racionamiento sino la penuria o escasez total lo que se produjo? ¿Es que se produjo un colapso súbito del sistema económico o es que la bonanza anterior fue más bien ficticia?

Uno de los aspectos más significativos del informe fue el esfuerzo realizado por Castro por reescribir la historia de Cuba con el objeto de socavar los fundamentos de la Cuba republicana y justificar la introducción del socialismo. El Jefe de la Revolución trató a ese efecto de documentar las frase de "neocolonia, pseudo-república y república mediatizada" que su aparato publicitario había estado propagando. La primera parte de su informe se propuso también persuadir a los trabajadores y a la población negra de Cuba de que habían sido antes maltratados y explotados. Se valió para ello en su análisis de algunas medias verdades o apariencias de verdad, incurrió otras veces en exageraciones y basó también una gran parte de su discurso en una transgresión flagrante de la historia. Al enfocar, por ejemplo, la situación económica aseveró que la revolución partió de una base agrícola y que el país dependía fundamentalmente de la agricultura cañera, lo que suponía desconocer el desarrollo sustancial alcanzado antes de la revolución en los sectores secundario y terciario, desarrollo que aparece reflejado en libros publicados por su propio Gobierno Revolucionario.[30] Al afirmar asimismo que la entrega al imperialismo era total, que los medios de difusión eran propiedad del capitalismo yanqui y que la política exterior se facturaba en Washington, Castro optó por ignorar la gran transformación política operada por la revolución de 1933. Tal parecía que el Jefe de la Revolución seguía analizando la historia de Cuba al trasluz de la Enmienda Platt abrogada un cuarto de siglo antes.[31] Al señalar en otra parte del informe que "la clase obrera era explotada despiadadamente antes de 1959" y que el trabajo se realizaba antes de la revolución "con el ejército hambriento de los desempleados" no sólo incurre en la segunda frase en una expresión contradictoria sino que de nuevo pasa por alto los grandes avances que en el orden social se lograron entre 1933 y 1958.[32] ¿Cómo es posible que fingiera ignorar el cúmulo de beneficios que en favor de los trabajadores se adoptaron en los 25 años que preceden a la revolución? Castro, que tenía el título de abogado, no podía soslayar las centenas de libros que sobre la legislación laboral se habían publicado en Cuba en los decenios de 1940 y 1950. En tanto, qué líder comunista tampoco podía negar la existencia de los informes que Lázaro Peña presentaba a la CTC dando cuenta de las conquistas sociales obtenidas en los años anteriores a 1959. Tampoco es admisible que un estudiante universitario que participó en las manifestaciones estudiantiles organizadas por la FEU o vio las grandes concentraciones obreras del primero de mayo pueda decir que "la fuerza pública reprimía brutalmente toda manifestación de protesta obrera o estudiantil".[33] Señalar, por último, que "los trabajadores cubanos veían continuamente burlados sus derechos por los patronos"[34] olvida que la misión internacional del Banco de Reconstrucción y Fomento que visitó a Cuba en 1950 incluyó entre otros factores que obstaculizaban al desarrollo a la rigidez y exceso de protección que caracterizaban a la legislación obrera cubana.[35]

El análisis histórico contenido en el informe central de Castro incluye pues un número apreciable de indicaciones erróneas u objetables, no obstante lo cual fue aprobado por unanimidad y entre grandes aplausos. Los delegados no habían sido elegidos para hacer un análisis crítico sino para aceptar y aplaudir. A pesar de su extensión, el informe fue publicado íntegramente en *Granma* y *Juventud Rebelde*. Luego se hicieron varias ediciones del libro consagrado al mismo, libro que fue ampliamente divulgado en Cuba y el extranjero.

## Relaciones del Partido con la CTC

Ningún acuerdo del congreso se refirió al tema de la posición de la CTC de cara al recién constituido PCC. En los medios sindicales se siguió diciendo —sin demasiada convicción— que la CTC era un ente separado y distinto del Partido y que ello le permitía ejercer libremente sus funciones. Volvió a salir aquello del partido como destacamento de vanguardia y máxima organización de la clase obrera pero la definición exacta de los vínculos se trató de rodear de una espesa dialéctica.

La cuestión quedó no obstante algo esclarecida en los estatutos de la organización obrera que en uno de los párrafos de su preámbulo decía que la central y los sindicatos reconocían "abierta y conscientemente" la dirección superior del Partido. De este reconocimiento podrían citarse ejemplos concretos, algunos de los cuales fueron ya indicados en otros capítulos. A raíz del XIII Congreso de la CTC, fue el Buró Político del Partido y no el Comité Ejecutivo de la CTC el que decidió la forma como iban a aplicarse sus acuerdos. El buró decidió que ello se haría por una comisión integrada por una representación del Comité Central del Partido, la CTC y el Ministerio del Trabajo. La terminología revolucionaria acostumbró después a referirse al Partido como la fuerza motriz y dirigente de todo el sistema. Así se ponía una vez más en evidencia lo que era de todos conocido, a saber que la organización obrera dependía del Partido a cuyo frente estaba el verdadero y único poder del país: Fidel Castro.

No podía ser de otra manera. Si al Partido le correspondía elaborar la política que luego el gobierno iba a ejecutar, hubiera sido inconcebible que una simple organización de masas quedara exenta de acatar los poderes que en un estado totalitario correspondían al partido único.

Cabe concluir, por consiguiente, que la afirmación hecha por Lenin luego del triunfo de la Revolución de Octubre en el sentido de que "los sindicatos eran partícipes del poder estatal y constructores de la economía nacional en su conjunto,[37] no parecía aplicable a la experiencia revolucionaria cubana. Esta adoptaría por el contrario la definición que del partido aparece en un libro escrito por uno de los redactores de la Constitución Socialista:

> *"El PC es el núcleo dirigente de todas las organizaciones de masas y del trabajo..., dirige al Estado, controla su funcionamiento y supervisa el cumplimiento de los planes".*[38]

# Notas

[1] Angel García y Piotr Mironchuk, *La Revolución de Octubre y su influencia en Cuba*. (La Habana: Academia de Ciencias de Cuba, 1977), pag. 9.

[2] Véase *A Short History of the Communist Party of the Soviet Union*, op. cit., pag. 190.

[3] Véase Fidel Castro, Informe Central, op. cit., pag. 14.

[4] *Revolución*, 29 de septiembre de 1965, pag. 1.

[5] *Revolución*, 28 de septiembre de 1965, pag. 4.

[6] *Revolución*, 30 de septiembre de 1965, pag. 1.

[7] *Revolución*, 1° de octubre de 1965, pag. 1.

[8] Véase *Cuba Socialista*, diciembre de 1965 (Index 1961-65), nota sobre el Comité Central del PCC.

[9] Véase la lista de miembros en *Revolución*, 2 de octubre de 1965, pags. 1 y 2.

[10] Ibid.

[11] Véase *Revolución*, 18 de septiembre de 1965, pag. 1.

[12] Véase *Revolución* del 17 de julio de 1965, pag. 1 y 20 de agosto del propio año, pag. 1.

[13] *Revolución*, 29 de septiembre de 1965, pag. 4.

[14] Véase *Los Trabajadores*, (La Habana), 5 y 12 de diciembre de 1975, pag. 1.

[15] Ibid.

[16] *Los trabajadores*, 19 de diciembre de 1975, pag.1.

[17] Ibid.

[18] *Juventud Rebelde*, número especial de diciembre de 1975, pag. 16.

[19] Véase *Los Trabajadores*, 18 de diciembre de 1975, pag. 1.

[20] Ibid, pag. 1.

[21] *Los Trabajadores*, 26 de diciembre de 1975, pag. 8.

[22] Ibid, pag. 5.

[23] Véase *Granma*, 3 de enero de 1976, pag. 1.

[24] El texto de las resoluciones fue publicado en *Granma* los días 29 y 30 de diciembre de 1975.

[25] Citado por José Guerra Alemán en *Barro y cenizas*. (Madrid: Fomento Editorial S.A., 1971), pag. 28.

[26] Véase Manuel Fernández, *Religión y revolución en Cuba*. (Caracas: Saeta Ediciones, 1984), pags. 165, 180 y 181.

[27] Véase Ramiro Pavón González, *El empleo femenino en Cuba*. (La Habana: Biblioteca de Ciencias Sociales, 1977), pag. 97.

[28] Véase Informe Central, op. cit., pags. 13 y 14.

[29] Véase Juán Clark, op. cit., pag. 409.

[30] Véase, por ejemplo, *Resúmenes Estadísticos Seleccionados* publicado en 1959. Para un examen documentado del contraste entre el informe de Castro y la realidad económica puede verse Alberto Recarte, *Cuba: economía y poder*. (Madrid: Alianza Editorial, 1980).

[31] El proceso de abrogación de la Enmienda Platt lo inicia el Gobierno de Grau en 1933 y lo formaliza al año siguiente el de Mendieta.

[32] Véase las partes tercera y cuarta del primer volumen de este libro.

[33] Fidel Castro, "Informe Central", op. cit., pag. 2.

[34] Ibid, pag. 4.

[35] Véase *Report on Cuba*, op. cit. , passim

[36] V. I. Lenin, *Obras Completas*. (La Habana: Editora Política, 1963), tomo 33, pags. 175 y 176.

[37] Héctor Garcini, et al. *Derecho Administrativo*, 1[ra.] Parte (La Habana: Instituto Cubano del Libro, 1976).

# Capítulo 15

## *La Constitución Socialista*

### Preparación del anteproyecto

Poco después de la celebración del Primer Congreso del PCC se produjo la proclamación de la Constitución Socialista de Cuba. El texto de esa Ley Fundamental no fue resultado del trabajo de una asamblea constituyente ni tampoco el producto de los debates de un cuerpo legislativo ordinario. Su proceso de adopción se ajustó a la dinámica propia del castrismo, es decir, que se inició y llevó a cabo en los términos establecidos en la cúspide del sistema. Adoptar una nueva constitución era una tarea importante para el Gobierno Revolucionario ya que no sólo era preciso reemplazar a la Constitución de 1940, o mejor llenar el vacío constitucional que en la práctica existía, sino que además se hacía necesario consolidar y desarrollar desde el punto de vista jurídico la experiencia revolucionaria, así como fijar los lineamientos básicos de la sociedad socialista que entonces se afirmaba iba a evolucionar hacia el comunismo.

A pesar de esa importancia, las medidas dirigidas a darle a Cuba una nueva Constitución se adoptaron con la mayor parsimonia a punto tal que la nueva "ley de leyes" no fue promulgada sino 17 años después del inicio de la revolución. Aunque en 1965 se creó una comisión auxiliar del Comité Central del PCC que habría de tener a su cargo los estudios constitucionales (la cual estuvo integrada por Blas Roca, José A Naranjo y Alfredo Yabur), dicha comisión al parecer no hizo mucho y hubo que esperar hasta octubre de 1974 para que se acometiera efectivamente la tarea de redactar un anteproyecto de Constitución. El día 22 de ese mes y año una decisión conjunta del Buró Político del partido y el Comité Ejecutivo del Consejo de Ministros designó una comisión mixta integrada por representantes de ambas partes. Blas Roca sería de nuevo el presidente de esa comisión (junto a Juán Marinello) y del lado del gobierno se nombraron tres abogados: Fernando Alvarez Tabío, Héctor Garcini y François Varona. También colaboraron Osvaldo Dorticós y Carlos Rafael Rodríguez, auxiliados por una veintena de juristas. Fueron estos últimos y los tres antes citados los que bajo la supervisión de Roca prepararon el anteproyecto. Lo hicieron ahora con la mayor premura pues el texto estuvo ya listo para discusión pública el 24 de febrero de 1975, es decir, cuatro meses después de iniciadas sus labores.

De los tres letrados en cuestión sólo Alvarez Tabío era conocido por sus simpatías marxistas. Los otros dos eran representantes típicos de la alta burguesía que nunca habían tenido conexiones de clase alguna con la ideología marxista, no obstante lo cual pusieron sus aptitudes jurídicas al servicio del gobierno. Cabe agregar que la comisión no gozó en modo alguno de libertad de acción para redactar el anteproyecto. Sus parámetros aparecen claramente incluidos en las instrucciones impartidas por el Buró Político, que rezaban así:

1. "Consignar la base política de nuestra sociedad: el pueblo como dueño del poder; la alianza obrero campesina —bajo la dirección de la clase obrera— como fundamento del poder estatal, y el Partido Comunista, vanguardia organizada de la clase obrera, como fuerza dirigente superior de la sociedad.
2. Definir la base económica de nuestro régimen social, constituida por la propiedad socialista de los medios de producción, así como las otras formas de propiedad existentes: propiedad de los agricultores pequeños, propiedad sobre los medios e instrumentos de trabajo que no se emplean para explotar el trabajo ajeno, propiedad personal de los ciudadanos sobre los ingresos y ahorros procedentes de su trabajo, sobre la vivienda, bienes de consumo y de uso doméstico y cultural".[1]

De acuerdo con otras indicaciones dadas a la comisión, el proyecto podía aprovechar las experiencias de otros países "que marchan por la misma vía del socialismo" y estuvieren fundadas "en sólidos principios del marxismo-leninismo".[2] Esta última referencia es importante para identificar los modelos que posiblemente fueron utilizados por la comisión mixta para preparar el anteproyecto. Dado que era aún demasiado temprano para que tuvieran conocimiento de los trabajos preparatorios de la Constitución Soviética de 1977, los miembros de la comisión optaron por inspirarse en la Constitución stalinista de 1936 dejando a un lado las más antiguas de 1918 (comunismo de guerra) y 1924 (período de la NEP). Descartaron también los más recientes modelos de otros países socialistas de Europa y prefirieron seguir de cerca la Constitución que Stalin adoptó para la URSS. De esa manera, concluyen algunos autores, podían presentar al Comandante en Jefe un proyecto de Constitución que estando basado en las ideas del comunismo científico y siendo de la más rancia prosapia soviética combinaba también los rasgos autoritarios que tan caros habían sido en 1936 para Stalin y lo eran en 1974 para Castro.[3] Según relataría más tarde Blas Roca cuando se le entregó el proyecto al Máximo Líder, éste lo celebró diciendo: "Es hermoso, es bello".

## Discusión y aprobación

Una vez terminada la redacción del anteproyecto, el gobierno dispuso fuera sometido a discusión "pública y popular". El procedimiento seguido fue el de pedir a las organizaciones de masas que convocaran asambleas extraordinarias para conocer y debatir el documento en cuestión. Según informes oficiales, estas asambleas fueron celebrándose a lo largo de 1975 y en ellas participaron más de seis millones de cubanos.[4] La primera tuvo lugar en el centro metalúrgico Florentino Alejo en Luyanó, La Habana. En ningún momento se dijo si de esas asambleas habían surgido propuestas de modificación del texto y si alguna de ellas había sido retenida por el gobierno. En realidad, el objetivo principal de esas reuniones fue el de familiarizar al pueblo con la futura Ley Fundamental y llevar a cabo un ejercicio más de adoctrinamiento marxista y revolucionario. El anteproyecto se consideró en todo caso aprobado por unanimidad.

El siguiente paso en el cronograma oficial fue la discusión y aprobación del proyecto por el congreso del partido, cosa que como se vio antes se llevó a efecto sin el menor contratiempo. De esa manera fue sancionándose sin un voto en contra un proyecto de Constitución que entre otras cosas excluía del poder a los que no fueran obreros o campesinos, transformaba una economía de mercado en otra centralmente planificada, colocaba los medios de producción en manos del Estado, eliminaba la democracia representativa y daba los primeros pasos para convertir a un país católico en una sociedad atea.

De inmediato se procedió a organizar el referéndum que habría de ponerle punto final al proceso de aprobación de la Constitución Socialista. A paso de carga se avanzó en el trabajo preparatorio. Se aprobó la ley que habría de regir la consulta popular, establecer el registro de los electores y disponer la organización de los colegios electorales.[5] Hacia mediados de enero se informó que se habían inscripto ya 5,439,849 electores. Figuraban ahora entre estos electores los que hubieran cumplido 16 años de edad,[6] es decir, los que habían nacido y se habían formado dentro del régimen revolucionario; según un periódico obrero esos cubanos tendrían así la oportunidad de darle "su aprobación jurídica" al proyecto.[7]

En el referéndum el voto habría de ser libre y secreto, y la Constitución se tendría por aprobada si recibía el voto de la mayoría de los votantes; a éstos se les pedía solamente que marcaran sí o no con relación al texto preparado por el gobierno. El 15 de febrero, día señalado para la realización del referéndum, 5,473,534 cubanos votaron en favor de la Constitución;[8] no se ofrecieron detalles sobre los que votaron no o anularon sus boletas.

La nueva Constitución entró así en vigor el 24 de febrero, fecha en que se efectuó un solemne acto de proclamación. El órgano del PCC calificó a la Constitución de "reflejo vivo de la actual realidad cubana" y "consolidación en el plano jurídico de las conquistas logradas".[9] Representaba también sin duda la institucionalización de la dictadura del proletariado. Lenin había dicho que el camino hacia el comunismo pasaba por esa dictadura que él definió de la siguiente manera:

> *"Democracia para la mayoría gigantesca del pueblo y represión por la fuerza, o sea exclusión de la democracia, para los explotadores, para los opresores del pueblo".*[10]

En Cuba la represión de los supuestos explotadores había tenido lugar en los años 1959 y 60. Sin embargo, en esos mismos años y los posteriores esa misma represión se había extendido a otros sectores de la sociedad. No importaba que se tratara de explotadores o explotados. Muchas personas de distinta extracción habían sido perseguidas, encarceladas y hasta fusiladas, aunque, salvo en 1959, de estos últimos se informaba muy poco al pueblo. Había ahora que ver si la Constitución iba a terminar o no con esa represión.

En el interín, es decir entre el 1^er^ Congreso del PCC y la proclamación de la Constitución, Castro asistió en Moscú al Congreso del Partido Comunista de la Unión Soviética. En su discurso ante los delegados presentes, el Jefe de la Revolución lanzó críticas contra los maoistas que a la sazón creaban problemas al Kremlin.[11] Para entonces habían cesado de preocuparle los "sectoristas" pro-soviéticos a quienes había atacado unos años antes.

## La Constitución y los derechos humanos

A los redactores de la Constitución se les planteaban varias dificultades a primera vista insalvables. El propio concepto de lo que es una Constitución como ley fundamental cuyo articulado no es dable violar o desconocer por otras leyes o actos del gobierno, parecía incompatible con la esencia misma de lo que es una dictadura del proletariado. Todavía lo era más con una dictadura del proletariado exacerbada por el culto a la personalidad de su autoridad suprema, quien sostenía el principio mussoliniano de que dentro de la revolución todo era permitido y fuera de ella o en contra de ella nada era aceptable. A los autores del texto no parece haberles preocupado demasiado la cuestión pues de sobra sabían que esa incompatibilidad iba a resolverse en la práctica en favor del funcionamiento irrestricto de la dictadura del proletariado; hubieran podido, no obstante, pensar que la dictadura del proletariado debería ceder el paso al Estado de todo un pueblo que se daba en la Constitución su organización política y establecía el alcance y límites de sus poderes, pero decidieron no darle consideración a esa tesis. Al inclinarse, por el contrario, por lo que Castro deseaba optaron por fortalecer en dos artículos de la Constitución la postura favorable al funcionamiento de la dictadura. El artículo 61 dispuso en efecto que:

> *"Ninguna de las libertades reconocidas a los ciudadanos puede ser ejercida contra lo establecido en la Constitución y las leyes, ni contra la existencia y fines del Estado socialista, ni contra la decisión del pueblo cubano de construir el socialismo y el comunismo".*

Y unos artículos antes (en el 52), al reconocer a los ciudadanos la libertad de palabra y de prensa aclararon que ella solamente podría ejercerse "conforme a los fines de la sociedad socialista". Así fueron incluyéndose en el propio texto fundamental varios preceptos enderezados a disminuir su propio valor frente a la omnipotencia del Estado Socialista.

La otra gran dificultad que los autores de la Constitución tuvieron que sortear fue la de una posible contradicción entre los principios marxista-leninistas y los derechos humanos. Mas tampoco aquí tuvieron al parecer serias dudas ni prolongadas discusiones. Los redactores del texto —y muchos más sus mentores— estaban imbuidos de la más ardorosa fe revolucionaria y cuantas veces se toparon con una discrepancia entre la Declaración Universal de los Derechos Humanos y el nuevo credo socialista, se inclinaron por este último. Unos estaban al parecer poseídos de la fe de los conversos o deseaban contentar a toda costa al Máximo Líder. Otros, incluyendo a los mentores y a Fernando Alvarez Tabío, profesaban las más firmes convicciones marxistas. El libro que este último escribió sobre la Constitución Socialista estaba tan penetrado de citas de

Marx, Engels y Lenin que hubiera podido ser escrito por el más avezado teórico soviético. Para todos ellos primaba en todo caso la opinión de Castro quien a propósito de los derechos humanos se expresaría poco después de la siguiente manera:

> *"También consideramos, con gran profundidad, que los derechos humanos solamente alcanzan su verdadero significado cuando están de una manera firme y total dentro de los marcos de los derechos económicos y sociales. Nosotros no creemos que se pueda separar ningún tipo de derecho de todos los derechos y por tanto es un compromiso igualmente profundo por parte de este gobierno, el de trabajar incansablemente a fin de tratar de establecer en la sociedad esas condiciones que constituyen la base de los derechos económicos y sociales para los seres humanos".*[12]

Lo que Castro quería significar era que los derechos humanos estaban supeditados a la previa existencia y aplicación de los derechos sociales y económicos. Si éstos no se hallaban firmemente establecidos en una sociedad no había lugar para la consagración de los derechos humanos, o para armonizar la Constitución con la Declaración Universal de esos derechos formulados por las Naciones Unidas. Estos derechos fueron en realidad un producto genuino de la civilización occidental, cristiana y si se quiere burguesa contra la cual insurgía la revolución cubana.

En tales condiciones y a la luz de la opinión de Castro era de todo punto previsible que los redactores de la Constitución no tuvieran especial empeño en procurar una concordancia de ésta con el documento de las Naciones Unidas. ¿A quién puede extrañar en esas condiciones que el Movimiento Cubano Pro Derechos Humanos fuera fundado en ese mismo año de 1976?[13]

Una última dificultad guardaba relación con la posible contradicción que se produciría si dentro del espíritu colectivista del régimen de Castro se diera cabida al elenco de los derechos individuales que normalmente aparece en las constituciones demoliberales y formaba parte de la tradición constitucional cubana. No hubo aquí tampoco discrepancias en el seno de la comisión mixta. Se incluyeron sí ciertos derechos al ciudadano pero dentro de un contexto social, con un sentido colectivo y sujetos a la concepción científica materialista que inspiraba a la Constitución. Desapareció la sección sobre los derechos individuales que la Constitución de 1940 había catalogado entre los derechos fundamentales y en su lugar se estableció en el capítulo VI una mezcla heterogénea de derechos fundamentales en la que al lado de una media docena de garantías correspondientes al sentido clásico de los derechos del individuo se introducían otros derechos de índole económica y social y junto a ellos los deberes y cortapisas propios de la sociedad socialista.

## La Constitución y la prestación de trabajo

La Constitución de 1976 es rica en retórica revolucionaria y declaraciones altisonantes pero relativamente pobre en principios de protección efectiva o beneficio inmediato para la clase trabajadora. El preámbulo dedica tres párrafos a enaltecer los méritos de los trabajadores y subrayar el valor de la solidaridad obrera.[14] Hay también algunos preceptos del capítulo I que al enunciar objetivos del Estado Socialista, establecieron una jerarquía en la importancia de los grupos en el poder (primero el Partido Comunista, seguido de la Unión de Jóvenes Comunistas, en tercer lugar la CTC, en cuarto los CDR y en quinto la FMC y la ANAP)[15] o consagraron el principio "de cada uno según su capacidad y a cada cual según su trabajo".[16] Sin embargo, fueron sólo cinco en el capítulo VI las disposiciones que se refieren a los derechos y garantías específicas del trabajador,[17] a los que debe agregarse el artículo 53 que alude a los derechos de reunión, manifestación y asociación.

Esta relativa penuria normativa contrasta con los 27 artículos que la Constitución de 1940 incluyó en la sección relativa al trabajo.

Otras diferencias igualmente significativas se advierten al comparar las dos constituciones. La primera es que en tanto que la Constitución de 1940 termina su enumeración de derechos con una fórmula que permite su extensión a otros beneficios al amparo del principio de la justicia social, la de 1976 contiene un precepto (el artículo 61) que virtualmente invalida las libertades reconocidas en el propio capítulo VI al declarar punible el ejercicio de esas mismas libertades (por ejemplo la libertad sindical) en contra de la existencia y objetivos del Estado socialista.[18] La segunda es que mientras la Constitución de 1940 no contiene precepto alguno relativo a los deberes del trabajador, la de 1976 se refiere a esos deberes dos veces en su artículo inicial y luego en el 63 que habla de la disciplina en el trabajo y del deber de cuidar la propiedad pública y social.

Los dos deberes que encabezan el capítulo VI parecen en principio aceptables pues tratan del trabajo como un derecho y un deber (cosa que se prescribe también en las Constituciones de varios países de América

Latina: Bolivia, Colombia, Costa Rica, Guatemala, Nicaragua, Panamá, Perú y Venezuela). En Cuba, el dictamen de la Comisión Coordinadora de la Constitución de 1940 había propuesto también que "el trabajo es un deber y derecho inalienable..." pero fue precisamente una enmienda de Blas Roca y otros delegados comunistas la que logró la eliminación de la palabra *deber* que a su juicio podía utilizarse para impedir el ejercicio del derecho de huelga.[19] Ahora en el artículo 44 de la Constitución Socialista el trabajo no solamente era un derecho y un deber sino también "un motivo de honor para cada ciudadano". Cabe notar asimismo que la Constitución Soviética de 1977 omite toda referencia a la obligación de trabajar y que la mayoría de las Constituciones de Europa y otras regiones desarrolladas del mundo prefieren igualmente hablar sólo del derecho al trabajo.

Tanto la Declaración Universal de los Derechos del Hombre (artículo 23) como la inmensa mayoría de las Constituciones en vigor consagran el principio de la libertad de trabajo y el derecho de las personas a escoger la profesión o actividad que estime conveniente. La Constitución de 1976 nada dice sobre el particular y en verdad hubiera sido impensable que en las condiciones de socialismo centralizante y dictadura del proletariado que imperaban ya en ese año se hubiera dado cabida a esas normas. Aceptar el postulado de la libertad de trabajo hubiera sido contrario a la filosofía de la rígida planificación central que Castro quería llevar adelante. Su mero enunciado hubiera puesto en peligro el sistema de control de la fuerza de trabajo impuesto unos años atrás. En la concepción castrista del trabajo no era siquiera posible que la Constitución acogiera en su articulado una condenación explícita del trabajo forzoso. Tal condenación aparece en el artículo 4 de la Declaración Universal, en dos convenios de la Organización Internacional del Trabajo,[20] en uno de la antigua Liga de las Naciones y en más de 10 constituciones de países latinoamericanos (Argentina, Chile, Colombia, Costa Rica, Ecuador, El Salvador, Haití, Honduras, México, Nicaragua, Panamá y Perú).[21] En la Constitución Socialista no hay en cambio disposición alguna que prohiba explícitamente el trabajo forzoso, existiendo sólo en el preámbulo una referencia bastante elíptica e indirecta, según la cual sólo bajo el socialismo y el comunismo cuando el hombre se halla liberado de toda forma de explotación, de la esclavitud y el capitalismo, se podrá lograr la plena dignidad de los cubanos.[22]

La consideración del trabajo como un deber y un honor y la supresión de toda referencia a la libertad de trabajo abrieron el paso a la institucionalización en el plano más alto de la práctica del trabajo voluntario gratuito. Incitar a los ciudadanos a que trabajaran de gratis para el Estado era sin duda uno de los proyectos favoritos del Comandante en Jefe. Unos meses antes de promulgarse la Constitución lo había calificado como "una de las más grandes conquistas de nuestra conciencia revolucionaria".[23] "Los trabajadores cubanos, añadía, han levantado y han mantenido en alto las hermosas banderas del trabajo comunista, que es el trabajo voluntario".[24] Su propósito de imprimirle respaldo jurídico adecuado (que hasta entonces no tenía) se vería ahora colmado pues al reconocerse en la Constitución, ésta ponía de relieve su condición de no remunerado y el hecho de prestarse en beneficio de la sociedad así como el de estimarse como un elemento "formador de la conciencia comunista de nuestro pueblo".[25]

Ya estas expresiones sugerían que ese tipo de trabajo no iba a ser en realidad tan voluntario como su nombre lo indica. Un comentarista de la Constitución diría poco tiempo después, en efecto, que "el trabajo en beneficio de la sociedad *es el primer deber* del ciudadano, así como el derecho al trabajo es también su primer derecho".[26] Ya antes el susodicho autor —que había sido también uno de los redactores de la Constitución— afirmaba que en el Estado socialista "el individuo sólo puede desenvolver plenamente sus facultades y hacer valer sus intereses legítimos si participa activamente en el desarrollo de toda la sociedad".[27]

Todo este nuevo sabor de obligatoriedad que la Constitución quiso darle al trabajo se completa con lo dispuesto en el último párrafo del artículo 44 conforme al cual: "Cada trabajador está en el deber de cumplir cabalmente las tareas que le corresponden en su empleo". Es decir que ya no se trata de realizar el trabajo con la diligencia debida, como se dice en las legislaciones de otros países, sino que las tareas deben efectuarse de manera completa y acabada. Y téngase en cuenta que esta última disposición se aplica a todo tipo de trabajo, al asalariado (o vinculado como se dice en Cuba), al ocasional o temporal, al de tipo obligatorio y al voluntario.

## Regulación constitucional de las condiciones de trabajo

Aunque el régimen insistía en que los derechos económicos y sociales debían colocarse en el primer plano, la consagración que de ellos se hizo en la Constitución resultó más bien modesta. Se enunciaron primero dos garantías importantes en el capítulo sobre los objetivos que en esta área iba a fijarse el Estado socialista, a saber, el pleno empleo y la protección a la niñez, los enfermos y los inválidos.[28] Más adelante (en el artículo 19) se recoge una vez más el principio socialista que exige que cada cual contribuya al desarrollo según su capacidad y sea retribuido en proporción a su trabajo. Luego, en el capítulo V sobre la igualdad, se incluyeron tres preceptos que parecían tener más significación práctica para los trabajadores. El primero prohibía la discriminación por motivo de raza, color, sexo u origen nacional, postulado inobjetable y de alcance universal pero omiso por cuanto no se incluyó como causa de discriminación la opinión política ni tampoco las creencias religiosas. Estas posibles causas de discriminación se hallan específicamente prohibidas en el Convenio No. 111 de la OIT sobre la discriminación en el empleo y están también previstas en muchas legislaciones del mundo. Privar a una persona de su empleo o excluirla de oportunidades de ascenso, aumentos salariales, etc. en razón de sus ideas políticas o de sus convicciones religiosas entraña una negación de la libre expresión del pensamiento garantizada en el artículo 19 de la Declaración Universal. Sin embargo, un régimen que execraba al pluralismo, exigía total adhesión a la revolución y utilizaba ya el expediente escolar y el expediente laboral para establecer diferencias y exclusiones con respecto al ingreso en centros docentes o el derecho al trabajo, no podía reconocer esas causales de discriminación que le hubieran atado las manos o dificultado sus prácticas totalitarias.

El resultado de ese enfoque de la Constitución socialista fue sencillamente el que los opositores, disidentes, defensores de los derechos humanos y demás integrantes de los grupos no afines al gobierno dejaron de ser ciudadanos iguales a los partidarios de Castro y pasaron a ser cubanos de segunda clase o cubanos sin derechos.

El peligro era menor en relación con las personas religiosas ya que otro artículo de la Constitución reconocía la libertad de conciencia y el derecho de cada uno a profesar cualquier creencia religiosa.[29] Sin embargo, como ocurría también con otras normas y principios, éste de la libertad de culto se acompañaba también de una restricción o advertencia pues el segundo párrafo del artículo 54 decía textualmente lo que sigue:

> *"Es ilegal y punible oponer la fe o la creencia religiosa a la Revolución, a la educación o al cumplimiento de los deberes de trabajar, de defender la patria con las armas, reverenciar sus símbolos y los demás deberes establecidos en la Constitución".*

Ni la objeción de conciencia para el servicio militar ni el respeto al séptimo día de descanso prescripto por las religiones monoteístas, tenían pues valor frente a los mandamientos de la revolución. Los deberes de trabajar serían siempre colocados por encima de esas creencias.

El segundo precepto que era una consecuencia del anterior, se refería al derecho de percibir un salario igual por un trabajo de igual valor. De esta regla habrían de beneficiarse principalmente las mujeres a las cuales se les dedicó otro artículo dirigido a disponer que tendrían los mismos derechos que los hombres. También se beneficiarían del mismo las personas de raza negra que en el pasado experimentaron discriminación si bien ésta era más visible en las oportunidades de empleo que en la cuantía de la retribución. Quedaron empero igualmente excluidos de su aplicación los contestarios y disidentes.

A las mujeres habría de contraerse también el tercer precepto dirigido a garantizar también su derecho a obtener un empleo apropiado, a gozar de licencia de maternidad y a disponer de guarderías infantiles que facilitaran su acceso al trabajo.

El precepto principal que la Constitución consagraría a las condiciones de trabajo estaría contenido en el artículo 45 por el que se garantizó la jornada laboral de ocho horas, el descanso semanal y las vacaciones anuales pagadas. Estas dos últimas instituciones se plasmaron de manera tan general que en lo sucesivo podía preverse que el descanso hebdomadario fuera de un sólo día en vez de los dos días o del día y medio (44x48) que regían antes de la revolución y que el descanso anual resultara inferior al mes de vacaciones por cada once de trabajo establecido en la Constitución de 1940. Cierto que la legislación revolucionaria había mantenido el descanso retribuido de un mes por cada once meses de trabajo, pero no lo es menos que la vaguedad de la Constitución de 1976 servía para convalidar la práctica de un sólo día de descanso a la semana que era la establecida y vigente en el momento de promulgarse la Constitución Socialista. Transcurridos 17 años de gobierno revolucionario no se había pues adelantado un paso en materia de jornada y descansos; al contrario se había retrocedido en lo que respecta al reposo semanal y se abría la puerta para que se retrocediera también con relación al régimen de vacaciones. En la práctica, no solamente en estos dos aspectos sino también en el de la jornada de ocho horas (único punto en que la Constitución fue explícita) se habían producido y seguirían produciéndose transgresiones impunes. El único efecto práctico de la Constitución fue pues el de poner más en evidencia la falta de progreso del régimen laboral en vigor.

Además del régimen de jornada y descansos, hay solamente otra norma de la Constitución que se relaciona con las condiciones de trabajo: la que se refiere a la protección, seguridad e higiene en el trabajo y la consecuente adopción de medidas para la prevención de accidentes y enfermedades profesionales. Ni el salario mínimo, ni la protección del salario, ni la estabilidad en el empleo, ni el principio de la irrenunciabilidad de derechos, ni el de participación en las decisiones, ni el de interpretación favorable al trabajador, ni la protección aumentada del trabajo de los jóvenes o el de los límites que deben observarse en los trabajos nocturnos, insalubres o peligrosos, (que comúnmente aparecen en otras constituciones), figuran en parte alguna de la Constitución de 1976. Tal vez el único punto positivo que puede citarse en materia de relaciones individuales de trabajo sea el de la mejor utilización del tiempo libre mediante el fomento de instalaciones y planes vacacionales. Sólo que el goce de un tiempo libre no entraba precisamente en los planes del gobierno.

¿Cómo explicar esta falta de generosidad del Estado de Obreros y Campesinos con respecto a esos mismos obreros y campesinos? Una explicación común entre los teóricos marxista-leninistas es la de afirmar que la garantía constitucional de medidas tutelares o instrumentos de protección en favor del trabajador es necesaria en los regímenes capitalistas donde el trabajador está expuesto a la explotación del hombre por el hombre pero no en los regímenes socialistas que tienen distinta razón de ser. En éstos se presume que la clase trabajadora que ya está en el poder, es dueña de los medios de producción y no hace falta por tanto que se haga en la Constitución una enumeración detallada de los derechos que pertenecen al trabajador. ¿Para qué —dicen ellos— incluir garantías mínimas de protección frente a un Estado que encarna sus propios intereses y se supone que esté a su entera disposición? ¿Para qué —agregan— reconocer un derecho de huelga que en definitiva se estaría ejerciendo en contra de sus propios intereses?

Lo primero que importa destacar, a este respecto, es que si bien los derechos y protecciones que se otorgan hoy al trabajador nacieron en el seno de la sociedad industrial capitalista y tuvieron como objetivo inicial frenar los abusos y la explotación de muchos patronos egoístas, su verdadera y más profunda razón de ser va mucho más allá de esa finalidad circunstancial y toca en realidad a todo tipo de sociedad. No importa cuál sea el régimen socio-económico de un país, cualquiera que sea la orientación y naturaleza de su gobierno, lo cierto es que siempre habrá en el proceso de producción una gente que manda, dirige y supervisa y otra que ejecuta, labora y obedece. Esta situación, que es de fácil constatación en cualquier país y lugar del mundo, constituye un dato objetivo, un fenómeno ineluctable de la vida económica a partir del cual es preciso concebir la mayor parte de las disposiciones relativas al trabajo. Esa contraposición de unos que mandan y otros que obedecen, de unos que dan órdenes e instrucciones y otros que las siguen o tienen que seguirlas, encierra en sí misma el germen de la oposición de intereses y se presta a abusos y arbitrariedades. No hace falta discernir cuál es la motivación del que manda —puede ser el lucro, el ansia de poder, el deseo de agradar a otros superiores o el propósito de poner el trabajo de sus subordinados al servicio de causas extra-laborales o de la mera ambición megalomaníaca de un hombre— hay en todos esos casos un potencial grande de fricciones, desacuerdos y conflictos. Si el que manda goza de un poder omnímodo, el trabajador de un país comunista estará expuesto a sufrir tantas injusticias y atropellos como el que en una sociedad capitalista labora para un empleador avaricioso y sin escrúpulos.

Es el reconocimiento de ese hecho fundamental el que se sitúa en la base de toda la legislación internacional del trabajo. Léanse los convenios internacionales adoptados por la Organización Internacional del Trabajo (OIT) y se comprobará como todos ellos se dirigen a los Estados Miembros en general, cualquiera que sea su forma de gobierno e independientemente de su sistema económico e ideología. La necesidad del descanso, el concepto de un salario vital, y la inclinación natural al esparcimiento, la protección al menor que trabaja, el deseo de dedicar a la familia los días de reposo semanal y otros muchos intereses igualmente atendibles, se presentan con idéntica fuerza en todas partes y requieren el dictado de normas de protección. No en vano los propios países socialistas se apresuraron a promulgar códigos del trabajo, todos, es decir, con excepción de Cuba que se demoró más de un cuarto de siglo en hacerlo.[30]

## La Constitución y el sindicalismo

Claro que esa escasez de derechos y beneficios pudiera compensarse con el reconocimiento de los derechos de sindicalización, negociación colectiva y huelga que han sido siempre los instrumentos más eficaces de que han dispuesto los trabajadores para obtener mejoras en las condiciones de trabajo. Pero quien lea con detenimiento la Constitución se topará aquí con otra aparente paradoja: ninguno de esos derechos aparece consagrado en la misma. El término sindicalización no se utiliza en parte alguna de la Constitución. La Central de Trabajadores de Cuba se menciona en el artículo 7 entre las organizaciones de masas, pero ello entraña un simple reconocimiento igual al que se le hace a la FEU, la FMC, la ANAP y otras que nada tienen que ver con la sindicalización. Asimismo, ajeno al sentido exacto de ésta es el artículo 53 que confiere a los trabajadores, los campesinos, las mujeres, los estudiantes y demás sectores del pueblo los derechos de reunión, manifestación y asociación.

La sindicalización es un derecho muy especial que se otorga a los trabajadores para que al organizarse por empresas, oficios o bases territoriales puedan influir en la relación de trabajo ejerciendo presión sobre el Estado y la administración de la empresa a fin de recabar el mejoramiento material y moral de sus miembros y una cuota de poder en la adopción de decisiones.[30] No es pues el derecho general de asociación mencionado en el artículo 53 y que se confiere a todos los ciudadanos para la consecución de los fines más diversos. Tampoco es la amorfa organización de masas de que habla la Constitución. Mucho menos es el derecho de reunión o manifestación que tienen carácter transitorio en tanto que la sindicalización tiende a prolongarse por tiempo indefinido e inviste a la organización de personalidad jurídica. El sindicato utiliza además como medios principales de acción a la negociación colectiva, la huelga y otros medios de acción concertada (piquetes, boicots, etc.) cuyos instrumentos tendrían que usarse en una sociedad socialista en contra o con relación al Estado.

No fue pues olvido o negligencia de los autores de la Constitución el que no hayan consagrado, o mencionado siquiera, a esos derechos. En otros Estados socialistas las leyes guardan silencio sobre el derecho de huelga que se supone no va a ser ejercitado por los trabajadores en contra de sus propios intereses como titulares del poder político, pero aceptan cierta forma de sindicalización y negociación colectiva.[32] Es verdad que los sindicatos no son independientes y que los acuerdos o convenios colectivos no son producto de una genuina negociación. En Cuba, sin embargo, la naturaleza exacerbada del modelo staliniano que se adoptó rechazaba toda posibilidad de que existiera un sindicalismo libre, que éste se sentara a negociar en pie de igualdad con el Estado y que tuviera la osadía de declarar una huelga contra el poder público. La propia personalidad de Castro y su concepción del poder público eran contrarias a la índole contestataria de esos derechos.

Hay que señalar en todo caso que hubo en la Constitución dos reconocimientos de importancia relativos al reconocimiento de la CTC, desde el punto de vista formal al menos. Uno fue la facultad conferida al Comité Nacional de la CTC de presentar proyectos de leyes a la Asamblea Nacional del Poder Popular.[32] En cierto modo, sin embargo, este reconocimiento se atenuaba, por el hecho de que la misma facultad se atribuyó a los órganos rectores de las otras organizaciones de masas. El otro reconocimiento consistió en el derecho que se otorgó al Secretario General de la CTC de participar en las sesiones del Consejo de Ministros y de su Comité Ejecutivo.

Con muy pocas excepciones la Constitución socialista era en suma menos favorable para los trabajadores que la Constitución de 1940, menos avanzada en materia laboral que las otras adoptadas en la América Latina y más rigurosa que las que estaban en vigor en los países socialistas de Europa. A pesar de ello los trabajadores la aprobaron por unanimidad.

# Notas

[1] Las instrucciones a la comisión mixta aparecen publicadas en la Gaceta Oficial No. 13 del 23 de octubre de 1974.

[2] Véase Fernando Alvarez Tabío, *Comentarios a la Constitución Socialista de Cuba.* (La Habana: Editorial de Ciencias Sociales, 1985), pag. 26.

[3] Véase L. B. Klein, "The Socialist Constitution of Cuba (1976)", *Columbia Journal of Transnational Law* (New York), Vol. 17, No. 8; y E. Córdova *El mundo del trabajo en Cuba Socialista*, op. cit., pag. 59.

[4] Alvarez Tabío, op. cit., pag. 43.

[5] Ley 1299 de diciembre de 1975.

[6] Ibid.

[7] Véase *Los Trabajadores*, 26 de diciembre de 1975, pag. 1.

[8] Aunque *Granma* del 21 de enero (pag. 1) había dicho que se habían inscripto 5,439,849, es probable que otros lo hicieran más tarde.

[9] *Granma*, 24 de febrero de 1976, pag. 1.

10 V. I. Lenin, *Obras escogidas*. (Moscú: Editorial Progreso, 1970) tomo II, pag. 374.

[11] *Cuba Socialista* había recogido antes discursos de Castro críticos de la China Comunista.

[12] Fidel Castro, Reunión del Comandante en Jefe con representantes de las iglesias de Jamaica. (La Habana: Oficina de Publicaciones del Consejo de Estado, 1977), pags. 6 y 7.

[13] Véase Ricardo Bofill, "Para rectificar conceptos". *Siglo XXI* (Miami), año 4, No. 26, 1993.

[14] Párrafos 3°, 4°, y 8°.

[15] Véanse los artículos 5, 6 y 7.

[16] Artículo 19.

[17] Los artículos 44, 45, 46, 47 y 48.

[18] El ya mencionado artículo 61.

[19] Véase en el Diario de Sesiones, la parte correspondiente a la discusión del dictamen de la Comisión Coordinadora.

[20] Convenios No. 29 y No. 105 sobre la abolición del trabajo forzoso.

[21] Véase David Ziskind, "Labor Law in Latin American Constitutions", *Comparative Labor Law*, Vol. 7, No. 3.

[22] Párrafo 5°.

[23] Fidel Castro, *Discursos del Comandante en Jefe, julio-septiembre de 1975*, pag. 40.

[24] Ibid.

[25] Penúltimo párrafo del artículo 44.

[26] Alvarez Tabío, op. cit., pag. 191.

[27] Ibid.

[28] Artículo 8.

[29] Párrafo 1° del artículo 54.

[30] E. Córdova, *El mundo del trabajo en Cuba Socialista*, op. cit., pag. 28.

[31] Véase Luis E. de la Villa et. al., *Instituciones de derecho del trabajo*. (Madrid: Editorial CEURA, 1983), pag. 203 y siguientes; y Gino Giugni, *Derecho Sindical* (Madrid: Instituto de Estudios Laborales y de Seguridad Social, 1983), pag. 113.

[32] Véanse los artículos 50 y 51 de la Constitución de la Unión Soviética de 1977.

[33] Artículo 86, inciso d.

[34] Artículo 99.

# Capítulo 16

## *El código del trabajo*

### Los largos prolegómenos de la adopción del código

Después de la promulgación de la Constitución Socialista de 1976 se esperaba la pronta adopción de un código del trabajo que desarrollara los principios que al respecto se consagraron en la Ley Fundamental. En 1978 al discutirse el Informe Central sometido al XIV Congreso, los trabajadores respaldaron la idea de elaborar un proyecto de código del trabajo "con el propósito de reordenar jurídicamente las relaciones laborales en concordancia con los cambios estructurales y económicos que se llevaban a cabo en el país".[1]

No fueron frecuentes ni categóricas, sin embargo, las manifestaciones de la CTC con respecto a la urgencia de tener un código o ley básica que definiera los derechos de los trabajadores y las administraciones estatales. Esa relativa pasividad era difícil de explicar pues la situación era bastante incómoda para los trabajadores dada la incertidumbre y confusión que en muchos aspectos se observaba. La revolución había efectuado radicales transformaciones en la estructura socioeconómica del país sin que se hubiera ocupado de ajustar el ordenamiento legal de esos cambios. Fue sólo en forma parcial y mediante disposiciones fragmentarias que se trató de ir improvisando soluciones a los problemas que se presentaban. En 1973 el XIII Congreso de la CTC procuró esbozar nuevos lineamientos en el campo laboral pero la mayor parte de ellos no llegaron a ejecutarse. Todavía era necesario recurrir en muchos casos a la legislación prerevolucionaria, pero era claro que a las autoridades castristas les repugnaba tener que acudir a esas fuentes.

Así fueron desarrollándose durante largos años las actividades laborales sin que existieran claras orientaciones ni puntos de referencia confiables. Los administradores de empresas y los jefes de las unidades presupuestadas gozaban de amplia discreción en el manejo de la cuestión laboral y como el sindicato fallaba en desempeñar su papel de contrapartida de la administración, los trabajadores quedaron expuestos durante mucho tiempo a abusos y arbitrariedades. No podían alzar sus voces en contra de ese estado de cosas porque se exponían a verse tildados de contrarevolucionarios. ¿Cómo podían ellos quejarse de un régimen que afirmaba actuar en su nombre y para su bien? Su situación se hacía más molesta por las fluctuaciones de la política salarial y la existencia de dos carriles en la determinación del monto de las remuneraciones.

A partir de 1976 comenzaron a dictarse nuevas regulaciones en materias tales como la política de empleo y contratación de trabajadores, derechos y deberes de las empresas estatales, vacaciones anuales pagadas, tratamiento del salario histórico, la organización de los salarios, el mejoramiento de la disciplina laboral, protección e higiene del trabajo, capacitación técnica de los trabajadores, concertación y control de los convenios colectivos de trabajo y las regulaciones sobre la inspección estatal y sindical.[2]

Ese mismo año el Mintrab preparó un anteproyecto de código del trabajo que se circuló entre organismos del gobierno y sindicatos. Todo hacía esperar que el país se dotaría al fin de un código que estableciera un ordenamiento adecuado de las relaciones y condiciones de trabajo. Mas hubo que esperar otros nueve años hasta que en julio de 1985 comenzó por fin a regir el código del trabajo. Los trabajadores cubanos habían vivido y laborado durante 26 años sin tener un texto básico o un marco institucional apropiado que garantizara sus derechos y los defendiera ante los posibles excesos de la administración. El régimen de Castro debió sentirse complacido del estoicismo de la masa trabajadora y del silencio aprobatorio de la CTC.[3] Fueron tiempos en que aún se pagaban salarios mínimos de 56, 76 y 86 pesos al mes y en que era frecuente el trabajo por encima de la jornada de ocho horas al día, la morosidad en el pago de las horas extraordinarias, las vacaciones aplazadas *sine die* y el recurso al trabajo voluntario.

Es claro que ni el gobierno, ni el Partido, ni la CTC estuvieron ociosos durante esos años. El II Congreso del PCC celebrado en 1981 y el XV Congreso de la CTC (1984) insistieron en la necesidad de elaborar un código del trabajo y estos pronunciamientos impulsaron a la Asamblea Nacional del Poder Popular a discutir un proyecto de código en diciembre de 1984. Con anterioridad, el anteproyecto del gobierno se sometió a discusión de los interesados, habiendo participado en ese proceso, según la información oficial, 2,300,000 trabajadores que hicieron cerca de 7,000 sugerencias, las cuales "se tuvieron en cuenta en la confección del proyecto antes de convertirse en ley".[4] Según otra versión, esos trabajadores se reunieron en más de 52,000 asambleas en todo el país.[5] El Secretario General de la CTC señaló a su vez que en las asambleas, celebradas los meses de julio y agosto de 1984 votaron en favor del código 2,300,000 trabajadores y en contra 700 y se apresuró a aclarar que estos últimos no votaron en contra del código, sino sobre algunos artículos determinados y que la mayoría de los planteamientos hechos en las asambleas tenían que ver con problemas de redacción o de estilo.[6]

## Discusión y aprobación del código

La Asamblea Nacional del Poder Popular inició su VII período de sesiones el 28 de diciembre de 1984 y ese mismo día aprobó la ley No. 49 contentiva del código del trabajo. El texto aprobado correspondía al anteproyecto redactado por funcionarios del Ministerio del Trabajo (CETSS) bajo la dirección de Blas Roca, Carlos Rafael Rodríguez y otras figuras históricas del marxismo-leninismo cubano. El hecho de que apenas hubiera discusión del código en la Asamblea Nacional y que se produjera la extraña circunstancia de ser presentado y aprobado el mismo día, en modo alguno sorprendió a quienes conocían la práctica de aprobación automática de la ANPP. Uno de los miembros de la Comisión de Redactora afirma, sin embargo, que esa discusión fue precedida por tres años de trabajo colectivo en el que participaron la propia ANPP, el CETSS, el Ministerio de Justicia, las universidades, los tribunales y los organismos rectores de las empresas.[7]

Aunque en Cuba se habían preparado antes de 1959 seis anteproyectos de código del trabajo, uno de los cuales remonta a 1912 y el más reciente (que tuvo carácter oficial) a 1946,[8] los miembros de la Comisión Redactora no prestaron la menor atención a los mismos. Tomaron en cambio la extraña decisión de solicitar la asistencia técnica de la Secretaría de Trabajo de México y de los órganos competentes de la República Democrática Alemana y Hungría. Es de señalar incidentalmente que en la Unión Soviética y los demás países socialistas de Europa del Este, los códigos del trabajo fueron promulgados poco después de haberse establecido el régimen comunista en esos países (en la URSS el primer código data de 1918). Sólo en Cuba se dejó transcurrir más de un cuarto de siglo antes de que se adoptara un código dirigido a unificar y sistematizar los derechos de los trabajadores.

Al presentar el proyecto a la consideración de la ANPP, el Presidente de ella, Flavio Bravo, reconoció que lo que existía antes era una legislación "un tanto anárquica y muy confusa,[9] lo que ha hecho a veces difícil su estricto cumplimiento". Añadió que el código venía a superar esa situación y a recoger "las más caras esperanzas por las cuales lucharon nuestros trabajadores durante larguísimos años".[10] En la propia sesión inaugural, Roberto Veiga hizo dos señalamientos interesantes. Uno fue que entre las 269,000 intervenciones realizadas en las asambleas "fue insignificante el peso que tuvieron las propuestas, las reivindicaciones que postulaban reivindicaciones de carácter económico". El otro consistió en admitir que hubo en esas asambleas propuestas y planteamientos que no se correspondían a "nuestras posibilidades económicas actuales" y que por lo tanto no fueron incorporadas al código.[11] Aparte el aparente contrasentido de esas declaraciones, es oportuno señalar que en 1984 continuaba la acción militar de Cuba en Angola y Etiopía, acción que llegó a involucrar la presencia de fuerzas de tierra y aire en número de 50 ó 60 mil cubanos.

No podía faltar desde luego el discurso del Comandante en Jefe, Fidel Castro, Primer Secretario del Comité Central del Partido Comunista de Cuba, Presidente del Consejo de Estado y Presidente del Consejo de Ministros. Para Castro, el código de trabajo era por una parte "una legislación muy avanzada" que recogía las conquistas y los derechos de los trabajadores en su revolución y por otra un instrumento capaz de contribuir al desarrollo del país, a la utilización óptima de los recursos humanos y a que seamos un pueblo eficiente, disciplinado y productivo, altamente productivo".[12]

La codificación de las normas laborales no concluye el período de la institucionalización que se continúa por el contrario con la promulgación en 1988 de un nuevo código civil. Había seguido rigiendo hasta entonces (al menos en el papel) el viejo código de 1889 y lo único extraño es que el Gobierno Revolucionario se hubiera demorado tanto en sustituirlo. En el preámbulo a la edición oficial de ese código, Blas Roca (a quien procede acreditarle su condición de gran arquitecto de la institucionalización) señaló que el nuevo texto reemplazaba al antiguo código civil que había sido redactado "para la conveniencia de los explotadores". El nuevo código, mucho más pequeño en su articulado, se adoptaba al decir de sus autores "de acuerdo con la moral inherente a los intereses de la clase trabajadora".

El autor principal del código civil (que abrogaba todas las disposiciones sobre el arrendamiento de obra o servicios) no fue un comunista de pura cepa sino un miembro de la antigua judicatura cubana llamado A. Riera Camacho.[13]

## El contenido del código y las expectativas de los trabajadores

La cuestión primera que se plantea con respecto al contenido del código del trabajo es la de discernir: 1) si el mismo era la legislación avanzada de la que habló Castro; 2) si recogía las más caras esperanzas por las cuales lucharon los trabajadores como apuntó Flavio Bravo; 3) si consagraba las conquistas y los derechos de los trabajadores, como también afirmó Castro. ¿Correspondía su articulado en otras palabras a las expectativas que lógicamente albergaban los trabajadores cubanos tras más de 25 años de una revolución que se decía hecha por y para los trabajadores?

Lo primero que procede averiguar es cuál es el campo de aplicación del código y el volumen de su articulado. Normalmente, los códigos del trabajo de otros países regulan sólo las relaciones y condiciones de empleo de los trabajadores asalariados en el sector privado de la economía. Algunos limitan su alcance a las disposiciones sustantivas y dejan las adjetivas para un ulterior código procesal del trabajo. Casi ninguno se ha atrevido a incluir en el mismo texto las normas laborales propiamente dichas con las relativas a la seguridad social, ni tampoco a tratar en el código los temas de la administración e inspección del trabajo. Aún con esas limitaciones, la regulación de todas las condiciones mínimas de empleo y los lineamientos que rigen las relaciones entre la administración de una empresa y sus trabajadores es tan compleja que algunos códigos latinoamericanos llegan a tener mil o más artículos y el Código Internacional del Trabajo contiene más de 7,000 artículos.[14]

En contraste con esa situación, he aquí que el código de trabajo de Cuba quiso ser general y hasta omnicomprensivo pues se ocupa de las relaciones de laborales que nacen del contrato de trabajo (es decir de los asalariados y vinculados) y también de las que se derivan de la elección o designación de una persona para ocupar un cargo público; comprende también disposiciones sustantivas y procesales y extiende su ámbito de aplicación a la seguridad social y a la inspección del trabajo. Hasta aquí ese enfoque comprensivo y unificador pudiera ser elogiable si no fuera porque toda la urdimbre legislativa que tamaño esfuerzo requiere se redujo a solamente 308 artículos. Ni los más eminentes juslaboralistas de los países más avanzados de Europa hubieran podido realizar tamaña proeza. A menos que previamente se hubiera decidido dejar fuera del código una copiosa lista de protecciones, derechos y beneficios del trabajador.

Lo más notable del código viene no obstante enseguida apenas se examina con cierto cuidado su articulado. De sus 308 preceptos 65 se dedican de modo explícito a tratar de los deberes del trabajador, de las normas mínimas de rendimiento y de la disciplina laboral. Me atrevo a afirmar que ningún otro código laboral del mundo tiene un porcentaje tan alto de medidas de control y disciplina del trabajador. Las frases "observar la disciplina laboral" y "fortalecimiento de la disciplina del trabajo" aparecen una media docena de veces en el capítulo I. No en vano uno de los principales autores del código omite la protección al trabajador (que sigue siendo la parte débil en su relación con el Estado-empleador) al hablar de los objetivos básicos de dicho texto y menciona en cambio su contribución a la eficiencia laboral y la disciplina laboral.[15] Más tarde en esa misma introducción se refiere a la necesidad de crear y fortalecer una disciplina de trabajo consciente y a la de dotar a las administraciones de las empresas de los mecanismos adecuados para corregir las actitudes indisciplinadas.[16]

Este interés en acentuar las medidas de disciplina laboral respondía, por supuesto, a la experiencia de indisciplina y desaprovechamiento de la jornada laboral que atraviesa los diversos períodos de la revolución. A fines de 1985, es decir por la misma época en que se ponía en vigor el código del trabajo, se realizó un estudio sobre el aprovechamiento de la jornada laboral en la Empresa Municipal de Gastronomía de Ciego de Avila. Dicho estudio arrojó un nivel de aprovechamiento de la jornada de solamente un 63,5 por ciento y una de las medidas que se recomendaba para incrementar la productividad era la de "elevar la exigencia por el cumplimiento de la disciplina laboral y el aprovechamiento de la jornada".[17]

¿Qué sucede por otra parte con aquellos capítulos del código que sí consagran medidas de protección al trabajador? Vale la pena analizar ahora lo que dicho texto prescribe con respecto a las dos condiciones fundamentales de trabajo: la jornada de trabajo y el salario. En cuanto a la primera cabe observar que mientras la Constitución de 1940 hablaba de una jornada *máxima* de ocho horas y de una labor *máxima* semanal de 44 horas, el código de 1985 dice que la jornada diaria de ocho horas es *la normal* y la semanal de 44 horas es la *promedio*.[18] No hace falta mucha perspicacia para advertir que ese cambio, al parecer sutil, se hizo con el propósito deliberado de abrir paso al trabajo voluntario y de eliminar la obligación de retribuir todos los tipos de trabajos en horas extraordinarias. A propósito de estos últimos, el código socialista crea dos nuevas modalidades de horas extras: el doble turno (para suplir la ausencia imprevista de un trabajador en las empresas de funcionamiento continuo, es decir la obligación de trabajar 16 horas consecutivas) y la habilitación como laborables de los días de descanso semanal.[19] Luego, con relación a las vacaciones, incurre en varias transgresiones de lo que debería ser esta institución, incluyendo la que permite a la administración computar como parte de las vacaciones, las ausencias de los trabajadores por cuestiones personales impostergables (como por ejemplo la muerte de un familiar) y la que autoriza la liquidación en efectivo de las vacaciones sin disfrute del descanso;[20] práctica contraria a las normas internacionales ratificadas por Cuba. Y como si fuera poco lo anterior dispone que los períodos de vacaciones no se acumulan en tiempo ni tampoco en su expresión económica, lo que sin duda buscaba liquidar el engorroso "affair" antes mencionado de las vacaciones no disfrutadas ni pagadas.

Una última observación sobre el tema de la duración del trabajo es que las jornadas establecidas en el código son las mismas que Cuba había fijado 45 años atrás y menos ventajosas para el trabajador que las previstas en otros países socialistas.

En cuanto al problema del salario es dable apuntar otros desaciertos. El salario mínimo, por ejemplo, se consagra sólo con respecto a los que trabajan por meses dejándose fuera a los jornaleros y omitiéndose toda referencia a su aptitud para satisfacer las necesidades básicas del trabajador.[21] Se establece a seguidas como forma preferida de pago el sistema del destajo que es perjudicial a la salud del trabajador y del que tanto se habían quejado los líderes comunistas antes de 1959. No se incluyen los principios clásicos de protección del salario que aparecen en todos los códigos latinoamericanos, a saber: de la irrenunciabilidad,[22] la inembargabilidad del mínimo vital, la prelación del salario en relación con otros créditos y la prohibición de descuentos (que el código permite hasta un tercio o la mitad cuando se trate de créditos a favor del Estado y las empresas y bancos estatales).[23]

Puede también calificarse de deficiente la normativa del código referente a la estabilidad en el empleo y a las sanciones que se prevén en caso de infracción de la disciplina laboral. La terminación del trabajo por iniciativa de la administración incluye causales como la declaración de disponibilidad del trabajador que indebidamente se dejan a la discreción del empleador. En cuanto a las medidas disciplinarias a tomar, no parece propio del respeto a la dignidad del trabajador el que se autorice la amonestación pública que en la actual práctica laboral cubana se acompaña de actos de repudio que son vejatorios de la persona humana. Tampoco parece justo que la lista de sanciones termine con una cláusula abierta a la posibilidad de que la ley pueda establecer otras medidas disciplinarias "de contenido económico o de privación temporal de algunos beneficios laborales".[24] Es esta cláusula la que permitió al gobierno añadir más tarde las multas (prohibidas en casi todas las legislaciones del mundo) y la pérdida de cuantos títulos y galardones hubiera recibido el trabajador.

En materia de relaciones colectivas, el código fue más cuidadoso que la Constitución en el tratamiento de la organización y afiliación sindical. A primera vista pareció reconocer el derecho de los trabajadores a asociarse voluntariamente sin necesidad de autorización previa y el de expresar libremente sus opiniones. Sin embargo, un examen más detenido de ese documento revela que el derecho de sindicación se aplica únicamente a las organizaciones pertenecientes a la CTC y que las funciones de ésta ponen el énfasis en cuestiones de interés para el gobierno como son el incremento de la producción y la productividad, la disminución de los costos, el fortalecimiento de la disciplina laboral, la organización del trabajo voluntario y la dirección de la emulación socialista. La libre expresión del pensamiento se halla a su vez condicionada a lo dispuesto en el artículo 63 de la Constitución.

Es verdad que la lista de derechos que se confieren a la organización sindical es impresionante e incluye el de representar a los trabajadores ante el gobierno y la administración y participar en la dirección de la entidad laboral y en la elaboración y suscripción de los convenios colectivos. De nuevo se hace necesario afinar aquí el examen con el objeto de descubrir el verdadero alcance de estos derechos. La participación de los trabajadores y sus sindicatos en la dirección de las entidades laborales no se extiende a las *decisiones* de éstas sino a su participación en las discusiones que tienen lugar en las asambleas de producción o servicios y a una indeterminada forma colectiva de participación a través de la organización sindical.[25] Con respecto a los convenios colectivos de trabajo para nada se menciona el derecho a negociarlos ni tampoco se dice que su objeto principal es el mejorar las condiciones mínimas de trabajo previstas en la ley sino al contrario se indica que sus estipulaciones "se basan en la ley" (artículo 238) y tienen por objeto principal "impulsar la ejecución de los planes técnico-económicos" (artículo 235). Es importante señalar además que tanto los niveles de concertación como la duración de los convenios se determinan por organismos del Estado y que las divergencias que pudieran surgir con motivo de la elaboración y aprobación del convenio "se resuelven por los órganos superiores" (artículo 240).

La aplicación posterior del código habría de mostrar que en estas materias, el gobierno no había cedido un ápice en el rígido control de las organizaciones de trabajadores que había establecido en 1961.

## Algunos aspectos positivos junto a un exceso de reenvíos

No todo es, por supuesto, negativo en el análisis del contenido de la ley 49. El código contiene algunos beneficios para el trabajador como son la licencia de tipo deportivo y la consecuente a una movilización militar, así como una extensión de la licencia por maternidad a seis semanas anteriores y doce posteriores al parto.

En el papel, parece también satisfactoria la regulación del trabajo de los adolescentes según la cual los menores de 15 y 16 años sólo podrán trabajar cuando "por razones excepcionales" son autorizados a incorporarse al trabajo previo un examen médico.[26] El precepto adolece de cierta vaguedad y es frecuentemente ignorado en la práctica. Los menores realizan además trabajos agrícolas e industriales por intermedio de la Unión de Pioneros, el Ejército Juvenil del Trabajo y los programas de estudio y trabajo que obligan a los alumnos de la enseñanza secundaria y pre-universitaria a laborar en el campo durante 45 días (período que se considera como una asignatura) y de modo opcional durante 15 días de las vacaciones escolares.

De mucha mayor importancia es el capítulo sobre la seguridad social que establece el derecho de los trabajadores a recibir prestaciones en servicio o monetarias; las primeras comprenden la asistencia médica y estomatológica, la rehabilitación física o psíquica y los servicios funerarios; son prestaciones monetarias el subsidio por enfermedad o accidente, la prestación económica por maternidad, las pensiones por invalidez total o parcial, la pensión por edad y la pensión por muerte del trabajador o del pensionado. El sistema de seguridad social no prevé subsidios por desempleo ya que todavía en 1985 se pensaba que la revolución había eliminado el problema de la desocupación. Cuando ésta reapareció con fuerza a partir de 1990 hubo que improvisar un esquema de indemnizaciones que tenían una aplicación bastante limitada.[27]

Entre las disposiciones que entrañaban atrasos y las que implicaban beneficios hay un elevado número de preceptos que pudieran calificarse de inocuos o escasamente útiles. Algunos lo eran por su vaguedad y otros por su condicionamiento. ¿Qué valor puede tener, por ejemplo, una disposición que reza así:

*"Cuando se produce una interrupción en las labores por causas no imputables al trabajador, se le garantiza al mismo* ***una parte*** *de su salario, salvo las excepciones que determina la ley"?*[28]

¿Cuál es esa parte a que tiene derecho el trabajador, una parte proporcional o la que fija discrecionalmente la administración? Al tratar más adelante de la solución de los conflictos del trabajo la validez del fallo que dictan los consejos de trabajo se condiciona a que "no se menoscabe el cumplimiento de los planes económicos de la producción o los servicios".[29]

Hay, por último, innumerables artículos del código que en vez de reconocer explícitamente un derecho o definir un beneficio remiten la solución a lo que establezca una ley posterior. ¿Qué ventaja puede ofrecerle al trabajador un código que al tratar un problema de interés primordial para él simplemente le dice que se atenga "a lo que disponga la ley"? ¿Qué significación tiene un código que en una materia tan importante como el traslado a otro puesto prevé lo siguiente:

*"El traslado del trabajador por interrupción del proceso laboral, devaluación de su calificación, reestructuración, reorganización, racionalización, invalidez parcial u originado por una medida disciplinaria se rige por lo dispuesto en la ley"?*[30]

Es precisamente la manera reiterada como el legislador revolucionario acudió a esta forma fácil de codificar, lo que movió al autor de este libro a calificar el documento en examen como un "código de reenvío".[31] El presidente de la Asamblea Nacional del Poder Popular (ANPP) consideró al inicio de los debates en esa asamblea que el proyecto era un "cuerpo de carácter general y flexible".[32] En verdad debiera decirse que era un cuerpo más bien raquítico e incompleto. No sería pertinente sostener que el código era un documento básico que se complementaba con las otras disposiciones que estaban en vigor porque la Disposición Final Segunda del código derogó expresamente 50 textos legales entre leyes, decretos leyes, decretos y resoluciones, algunos de los cuales databan de 1929 y de la década de los 30. Con razón Castro dijo al terminar el precitado debate que "algunas disposiciones (del código) deben ser modificadas, deben ser mejoradas".[33] Y en efecto hubo posteriormente un gran número de enmiendas, supresiones y adiciones. Como se verá más adelante, sin embargo, esos cambios fueron dirigidos a hacer más rigurosa la legislación laboral y a recortar algunos de sus beneficios.

No fue culpa de los miembros de la Comisión Redactora el que resultara tan deficiente el código. Ellos hicieron lo mejor que podían. Fueron las directrices e instrucciones que venían de lo alto y la naturaleza del sistema las responsables de esa deficiencia.

## La exclusión del código del personal del Minint

Aunque el código cubano del trabajo quiso tener una amplia y casi universal cobertura, dos grupos de servidores públicos quedaron al margen del mismo. El primero se relaciona con los integrantes de las fuerzas armadas, disposición justificada pues dada su condición, ellos son asimismo excluidos del código en casi todos los demás países del mundo. El segundo grupo, referente al personal del Ministerio del Interior, constituye en cambio una particularidad del ordenamiento legal cubano y su exclusión arroja luz sobre la naturaleza autoritaria del régimen. Ese personal representa en primer lugar la única categoría de empleados públicos que se sitúa fuera del código que, como se indicó antes, cubre hasta a los funcionarios designados o elegidos para desempeñar cargos en la administración, las asambleas populares o los tribunales.

¿A qué se debe ese tratamiento distinto y especial que se reserva para los que trabajan en el Minint? Pues sencillamente a que dentro del mismo prestan servicios los miembros de la Seguridad del Estado órgano que constituye la espina dorsal del aparato represivo del régimen. El gobierno de Castro quiso colocar al mismo no solamente fuera de los derechos y garantías del código sino también eximirlos de los deberes y restricciones que el código prevé para el resto de los trabajadores. Sus funciones eran tan vitales y delicadas que se estimó indispensable dotarlos de un fuero excepcional, de un tratamiento especial que les permitiera actuar con la mayor eficacia, libres de las limitaciones que afectan a los demás ciudadanos. Algunos de estos funcionarios están en efecto por encima de la ley, al margen de los poderes del Mintrab y del CETSS, facultados para realizar operaciones secretas, investidos de privilegios y con derecho a percibir retribuciones especiales. A ellos no se les aplican las austeras normas y escalas salariales del código; su remuneración se paga con cargo a partidas especiales que no son del conocimiento público. Tampoco se ven coartados en sus funciones por los derechos fundamentales que la Constitución reconoce a los ciudadanos en los artículos 55 a 60.

Tan especiales y generosas pueden llegar a ser sus emolumentos que el propio Castro que dio vida a la Seguridad del Estado señaló en julio de

1989, al estallar el escándalo del General Ochoa, que "todo el mundo sabe que (los dirigentes de ese Ministerio) eran unos potentados que gastaban, ostentaban y vivían diferente de los demás".[34]

Mas si los señores del Minint disfrutaban de prebendas y eran inmunes con respecto a las rígidas normas de disciplina e igualitarismo del código, ellos asumían también riesgos pues se hallaban excluidos de las normas relativas a la modificación, suspensión y terminación de sus contratos y en cualquier momento se les podía privar de sus cargos, como efectivamente ocurrió cuando se llevó a cabo la reorganización del Minint poco después del fusilamiento del General Ochoa. No sólo era posible despedir sin mucha ceremonia a los informantes y agentes de la Seguridad, sino también a sus más altos funcionarios algunos de los cuales fueron encarcelados e incluso fusilados.

¿Quiénes integran y cómo se halla organizado interiormente el temido Minint? A su frente se halla el Ministro del Interior que en la actualidad es un general que goza de la plena confianza de Raúl Castro; su alta dirección se complementa con nueve Viceministros incluyendo uno a cargo de la contrainteligencia, otro de las tropas especiales (guarda fronteras y milicias territoriales), un tercero de las tareas políticas y otro misteriosamente llamado "de la retaguardia", etc.[35] El personal encargado de las tareas administrativas y la ejecución de los objetivos del Ministerio comprendía en 1991 más de 75,000 personas algunas de las cuales disponen de los más avanzados equipos tecnológicos para la computación y análisis de los datos que proporcionan los informantes o fuentes. El número de estos últimos es difícil de calcular pero se sabe que abarca una amplia gama de ciudadanos que va desde conocidas figuras intelectuales, artísticas y deportivas hasta choferes de taxi y miembros de los CDR. Sus labores de obtención y canalización de informaciones se hallan reglamentadas en la *Guía del Informante*.

En su actual concepción (muy distinta de lo que era antes el Ministerio de Gobernación), el Minint se creó en junio de 1961 y ha sido desde entonces uno de los pilares del régimen de Castro.

## A guisa de conclusiones

Tras un cuarto de siglo de revolución muchos trabajadores acariciaban esperanzas de obtener por vía del código un mejoramiento en sus condiciones de trabajo y un mayor goce de libertades. Al trabajador no le interesa sólo ser atendido en caso de enfermedad, educar sin costo a sus hijos o tener derecho a un funeral gratuito. A los hombres y mujeres que dedican su vida al trabajo les interesa sobre todo ser debidamente tratados y recompensados en sus labores. Les parece asimismo primordial que puedan constituir libremente las organizaciones que estimen por conveniente y se les reconozca el derecho a protestar contra medidas injustas y utilizar medios de autodefensa.

Que el código del trabajo de 1985 no satisfizo sus aspiraciones básicas en materia de horas de trabajo, régimen de descansos, niveles de salarios, seguridad en el empleo y libertad sindical, parece evidente a la luz del examen anterior. También parece indiscutible que el código hizo más rigurosa la disciplina laboral y amplió el elenco de infracciones, obligaciones, prohibiciones y sanciones previstas en ese texto y en los reglamentos disciplinarios.

Cuesta trabajo entender en esas condiciones la frase de Roberto Veiga en el sentido de que el proyecto de código "fue un documento acogido con mucho interés y entusiasmo por los trabajadores".[36] Siendo además un texto de magro contenido y corte disciplinario, salta a la vista el carácter ilusorio o inexacto de los antes mencionados juicios de Fidel Castro y Flavio Bravo.

Hubiera sido previsible que algunos trabajadores expresaran con franqueza y valentía sus críticas a ciertos aspectos del código. Según los informes ofrecidos por Roberto Veiga sólo 700 trabajadores, es decir, un 0,03 por ciento de los 2,300,000 trabajadores consultados votaron en contra de algunos artículos del código. Según el propio Veiga fueron también poquísimos los trabajadores que hicieron planteamientos de reforma y más sorprendente aún es el hecho de que éstos no se refirieron al fondo de los problemas. Convertidos de repente en puristas de la lengua la mayoría de estos planteamientos "tenían que ver con cuestiones de estilo".[37]

Las discusiones del código del trabajo sirvieron pues para confirmar el patrón de unanimidad que Castro había impuesto desde 1960 y que caracteriza todo el período de la institucionalización. De igual manera que ocurrió con la Constitución, el I Congreso del PCC o las tesis de los congresos de la CTC, el asentimiento fue total; nadie se atrevió a hablar, nadie se atrevió a discrepar. ¿Era todo ello una muestra de que el conjunto del pueblo cubano, sin la menor excepción, estaba de acuerdo con cuanta medida el régimen preescribía, o era ésta "la sólida e impenetrable unanimidad totalitaria" a la que ya en 1960 se había referido un escritor?[38]

# Notas

[1] XIV Congreso de la CTC. *Memorias*, op. cit., pags. 124 y 125.

[2] Antonio R. Martín Sánchez, "Comentarios al Código de Trabajo de la República de Cuba" en Oficina Internacional del Trabajo, Serie Legislativa (1984), pag. 2.

[3] Si bien el XV Congreso de la CTC celebrado en 1984 habría reiterado la necesidad de codificar las leyes del trabajo.

[4] Martín Sánchez, op. cit., pag. 2.

[5] Véase Comité Estatal del Trabajo y Seguridad Social, *Código de Trabajo*. (La Habana, 1985), pag. III.

[6] Intervención de Roberto Veiga en la discusión del código en la Asamblea Nacional del Poder Popular, en ibid, pag. IV.

[7] Martín Sánchez, op. cit., pag. 2.

[8] El primer proyecto (de 1912) fue preparado por José López Pérez; le siguieron los de Francisco Carrera Jústiz (1919), la Academia Católica de Ciencias Políticas de Cuba (1920), Mariano Aramburo (1924), Francisco Fernández Plá (1944) y el de la comisión designada por el Ministro del Trabajo Carlos Azcárate en 1946.

[9] Palabras introductorias, en CETSS, Código de Trabajo, op. cit., pag. II.

[10] Ibid.

[11] Ibid, pags. IV y V.

[12] Discurso de Fidel Castro, ibid., pag. I.

[13] Véase Juan Vega, "Nuevo código civil", *Cuba Socialista*, No. 1, febrero de 1988.

[14] La Consolidación (código) del Brasil de 1943 tiene 922 artículos; la Ley Federal del Trabajo de México incluye 1010 artículos y el código del trabajo de Panamá suma 1067 normas.

[15] Martín Sánchez, op. cit., pags. 2 y 3.

[16] Ibid, pag. 5.

[17] "Estudio realizado en la Empresa Gastronómica del Municipio Cabecera de la Provincia de Ciego de Avila", *Información Laboral* (Publicación del CETSS), octubre-diciembre de 1985, pag. 20.

[18] Artículo 67.

[19] Artículo 73.

[20] Artículos 91 y 98.

[21] Véase el artículo 100.

[22] Si bien la irrenunciabilidad aparece indirectamente mencionada en el artículo 253.

[23] Artículo 125, inciso b).

[24] Párrafo final del artículo 159.

[25] Artículo 21.

[26] Artículo 220.

[27] Véase "Apartado 2009" en *Trabajadores* del 23 de marzo de 1992.

[28] Artículo 118.

[29] Artículo 253.

[30] Artículo 43.

[31] El mundo del trabajo en Cuba Socialista, op. cit., pag. 73.

[32] CETSS, op. cit., pag. 11.

[33] Ibid, pag. 1.

[34] Discurso pronunciado ante el Consejo de Estado el día 12 de julio de 1989, publicado en *Trabajadores* el 13 de julio de 1989, pag. 3 y siguientes.

[35] Véase Manuel Sánchez Pérez. *¿Quién manda en Cuba? Las estructuras del poder, la élite*. (Miami: Ediciones Universal, 1989), pag. 10.

[36] CETSS, Código del Trabajo, op. cit., pag. IV.

[37] Ibid.

[38] Luis Aguilar León. "La hora de la unanimidad", *Prensa Libre* (La Habana), 13 de mayo de 1960, pag. 3. *Prensa Libre* fue ocupado por el gobierno al día siguiente de publicado este artículo.

# Capítulo 17

## *Crecimiento de la CTC y el XIV Congreso*

### Situación del movimiento obrero en 1978

Entre 1973 y 1978 la dirigencia revolucionaria (Partido, gobierno y CTC) realizó esfuerzos denodados por incrementar la afiliación sindical. Aunque la meta propuesta (97 por ciento de la fuerza de trabajo) no se logró, el progreso alcanzado fue notable pues se ascendió de un 88 por ciento a un 94 por ciento. La propaganda incesante y masiva fue haciendo claro a la clase obrera que el ingreso en la CTC debía coincidir con la entrada en el mercado de trabajo. Había asimismo aumentado el número de fanatizados provenientes de la UJC que se unían a los que eran ya adeptos a Castro o se habían integrado a la revolución. Los años transcurridos influían también en que muchos aceptaran el triunfo de Castro como un hecho consumado al que era preciso adaptarse. Una especie de mimetismo social se esparcía por las más diversas capas de la masa trabajadora. Era evidente, por otra parte, que Roberto Veiga y sus colegas habían interpretado correctamente la aspiración totalitaria del Comandante en Jefe y habían laborado con eficacia en el seno de la CTC y en los sectores obreros y campesinos que estaban al margen de la central. La bonanza de los años 1970-76, provocada por el aumento de los precios del azúcar en el mercado mundial, favoreció por último el crecimiento de la afiliación a la CTC.

Al acercarse la fecha del XIV Congreso, la CTC contaba con 18 sindicatos nacionales, 44,489 secciones sindicales, 2,812 buróes y más de dos millones de afiliados.[1] La estructura de la central se basaba en *sindicatos* por ramas económicas, *secciones sindicales* por establecimientos y unidades económicas, y *buróes sindicales* al nivel de empresas y unidades presupuestadas. En el período antes indicado se resolvió formalizar también la creación de organismos intermedios de los sindicatos en las provincias y en algunos casos en los municipios. La inclusión de organismos de base territorial o geográfica, al lado de los de base profesional buscaba unificar y representar a todo el movimiento obrero en el plano municipal y relacionarlo con la actividad de los órganos del Poder Popular.

Por debajo de la sección sindical, los estatutos de la CTC permitían la creación de tantos comités o delegados sindicales en los turnos, departamentos, establecimientos, secciones, áreas, talleres, lotes, brigadas, etc. como fuera necesario.[2] Esta proliferación de los organismos se combinaba con los principios de una sola dirección en cada sección sindical y de la subordinación de los organismos inferiores a los superiores.[3] Así fue tomando cuerpo un tipo de organización tentacular que llegaba hasta los más recónditos rincones del mundo del trabajo. Era evidente también que la ampliación de la estructura permitía un control más efectivo de la masa trabajadora en todo el país.

Se fue creando al propio tiempo un gigantesco aparato sindical del que pronto se derivarían (o mejor se agudizarían) los vicios del burocratismo y el "reunionismo" que habrían de caracterizar al movimiento obrero cubano. Lejos de realizarse el plan de Miguel Martín de reducir el número de cuadros profesionales, éste seguía creciendo de modo incontenible. Durante el proceso preparatorio del XIV Congreso se informó que se habían elegido 255,909 cuadros sindicales,[4] lo que significa algo así como un dirigente por cada nueve trabajadores y fracción. A esos cuadros o dirigentes Castro les pediría unos días después que "no fueran blandos y que debían acostumbrarse a exigir".[5]

En la elección de los dirigentes (secretarios ejecutivos) participaron según informes de la CTC, un 87 por ciento de los trabajadores con derecho a votar. Conforme a esos mismos informes, el 54 por ciento de los cuadros eran de nueva promoción y el 40 por ciento "surgieron de las mujeres trabajadoras".[6] Los secretariados ejecutivos fueron elegidos en las llamadas asambleas de ratificación y/o renovación de mandatos en la base. A seguidas de estas asambleas comenzaron, en agosto de 1977, los congresos de los sindicatos nacionales y una vez concluida la celebración de éstos se inició la discusión de los proyectos de tesis del XIV Congreso. Tal discusión se efectuó en asambleas generales que tuvieron también a su cargo elegir los precandidatos a delegados del congreso. Finalmente, como culminación de la etapa preliminar a la celebración del congreso nacional se llevaron a cabo las conferencias municipales y provinciales encargadas asimismo de discutir las tesis y designar sus respectivos secretariados.

Antes, pues, de que se llegara a la celebración del máximo evento sindical, los trabajadores habían sido movilizados varias veces y es posible que muchos delegados al XIV Congreso hubieran tenido que participar en múltiples reuniones preliminares. Indudablemente que ello entrañaba la pérdida de muchos días de trabajo, pero aunque a Castro le preocupaba el aumento de la producción, también le interesaba mantener al pueblo en constante estado de movilización. Un ejemplo elocuente de la obsesión movilizadora se tiene en el sector agrícola en el que la discusión de las tesis se llevó a cabo en 5,008 asambleas en las cuales participaron cerca de 400,000 trabajadores.[7] Otro ejemplo aún más significativo lo ofrece la "grandiosa jornada" del Domingo 5 de noviembre cuando, para saludar la Revolución de Octubre y el XIV Congreso, 1,669,355 trabajadores participaron activamente en tareas de la agricultura, la industria, los servicios, la construcción, los puertos y otras acumulando un total de 11,223,926 horas que representan un aporte de 6,479,218 pesos en concepto de salarios.[8]

## Cumplimiento de los acuerdos del XIII Congreso

La vida de un movimiento obrero no sólo se manifiesta en los congresos que periódica o esporádicamente se organicen, sino también y muy principalmente a través de la continuidad de las acciones que realice para la defensa y mejoramiento de los trabajadores. Uno de los medios más apropiados para medir esa continuidad es el de verificar la manera como entre uno y otro congreso se dio o no cumplimiento a los acuerdos adoptados en las reuniones anteriores.

El XIII Congreso adoptó un cierto número de resoluciones y el Informe Central sometido al siguiente evento nacional se preocupó por señalar cuáles habían sido llevadas a la práctica, cuáles estaban pendientes y cuáles no pudieron ser aplicadas. El XIV Congreso, dicho sea incidentalmente, fue mejor organizado y más fructífero en su desenvolvimiento que los anteriores.

No fueron pocas las resoluciones del XIII Congreso que se hicieron realidad. Dicho congreso se pronunció, por ejemplo, en favor de evitar que surgieran nuevos salarios históricos y por corregir aquellos que pudieran estimarse ilegítimos. Esta resolución dio lugar a la ley No. 12 de diciembre de 1977 sobre la no creación de esos salarios que, por supuesto, eran más altos que las tarifas vigentes; en el plano sindical el XIV Congreso acordaría además continuar la vinculación del salario con el rendimiento y promover a fondo la emulación socialista. En ese mismo orden de cosas se dio cumplimiento al acuerdo del XIII Congreso relativo a la proclamación anual de los Héroes Nacionales del Trabajo y se hizo un esfuerzo por alcanzar los objetivos fijados en dicho congreso en relación con el aporte sindical a las tareas de la zafra y la agricultura. Mientras en 1973 el número de brigadas de macheteros habituales y voluntarios que habían cortado más de un millón de arrobas de caña fue de 137, en 1978 dicha cifra se elevó a 1,130 brigadas.[9] Asimismo, como consecuencia de los acuerdos adoptados en 1973, se intensificó la promoción y mejor organización del trabajo voluntario al punto que entre 1975 y el primer semestre de 1978 las horas de trabajo voluntario ascendieron a más de 268 millones.[10]

Otro ejemplo de aplicación de los acuerdos del XIII Congreso se tiene en la Ley de Protección e Higiene del Trabajo aprobada en 1977. Dicha ley respondió no sólo a los deseos expresados en ese congreso sino también a las estadísticas un tanto alarmantes de accidentes del trabajo que en el año 1974 ascendieron a 40,233 de los cuales 297 fueron fatales.[11]

Atendiendo asimismo a las recomendaciones del XIII Congreso se aprobó en 1974 la Ley No. 1272 sobre la capacitación técnica de los trabajadores. En ese mismo año se comenzó a publicar el órgano oficial de la CTC, *Trabajadores*, dándose así cumplimiento a otra resolución del susodicho congreso.

El listado anterior incluye medidas de indudable —y elemental— protección al trabajador con otras dirigidas a demandar mayores esfuerzos a los trabajadores. Algunas de estas medidas irrogaban ciertos gastos al Estado pero su costo no era excesivo y podía ser compensado con la disminución de los salarios históricos y los aportes del trabajo voluntario y la emulación socialista. ¿Qué ocurrió en cambio con las resoluciones que entrañaban mayores costos directos para el Estado? Cuatro resoluciones propuestas en 1973 pertenecían a este grupo, a saber, las que pedían:

1. Aplicar la escala salarial a todos los sectores pendientes.
2. Implantar un pago superior para el trabajo en condiciones anormales.
3. Revisar los calificadores de cargos con la remuneración adicional correspondiente.
4. Solventar las deudas por concepto de descanso acumulado.

Durante los tres primeros años posteriores al XIII Congreso se dispuso la implantación de la escala salarial a numerosos puestos de trabajo así como la revisión de los calificadores y el pago por condiciones anormales, lo que incrementó el salario anual en más de cien millones de pesos.[12] En 1976, sin embargo, se suspendió la aplicación de esas resoluciones aduciendo que había descendido el precio del azúcar y que la continuación de esos pagos era económicamente irracional y podía conducir a un desbalance financiero interno. El gobierno no aclaró por qué no se habían hecho las reservas necesarias cuando el azúcar alcanzó precios extraordinariamente altos, ni tampoco por qué no se utilizaron para ese pago los enormes subsidios provenientes de la Unión Soviética. Cabe agregar que la intervención militar de Cuba en Angola comenzó a fines de 1975.

Todavía más significativo era el problema del descanso acumulado. A lo largo de los años, numerosos trabajadores respondiendo a las exhortaciones de Castro y sus colaboradores habían pospuesto o renunciado al goce de las vacaciones, siendo así que la legislación en vigor que databa de 1934 prohibía la renuncia y prescribía que en caso de posposición se debía pagar su equivalente económico (el 9,09 por ciento). Muchos trabajadores, por ignorancia o por fervor revolucionario, no habían reclamado y el gobierno por conveniencia había dejado de pagar las sumas correspondientes. Cuando Castro habló en la clausura del XIV Congreso reconoció la existencia de esa deuda que a su juicio ascendía a 110 millones de pesos y calificó su falta de pago, de robo.[13] Dijo que algunas asambleas habían reclamado el pago y que a algunos trabajadores se les debían seis años; mas añadió que no era conveniente resolver "así, abruptamente, impensadamente" el pago.[14] Nada hizo en definitiva para ordenar se resolviera el problema; la inclinación de algunos infelices trabajadores a seguir laborando durante sus vacaciones, continuó y la deuda siguió acumulándose. Se dejó así de aplicar un acuerdo de un congreso obrero y se permitió la vulneración de un derecho que tenía carácter de irrenunciable.

Conviene indicar que dos de las anteriormente citadas resoluciones no cumplidas no implicaban nuevas demandas o reivindicaciones sino la aplicación de lo establecido en la legislación laboral vigente. A ciencia y paciencia de los trabajadores y sus representantes siguieron dejando de aplicarse las escalas salariales que el propio gobierno había fijado y continuó impago el famoso descanso retribuido.

## El Sistema de Dirección y Planificación de la Economía

Entre los congresos XIII y XIV de la CTC tuvo lugar un hecho que ayuda a comprender por qué se dejaron de cumplir algunas resoluciones adoptadas en 1973 así como los cambios que habrían de operarse en el curso futuro del movimiento obrero. En diciembre de 1975 el Comité Central del PCC adoptó un conjunto de directrices para el desarrollo del país conocido por el nombre de Sistema de Dirección y Planificación de la Economía. El objetivo principal de este plan era procurar una mayor eficiencia en la actividad económica, a cuyo efecto se postuló el principio básico de la rentabilidad de las empresas del cual se derivarían a su vez ciertos postulados que tendrían repercusiones en el campo laboral. Uno de ellos era el de favorecer el uso de los incentivos materiales, otro se relacionaba con la más estricta vinculación del salario al rendimiento y un tercero era el de proveer a una mayor descentralización en el proceso de toma de decisiones con vista a un eventual autofinanciamiento de las empresas.[15]

Quien entonces estaba al frente de JUCEPLAN (Humberto Pérez) acogió con entusiasmo el nuevo sistema y sostuvo después que a él se debía el crecimiento económico que a su juicio Cuba experimentó esos años. A su impulso se debió también el que la normación del trabajo alcanzara a un 72 por ciento de la fuerza laboral. Sin embargo, el SDPE contenía algunos elementos que no eran del agrado de Castro, principalmente la supeditación de los incentivos morales y el mayor grado de autonomía de los administradores de empresa. Poco a poco se fue produciendo un distanciamiento entre la dirección política del país y los tecnócratas de JUCEPLAN, lo que creó cierta incertidumbre en la política que debía seguir la CTC. Aunque sus acuerdos posteriores subrayan la necesidad de aplicar los criterios del SDPE, en el fondo no se produjo un acatamiento pleno y comenzaron a incubarse fricciones y anticipos de crisis.

Más tarde, a principios de los años 80, y como consecuencia del SDPE se crearon los mercados campesinos libres que tuvieron buena acogida en la población pero fueron suprimidos en 1986 y fieramente atacados por Castro en el III Congreso del PCC. Aunque no representaban más del 2 por ciento del aprovisionamiento del país, el Máximo Líder se opuso en dicho congreso a su posible retorno alegando que conducían al enriquecimiento y posible corrupción de los campesinos amén de oponerse a la gestión centralizada de la economía.[16]

Al final Humberto Pérez fue separado de su cargo y ello puso en entredicho la mejor aplicación del sistema, mermó la autoridad de los planificadores y corroboró lo que de siempre había sido incuestionable, a saber, que era Castro y sólo él el que habría de decidir el camino del desarrollo económico.

## Celebración del XIV Congreso

Pocos días antes del vigésimo aniversario del triunfo de la revolución castrista tuvo lugar en La Habana el XIV Congreso de la CTC. Varias razones contribuyeron a resaltar la importancia de este congreso. Constituyó ante todo un paso más en el proceso de institucionalización ya que se le asignó la tarea de verificar la manera como se estaban cumpliendo los acuerdos del Primer Congreso del PCC y los del anterior congreso de la CTC; se le pidió asimismo que examinara y estableciera una estructura sindical acorde con las transformaciones institucionales operadas tras la adopción de la nueva Constitución y la nueva organización político administrativa del país y se le exhortó a que apoyara la aplicación progresiva del Sistema de Dirección y Planificación de la Economía. Como siempre, los líderes de la revolución procuraron inflamar el espíritu patriótico de los trabajadores recordando que en 1978 se conmemoraba el centenario de la Protesta de Baraguá y el 25 aniversario del asalto al cuartel Moncada.

El congreso tuvo lugar en el Teatro Lázaro Peña, en la sede de la CTC; lo presidió por primera vez en la historia de Cuba una mujer, Rosario Fernández. Debían asistir a la reunión 2,104 delegados pero estuvieron presentes 2,083,[17] cifra inferior a la correspondiente a los anteriores congresos de la época castrista. Junto a ellos ocuparon asientos 95 delegaciones de 74 países y varias organizaciones obreras internacionales, incluyendo al Secretario General de la FSM, el uruguayo Enrique Pastorino, Alexis Chibaev, Presidente del Consejo Central de los Sindicatos Soviéticos y Marcelino Camacho, Secretario General de las Comisiones Obreras de España. En total hicieron uso de la palabra 68 oradores extranjeros; mientras que las intervenciones de los delegados cubanos se reseñan en menos de cuatro páginas de las *Memorias*, los textos de los discursos de los oradores extranjeros llenan alrededor de cien páginas y los saludos de las altas personalidades del gobierno, el partido, las fuerzas armadas, los pioneros, etc. cerca de 50.

A pesar de esos contrastes, hay que decir que las sesiones de este congreso tuvieron un carácter más serio y más propio de ese tipo de evento que las de anteriores congresos. El informe del Secretario General, Roberto Veiga, fue discutido por cierto número de delegados y su autor trató de responder a esas intervenciones en sus conclusiones. Aunque sus respuestas fueron más bien vagas o elusivas, el esbozo de intercambio fue un progreso. El congreso eligió por otra parte once comisiones de trabajo encargadas de discutir y aprobar las tesis así como de tratar todo lo relacionado con los estatutos, la estructura y las finanzas de la organización. En los locales donde se reunieron estas comisiones se colocaron grandes cartelones alusivos al trabajo de ellas: el de la comisión No. 5 sobre el trabajo voluntario, por ejemplo, decía: "No descuidaremos jamás el trabajo voluntario"; el de la comisión No. 10 sobre el trabajo ideológico y el internacionalismo proletario rezaba así: "Un deber permanente: estudiar el marxismo-leninismo"; y el de la comisión No. 8 sobre la emulación socialista postulaba que "Cada triunfo de la emulación es un triunfo de la economía".

En una cosa sí no hubo cambio en el XIV Congreso con respecto a los anteriores y ella fue en la persistente devoción por el voto unánime. Es claro que tanto en las comisiones como en el pleno, el trabajo a realizar había sido grandemente facilitado por la discusión de proyectos de tesis en las organizaciones de bases. En esas discusiones caracterizadas por el "elevado sentido de responsabilidad revolucionaria, la plena confianza que anima a los trabajadores y su irrevocable disposición de llevar adelante las tareas del congreso",[18] las votaciones efectuadas arrojaron el siguiente resultado:

***Votación de las tesis en los congresos de los sindicatos nacionales***

| *No.* | *Tesis* | *A favor* | *En contra* | *Abstenciones* | *Propuestas* |
|---|---|---|---|---|---|
| I | La actividad económica de los Sindicatos | 1 842 808 | 968 | 1 512 | 4 345 |
| II | Trabajo voluntario | 1 843 254 | 932 | 1 102 | 2 068 |
| III | La superación cultural y técnica de los trabajadores | 1 843 666 | 444 | 1 218 | 2 597 |
| IV | La cultura, el deporte y la recreación | 1 843 673 | 424 | 1 191 | 2 553 |
| V | El problema de la vivienda | 1 843 267 | 834 | 1 187 | 3 117 |
| VI | Deberes y derechos. | 1 844 252 | 186 | 850 | 1 574 |
| VII | Protección e higiene del trabajo | 1 844 292 | 159 | 837 | 1 357 |
| VIII | La mujer trabajadora | 1 843 881 | 575 | 832 | 4 521 |
| IX | La defensa de la Patria | 1 844 689 | 38 | 561 | 409 |
| X | La formación de las nuevas generaciones | 1 844 517 | 117 | 654 | 870 |
| XI | El trabajo ideológico | 1 844 358 | 63 | 867 | 439 |
| XII | Internacionalismo proletario y solidaridad | 1 844 591 | 48 | 649 | 178 |
| XIII | El fortalecimiento de los métodos democráticos del movimiento sindical. | 1 844 632 | 101 | 555 | 289 |
| | Adiciones | | | | 78 |

**Fuente**: Memorias del XIV Congreso, pags. 82 y 93.

Si tales resultados se obtuvieron al nivel de las bases, era previsible que volviera a lograrse la unanimidad con respecto a aquellos que habían sido cuidadosamente escogidos entre los 45,000 precandidatos, de los cuales surgieron los candidatos y finalmente los dos mil delegados que gozaban de la más absoluta confianza de la dirigencia del partido.[19]

Las cifras precitadas son contundentes pero ellas no revelan toda la historia de la discusión de las tesis y el estado del movimiento obrero. Las breves referencias que de ellos se da cuenta en el Informe Central presentado por Roberto Veiga muestran que fueron muchos, a ese nivel, los señalamientos críticos. Los afiliados al Sindicato Nacional de Trabajadores Agropecuarios, que fueron los primeros en abrir la fase de celebración de los congresos de los sindicatos nacionales, subrayaron cuales eran las deficiencias que afectaban a ese sector, entre las que aparecen "el desaprovechamiento en el uso de la fuerza de trabajo, el descuido y falta de fiscalización de la fuerza laboral, la vulneración de las programaciones, la diaria inobservancia de las normas, la alteración de las cifras de cumplimiento de la jornada de trabajo y el deterioro y abandono del sistema de pago por campo determinado".[20] También aludieron a la necesidad de incrementar los rendimientos en la producción de viandas y vegetales, recuperar los niveles de producción de café, elevar las cifras históricas de la cosecha del tabaco alcanzadas en el capitalismo, mantener y si es posible mejorar la calidad que lo ha hecho mundialmente famoso, impulsar la actividad citrícola y examinar responsablemente el desarrollo de los planes porcinos y avícolas.[21] Por su parte, los trabajadores de la construcción se pronunciaron por impedir las obras mal terminadas, contrarrestar la chapucería, evitar el uso irracional de los recursos, mejorar el uso y explotación de los equipos, garantizar su adecuado mantenimiento y disminuir el índice de roturas.[22] El informe de Veiga también se refiere a lo que dijeron los trabajadores industriales con respecto al incumplimiento de los parámetros de calidad establecidos, a la falta de exigencia administrativa y a los descuidos y negligencias de los trabajadores. Otros congresos nacionales hicieron hincapié en los problemas del burocratismo, el maltrato y la falta de sensibilidad humana en los servicios médicos asistenciales, el incumplimiento de los itinerarios y el maltrato de los equipos en el sector del transporte; la suciedad y el abandono en los locales minoristas del comercio, las colas innecesarias, los teléfonos interrumpidos "que permanecen en ese estado semanas y hasta meses", los múltiples y reiterados errores que se cometen en la facturación de los servicios que se brindan a la población, las demoras irritantes en las dependencias del comercio y la gastronomía, las deficiencias en la reparación de los equipos electrodomésticos y la necesidad de aplicar y apoyar las medidas disciplinarias que se requieran.[23]

Todos estos señalamientos y reconocimientos representan en cierto modo un acto de acusación contra el sistema que se había implantado 18 o 19 años atrás. El conjunto de ellos anuncian el período de rectificación de errores y tendencias negativas que se iniciaría siete años más tarde. Damos ahora un salto de 18 años y a propósito del propio sector agropecuario leemos en una información periodística relativa a la provincia de Camagüey que la ganadería y producción lechera atraviesan por una profunda crisis debida al mal manejo de los rebaños, poca atención en el cuidado de los animales y la falta de vigilancia que propicia el hurto y sacrificio ilegal de las vacas en ordeño.[24] Los señalamientos críticos no tenían al parecer mucho efecto.

Casi ninguna de las 13 tesis sometidas al congreso se refirió explícitamente al problema de fondo que latía tras las discusiones de los congresos nacionales. Sólo una (la primera) parecía guardar relación con dicho problema pero en vez de enfocar la atención en los posibles defectos del sistema socialista ponía el acento en los fallos del sistema capitalista que según la tesis "se debate actualmente en una grave crisis económica".[25] "Crece la inflación, el endeudamiento externo, el desempleo y se deterioran las condiciones de vida de los trabajadores", en tanto que el socialismo garantiza un crecimiento económico satisfactorio. Establecido ese contraste, la tesis señala que "los trabajadores cubanos *se deben* pronunciar por reiterar su firme apoyo a la política económica del Partido".[26] No cabía esperar muchos debates tras ese tajante pronunciamiento.

## Los estatutos y la elección de los dirigentes

Además de ampliar las bases de la estructura sindical, los estatutos de la CTC aprobados por el XIV Congreso incrementaron el número de organismos de dirección. En vez de un sólo comité ejecutivo, los nuevos estatutos previeron la creación de un *consejo nacional* compuesto por 143 miembros, un *comité nacional* formado por 40 trabajadores, un *secretariado ejecutivo* de 13 integrantes y unas *comisiones de revisión y control*. El consejo nacional sería elegido por el congreso y se reuniría como mínimo dos veces al año; el Comité designado por el consejo sería convocado como mínimo cada dos meses y el secretariado también elegido por el consejo nacional y encargado del trabajo diario se reuniría con carácter ordinario cada 15 días. Las comisiones de revisión y control compuestas por siete miembros existirían al nivel nacional, provincial y municipal y su función principal sería controlar el cumplimiento del presupuesto sindical, fiscalizar el manejo de las finanzas, exigir responsabilidades y verificar la tramitación oportuna de las reclamaciones de los trabajadores. De esa manera se correspondía el crecimiento de la organización con la más compleja estructura de dirección. Se mantenía, no obstante, el formato piramidal en cuya cúspide figuraría el secretario general así como el principio de que las discusiones del consejo y el comité serían de obligatorio cumplimiento para todos los demás organismos.

Llegado el momento de la elección de los miembros de esos organismos, no hubo dudas sobre la reelección de Roberto Veiga Menéndez como secretario general de la CTC. No solamente era Veiga miembro del Comité Central del PCC y del Consejo de Estado, sino que había sabido desempeñar sus funciones a entera satisfacción de Castro. El jefe del Estado lo colmó de elogios en su discurso de clausura diciendo que había realizado un esfuerzo enorme y un trabajo extraordinario "a pesar de no tener la autoridad, experiencia y reconocimiento universal de Lázaro Peña".[27]

Junto a Veiga se eligió como segundo secretario al veterano comunista Agapito Figueroa. Tal vez para compensar un poco su decepción por no haber ascendido a secretario general por sustitución reglamentaria a la muerte de Lázaro Peña, a Figueroa se le designó también presidente de la Comisión Nacional de Revisión y Control. De los 40 integrantes del Comité Nacional sólo uno era mujer (Rosario Fernández) y cinco eran negros.

Veiga y Figueroa habían contribuido a conformar el tipo de organización de trabajadores que Castro quería para el país: una organización que se apartara cada vez más de lo que es un genuino movimiento sindical y ofreciera en cambio las características de una organización de masas, disciplinada y omnicomprensiva.

Tal vez por haberse ido logrando el ideal castrista de ese nuevo ente que tenía como función principal el apoyo irrestricto al régimen, fueron quedando en el camino muchos de los antiguos sindicalistas que habían figurado como dirigentes de los anteriores congresos. Con excepción de Agapito Figueroa, Ursinio Rojas y algún otro cuadro de menor cuantía, ninguno de los dirigentes que habían sido elegidos en los congresos XI, XII y XIII aparecían ahora en el Consejo Nacional o en el Comité Nacional de la CTC. Ni siquiera el veterano luchador obrero y antiguo dirigente ferroviario Ricardo Rodríguez a quien se le había dado la encomienda de proponer a los integrantes de esos organismos, fue elegido miembro de ellos.

Se prefirió en cambio nutrir los mismos con gente nueva formada en los 20 años de revolución, gente que aunara el espíritu de los héroes del trabajo con la capacidad de asimilar la ideología marxista y de mostrar inquebrantable lealtad al Comandante en Jefe.

## Las 29 resoluciones sometidas al congreso

A los dos mil delegados presentes se les pidió que, además de aprobar las tesis, discutieran y aprobaran en cuatro días las 29 resoluciones presentadas. La tarea parecía inmensa y compleja dada la variedad de temas contenidos en las mismas, mas su adopción resultó en realidad fácil. En primer lugar, los delegados estaban perfectamente instruidos sobre lo que de ellos se esperaba: asentir con entusiasmo a las propuestas y consignas de la CTC. En segundo lugar, algunas resoluciones eran netamente beneficiosas, otras inocuas o repetitivas y sólo unas pocas podían generar un debate. Era obvio, por último, que casi todas las resoluciones habían sido dictaminadas favorablemente por una comisión de trabajo.

Ningún delegado podía tener dudas sobre la aprobación de resoluciones que trataban de la protección e higiene del trabajo, la superación cultural y técnica de los trabajadores, el desarrollo de la cultura artística y literaria, el fomento de los deportes o los planes vacacionales y las actividades recreativas de los trabajadores. No eran tampoco polémicas las resoluciones que abogaban por el fomento del turismo nacional e internacional, el mejor ordenamiento y la vigorización de las asambleas sindicales o la elaboración de las bases que habrían de regir los derechos de los buróes sindicales. De índole más bien repetitiva eran las que se referían a la mujer trabajadora, a la defensa de la patria, el internacionalismo proletario y el periódico *Trabajadores*.

La publicación de un órgano de prensa de la CTC era en realidad una cuestión de vieja prosapia en los empeños revolucionarios, sólo que dicho órgano cambió varias veces de nombre y formato. Surgió primero en los inicios de la revolución *Vanguardia Obrera*, le siguió en 1968 *Los Trabajadores* que se editaba en forma de tabloide y aparecía cada dos meses. Más tarde el XIII Congreso acordó como se vio antes editarlo semanalmente hasta lograr, "cuando las condiciones lo permitieran" convertirlo en un órgano diario.[28] Lo que en síntesis se aprobaba ahora, tras una larga exposición, fue perfeccionar dicho órgano a fin de hacerlo "fiel exponente del espíritu crítico, autocrítico, combativo e intransigente de los trabajadores".[29] Se acordó también mantener contacto con los lectores por conducto de la Sección Apartado 2009 encargada además de responder a las cuestiones que planteaban los trabajadores sobre la interpretación de las leyes laborales.

No eran tampoco ninguna novedad las resoluciones referentes al trabajo voluntario, a la emulación socialista y a los convenios colectivos de trabajo. En realidad estos tres temas aparecen y reaparecen en casi todos los congresos nacionales. En otras circunstancias, sin embargo, ellos hubieran dado margen para largas discusiones dado que lo que se perseguía en los dos primeros casos era expandir el trabajo voluntario y la emulación e interpretar de manera distinta lo que era el sentido tradicional de los convenios colectivos. Al reafirmarse en efecto el papel del trabajo voluntario se le imprimió al mismo un alcance que cubría todas las actividades económicas, más la realización de obras de carácter social, las jornadas ideológicas, los trabajos en saludo a las fechas históricas y los Domingos Rojos cuya convocatoria se atribuía al Comité Nacional de la CTC.[30] La resolución sobre la emulación socialista no solamente recogía los objetivos, principios y clases de la emulación, sino que buscaba impulsar vigorosamente la lucha "consciente, entusiasta y permanente" de todos los trabajadores y colectivos laborales por cumplir y sobrecumplir los compromisos acordados.[31] Si bien la resolución sobre los convenios colectivos ratificaba el abandono del término antes utilizado ("compromisos colectivos") su finalidad seguía siendo la de dar prioridad al cumplimiento del plan de producción o servicio, determinar la organización y normación del trabajo, incluyendo la asistencia puntual al trabajo, el mejoramiento de la calidad de los productos y el control de la emulación socialista así como la organización y control del trabajo voluntario y la aplicación del reglamento de orden interior.[32] Algunas disposiciones de interés para los trabajadores se incluyeron (escalafones, distribución de primas y programación del descanso retribuido) pero eran menos importantes que las previstas en favor de la administración. Los convenios colectivos tenían en todo caso poca significación práctica y en la mayoría de las empresas ni siquiera existían.

Una especial mención debería hacerse por último, de la resolución sobre organización del trabajo y los salarios ya que denota un esfuerzo de sistematización más completo y racional que los que se habían intentado antes bajo el socialismo. No es seguro sin embargo que los delegados tuvieran tiempo de leer sus 14 títulos y mucho menos que fuera objeto de enmiendas por parte de ellos.

## El discurso de Castro en la clausura del Congreso

En el acto de clausura del congreso, Castro pronunció un discurso de tono triunfalista y de halago a la clase trabajadora cuya "elevada conciencia política" alabó.[33] Dedicó la primera parte de su intervención a ponderar los progresos alcanzados en la educación y puso de relieve después los aumentos alcanzados en la productividad y la introducción de nuevas técnicas en la agricultura. Si bien admitió la ineficiencia de administradores y dirigentes fue mucho más enfático al señalar las deficiencias, las huelgas, el caos y el desorden que a su juicio caracterizaban a las sociedades capitalista.[34] Sostuvo que jamás había tenido problemas de economicismo (es decir de demandas económicas de los trabajadores) en su revolución lo que le llevó a calificar de "magnífico" al movimiento sindical.[35] Dijo que la colaboración y el esfuerzo que había recibido de los trabajadores "ninguna sociedad del mundo la ha tenido, ningún dirigente burgués del mundo la ha tenido, ningún capitalista la ha tenido jamás".[36]

Los únicos problemas que trató con cierto detenimiento no fueron de tipo económico, sino social: la vivienda, los círculos infantiles, las microbrigadas, las vacaciones, el trabajo de los Sábados y la jornada de las mujeres. A propósito del primero, el jefe del gobierno reconoció que era necesario construir más de 100,000 viviendas al año, meta que escapaba de las posibilidades del Estado. Dio a entender en consecuencia que una solución siquiera sea parcial del problema consistía en la continuación del programa de las microbrigadas (que según él estaban construyendo alrededor de 20,000 viviendas al año) y en la promoción de brigadas estatales. A los trabajadores se les pedía por consiguiente que fueran ellos los encargados de construir sus propias viviendas, sin dejar por ello de estar vinculados a sus propios centros de trabajo. Castro había al parecer olvidado que la flamante Constitución de 1976 establecía que el Estado Socialista se comprometía a que ninguna familia quedara sin un lugar confortable en que vivir.[37]

Sobre el tema de los círculos infantiles prometió resolver las dificultades que se presentaban en su operación, consciente de que eran un medio de inducir a las mujeres a participar en el proceso de producción. Apoyaba así la intensa campaña de la FMC para sacar a las mujeres del hogar, sin tener en cuenta el daño que se hace a los niños cuando sus madres trabajan fuera.

No se mostró generoso en relación con los otros temas sociales, pues nada dijo en concreto sobre la devolución de los 110 millones de pesos que se debían por concepto de vacaciones, afirmó que había que seguir trabajando los sábados y rehusó "en las actuales condiciones" reducir la jornada de las mujeres a cinco días de trabajo.[38] Los trabajadores acababan de responder positivamente a la exhortación del régimen en la "Jornada de los 100 días del esfuerzo decisivo en las tareas de la zafra y la agricultura cañera" pero no obtuvieron beneficios inmediatos en el XIV Congreso; acababan también de aprobar las trece tesis y 29 resoluciones que se les habían propuesto, pero no fue mucho lo que se les concedió en punto a disminuir las horas de trabajo o aumentar los salarios. No obstante los trabajadores presentes en el Teatro Lázaro Peña interrumpieron 50 veces con aplausos el discurso de Castro. Maestro en el uso de la tribuna, Castro comprobó una vez más que era dueño y señor de los representantes de la clase obrera.

Como dato curioso conviene recordar lo que Castro dijo con respecto a un posible desarrollo acelerado del turismo internacional:

> *"El que venga aquí ya sabe que no va a venir a ver casinos, ni prostíbulos, ni cosa por el estilo, ni encaramarse en la estatua de Martí, ni nada de eso, no, no, no (aplausos), ni droga, ni juego, ni prostitución, ni nada de eso, por supuesto".*[39]

# Notas

[1] XIV Congreso de la CTC, *Memorias* (La Habana: Editorial Orbe, 1980), pag. 87.

[2] Estatutos de la CTC, artículo 10.

[3] Ibid, artículo 8, inciso c).

[4] *Memorias*, op. cit., pag. 87.

[5] "Discurso pronunciado por el Comandante en Jefe Fidel Castro" en *Memorias*, pag. 20.

[6] "Informe Central al XIV Congreso presentado por el compañero Roberto Veiga Menéndez", en *Memorias*, pag. 87.

[7] XIV Congreso, "Proyecto de tesis", *Memorias*, op. cit. pag. 79.

[8] Palabras de apertura del XIV Congreso de la CTC, *Memorias*, op. cit., pag. 156.

[9] Informe Central, op. cit., pag. 109.

[10] Ibid, pag. 111.

[11] Ibid, pag. 113.

[12] Ibid, pag. 96.

[13] Discurso, pag. 24.

[14] Ibid; véase también "Conclusiones del compañero Roberto Veiga", pag. 148.

[15] Sobre el particular puede verse Jorge F. Pérez-López, "Bringing the Cuban Economy into Focus", *Latin American Research Review*, Vol. 23, No. 3 de 1991, pp. 39 y 40.

[16] Para una discusión más detallada de estos mercados, véase Jean-François Fogel y Bertrand Rosenthal, *Fin de siecle a La Havane*. (Paris: Editions du Seuil, 1993), pag. 461.

[17] Informe sobre la asistencia y composición de los delegados al Congreso, *Memorias*, pag. 161.

[18] Informe Central, pag. 92.

[19] Los finalmente escogidos incluían 19 Héroes Nacionales del Trabajo; 14 Héroes de Zafra, 35 poseedores del galardón Jesús Menéndez, 30 Destacados Nacionales, 64 Combatientes Internacionalistas, 42 trabajadores internacionalistas, 96 que ostentaban la Medalla XX Aniversario y 642 que poseían los diplomas de más de 5, 10 ó 15 años como dirigentes sindicales.

[20] Informe Central, pag. 28.

[21] Ibid.

[22] Ibid.

[23] Ibid, pag. 89.

[24] "Ganadería camagüeyana atraviesa crisis lechera", *El Nuevo Herald*, 1° de noviembre de 1995, pag. B1.

[25] Proyecto de tesis, pag. 42.

[26] Ibid, pag. 44.

[27] Discurso, pag. 20.

[28] Resoluciones aprobadas por el XIV Congreso de la CTC, pag. 235.

[29] Ibid

[30] Ibid, pag. 208.

[31] Ibid, pag. 199.

[32] Ibid, pag. 213.

[33] Discurso, pag. 17.

[34] Ibid, pag. 18.

[35] Ibid, pag. 19.

[36] Ibid, pag. 18.

[37] Artículo 8, inciso c).

[38] Discurso, pag. 21.

[39] Ibid, pag. 23.

# Capítulo 18

## *Militarización e internacionalización del trabajo*

### El cuadro normal de las relaciones de trabajo

En casi todos los países las actividades económicas (y también las laborales) se llevan a cabo por medio de las empresas, sean éstas pequeñas, medianas (PYMES) o grandes. La empresa es la unidad básica de producción y alrededor de ella y dentro de ella se van desarrollando las relaciones laborales típicas, ésto es las que se establecen entre su administración y el personal. Sólo excepcionalmente adquieren también relevancia como centros de actividad económica las cooperativas, los talleres familiares y los trabajos por cuenta propia pero en ellos las relaciones laborales o no existen o tienen un carácter distinto. Se apartan también del concepto típico de la relación laboral las operaciones y tareas que tienen lugar en la esfera militar.

En los inicios de la revolución y sobre todo durante los años de la promoción industrial, el cuadro anterior parecía ser también aplicable a Cuba. Algunas empresas se fusionaron en los llamados consolidados o combinados y otras conservaron su propia identidad; el nombre tendió también a cambiar y a fin de evitar toda semejanza con el sistema capitalista comenzó a utilizarse el término más genérico de *entidades laborales*. Todavía en plena época de la institucionalización se estimaba que dicho término comprendía las siguientes categorías:

> *a) las empresas estatales y las uniones de empresas estatales; b) los órganos de la administración central del Estado así como las demás unidades presupuestadas; c) las empresas y demás unidades dependientes de las organizaciones políticas, sociales y de masas; d) las cooperativas; y e) las demás entidades laborales del sector privado.*[1]

Son estas entidades las que establecen las relaciones que el código llama jurídico-laborales con los trabajadores que se vinculan a ellas y es frente a ellas, o mejor con relación a ellas que actúan los sindicatos. Los derechos y garantías de estos últimos se consagran en el código en función de sus nexos con esas entidades y en particular con sus administraciones. El código llega a afirmar que la dirección de la entidad laboral tiene que trabajar coordinadamente con la organización sindical correspondiente.[2]

## La militarización en el trabajo de la agricultura

Este esquema de las relaciones constituía el ordenamiento común de lo que ocurría en el mundo del trabajo en el decenio de 1970. Sin embargo, detrás del mismo había ido apareciendo, una nueva y distinta dimensión no prevista en el código pero cada vez más importante. Se trata de la agrupación de cierto número de trabajadores en unidades paramilitares dotadas de un régimen particular con el objeto de realizar las obras que el gobierno señalaba. Unas veces llamadas brigadas, otras microbrigadas y más tarde contingentes, estas unidades acogían por lo general a obreros fanatizados y fidelistas incondicionales pero también a trabajadores necesitados de vivienda que estaban dispuestos a laborar al margen de las regulaciones del código y demás leyes del trabajo.

Latente siempre en la organización y desenvolvimiento del régimen estuvo la inclinación castrense de su Máximo Líder cuya afición por los uniformes, desfiles y acciones bélicas era de todos conocida. Los antecedentes de esta tendencia a militarizar la ejecución de ciertas labores pueden encontrarse en la temprana formación de las milicias de obreros y campesinos y en el entusiasta respaldo que a ellas dio la CTC. Con particular referencia al trabajo procede mencionar también la existencia en la Unión Soviética desde 1919 del sistema de trabajo por brigadas.[3]

La militarización podía considerarse por otra parte como una prolongación inevitable del sistema de movilización social que Castro implantó desde el inicio de la revolución. Algunas de estas movilizaciones alcanzaron carácter general y afectaron a todos los centros de trabajo y oficinas públicas, como la que tuvo lugar desde fines de diciembre de 1960 hasta mediados de enero de 1961.[4] Unas veces tenían fines militares y otras se relacionaban con proyectos de desarrollo pero siempre respondían a llamados urgentes que apelaban a la conciencia proletaria y subrayaban los deberes del pueblo trabajador. La entusiasta acogida que daba la CTC a esos llamados del gobierno contribuyó a imprimirle primero periodicidad y luego continuidad a las movilizaciones relacionadas con la organización del trabajo. En el pensamiento de Castro la revolución no era un fenómeno temporal o de transición sino un estado permanente en el que la población trabajadora debía siempre responder presente.

De las movilizaciones surgieron las primeras formas embrionarias y temporales de militarización. En 1963 la CTC contribuyó con 50,000 trabajadores voluntarios a la zafra azucarera.[5] Dos años después el número aumentó a 60,000 y su reclutamiento y distribución se hizo por medio de brigadas.[6] De los avances de este sistema incipiente de militarización en el sector del azúcar daban ya cuenta los periódicos de ese año en los que se describía además cómo era la vida de un brigadista.[7] Al calor de la emulación aparecieron después las brigadas "millonarias" cuyos miembros cortaban más de un millón de arrobas de caña en cada zafra. En 1973 el número de brigadas de macheteros habituales fue de 637; al año siguiente esa cifra se elevó a 1,130 brigadas.[8] Hacia 1975 había ya 682 brigadas millonarias involucradas en las labores de las zafras, existiendo además los batallones de alta productividad. Algunos macheteros llegarían a trabajar 15 horas todos los días de la semana durante toda la zafra.[9] En 1976 entra por primera vez en escena un contingente, el Contingente XI Festival, integrado por trabajadores de la Ciudad de La Habana el cual sobrepasó todas sus metas en apoyo a las tareas de limpia de cañas.

Las brigadas se utilizaban no sólo en el corte, alza y tiro de la caña sino también en otros sectores y menesteres del trabajo agrícola. En 1966, por ejemplo, *Cuba Socialista* informaba que 100,000 obreros agrícolas estaban integrados en las brigadas de la agricultura.[10] Un gran número de brigadas se utilizaron por esa época para ayudar a la implantación de las normas y escala salarial en la agricultura.

El hecho de que la militarización tuviera al principio particular desarrollo en la agricultura encuentra explicación en el cambio operado en los planes económicos del régimen en el propio decenio de 1960-70. Se quiso poner el énfasis primero en la promoción de la industria, se abrieron oportunidades educacionales en las ciudades y se despertaron grandes expectativas al respecto, lo que provocó un éxodo marcado del campo a la ciudad. No eran muchos los que preferían continuar trabajando en el área rural cuando las perspectivas eran mejores en las ciudades y se comenzó a experimentar un déficit de mano de obra en la agricultura, fenómeno que vino a agravarse cuando poco después perdieron impulso los programas de industrialización y el sector agropecuario pasó a convertirse en el pivote fundamental del desarrollo. Ya lo había dicho Castro desde 1963: "el centro de trabajo en la revolución es, hoy por hoy, el esfuerzo agrícola".[11] Era preciso contrarrestar en esas condiciones la migración interna y la opción de militarizar ciertos sectores de la clase trabajadora parecía obvia dada la docilidad de ésta y las inclinaciones militaristas del Máximo Líder. Es así que una organización más formal del trabajo en brigadas comenzó a introducirse en la agricultura a partir de 1981 y luego se extendió a otros sectores siguiendo las consignas de Castro.

Que el factor Castro fuera una vez más determinante lo prueba la circunstancia de haberse extendido la militarización a otros aspectos de la sociedad cubana. La FMC, por ejemplo, organizó también batallones de mujeres para la realización de las distintas cosechas de azúcar, tabaco, café, frutas y hortalizas. Más allá de la organización del trabajo, la propia Federación contaba hacia 1977 con 14,948 brigadas integradas por 434,134 madres que se llamaban combatientes por la revolución.[12] Una estructura similar de tipo castrense se advertía asimismo en la forma como se concibieron otras organizaciones de masas como la Unión de Pioneros. En ellos había también pelotones, brigadas y batallones en los que el jefe de cada uno de ellos desempeñaba a los ojos de niños y adolescentes el mismo papel que el Comandante en Jefe para todo el país. La obediencia al líder, la promoción del compañerismo y el culto a lo colectivo unidos a la prédica del espíritu de sacrificio formaban parte de la filosofía del régimen.

## Las microbrigadas de la construcción

Paralelamente al desarrollo de la militarización en la agricultura se produjo su aparición en las ciudades por medio de las microbrigadas de la construcción, las cuales tuvieron un origen distinto. Se organizaron sobre todo en las áreas urbanas, usualmente con parte del personal de las empresas al que se le permitía liberarse de la producción por todo o parte del tiempo de trabajo para que pudieran ocuparse en la fabricación de sus viviendas sin perder su vinculación laboral ni sus ingresos. El motivo por el cual esta peculiar situación se autorizaba puede encontrarse en la incapacidad del gobierno para proveer de techo a toda la ciudadanía. Conviene recordar que todavía en 1961, Castro prometió en un discurso televisado que iba a construir dos millones de viviendas que serían regaladas a los trabajadores. Por esa misma época el Consejo Superior de la Reforma Urbana, creado por la Ley de Reforma Urbana del 14 de octubre de 1960, autorizó a las secciones sindicales correspondientes de la CTC a proceder al reparto de las casas que resultasen confiscadas, previa solicitud a la Oficina de Control de Viviendas.[13] Sin embargo, ni la promesa se cumplió ni el reparto tuvo el éxito que se esperaba. Y fue precisamente para atenuar la decepción que ello podía causar que surgió la idea de las microbrigadas.

El movimiento de las microbrigadas surgió en 1971 por iniciativa del Comandante en Jefe. El propósito de dar una organización militar a estos grupos de trabajadores dedicados a construir viviendas nació de la necesidad de evitar los desperdicios de tiempo y dinero que pudieran producirse en perjuicio del centro de trabajo al que los trabajadores estaban vinculados. Las unidades así formadas tuvieron éxito en los primeros años cuando los trabajadores interesados se dedicaban a construir sus propias casas o apartamentos. La obra más conocida que a este respecto se construyó fue el reparto obrero de Alamar al este de La Habana. Muchas microbrigadas lograron así satisfacer las necesidades de vivienda de sus miembros y fue esa circunstancia la que movió al régimen de Castro a decidir que las microbrigadas en cuestión no debían limitarse a construir las viviendas de sus miembros sino también las de otros trabajadores (técnicos y maestros por ejemplo) así como a hacer obras sociales (escuelas, hospitales y círculos infantiles). Según Castro, en 1972 se estaban construyendo más viviendas que antes y la mayor parte de ellas las hacían las microbrigadas.[14] Unos años después se informó que entre 1980 y 1983 60,000 casas se habían construido por los propios obreros. El Comandante en Jefe había advertido en efecto, el potencial de plus trabajo que tenía la combinación del interés personal con el social en las microbrigadas y se propuso utilizarlo para su propia obra de gobierno. Sin embargo, este cambio de objetivo no fue al parecer del agrado de los trabajadores y el movimiento comenzó a decaer.

En 1973, al celebrarse el XIII Congreso, el declive de las microbrigadas era ostensible y Castro se vio obligado a emplear sus mejores recursos dialécticos para mantener en pie ese aspecto de la militarización. "¡Es importante que el movimiento no decaiga! Es necesario que las microbrigadas no pierdan su fuerza", dijo en su discurso.[15] Y fue así, tras ese balón de oxígeno, que pudo prolongarse la vida de esta institución que mezclaba aspectos de militarización con elementos de trabajo pseudovoluntario.

La apelación de Castro encontró en todo caso reflejo en el acuerdo del XIII Congreso que incluyó como mérito laboral la pertenencia del trabajador a una microbrigada de la construcción.[16] El mérito era tanto mayor cuanto Castro dijo en el siguiente congreso que hasta los microbrigadistas que construían sus casas tendrían que pagar por ellas.

En su evolución posterior, la militarización fue adoptando formas diversas y usándose para alcanzar otros objetivos incluyendo el fortalecimiento de la disciplina laboral, la eliminación del ausentismo y el mejor aprovechamiento de la fuerza de trabajo. Se fue así produciendo una diversificación de los tipos de unidades militares que el régimen iba creando. En los años 80 cuando la militarización alcanzó su pleno apogeo funcionaban ya las brigadas permanentes de producción en la agricultura, las brigadas integrales de la industria (la primera de las cuales apareció en el sector textil), las microbrigadas de la construcción y los contingentes que adquirieron su mayor fuerza a partir de 1987.

La CTC no se opuso al proceso de institucionalización del trabajo militarizado. Al contrario, para las zafras de 1978-79 y 1979-80 resolvió impulsar el movimiento de brigadas millonarias y los batallones de alta productividad.[17] Más tarde cuando el II Congreso del PCC incluyó en sus lineamientos para la planificación del quinquenio 1981-85 el desarrollo y evaluación de las experiencias sobre las brigadas, la central obrera se mostró favorable a la creación paulatina de brigadas no sólo en la zafra sino también en las empresas agrícolas e industriales, en los otros sectores productivos y hasta en el área de los servicios.[18] No se dio cuenta o no quiso darse cuenta de que si en las entidades tradicionales la función sindical de contrapartida de la administración se ejercía con marcada debilidad, frente a las unidades militarizadas de producción el sindicato se vería aún más disminuido y apenas tendría algo que hacer.

## Expansión de la militarización: causas y modalidades

Se desprende del recuento anterior que el proceso de militarización del trabajo era a su vez inevitable y multiforme; estaba en la naturaleza del régimen, en la mentalidad de su creador y en la experiencia del modelo que le servía de inspiración. Pronto habría de hacerse sentir otro factor que daría lugar a la extensión de la práctica. A pesar de los precios increíblemente altos del azúcar en la primera mitad del decenio de 1970-80 (muy superiores a los de la Danza de los Millones) y de los generosos subsidios de la Unión Soviética y otros países socialistas, el sistema económico daba crecientes señales de ineficiencia. Del lado laboral se seguían confrontando los problemas del ausentismo y la quiebra de la disciplina que desde el comienzo aquejaron a la revolución y a ellos se añadía un descenso apreciable de la productividad. Del lado social no acababan de manifestarse los signos de afluencia y bienestar que Castro había prometido.

La reacción del régimen frente a esta situación fue la de concebir la militarización de modo general como una forma superior de producción y trabajo dirigida a obtener incrementos en la productividad, mejor eficiencia y mayor rentabilidad en la gestión económica. Ya para comienzos de la década del 80, la creación de unidades paramilitares de trabajo respondía primordialmente a razones de índole financiera. Aunque en las brigadas y contingentes se pagaban salarios más altos, sus horas de trabajo y su productividad eran más elevadas que en las empresas, lo que significaba que su creación redundaba en beneficio del gobierno. Una resolución aprobada en el XV Congreso diría a este respecto que el objetivo de la organización de las brigadas era lograr que se multiplicara en forma efectiva la riqueza nacional.[19]

A fin de lograr esos objetivos económicos, la unidad paramilitar se concebía ya en esta época como un colectivo de trabajadores que tenía su propio jefe y era capaz de ejecutar el cumplimiento del plan de producción asignado con los recursos disponibles y bajo un control estricto de toda su actividad productiva. Si bien las brigadas creaban condiciones propicias para una participación más efectiva de los trabajadores en la ejecución de los planes, su naturaleza paramilitar entrañaba asimismo una rígida disciplina interna y la posibilidad de desarrollar en cada uno de sus miembros una conciencia superior en el trabajo así como una profunda adhesión al grupo.

El ingreso en los contingentes y en las brigadas era voluntario. En modo alguno puede decirse en ese sentido que estas modalidades militarizadas de trabajo fueran ejemplos de trabajo forzoso como sí lo fueron las UMAP y hasta cierto punto lo seguía siendo el Servicio Militar Obligatorio que involucraba a los reclutas en las labores de producción. El reclutamiento se efectuaba de dos maneras: unas veces apelando al espíritu patriótico de los elementos más afines al régimen y otras propiciando el ingreso mediante el pago de mejores salarios o el aliciente de recibir primas por los resultados de la producción, la calidad y el ahorro de materiales.

Una vez formalizado el ingreso del trabajador en una brigada o contingente, sus miembros asumían el compromiso de permanecer en él un mínimo de tiempo que en 1989 se fijó en cinco años.[20] Aquí comenzaba pues el aspecto coercitivo y castrense, fortalecido enseguida con el sometimiento de los integrantes a una estricta disciplina en la que se penalizaban las ausencias y se imponían los más rigurosos horarios de trabajo. En algunos contingentes se laboraba un promedio de 312 horas al mes y en otros, las jornadas eran de 10 horas durante 26 días al mes.[21] Antes de comenzar la jornada, los miembros del contingente debían asistir a una charla matutina en la que se hacía el resumen de la jornada anterior, se estimulaba a los destacados y se señalaban los errores y descuidos. Muchas unidades organizaban también charlas vespertinas dirigidas al adoctrinamiento. Aunque el reglamento general de los contingentes dictado en 1989 no lo diría, era práctica generalizada de los contingentes la renuncia total o parcial de las vacaciones.

La mayor parte de las unidades militarizadas se dedicaban a realizar obras públicas, impulsar las actividades agrícolas o a superar atrasos en la producción de ciertas industrias. Sus miembros estaban pues obligados a desplazarse de un lugar a otro viviendo en campamentos que en ocasiones eran construidos por las microbrigadas y otras veces eran instalaciones improvisadas. No solamente el trabajo sino también las condiciones de vida eran duras y penosas, sobre todo para los obreros que teniendo familia se veían forzados a separarse de ella por lapsos prolongados.

Para los que no tenían el espíritu masoquista que animaba a los más fervorosos admiradores de Castro, la única compensación era la percepción de un salario más alto que el que se pagaba a otros trabajadores. Algún tiempo después de dictado el reglamento general y cuando los contingentes alcanzaron su máximo desarrollo, el salario básico de un brigadista o miembro de contingente era de 225 pesos mensuales. No vaya a creerse, sin embargo, que ello encarecía los costos de la obra dado que las otras condiciones de trabajo permitían reducir el tamaño de la mano de obra requerida y por consiguiente, el monto del fondo de salarios. En 1992, el órgano de la CTC informaba que el costo por peso en el contingente Blas Roca era de 0,69, lo que constituía "un elemento fundamental en el difícil arte de dirigir con eficacia".[22]

En su expresión orgánica, la militarización llegó a comprender varias modalidades de distinta composición y funciones. En algunas entidades pequeñas las brigadas se constituían con sólo siete u ocho miembros. Las microbrigadas se integraban normalmente con 33 trabajadores, de los cuales 14 debían participar en la construcción de las obras sociales. De mucho mayor tamaño eran las brigadas permanentes de producción en la agricultura, las brigadas integrales de la industria y sobre todo los contingentes. Algunos de éstos, como el Blas Roca y el Jesús Menéndez, llegarían a contar con miles de miembros (entre 5,000 y 10,000 en algunos casos). El primero de ellos, el Blas Roca, sería llamado a adquirir fama no sólo por su efectividad en la construcción de las obras sino por el papel que desempeñaba como "tropa de choque" contra disidentes y opositores. (Se le empleó, por ejemplo, en la represión de la gran manifestación de protesta del 5 de agosto de 1994).

Con el decurso del tiempo pudo observarse, por último, una distinción entre las brigadas en tránsito o polivalentes (como el contingente Blas Roca) y las brigadas especiales como la de Lagartija formada en 1970 y que estaba especializada en caminos cañeros.[23]

Ya iniciado el período de la crisis el país contaba con unos 150,000 trabajadores integrados en unas 2,500 brigadas y con 67 contingentes que agrupaban cerca de 100,000 trabajadores. También se organizaron brigadas de jubilados, una de las cuales, dedicada en la provincia de Matanzas a la recogida de viandas y atención a los cultivos, estaba constituida por 1,000 personas.[24] No es posible excluir por otra parte del recuento de la militarización al Ejército Juvenil del Trabajo creado en 1974 y colocado bajo la supervisión de un viceministro del Ministerio de las Fuerzas Armadas el cual llegaría a contar con más de 500,000 integrantes; a las Brigadas Técnicas Juveniles (BTJ) y las Brigadas Estudiantiles de Trabajo (BET) cuyos efectivos pasaban de 300,000 jóvenes y a la Unión de Pioneros que agrupaba 1,600,000 escolares y de la que surgirían más tarde las Fuerzas de Acción Pioneril (FAPI). A todos estos jóvenes y niños se les empleaba a tiempo parcial en tareas productivas y en ayudar al sostenimiento del régimen. A los pioneros se les asignaba, por ejemplo, la tarea de detectar y acusar a los que escuchaban la radio extranjera.

## Otras manifestaciones de la militarización

Además de sus manifestaciones orgánicas, la militarización se fue haciendo visible en otros aspectos de la vida del trabajo. Se observaba, por ejemplo, en las medidas de vigilancia y custodia de los centros de trabajo que se confió desde los primeros años a la Guardia Obrera, y algo más tarde a las Brigadas de Producción y Defensa. Empresas y sindicatos tenían además nexos estrechos con las Milicias de Tropas Territoriales creadas en 1980 y de cuyo financiamiento debían hacerse cargo. Las organizaciones sindicales servían asimismo para nutrir las filas de las milicias y las fuerzas encargadas de la guardia de las fronteras. Cuantos laboraban en una empresa estaban además obligados a participar en las maniobras que periódicamente se organizaban en relación con la defensa del país. A los centros de trabajo que completaban satisfactoriamente los preparativos militares dispuestos por el gobierno (asistencia del personal a los cursos de formación militar y organización de entrenamientos intensivos), se les entregaba un certificado de Centro Laboral Listo para la Defensa.

La propia terminología que se empleaba en la ejecución de los trabajos revelaba una marcada influencia militarista. En muchos sectores de la producción se hacía referencia constante a los pelotones, destacamentos, columnas y batallones, además de brigadas y contingentes. Estos últimos eran abanderados en el momento de su constitución y sus integrantes pasaban a formar parte de una reserva calificada. A la zafra se le llamaba la Contienda Cañera, el 1° de mayo era la Marcha del Pueblo Combatiente, los trabajadores más laboriosos se designaban como de avanzada, vanguardias y héroes y los centros de trabajo como colectivos de avanzada. Los informes que la prensa publicaba sobre el desarrollo de obras o proyectos determinados a veces parecían despachos de un frente de guerra. Tal parecía que el trabajo había dejado de ser parte de la sociedad civil.

La militarización del trabajo formaba parte además del proyecto más amplio de militarización que Castro concibió para todo el país. La expansión de los efectivos militares de Cuba ha figurado siempre de modo prominente en el programa totalitario de Castro como puede comprobarse con el siguiente recuento cronológico:

Fuerzas Armadas Revolucionarias (1959)
Milicias Nacionales Revolucionarias (1959)
Policía Nacional Revolucionaria (1959)
Servicio Militar Obligatorio o General (1963)
Reserva Militar Obligatoria (1963)
Guarda Fronteras (1963)
Milicias de Tropas Territoriales (1980)
Tropas adscriptas al Minint

Sólo teniendo presente estos distintos cuerpos y unidades militares es posible apreciar la procedencia del cálculo hecho por el Departamento de Defensa de los E. U. según el cual el número de personas que se hallan bajo banderas o que Castro podía poner sobre las armas era en 1983 de 1,778,000.[25] El hombre que había dicho en 1959: ¿armas para qué? y prometido que en su ejército no habría grados superiores al de comandante, se rodeó de docenas de generales y almirantes de submarinos y bombarderos, tanques, radares y cuantos equipos tecnológicos requiere un ejército moderno.

## Los orígenes del internacionalismo proletario

Las tendencias internacionalistas de la revolución cubana tienen raíces profundas de índole ideológica y otras más recientes relacionadas con la personalidad de Castro. Las primeras remontan al Manifiesto Comunista de 1848 cuya parte final habla de las cadenas que oprimen a los obreros y termina con la famosa consigna: "¡Trabajadores de todos los países, uníos!" Esta apelación a la solidaridad obrera constituye a partir de entonces una constante en la historia del movimiento obrero comunista que ha preconizado siempre la preeminencia de los lazos proletarios que atraviesan fronteras sobre los vínculos integracionistas que se van formando en el seno de cada nación.

Los nexos clasistas han tenido desde luego particular aplicación en el campo de las organizaciones supranacionales de sindicatos. Fue el propio Marx el que organizó en 1866 la Primera Internacional, seguida en 1889 por la Internacional Socialista y, tras el triunfo de la revolución bolchevique, por la Internacional Roja fundada en 1921. En tiempos más recientes los países pertenecientes a la órbita soviética afiliaban sus centrales obreras a la Federación Sindical Mundial (FSM) constituida en, París en 1945 con una franca orientación prosoviética. En América Latina los movimientos afines a la doctrina marxista han dado vida a lo largo de los años a varias organizaciones obreras regionales, la última de las cuales fundada en Brasilia en 1964 es el Congreso Permanente de Unidad Sindical de los Trabajadores de América Latina (CPUSTAL), rival encarnizado de las entidades democráticas ORIT y CTAL.

La proyección internacionalista del marxismo encajaba bien por otra parte en la personalidad y los planes de Castro. El escenario insular resultaba demasiado estrecho para sus enormes ambiciones. El Comandante en Jefe anhelaba ser una figura preeminente en el campo internacional, interviniendo en los asuntos de otros países y alcanzando protagonismo en el plano regional y global. El internacionalismo marxista vino a ofrecerle en este sentido el pretexto, la fuerza motriz y el soporte logístico que necesitaba. El debía por su parte ganar pronto sus credenciales lo que hizo en 1959 mediante sus ataques al sistema capitalista y al año siguiente por medio de su rápida conversión de líder reformista en revolucionario "enragé".

Según se indicó en el capítulo 3, los elementos marxistas de la CTC-R con el apoyo explícito del entonces Presidente Dorticós y el favor oculto de Castro, lograron ya en 1959 desafiliar a Cuba de la ORIT y solicitar poco después su ingreso en la FSM. En 1961 las proyecciones internacionalistas de la revolución se hicieron patentes en la 1ª Conferencia de Trabajadores de Plantaciones celebrada en La Habana en el mes de marzo.[26] El espíritu internacionalista radical y proletario que inspiró esas decisiones se ha mantenido incólume después en cuantos congresos se han realizado y en cuantos pronunciamientos de política exterior se han formulado. Conviene recordar de nuevo a este último respecto la 1ª y 2ª Declaración de La Habana, la organización de OLAS y las reuniones de la Tricontinental, así como el financiamiento y la ayuda dada a las guerrillas latinoamericanas y la intervención militar de Cuba en Bolivia, Nicaragua, Zanzíbar, Zaire, Angola, Etiopía, Somalia y Granada. En realidad el interés de Castro en exportar su revolución tuvo ya sus primeras indicaciones en los inicios mismos del régimen.

Castro utilizó también su astucia e inteligencia para consolidar su alianza con los países comunistas al tiempo que explotaba la rica cantera del tercer mundo. Utilizando al máximo sus habilidades dialécticas y confiando en la ignorancia y el resentimiento de muchos líderes de países subdesarrollados, lograría la hazaña de presidir el grupo de los Países No Alineados mientras formaba parte del Tratado de Varsovia y del Consejo de Ayuda Mutua Económica de los países aliados al imperialismo soviético.

## Los pronunciamientos de la CTC

Del lado del movimiento obrero, las expresiones de solidaridad con "los fraternos países socialistas y con los trabajadores que luchan contra la explotación y la opresión" se repiten en cada congreso de la CTC. El XIII Congreso, por ejemplo expresó su solidaridad con aquellos países donde "la agresión antiobrera y antipopular es más brutal y donde la agresión imperialista es más ofensiva y cruenta", como Vietnam, Laos, Camboya, Guinea Bissau y otros.[27] En ese mismo congreso se aprobó un proyecto de resolución internacional en el que luego de afirmar que los exitosos combates de los pueblos estaban debilitando las bases de la dominación imperialista, procede a comprometer el apoyo militante del pueblo cubano a la clase obrera de 39 países que en ese momento enfrentaban las amenazas capitalistas.[28] No escatimaron tampoco los autores de esa resolución el respaldo de los delegados a los patriotas puertorriqueños que "luchan contra la dominación colonial yanqui" y la denuncia de los padecimientos del pueblo negro de los E.U.

El formato y contenido de la anterior resolución se repiten en las adoptadas en los subsiguientes congresos. Hay siempre una sección dedicada a los países en desarrollo, otra referida a los trabajadores de los países capitalistas y una tercera que subraya la necesidad de fortalecer "los indestructibles lazos de cooperación y amistad que nos unen a la gloriosa Federación Sindical Mundial".[29] El XIV Congreso introdujo sin embargo algunos nuevos giros en la temática internacionalista al referirse a la conveniencia de apoyar la política de coexistencia pacífica de la Unión Soviética (lo que no impidió la condena "a los planes que impulsan los círculos guerreristas e imperialistas de E. U.") y la necesidad de efectuar cambios de estructura en la Organización Internacional del Trabajo en aras de su democratización.[30] Curiosamente, en esta misma resolución que data de 1978, la central sindical del país que habría de ser condenado cinco veces por la Comisión de Derechos Humanos de las Naciones Unidas, dedica un acápite a "continuar combatiendo con toda energía las violaciones de los derechos humanos que cada día, cada hora y cada minuto se producen en los pueblos explotados y oprimidos por el imperialismo".[31]

El furor proletario y la obsesión internacionalista que rezuman los congresos ulteriores sobrepasan los de cualquier otro país socialista. Las frases "redoblar nuestro apoyo a las luchas reivindicativas de los hermanos proletarios" y "condenar enérgicamente los desmanes imperialistas" son como un estribillo que recorre cuantos acuerdos se adoptaban. La resolución principal del XV Congreso contiene 41 incisos y un largo preámbulo. En uno de los párrafos de éste se describe con los tonos más sombríos la crisis económica que afectó a los países occidentales a fines del decenio de 1970 y se llega a decir que contra los obreros inconformes se apelaba en esos países a "la represión policial más desenfrenada y a la persecución, el encarcelamiento y el asesinato de sus más caracterizados dirigentes".[32] No bastaba con acusar a los monopolios y a las oligarquías nativas de despidos masivos, rebajas salariales y violación de los derechos sindicales, sino que había que tildarles también de criminales y asesinos. El léxico empleado por los autores de las resoluciones no conocía límites en la exageración. Al gobierno americano de la época y a los de sus aliados se les imputaban agresiones, provocaciones, crímenes execrables, los más siniestros planes bélicos y la más brutal explotación. Un párrafo de la resolución principal del XV Congreso condenaba la desenfrenada escalada armamentista; otro le resposabilizaba directamente por el grave deterioro de la situación internacional.[33]

Aunque el elenco de villanos incluía a veces al expansionismo sionista y a los reaccionarios miembros de la OTAN, el peso de las diatribas se dirigía siempre contra los E.U. La prédica del internacionalismo proletario adquirió así en Cuba un tono particular al entrecruzarse con el odio a los E.U. que Castro quería instilar en las organizaciones y masas obreras.

No es posible saber si los trabajadores, los delegados y los dirigentes tenían constancia de los hechos e imputaciones que se mencionan en las resoluciones. Viviendo en una sociedad cerrada y sin tener más fuente de información que las suministradas por el gobierno, es probable que muchos los creyeran. Lo que sí se sabe en todo caso es que esas resoluciones eran aprobadas por unanimidad, sin debates ni hesitaciones. El impacto acumulado que ellas tuvieron en los círculos obreros internacionales debió haber sido grande pues en 1982 La Habana fue escogida como sede para la celebración del X Congreso Sindical Mundial organizado por la FSM.

## De las palabras a los hechos

Los pronunciamientos internacionalistas no eran meros ejercicios retóricos ni resoluciones dirigidas al consumo exterior; buscaban por el contrario imbuir a los trabajadores del nuevo espíritu a fin de prepararlos para una nueva y más elevada dimensión de las tareas que iban a asignárseles.

Al pueblo cubano, el internacionalismo proletario le afectó en efecto de dos maneras distintas: una en su condición de *trabajadores* y otra en tanto que posibles *combatientes*. Desde comienzos de la década del 70, los dirigentes revolucionarios adoptaron la decisión de incrementar el envío de trabajadores cubanos a prestar servicios en otros países socialistas, cosa que hasta entonces se había estado haciendo de modo esporádico. Se creó a ese efecto en 1978 la empresa *Cubatécnica* conocida también como Empresa Estatal para la Colaboración Económica, la cual llegaría a enviar más de 80,000 cubanos a trabajar en unos 30 países socialistas o de inclinaciones marxistas.[34] La mayor parte de éstos eran naciones socialistas de Europa como Alemania del Este, Checoslovaquia, la

Unión Soviética y Hungría pero también figuraron en la operación países de orientación comunistas como Angola, Etiopía, Benin, Guinea Bissau y Cabo Verde. Desde el Extremo Oriente Soviético hasta las inhóspitas selvas de Mayombre en la provincia angolana de Cabinda, estos miles de cubanos se vieron precisados a trabajar en las más difíciles condiciones climáticas y de desconocimiento de la lengua.

¿Qué alcance llegarían a tener por otra parte los deberes internacionalistas de los profesionales y técnicos cubanos? Cuando el PCC celebró su IV Congreso en 1991 uno de los documentos sometidos al mismo indicaba que médicos, ingenieros, agrónomos, maestros e investigadores cubanos laboraban en 32 países. Sólo con respecto a la primera de esas profesiones el propio documento añadía que más de 2,000 médicos y trabajadores de la medicina realizaban trabajos en el mundo subdesarrollado.[35]

El propósito ostensible de esta transferencia de trabajadores era contribuir al desarrollo económico y social y a la liberación nacional de otros países. Se pretendía, en otras palabras, darle contenido real a la prédica internacionalista y solidaria en la que tanto insistían Castro y sus colaboradores. A los trabajadores internacionalistas se les decía que ellos debían inspirarse en el ejemplo del Che Guevara y en el magisterio comunista de Castro. Se apelaba así a la conciencia comunista y revolucionaria de los trabajadores incluyendo en esta denominación a técnicos y profesionales.

Junto a esta finalidad doctrinaria, el régimen perseguía también otros objetivos. Con respecto a los que se enviaban a los más avanzados Estados socialistas se esperaba que los trabajadores cubanos adquirieran conocimientos y destrezas que no era fácil impartirles en Cuba. Con relación a los países del Tercer Mundo se quería hacer gala ante ellos de los avances logrados por Cuba en su sistema educacional. Los internacionalistas tenían además el encargo de diseminar el credo marxista que Castro había implantado en Cuba.

Es probable que el régimen fomentara también el trabajo en el exterior como válvula de escape frente a las dificultades que se confrontaban en la consecución del pleno empleo. A los jóvenes que daban señales de inquietud se les ofrecía un empleo y al propio tiempo la oportunidad de viajar al exterior y conocer otros países. No importaba que a los internacionalistas se les colocara bajo la vigilancia de los agentes de la Seguridad del Estado y la Embajada de Cuba, amen de las autoridades del país que los recibía. La perspectiva de salir de la isla y pasar un tiempo (normalmente tres o cuatro años) conociendo un medio distinto ejercía cierta fascinación.

Para el régimen, la colocación de cubanos en otros países (principalmente europeos) tenía una significación económica de capital importancia que sin embargo no se reconocía explícitamente y a veces incluso se ocultaba. A través de la exportación de trabajadores el régimen de Castro obtenía cantidades substanciales de moneda convertible que el gobierno recipientario ponía a su disposición. Estas cantidades provenían de dos fuentes, a saber: de una suma alzada que a manera de pago inicial las empresas del país anfitrión abonaban al Gobierno de Cuba y de la transferencia a este último en moneda convertible del 60 por ciento del salario del trabajador. El trabajador contaba por lo tanto para su sostenimiento con el 40 por ciento de su salario nominal y la esperanza de que a su regreso a la isla se le entregaran las cantidades que allí se habían ido depositando. Sin embargo, tales devoluciones pocas veces se efectuaban o se hacían de modo parcial previo el descuento de ciertas cantidades o sólo después de transcurrido varios meses y a un tipo de cambio fijado por el régimen.[36] *Cubatécnica* cumplía así año tras año con el propósito fundamental de aportar divisas en tanto que el trabajador internacionalista era utilizado como artículo de comercio o moneda de cambio en beneficio del gobierno de Castro. Éste, consciente del peligro que esa situación podía engendrar, encomendó al Comité Nacional de la CTC que adoptara las medidas necesarias para instituir "de manera estable y solemne el reconocimiento social de los colectivos obreros y sus organizaciones sindicales a aquellos trabajadores que como combatientes, obreros, técnicos o profesionales hayan cumplido honrosamente tareas internacionalistas".[37] Una vez más los incentivos morales se utilizaban para paliar un estado de cosas que podía generar denuncias y malestar. Habría que añadir que fue sólo después del desplome del mundo comunista que se tuvo conocimiento pormenorizado de este aspecto del internacionalismo proletario.

La adhesión de la CTC al credo internacionalista entrañó también la participación de muchos trabajadores en acciones bélicas. Cuba no había sido agredida ni había declarado la guerra a otros países pero las circunstancias de la revolución de Castro llevaron a muchos trabajadores a convertirse en combatientes. Puede en verdad calificarse de extraordinaria la misión de proselitismo en tal sentido realizada por el Comandante en Jefe. Si al trabajador cubano se le hubiera dicho 15 o 20 años atrás que muchos de sus compañeros habrían de pelear y morir en tierras africanas, seguramente habría calificado de lunático al que tal cosa sugiriera.

Cuando se habla de la intervención militar de Cuba en otros países de inmediato se piensa en la guerra de Angola en donde docenas de miles de soldados cubanos (unos 55,000 en los momentos más críticos y un total de 200,000 a lo largo de la guerra) se enfrascaron durante unos 15 años en sangrientas batallas. Sin embargo, antes y después de esa guerra centenares y miles de trabajadores internacionalistas se vieron también involucrados en episodios militares en Etiopía, Granada, Mozambique, Nicaragua, Yemen y otros países. No es factible determinar con precisión cuántos trabajadores perecieron, fueron heridos o quedaron lisiados como consecuencia de esas guerras. Se sabe que las de Angola y Etiopía causaron miles de bajas entre las tropas cubanas pero no se conocen cifras exactas sobre el total de víctimas que eran trabajadores. Casi todos los que murieron en combate fueron sepultados en tierras extrañas sin que sus familiares tuvieran el consuelo de saber al menos el lugar de sus tumbas. Castro cumplió con su encomienda de hacer avanzar al comunismo en el Tercer Mundo y logró realizar ciertos objetivos políticos (salvó al gobierno comunista del MPLA en Angola y precipitó la independencia de Namibia) pero el pueblo cubano pagó un alto precio de lágrimas y sangre.

En contraste con la importancia de esas guerras y el pesado tributo que causaron, fue muy escasa la atención que los congresos de la CTC y el PCC dedicaron a las mismas. Se aprobaban desde luego las consabidas resoluciones sobre el internacionalismo proletario pero las referencias al costo de las intervenciones militares de Cuba fueron pocas o tangenciales. En 1978 cuando la guerra de Angola estaba ya en su apogeo, el XIV Congreso consagró sólo tres líneas a "la heroica participación de nuestros abnegados combatientes internacionalistas en Angola y Etiopía".[38] Seis años después casi exactamente la misma frase aparece en las Memorias del XV Congreso.[39] E igualmente en 1991 la resolución sobre política exterior del IV Congreso del PCC aludió escuetamente a "la gloriosa misión internacionalista cumplida por nuestros combatientes en Angola".[40] Los calificativos variaban pero el tono de esas escuetas referencias era el mismo. Conviene apuntar incidentalmente que en el vocabulario de los dirigentes revolucionarios todos los congresos son históricos, las conmemoraciones castristas gloriosas y los episodios y sus autores heroicos.

El internacionalismo funcionó, por último, también en el sentido de traer a Cuba jóvenes de todo el mundo a fin de entrenarlos como guerrilleros, adoctrinarlos como comunistas y enseñarles incluso técnicas de sabotaje y propaganda. En el orden sindical se creó el Instituto Lázaro

Peña de vocación internacional en el que hasta 1993 habían cursado estudios cerca de dos mil activistas obreros de América Latina. En los años de la transformación y la institucionalización, el trasiego internacional de las ideas era en dos sentidos: Cuba enviaba becarios (preferiblemente de origen proletario) a los países socialistas, y el Gobierno de La Habana otorgaba a su vez becas a gente del Tercer Mundo.

# Notas

[1] Véase el acápite 22 del Glosario de Términos anexo al código del trabajo.

[2] Artículo 8 del código.

[3] Véase *A Short History of Soviet Society*. (Moscú: Progress Publishers, 1971), pag. 84.

[4] Véase Duarte Oropesa, op. cit., volumen IV, pag. 292.

[5] Ibid, pag. 493.

[6] *Revolución*, 18 de septiembre de 1965, pag.1.

[7] Idem., 12 Julio de 1965, pag. 1.

[8] XIV Congreso, *Memorias*, op. cit., pag. 109.

[9] Córdova, *El mundo del trabajo en Cuba Socialista*, op. cit., pag. 190.

[10] *Cuba Socialista*, octubre de 1966, pag. 113.

[11] Tellería, op. cit., pag. 543.

[12] *La mujer en Cuba Socialista*, op. cit., pag. 42.

[13] Revista *Trabajo*, No. 8, diciembre de 1960, pag. 167.

[14] Fidel Castro, "Jamás nuestro movimiento obrero fue tan sólido como lo es hoy día" en *Memorias* del XIII Congreso, pag. 43.

[15] Ibid.

[16] XIII Congreso, Tesis, inciso 7.4, pag. 17.

[17] Véase XIV Congreso, *Memorias*, op. cit., pag. 211.

[18] XV Congreso de la CTC, *Memorias*. (La Habana: Editorial de Ciencias Sociales, 1984), pag. 144.

[19] Ibid.

[20] Reglamento General de los Contingentes aprobado por el CETSS en 1989.

[21] Córdova, *El mundo del trabajo*, op. cit., pag. 146.

[22] *Trabajadores*, 26 de Julio de 1994, pag. 4.

[23] Véase *Bohemia*, 17 de mayo y 28 de noviembre de 1980, pag. 18.

[24] *Trabajadores*, 14 de mayo de 1990, pag. 1.

[25] Rafael Fermoselle, *The Evolution of the Cuban Military*. (Miami: Ediciones Universal, 1986), pag. 327.

[26] Véase "La primera conferencia de plantaciones", *Trabajo*, No. 3, marzo de 1961, pag. 95.

[27] XIII Congreso, Tesis, pag. 17.

[28] XIII Congreso, "Proyecto sobre resolución internacional", pags. 1-3.

[29] XIV Congreso, *Memorias*, op. cit., pag. 240.

[30] Ibid, inciso decimoséptimo.

[31] Ibid, inciso decimoctavo.

[32] XV Congreso de la CTC, *Memorias*, op. cit., pag. 170.

[33] Véanse los párrafos 29, 30 y 40 de la resolución sobre el internacionalismo proletario y la solidaridad en ibid, pags. 170-173.

[34] *El mundo del trabajo*, op. cit., pag. 384.

[35] IV Congreso del Partido Comunista de Cuba, "Resolución sobre política exterior", párrafo 31.

[36] *El mundo del trabajo*, op. cit., pag. 384.

[37] Véase el párrafo quinto de la resolución sobre el internacionalismo proletario y la solidaridad en XV Congreso, *Memorias*, op. cit., pag. 171.

[38] XIV Congreso, *Memorias*, op. cit., pag. 238.

[39] XV Congreso, *Memorias*, pag. 170.

[40] "Resolución sobre política exterior", anexo V, en Pablo Alfonso, *Los fieles de Castro* (Miami: Ediciones Cambio, 1991), pag. 207.

# Capítulo 19

## *El salario social y los logros de la revolución*

### Las limitaciones del ingreso salarial

Aunque el principio socialista que rige la organización del trabajo y los salarios es "de cada cual según su capacidad, a cada cual según su trabajo", a ningún trabajador se le remunera en Cuba con el equivalente de lo que efectivamente produjo. Como se indicó en el capítulo 9, una parte de la riqueza por él creada se destina al fondo social de salarios y a engrosar la partida de ingresos del presupuesto nacional. Esta parte, que en los estados socialistas toma el lugar de los impuestos,[1] es la que en principio permite la provisión de servicios públicos y la promoción del desarrollo del país. Cabe advertir, sin embargo, que según la propia concepción de los autores del código del trabajo el salario que se abona al trabajador debía seguir constituyendo la parte fundamental de sus ingresos.[2] Por medio de él le debería ser posible al trabajador satisfacer sus necesidades básicas de vivienda, alimentación, ropa, calzado, higiene, transporte y mobiliario. Si el Estado proporciona gratuitamente o por una suma módica otros servicios (como la educación y la atención a la salud) el importe pecuniario que se necesita para sufragar estos servicios no debería representar una disminución tan grande del salario que impida o haga difícil que el trabajador pueda subvenir a sus otras necesidades. Debería existir, en otras palabras, una cierta ecuación entre la retribución monetaria directa que se paga al trabajador y lo que significa el costo de la atención médica, la educación y cualquier otro servicio que proporcione el Estado.

En el inicio de la revolución éstos servicios comprendieron, (además de los dos antes mencionados), las facilidades de transporte a precios muy reducidos (cinco centavos), guarderías infantiles gratuitas y espectáculos deportivos y de otro tipo sin costo o por un precio mínimo. Castro pensaba al comienzo que él podía "quemar" etapas y avanzar con rapidez hacia el comunismo así como hacer patente a los ojos del pueblo que todo o casi todo iba a depender de la munificencia del Estado.

Al disponerse en 1963 la escala salarial única, el régimen estaba aún pensando que iba a hacerse cargo de una buena parte de las necesidades del trabajador y fue hasta cierto punto por ello que los coeficientes salariales se establecieron en montos tan bajos. Influyó también en la fijación de esa escala el afán igualitario de Castro y su renuencia a pagar salarios altos. El Comandante en Jefe no incluyó nunca entre los objetivos que se proponía lograr (aunque de palabra dijera lo contrario) el de garantizarle a los trabajadores por medio del salario un nivel de bienestar razonablemente elevado. Para él lo importante habría de ser el cuidado de la salud, la promoción de la educación, el pleno empleo y el fomento de los deportes.

Cuando más tarde se fueron imponiendo las realidades económicas y subió el precio del transporte y cesaron de ser gratuitos los espectáculos y las guarderías infantiles, siguieron no obstante en vigor los mismos parámetros estrechos que habían sido establecidos en 1963. Resultaba imperativo, por otra parte, continuar la política de salarios reducidos a fin de disponer del dinero suficiente para pagar los extraordinarios gastos militares en que estaba incurriendo el régimen.

Es interesante observar al propio tiempo que ni el Mintrab ni la CTC prestaban debida atención a la necesidad de fijar un salario mínimo irreductible que bastara para cubrir las necesidades básicas o sirviera para proteger los grupos más vulnerables de la sociedad. El código del trabajo contiene tan sólo una escueta referencia al salario mínimo mensual,[3] pero en la práctica apenas se hacía alusión a su monto en las reuniones sindicales. Durante los años de la transformación y de la institucionalización ese monto, el llamado "minimum minimorum" equivalente al menor salario que podía convenirse en un contrato de trabajo, se estableció incluso por debajo del mínimo general de 85 pesos que estaba en vigor en Cuba antes de la revolución.[4] Más tarde, en 1986, los salarios más bajos se aumentaron a cien pesos para luego volver a reducirse durante la crisis. Tales mínimos eran inferiores a los que a fines del decenio de 1980 se pagaban en otros países latinoamericanos.

Tampoco eran adecuados los salarios que se pagaban a los profesionales universitarios pues ellos se fijaban por esta época en 220 pesos al mes al comenzar la vinculación, pasaban a 231 al segundo año y luego a 250 al tercer año. Unicamente los médicos recibían sueldos más altos (entre 300 y 400 pesos), pero ellos tenían un tope infranqueable dado que el Máximo Líder quería mantener una relación de proximidad entre los coeficientes más bajos y más altos de las escalas.

Entre 1980 y 1983 el salario medio creció en el país en un 26 por ciento pasando de 143 pesos a 180 pesos anuales.[5] En su expresión anual las tasas del salario medio subieron después muy ligeramente como se puede comprobar en el siguiente cuadro:

### *Tasas de salario medio anual*

| *Año* | *Anuario cubano* | *Anuario OIT* |
|---|---|---|
| 1980 | 1,774 | 1,848 |
| 1981 | 2,035 | 2,064 |
| 1982 | 2,113 | 2,148 |
| 1983 | 2,159 | 2,196 |
| 1984 | 2,230 | 2,256 |
| 1985 | 2,252 | 2,280 |
| 1986 | 2,255 | 2,268 |
| 1987 | 2,208 | 2,232 |
| 1988 | 2,242 | 2,247 |
| 1989 | 2,266 | ------ |

**Fuentes**: *Anuario Estadístico de Cuba*, 1989, pag. 114 y OIT, *Anuario de Estadísticas del Trabajo*, 1989-1990, pag. 758.

Se podrá notar que existe una cierta diferencia entre las cifras del Anuario Estadístico de Cuba y las de la Oficina Internacional del Trabajo. Conviene significar asimismo que luego de percibido el salario, el trabajador debía hacer efectivo el pago a su organización de la cuota sindical y a partir de 1980 y por el mismo conducto, de su contribución al mantenimiento de las Milicias de Tropas Territoriales que era de un día de haber como mínimo. Los trabajadores de las ciudades debían pagar además a los CDR una cuota obligatoria mensual; los que se negaban a pagar podían ser privados de sus cargos. La cuota sindical se pagaba conforme a la siguiente escala:

### *Monto de la cuota sindical*

| *Salario mensual* | *Cuota sindical* |
|---|---|
| Menos de 100,00 | 0,50 |
| De 100,00 a 125,00 | 1,00 |
| 125,01 a 150,00 | 1,25 |
| De 150,01 a 175,00 | 1,50 |

| | |
|---|---|
| 175,01 a 200,00 | 1,75 |
| 200,01 a 225,00 | 2,00 |
| 225,01 a 250,00 | 2,25 |
| 250,01 a 275,00 | 2,50 |
| 275,01 a 300,00 | 2,75 |
| De 300,01 a 335,00 | 3,00 |
| 335,01 a 365,00 | 3,35 |
| 365,01 a 380,00 | 3,65 |
| 380,01 a 400,00 | 3,80 |
| 400,01 a 424,99 | 4,00 |
| 425,00 a 450,00 | 4,25 |
| Más de 450,00 | 4,50 |

**Fuente**: XV Congreso de la CTC, *Memorias*, pag. 165.

Deducidas las tres contribuciones precitadas, el trabajador de nivel medio que ganaba, por ejemplo, 170 pesos al mes se quedaba con unos 155 pesos para hacer frente a los gastos del hogar. Hacia los primeros años del período de la crisis cuando un pollo costaba siete u ocho pesos y el precio de una libra de carne era en el mercado paralelo de $ 7.59, es indudable que una familia de tres o cuatro personas enfrentaba serias dificultades para cubrir sus necesidades normales. No eran raras además las ocasiones en que se pedían contribuciones especiales como fue por esta época la que se solicitó para hacer un monumento a Lázaro Peña. La situación empeoraría por supuesto en el período de la crisis cuando el peso cubano perdió una gran parte de su poder adquisitivo y el cambio con el dólar se fijó en uno por 30 o 40, pero todavía antes parece difícil que aun la familia más frugal pudiera disponer de algún dinero para disfrutar de un mínimo de recreación o de los "placeres honestos" de que habla la Constitución de México.

En los períodos de auge de los beneficios materiales (primas y premios), es posible que los trabajadores más jóvenes y esforzados (sobre todo el millón de ellos que trabajaban a destajo) recibieran una remuneración relativamente satisfactoria. También lograron niveles aceptables los matrimonios formados por profesionales. Mas para la inmensa mayoría de los trabajadores que percibían sólo la tasa media anual de salario o cantidades inferiores, el ingreso salarial era a todas luces insuficiente.

En Cuba los salarios se pagan en efectivo pero no se ofrece información alguna al trabajador sobre la relación entre la cantidad que se paga y los días o semanas trabajados. Tampoco se hace referencia alguna a las tarifas aplicables ni a las posibles horas extraordinarias laboradas ni a las deducciones que hayan podido hacerse. El importe del pago se coloca en un sobre que el trabajador debe devolver una vez extraído y contado el dinero.

Algunos trabajadores jefes de familia trataban de reforzar sus ganancias realizando por cuenta propia algunas actividades marginales (pintura, carpintería, reparación de equipos, costuras, venta de efectos personales, etc.) pero ese tipo de labor estaba rigurosamente prohibido por el Estado que llegó a considerarlo como el delito de actividad económica ilícita. El régimen de Castro solamente autorizaba el trabajo que se hacía para el Estado. Todos los trabajos independientes, incluso pescar truchas o biajacas en un río, eran considerados como labores ilegales y clandestinas perseguidas por el Departamento Nacional de Lucha contra los Delitos Económicos.[6] El trabajo por cuenta propia se hacía además difícil por la carencia del instrumental necesario, el cual si alguna vez se obtenía y era descubierto por la policía servía de base para una condena de varios años de privación de libertad.[7]

El clímax de esta persecución oficial al trabajo independiente tuvo lugar en 1990 cuando la policía desalojó violentamente a un grupo de ciegos que en improvisados estanquillos situados en la calle Galiano de La Habana vendían rústicas mercaderías. Esa modesta actividad se consideró como un negocio propio, un germen de capitalismo, que en gesto evocador de una sociedad "orwelliana" debía ser ejemplarmente suprimido.[8] Conviene añadir que la supresión del trabajo por cuenta propia viola el principio de la libertad de trabajo plasmado en la Declaración Universal de los Derechos del Hombre.[9]

## Las dificultades del abastecimiento

Una buena parte de los artículos del consumo diario de los trabajadores estaban subsidiados por el gobierno, lo que significa que éste procuraba de esa manera "ofertarlos" (el verbo es una invención del régimen de Castro) a bajos precios. El problema es que además de subsidiados, dichos artículos estaban *racionados* dada la escasez o inexistencia de algunos de ellos. En 1962 se estableció en efecto la libreta de racionamiento a la que el gobierno bautizó con el engañoso nombre de *libreta de abastecimiento*. En esa libreta se incluyen las cantidades de alimentos, ropa, calzado, cigarrillos, jabón, artículos electrodomésticos y otros productos que cada persona puede adquirir al mes; dichas cantidades se suponía que fueran las suficientes para el consumo de cada unidad familiar. Empero, los grandes fallos del sistema de producción y distribución de alimentos y otros bienes dieron lugar a que ciertos artículos resultaran insuficientes o que no existieran en las tiendas que correspondían al consumidor de que se trate. Como apunta Juan Clark "las inversiones en industrias de consumo no han constituido una de las prioridades del gobierno cubano".[10] La prioridad siempre se confiere a los productos destinados a la exportación, aquellos que pueden aportar divisas, cuya política ha determinado la escasez crónica de algunos renglones principales del comercio interior, incluyendo la paradójica limitación del consumo de azúcar.

¿Qué hacía el trabajador ante ese estado de cosas? Pues en primer lugar, conformarse y resignarse a una situación de la que aparentemente eximía al gobierno de responsabilidad. No conozco de resolución alguna de asamblea sindical o reunión de la CTC que contenga una condena o siquiera una crítica a la política seguida al respecto por el gobierno. A los ojos de la masa obrera no era al parecer posible que el omnisapiente Comandante en Jefe hubiera fallado durante tantos años en abastecer debidamente al país. La mezquindad en la distribución de boniatos, yucas y otras viandas, así como la leche o el tabaco probablemente creía que era también culpa del "bloqueo" yanqui.

En segundo lugar, y en tanto que consumidor, muchas familias de trabajadores buscaron alternativas a la ineficiente distribución oficial en el mercado negro, el trueque y la economía clandestina.[11] En unos casos en que era preciso sobrevivir y en otros en que se quería simplemente evitar las largas colas que era preciso hacer para adquirir un producto, se acudió al mercado negro. Por algún tiempo en los primeros años del decenio de 1980 se permitieron los llamados mercados campesinos libres que significaron un gran alivio en el suministro de productos agrícolas, pero estos fueron después suprimidos por Castro y hubo necesidad de volver a hacer las compras (cuando se podía) en el mercado paralelo.

Una tercera actitud adoptada por muchos trabajadores fue la de incrementar sus esfuerzos y rendimientos a fin de merecer el premio de los artículos electrodomésticos que distribuían los sindicatos, de los automóviles que en casos excepcionales el régimen regalaba a los más denodados héroes del trabajo, de las vacaciones pagadas en algún campamento o centro construido al efecto o de los viajes turísticos a los países socialistas que muchas veces era el propio Comandante en Jefe el que los confería.[12] Era en tal sentido un tanto paradójico que la incompetencia del gobierno en vez de ser censurada resultara en el premio de una intensificación del trabajo que a ese mismo gobierno prestaban obreros y campesinos.

## Los logros educacionales

Una de las ventajas del salario social era la seguridad que el trabajador y su familia tenían de que sus hijos serían educados gratuitamente por el Estado. Al Gobierno Revolucionario cabía acreditarle también la virtual eliminación del analfabetismo que se redujo del 23 al 4 por ciento, gracias en parte a la entusiasta contribución de la ciudadanía al comienzo de la revolución y a la conversión de miles de estudiantes en maestros. Luego de una etapa de crisis en la enseñanza superior, se crearon más tarde nuevas especializaciones universitarias y se construyeron muchas escuelas para suplir las necesidades derivadas de la supresión de la enseñanza privada.[13] En varios congresos de la CTC, Castro gustaba blasonar del número creciente de trabajadores que habían cursado hasta sexto e incluso el noveno grado.

Sobre estos avances de la educación se hizo una gran propaganda en Cuba y en el extranjero. Tal parecía que el país había pasado del atraso más primitivo al nivel más elevado posible. En su discurso ante el XV Congreso afirmó que antes de 1959 había "casi un 30 por ciento de analfabetos y que no había maestros en las áreas rurales",[14] declaración inexacta que formaba parte de su empeño en falsificar la historia pre-revolucionaria. En los países de América Latina se procuró hacer ver que el progreso alcanzado por Cuba era un fenómeno único entre los países en vías de desarrollo, olvidando que en Uruguay, por ejemplo, la enseñanza primaria, la secundaria y la universitaria son gratuitas y que ello se ha logrado sin establecer una dictadura y sin quebranto del salario que se paga a los trabajadores. Sobre este último particular conviene asimismo recordar que son varios los países europeos que han establecido la enseñanza universal y gratuita y que Alemania, por ejemplo, provee también a la educación sin costo alguno al tiempo que abona a sus trabajadores una de las tasas de remuneración más altas del mundo.[15] En puridad de verdad, el proveer a la educación de los habitantes de un país no debería considerarse como una hazaña o logro singular sino como un deber elemental del gobierno.

Procede esclarecer en segundo lugar un punto importante. ¿Hasta qué punto es cierta la alegación del régimen de Castro sobre el carácter absolutamente gratuito del servicio educacional? Ni los padres de los educandos ni éstos pagan, en efecto, dinero alguno para cursar sus estudios siendo así que los libros y el material escolar le son suministrados por el Estado.[16]

Esto no significa, sin embargo, que no haya costo alguno para el alumno ni beneficio compensatorio para el Estado. Hay que recordar que todos los alumnos de la enseñanza secundaria deben trabajar un mínimo de 30 días en el campo y que esa obligación se extiende a 45 días en el nivel preuniversitario. Los estudiantes de las ciudades son trasladados al campo para efectuar labores durante 8, 9 o 10 horas al día, en tanto que los que habitan en las áreas rurales trabajan 3 o 4 horas todos los días de clases. Se les ocupa en diversas tareas relacionadas con las cosechas y temporadas que correspondan (siembra, cultivo, limpia, recogida, etc.), unas veces reemplazando a los trabajadores agrícolas y otras laborando con ellos, todo lo cual representa un valor económico cierto. El trabajo en cuestión se considera como una asignatura que es de rigor cursar so pena de no ser admitido para los estudios universitarios. Si bien tiene carácter opcional el trabajo suplementario de 15 días durante las vacaciones escolares, son muchas las presiones sociales que se ejercen sobre el estudiante para que se involucre en otras faenas agrícolas, lo que da lugar a que la mayoría de ellos tengan que aportar dos meses de trabajo al año. En 1992, por ejemplo, más de 144,000 estudiantes fueron movilizados para colaborar en trabajos agrícolas durante el período de vacaciones.[17] Deberes similares se aplican también a los jóvenes del nivel universitario y politécnico, siendo oportuno significar al respecto que antes de la revolución, la Universidad de La Habana confería un gran número de matrículas gratis y que los demás estudiantes pagaban sólo 45 pesos al año.

La educación que el régimen de Castro ofrece actualmente en Cuba se halla totalmente politizada a todos los niveles. Aún antes del ingreso del menor en la Unión de Pioneros comienza su proceso de aculturación en el mejor estilo de la experiencia estaliniana. Desde su más temprana edad los niños entran en los círculos infantiles en los que siguiendo los principios de la teoría de la educación de Antón Makarenko (adoptada oficialmente por la URSS en 1930) se trata de sustituir sutil y gradualmente el concepto de la familia por el del Estado. Es de éste de quien el infante va aprendiendo que depende su cuidado, alimentación, formación y enseñanzas. De los círculos se pasa a la Unión de Pioneros, de ésta a la UJC y finalmente, una vez probada su adhesión, al PCC, completándose así el ciclo de formación del hombre nuevo.

Es claro que el mayor o menor éxito de este proceso de formación dependía de la fuerza y capacidad de resistencia de los lazos familiares. En los hogares en que prevalecían valores propios (religiosos, éticos o de otro tipo) no fue siempre decisiva la transformación que pudo lograrse en los círculos y en la Unión de Pioneros. Mas al estudiante le esperaban en todo caso otras influencias. El culto a la personalidad de Castro, los principios del socialismo científico y la enseñanza de una historia de Cuba convenientemente mutilada o adaptada a los intereses del régimen, penetraban cada uno de los niveles de enseñanza que existen en el país.[18] Para la enseñanza de la historia patria se desecharon casi todos los textos anteriores y se escribieron nuevos libros por autores afines al marxismo como Elías Entralgo, S. Aguirre, Fernando Portuondo, Julio Le Riverend y Emilio Roig. Historiadores soviéticos como M. Okunieva, E. Dimitrievna Volkova y O. Darusenkov fueron también reclutados para reescribir la historia y hasta la Academia de Ciencias de la Unión Soviética preparó en 1981 un texto oficial. Algo semejante se hizo con la enseñanza de la geografía respecto a la cual antiguos profesores de tendencia marxista, Salvador Massip y Antonio Núñez Jiménez, hicieron su aporte. Y por supuesto que la mayor parte de los manuales de Economía Política que se usaban eran los de A. Buchurin, Vítor Petrovich, I. Kusminov y A. Rumiantsev traducidos al español en Cuba o por la Editorial Progreso de Moscú.

En los planes de estudio de los niveles secundario y preuniversitario se incorporaron como enseñanza obligatoria las asignaturas de Dialéctica Materialista y Socialismo Científico. Los libros de Marx, Engels y Lenin figuraban por supuesto como lecturas requeridas o recomendadas. Se le dio en suma un nuevo giro a la enseñanza; en el futuro su objetivo primordial sería inculcar en los educandos la ideología oficial y contribuir a la perdurabilidad del régimen. Como señala un manual oficial del Ministerio de Educación de Cuba los objetivos generales de la educación son:

1) "Fortalecer a través del conjunto de actividades académicas y laborales, investigativas y complementarias en general la concepción científica, materialista-leninista del mundo y estar en condiciones de aplicarla a la actividad profesional sobre la base de los principios, leyes y categorías del razonamiento lógico de la dialéctica materialista.

2) Asumir una actitud consciente ante la defensa de la causa del socialismo, identificarse con la misión histórica y los intereses de la clase obrera, con las tradiciones revolucionarias e internacionalistas de nuestro pueblo, todo lo cual debe traducirse en normas de conducta que le permitan por la vía del ejemplo personal influir positivamente en la formación de sus alumnos.

3) Reconocer la significación del Partido como vanguardia política y dirigente de toda la sociedad y aplicar conscientemente su política en la actividad profesional".[19]

Dos generaciones de cubanos han sido de esa manera formadas a la luz de este sistema educacional. El trabajador cubano podía estar seguro de que sus hijos serían educados por el Estado y también de que éste procuraría moldear su pensamiento conforme a la línea trazada por Castro y el PCC.

## La atención a la salud

Los líderes de la revolución sostienen que su otro gran logro es el de haber garantizado el acceso de toda la población a una atención médica eficaz y gratuita.[20] No hay un solo congreso obrero o reunión multitudinaria en la que Castro no haga referencia a este logro. A menudo se le presenta además en forma de contraste con la situación anterior a 1959, como si en Cuba no hubieran antes hospitales y casas de socorro que ofrecían asistencia a los necesitados ni centros mutualistas que cobraban sumas irrisorias. El país contaba en 1958 con 6,000 médicos y una cama de hospital por cada 185 habitantes, cifras que si no eran óptimas sí parecen aceptables;[21] no era en cambio satisfactoria la distribución geográfica de los médicos y hospitales que tendía a favorecer las grandes zonas urbanas.

Algo después del triunfo de la revolución el régimen dispuso que la medicina sería gratuita. Las consultas, la hospitalización, las intervenciones quirúrgicas, los análisis y los tratamientos eran y son gratuitos para el pueblo. (No así en cambio las medicinas que debían adquirirse en las farmacias las cuales tenían que ser pagadas). Aunque tal situación se erigió por el gobierno en pieza de propaganda, ella era también valorada y apreciada por la población trabajadora. Son pocos los obreros y campesinos que se detienen a pensar que una gran parte del servicio de la salud se paga en base a los salarios raquíticos que se abonan a esos mismos trabajadores, al trabajo voluntario, a las labores que como servicio social se prestan sin costo para el Estado y a las otras modalidades de aprovechar el esfuerzo de los trabajadores sin pagarle la compensación correspondiente.

No hay duda, por otra parte, que la atención a la salud se ha fortalecido durante la revolución con la construcción de un número considerable de hospitales, policlínicos y centros de investigación. En 1984 la cifra de médicos había aumentado a 20,000 y seguía en ascenso gracias a la creación de 14 facultades de medicina. En esa misma fecha Castro anunció que para el año 2,000 se graduarían 50,000 médicos más.[22]

En 1989 ya pasaban de 38,000 los egresados de las escuelas de medicina. El régimen decidió entonces extender el sistema del médico de la familia a las fábricas, sitios de construcción y complejos agroindustiales. Al año siguiente se dio cuenta de que 725 médicos habían sido asignados a ejercer su profesión en esos centros de trabajo, incluyendo a 206 en los 156 centrales azucareros;[23] se informó también que el 60 por ciento de la población se hallaba protegida por ese tipo de atención médica.[24]

Aunque la crisis económica obligó al gobierno a cerrar más de dos terceras partes de las facultades de medicina, las que sobrevivieron graduaban cada año más y más médicos que era necesario ubicar. Se hizo aconsejable en esas condiciones darle otras atribuciones y cometidos a los que se encargaban de la atención a la salud; se les pidió que se preocuparan de la disminución del aborto voluntario —que para entonces había adquirido proporciones epidémicas—, de la educación sexual y la distribución de anticonceptivos. (Este programa pudo llevarse a cabo con el apoyo de Fondo de Población de las Naciones Unidas). Se dispuso también que los certificados médicos que expidieran los médicos de centros de trabajo o que siendo firmados por otros galenos ellos consideraran aceptables eran los únicos que podían justificar las ausencias del trabajo. (Es de agregar que en 1992 el gobierno había pagado a los trabajadores el equivalente en dinero a 55 millones de días perdidos).[25]

A Castro le hubiera gustado seguir expandiendo ese servicio pero la aguda crisis que en ese año comenzó a abatirse sobre el país se lo impidió; suspendidos los subsidios soviéticos no era sólo que faltaran recursos para pagar a tantos profesionales sino que se iban cerrando las empresas que pudieran solicitar médicos. Era indudable en todo caso que la presencia del médico representaba una ventaja para los trabajadores pues además del control de su salud (de vital importancia para macheteros, estibadores, transportistas y otros que realizaban agotadoras actividades durante largas horas), la localización de dicho facultativo cerca del lugar de trabajo les ahorraba el tiempo que debían invertir en las visitas médicas; esa mayor disponibilidad para seguir en la producción era también de interés para el régimen.

El Comandante en Jefe se había empeñado en convertir a Cuba en una potencia médica llegando en ese sentido a incurrir en serias exageraciones. Hay expertos que estiman que tener ese número de médicos y facultades de medicina no es un logro sino un desatino desde el punto de vista de la planificación y del desarrollo equilibrado del país. Hubo épocas de la revolución en que el capricho y la demagogia de Castro dieron lugar a que nadie quisiera ser ayudante de tornero o electricista.

De la plétora de médicos existentes en el país se han derivado varias consecuencias. La primera es la disminución relativa de su retribución que en muchos casos dejó de ser adecuada y comenzó a originar quejas tanto entre los médicos como entre las enfermeras. A mediados de los años 80 estas últimas se mostraban abiertamente insatisfechas con sus remuneraciones y pidieron la protección del sindicato a que pertenecían. La segunda consecuencia consistió en la creación del "médico de la familia". El régimen tenía que proveer de empleo al número creciente de profesionales de la medicina que año tras año se graduaban y para ello dispuso que para cada manzana o grupo de 120 familias existiera un médico y una enfermera dedicados a su atención. Esta experiencia se inició en el barrio de Lawton en La Habana en 1983 y fue luego extendiéndose por todo el país; en 1992 existían ya 15,000 médicos de familia; en 1993 3,000 médicos prestaban servicios en fábricas y talleres.

En la mayor parte de los casos el médico de la familia era útil para la atención primaria de los accidentes o enfermedades menores limitándose en los demás casos a orientar al paciente hacia el hospital o policlínico correspondiente. El médico de la familia se suponía que iba a residir en la vivienda que le fuera asignada pero alrededor de un 30 por ciento de ellos, frustrados por la falta de incentivos y el escaso interés de su práctica profesional, viven en otro lugar y se limitan a dar la consulta dos o tres veces por semana por un período no mayor de tres o cuatro horas por día.[26] La tercera consecuencia, un tanto más ominosa, se relaciona con la exportación de médicos hacia otros países socialistas o no alineados del Tercer Mundo, como fueron por ejemplo, Nicaragua en América Latina y Angola, Cabo Verde, Guinea Bissau, Mozambique y Namibia en Africa.

En esta última experiencia el médico se utilizaba en parte como moneda de cambio a fin de obtener alguna forma de compensación para el gobierno y también como manifestación concreta de los principios internacionalistas y fraternales que según Castro debían existir entre los países menos favorecidos del mundo. El Máximo Líder ansiaba además poner de relieve ante los países recipientarios que Cuba efectivamente se había colocado en primer lugar entre las naciones del Tercer Mundo.

El propósito de sacar a relucir los progresos de la medicina en Cuba se llevó después adelante con la creación de la Empresa Médica Servimed de Cubanacán S.A. encargada de brindar atención especializada no ya a los trabajadores y pueblo de Cuba sino a los turistas y enfermos de otros países. Estos pagaban los honorarios en divisas y recibían una atención esmerada muy superior a la que se daba a los pacientes cubanos.[27] Parecida desigualdad se observaba entre el servicio hospitalario que se ofrecía a obreros y campesinos y el que se reservaba a los "mayimbes" o altas figuras del régimen. Mientras los primeros tenían que ir en La Habana, por ejemplo, al antiguo hospital Calixto García donde a menudo escasearían más tarde el algodón, el alcohol, los desinfectantes, las medicinas y los aparatos de la medicina moderna, la élite de la nueva clase era tratada en el Centro de Investigaciones Médicas Clínico Quirúrgico (CIMEQ), hospital ultramoderno en el que se disponía de equipos altamente sofisticados y medicinas de todo tipo.[28] Se hizo también visible años más tarde la diferencia entre el cuidado que se daba a la masa trabajadora y el que se reservaba a quienes podían pagar con dólares en los exclusivos hospitales Cira García y Hermanos Ameijeiras.[29] Es a este último centro, que tiene varios pisos designados como "área de dólares", adonde llevan a los turistas para que vean los logros revolucionarios.

La calidad de los servicios que se daban al público en general acusaba además ciertos fallos. A principios de la década del 80 un artículo publicado en la revista *Bohemia* daba cuenta de los siguientes problemas: quejas de los cuerpos de guardia, maltrato a los pacientes en ciertos hospitales, pérdida de exámenes de laboratorio, confusión con las placas radiográficas e incumplimiento de actividades básicas de los policlínicos.[30] Lo curioso era que en el 85 por ciento de las unidades de salud pública ondeaba la bandera Héroes del Moncada.[31] Al producirse después la crisis, muchos hospitales carecían de los más elementales recursos, sus salas de cirugía apenas eran debidamente esterilizadas, los pacientes debían agenciarse por su cuenta hasta la ropa de cama, había enfermos que se daban de alta antes de tiempo y abundaban los casos de infección hospitalaria.[32]

Al examinar el estado de la salud en Cuba hace falta tomar también en cuenta otros factores que van más allá de la atención médica, de la erradicación de algunas enfermedades infecciosas y la disminución del parasitismo en la población infantil rural. El gasto económico y social que se hizo en la construcción de hospitales y la proliferación de médicos primero y la crisis económica después han tenido su contrapartida en el descuido y abandono de otros servicios que afectan los niveles de salud de la población. La mala higiene ambiental, las deficiencias en la recogida de desechos sólidos, la deteriorada red de albañales, el mal estado de las viviendas (más del 50 por ciento de las de la Ciudad de La Habana según cifras oficiales), el hacinamiento en que viven muchas familias, la falta de productos de aseo (cuatro jabones al año por consumidor), la escasez de utensilios de limpieza y la deficiente alimentación, son otros tantos problemas que conspiran contra la salud del pueblo cubano.[33]

Las deficiencias de infraestructura y la pobreza de ciertos servicios públicos, incluyendo el abastecimiento de agua y el suministro de electricidad, son cuestiones debidas en gran parte a la crisis económica ocurrida tras el desplome del imperialismo soviético. No se puede decir lo mismo, sin embargo, de los trastornos psicosociales derivados de la ausencia de libertades, la incertidumbre que causa la falta de un Estado de Derecho, el temor a las delaciones, el peligro de ser arrestado y la escasez de bienes de consumo con la consiguiente obligación de hacer colas, todos los cuales son causa del estrés constante, la neurosis y la doble vida en que desde hace largos años vive la sociedad. El efecto de estos trastornos se refleja en el índice de intentos de suicidio y las estadísticas sobre las tasas de suicidios por cada 100,000 habitantes que se observan hoy en Cuba. Los intentos de suicidios aumentaron de tal manera en 1989 que el gobierno tuvo que adoptar un plan de emergencia por zonas de salud para tratar de controlarlos. El plan no tuvo demasiado éxito pues el suicidio sigue figurando entre las tres primeras causas de muerte en la población.[34] Según las estadísticas de la Organización Mundial de la Salud (OMS) la tasa de suicidios por cada 100,000 habitantes (21.0) era la más alta de América Latina.[35] En 1995 el Instituto de Medicina Legal de La Habana informó que 2,500 personas se suicidaban cada año en Cuba. La incidencia de otros desequilibrios psíquicos era también elevada como lo demuestra el número de ebrios y el de pacientes que son atendidos en las consultas de psicología y psiquiatría.

En su concepto más amplio, como equilibrio bio-psico-social y no sólo como ausencia de enfermedad, el cuadro de la salud en Cuba es pues mucho más complejo y lleno de claro-oscuros de lo que dice la propaganda del régimen y se acepta como verdad en muchos países.

# Notas

[1] El Plan Unico de Desarrollo Económico y Social del Estado para 1981 preveía un ingreso de 11,802,2 millones de pesos provenientes del sector estatal de la economía y 119,1 correspondientes a los impuestos que aún regían.

[2] Véase A.R. Martín Sánchez, op. cit., pag. 3.

[3] Artículo 10.

[4] El mínimo de 85 pesos fue establecido por el régimen de Castro a mediados del decenio de 1970-80.

[5] Véase el discurso pronunciado por el Ministro del Trabajo, Joaquín Benavides, en XV Congreso, *Memorias* op. cit., pag. 215.

[6] La única excepción era en esta época la de los pequeños agricultores, pero aun éstos no podían vender libremente sus cosechas.

[7] Véase E. Córdova, *El mundo del trabajo*, op. cit., pag. 82.

[8] Ibid, pag. 83.

[9] Artículo 23.

[10] J. Clark, *Mito y realidad*, op. cit., pags. 275 y 276.

[11] Ibid, pags. 278-288.

[12] Véase la parte final del preámbulo de la resolución de 1984 sobre el desarrollo del deporte, la recreación y el descanso de los trabajadores.

[13] Esta enseñanza era impartida por gran número de colegios religiosos y laicos, muchos de los cuales gozaban de bien ganado prestigio.

[14] Fidel Castro, "Discurso de clausura del XV Congreso", en *Memorias*, op. cit., pag. 6.

[15] En 1993, Alemania pagaba 25 dólares por hora en la industria manufacturera.

[16] Aunque más tarde en el período de la crisis los estudiantes tenían que devolver hasta los cuadernos de notas, los que después de borrar los apuntes eran utilizados por otros alumnos.

[17] Según la Agencia de Información Nacional (AIN) estos estudiantes fueron movilizados luego de exhortaciones del gobierno para que renunciaran a parte de sus vacaciones.

[18] Las Fuerzas Armadas Revolucionarias crearon una Sección de Historia de Cuba que en colaboración con el Instituto Cubano del Libro procuró incluso analizar la ideología mambisa desde el punto de vista marxista.

[19] Véase Ministerio de Educación, *Licenciatura en Educación, Carrera: Defectología*. (La Habana: Editorial Pueblo y Educación, 1990), pag. 10.

[20] Para una explicación encomiástica del problema de salud del Gobierno Revolucionario, véase López Villeda, op. cit., pag. 35 y sgtes.

[21] En los países más desarrollados la proporción es de 7-10 por cada mil habitantes.

[22] Véase el precitado discurso de Castro. pag. 6.

[23] Véase *Granma*, 18 de julio de 1990.

[24] Véase *Trabajadores*, 15 de septiembre de 1990, pag. 8.

[25] "Una norma oportuna", *Trabajadores*, 19 de abril de 1993, pag. 8.

[26] Véase Francisco Cedeño Agramonte, "La salud pública en Cuba: estado actual" en *Boletín Informativo Solidaridad* (Caracas), año 5, no. 15, julio-septiembre de 1993, pag. 4.

[27] Sergio A. Beltrán Rodríguez, "¿Puede ofrecer salud un país enfermo?" *El Nuevo Herald* (Miami), 20 de noviembre de 1995, pag. A 10.

[28] "La medicina en Cuba: un mito que se volvió cuento", *El Nuevo Herald*, 23 de junio de 1991, pag. 4 D. (Los cinco médicos entrevistados en este artículo como los dos autores antes mencionados eran médicos residentes en Cuba).

[29] Ibid.

[30] *Bohemia*, año 73, no. 1, enero de 1981, pags. 4 y 5.

[31] Ibid.

[32] "La medicina en Cuba", op. cit., pag 4 D.

[33] "¿Puede ofrecer salud un país enfermo?", op. cit., pag. 10 A.

[34] "La medicina en Cuba", op. cit., pag. 4 D.

[35] World Health Organization, *World Health Statistics* (Geneva, 1991), pags. 117, 137, 145, 153, 173 y 177.

# Capítulo 20

## *Incremento del plus trabajo, beneficios materiales y barruntos de crisis*

### Dificultades económicas y exhortaciones a los trabajadores

En septiembre de 1983 se inició un ciclo particularmente febril de la incesante actividad del obrerismo organizado de Cuba. Las secciones sindicales debían proceder en esa fecha a elegir los precandidatos a delegados del XV Congreso, etapa que se continuaría al mes siguiente con la selección de los candidatos por los sindicatos nacionales y en los meses de noviembre y diciembre con la celebración de las conferencias municipales y provinciales.

La coyuntura económica no parecía demasiado propicia en esta oportunidad para la celebración de un congreso obrero. Aunque en 1980 se había experimentado una recuperación, los precios del azúcar habían bajado en el mercado mundial, el comercio internacional seguía pasando por una aguda crisis, los planes de producción azucarera estaban atrasados y existía un déficit de medio millón de toneladas de azúcar con respecto a los compromisos contraídos por Cuba.

Según el criterio de Castro, de nada de eso era culpable su sistema económico. Las dificultades experimentadas en la anterior zafra azucarera eran consecuencia de las condiciones climáticas desfavorables representadas no por un ciclón devastador sino "por lluvias persistentes", la crisis económica tenía alcance mundial y se había originado en los países capitalistas y los otros problemas que empezaban a advertirse debían ponerse en la cuenta de "la intensificación del bloqueo yanqui".[1]

Había también, conforme al punto de vista de Castro, una crisis política que en el orden geoestratégico se había manifestado en la ayuda militar que el Gobierno de los E.U. estaba dando al ejército de El Salvador y en la intervención militar que tuvo lugar en Granada. Fue en este pequeño país donde experimentó su primer revés la política expansionista de Castro y ello se debió, a su juicio, a la maniobra "pérfida, deshonesta, egoísta y agresiva" del Gobierno de Washington al que no vaciló en calificar también de "fascista".[2] En Granada perecieron 24 trabajadores cubanos que allí habían ido supuestamente en calidad de constructores y colaboradores pero que no vacilaron al parecer en empuñar las armas en lo que se calificaría como el primer enfrentamiento militar contra las tropas imperialistas yanquis. Castro recibió a los sobrevivientes como héroes y el XV Congreso se dedicó a la memoria de los caídos.

Además de las repercusiones de la crisis económica que padecía el mundo capitalista, la economía cubana sufrió, según afirmaba el régimen, de las constantes amenazas de agresión militar de los E.U. que le obligaban a destinar cuantiosos recursos a la defensa de la patria y de las plagas y epidemias provocadas por la CIA "que ocasionaron sensibles pérdidas humanas y económicas".[3]

A fin de superar los problemas que afrontaba el país, el Gobierno de Castro apeló a sus acostumbrados llamamientos al pueblo trabajador para que realizara nuevos esfuerzos y sacrificios. Dichos llamamientos eran de muy variada naturaleza. Unas veces buscaban intensificar la emulación socialista, otras efectuar las gigantescas movilizaciones relativas al trabajo voluntario, ahorrar materiales y piezas de repuesto, economizar energía y combustible, estimular las innovaciones y racionalizaciones, mejorar la calidad de los productos y cumplir y sobrecumplir los planes de producción.

En términos generales estos llamamientos tuvieron al parecer una cálida acogida en la mayoría de los sectores laborales. La emulación, por ejemplo, se tradujo en que más de 2,200,000 trabajadores cumplieran sus compromisos en 1982 y que 7,200 centros de trabajo lograran llevar a cabo las metas de producción fijadas en saludo al II Congreso del PCC.[4] Aparecieron las brigadas trimillonarias y el trabajo voluntario continuó creciendo como lo demuestran las siguientes cifras relativas a una de sus manifestaciones:

| *Año* | *Trabajadores participantes en los Domingos Rojos* |
|---|---|
| 1979 | 1,644,516 |
| 1980 | 1,710,642 |
| 1981 | 1,857,486 |
| 1982 | 2,018,531 |
| 1983 | 2,157,898 |

**Fuente**: *Memorias del XV Congreso de la CTC*, pag. 59.

Se desarrollaron aún más algunas modalidades de emulación como la del plan de fechas históricas, la microemulación "en caliente", la emulación al "rojo vivo", el movimiento de unidades modelos, el de acortamiento de plazos, el de eficiencia en los servicios, el movimiento de los destacados y el "millonario y milenario". Tan numerosos y variados eran los movimientos emulativos y las movilizaciones que el Informe Central al XV Congreso advirtió sobre la necesidad de:

> *"impedir la proliferación de emulaciones que originan dualidades innecesarias, fomentan el uso desmesurado de los estímulos morales, dispersan los esfuerzos y confunden a los trabajadores y en algunos casos transgreden el principio de que la emulación enfatice en el impulso a las actividades económicas".*[5]

Para que se tenga una idea más precisa de la magnitud de las emulaciones y de las respuestas que suscitaban, cabe indicar que en la de 1979 participaron casi dos millones de trabajadores, de los cuales 1,076,034 alcanzaron la condición de trabajadores de avanzada, 118,836 la de Mejores Trabajadores y 711 la de Vanguardias Nacionales. Algunos de estos últimos fueron condecorados con la medalla Jesús Menéndez.[6] Conviene señalar que el simple cumplimiento de los programas de producción devino más arduo por estos años al proponerse planes más tensos que era necesario cumplir con los mismos recursos.

En los inicios de la crisis, las cifras de la emulación y los incrementos del plus trabajo experimentaron nuevos avances como se podrá comprobar en el siguiente cuadro:

***Los trabajadores y la emulación en los inicios de la crisis***

| *Categorías de trabajadores* | *1987* | *1988* |
|---|---|---|
| Vanguardias nacionales | 2 358 | 3 358 |
| Mejores trabajadores a nivel provincial | 44 826 | 14 247 |
| Trabajadores destacados | 337 526 | 377 050 |
| Trabajadores cumplidores de la emulación | 1 830 323 | 1 711 139 |

**Fuente**: Martha E. López Villeda, *Nivel de vida del trabajador y movimiento sindical* (La Habana: Editorial Científico-Técnica, 1991), pag. 98.

El observador que se adentre en el estudio de la amplia gama de llamamientos que por esta época hacía el gobierno no deja por otra parte de asombrarse del "extraordinario entusiasmo" que, según los dirigentes de la CTC, generaba cada una de estas emulaciones. Que los aniristas realizaran 9,892 innovaciones y racionalizaciones en 1982 pudiera sin duda despertar cierto interés pero que la lucha entre los sindicatos por conquistar la sede de un congreso municipal o provincial "desatara un indescriptible entusiasmo entre sus afiliados", como afirman los documentos de la CTC, resulta ya más difícil de creer. ¿Estaban estos señores tan fanatizados que una cuestión tan rutinaria como la selección del lugar en que iba a celebrarse una de las innumerables reuniones que entonces se convocaban les emocionara y gratificara de tal manera?

## El reverso de la medalla

A juzgar por los datos anteriores la mayoría de los trabajadores respondió positivamente a las exhortaciones del régimen. Las emulaciones se hacían cada vez más frecuentes, las movilizaciones para el trabajo voluntario se repetían semana tras semana y las jornadas de trabajo excedían en muchos casos los límites normales, pero la gran masa obrera decía siempre presente. No ocurría lo mismo, sin embargo, con una minoría creciente de trabajadores que reaccionaba con indiferencia o disgusto a las apelaciones del régimen. Junto a los obreros que se paseaban con el pecho cargado de medallas, estaban los descontentos, los poco productivos, los díscolos y los renuentes. ¿Cómo explicar si no la constante preocupación con el fortalecimiento de la disciplina que está presente en todos los congresos sindicales? Bastaría señalar a este respecto los acuerdos adoptados por los Congresos XIII y XIV de la CTC y por el VIII Pleno del Comité Central del PCC celebrado en mayo de 1979.

La inconformidad del gobierno con la conducta de ciertos trabajadores se hizo asimismo evidente con la adopción por el XV Congreso de una resolución relativa a las actividades delictivas y antisociales y sobre la protección de los bienes estatales. Esta resolución se refiere con toda claridad a la batalla que debía librarse contra la irresponsabilidad, la superficialidad, el descontrol, la indolencia, la indisciplina y el llamado "sociolismo".[8] El propio congreso al discutir la tesis número IV sobre "algunos problemas laborales y sociales" aludió al "resquebrajamiento de la disciplina laboral localizada en pequeños grupos de trabajadores, muchos de los cuales vulneraban las normas disciplinarias de manera consuetudinaria".[9] Tan grave llegó a ser el problema que el Consejo de Estado dictó los decretos leyes números 32 y 36 sobre la adopción de medidas prácticas dirigidas a fortalecer la disciplina. El primero de estos decretos se aplicó al parecer con excesivo rigor, al extremo de que "generalmente se utilizaba la medida de separación del centro de trabajo de obreros que habían incurrido en violaciones leves y en no pocos casos se subestimaban sus antecedentes laborales".[10] El segundo, en cambio, referido a los funcionarios y dirigentes administrativos que habían incurrido en indisciplinas no se aplicó debidamente, lo que causó descontento entre los trabajadores.

Las señales de inconformidad y resistencia pasiva encontraban reflejo en algunas estadísticas que el propio régimen ofrecía. Entre 1979 y 1983 el número de reclamaciones que se presentaron ante los consejos del trabajo ascendió a 123,000, si bien la mayor parte de ellas eran conflictos interobreros sobre mejor derecho.[11] Mucho más significativo fue el hecho de que la CTC autorizara a 30,000 dirigentes sindicales a que inspeccionaran los expedientes laborales de los trabajadores en casi todas las empresas y unidades presupuestadas. Estas inspecciones se realizaron al margen de la llamada legalidad socialista, pero los datos que ellas revelaron valían la pena la vulneración de las normas legales vigentes: nada menos que 12 millones de violaciones fueron registradas.[12] Muchas de ellas se relacionaban con los comportamientos antes mencionados pero otras pusieron de relieve "la impuntualidad, el ausentismo, y la indisciplina" y no faltaban las que como "la blandenguería y el compadreo",[13] parecían sintomáticas de la aplicación del rígido socialismo de Castro a la realidad social cubana.

Aunque como se vio antes las normas sobre la disciplina contenidas en el código del trabajo eran muchas y rigurosas, el gobierno decidió complementarlas aprobando y poniendo en práctica reglamentos disciplinarios aplicables a ramas específicas de la economía y a las particularidades del interior de las empresas. El régimen disciplinario llegó así a comprender tres niveles: el general, el ramal y el interno, sin contar la existencia de ordenamientos especiales de disciplina para los contingentes y otras unidades de trabajo militarizadas.

De acuerdo con la versión oficial fue a mediados de 1979 que comenzaron a advertirse "síntomas preocupantes de deterioro de la disciplina en determinados centros laborales y actividades económicas".[14] Según esa misma versión los principales culpables eran elementos inescrupulosos, algunos incumplidores "y uno que otro lumpen", expresión esta última empleada por Marx para referirse a las capas más bajas y corrompidas de la población. En realidad, el problema de la disciplina laboral ha tenido un carácter crónico en el desenvolvimiento de la revolución cubana; tuvo sus primeras expresiones de ausentismo, por ejemplo, en 1960 y todavía en 1992 el IV Congreso del PCC estaba bregando con el mismo.

## Primas, premios y reforma general de los salarios

Hacia los años finales del período de la institucionalización se pusieron en vigor algunos incrementos en el ingreso de los trabajadores. Ciertas empresas se anticiparon en efecto a crear los fondos de premios que el código del trabajo habría de autorizar poco después. Dichos fondos permitieron el pago de incentivos materiales por el cumplimiento o sobrecumplimiento de los indicadores previstos a fin de lograr una mayor eficiencia económica.

Veiga y sus colegas de la CTC gestionaron también el abono efectivo de las primas contempladas en el código pero postergadas en el pasado en aras de los incentivos morales. En su Informe Central al XV Congreso, Veiga señaló que había que aumentar el número de los que laboraban con primas y que en el pasado no se habían aprovechado todas las potencialidades de ese sistema.[15] A su juicio era necesario extender y perfeccionar ese aditamento de las remuneraciones hasta lograr que la parte móvil del salario se elevara por encima del 20 por ciento.[16] El suplemento no iba a concederse fácilmente, sin embargo, pues el cumplimiento de sus indicadores debería, a su juicio, representar un gran esfuerzo.

La dirigencia de la CTC abogó asimismo por la extensión del pago por condiciones anormales, nocturnidad, albergue, revisión de tarifas y otras medidas salariales que antes no se habían abonado, si bien se hizo constar que la aplicación de esas medidas debía condicionarse a las posibilidades de la economía y a la adopción de otras encaminadas a perfeccionar la calidad de la normación y la organización del trabajo. La propia dirigencia se pronunció en favor de un sistema de estimulación salarial más integral en la agricultura.

No es probable que estos beneficios materiales se adoptaran con el fin de superar la división antes referida entre trabajadores cumplidores e incumplidores. Aunque la propaganda del régimen sostenía que con respecto a estos últimos se deberían hacer esfuerzos por persuadirlos o convencerles de su error, lo cierto es que el enfoque más seguido era el de reforzar la disciplina antes que el de ofrecerles estímulos materiales. Estos se dirigían más bien a consolidar el respaldo de los obreros revolucionarios confiriéndoles una remuneración más justa y perfeccionando la normación de sus trabajos. Fue al amparo de ese objetivo que comenzó a introducirse a partir de 1979 el precitado fondo de estimulación material que cuatro años después cubría a cerca de mil empresas. Veiga y sus compañeros habían al parecer comprendido que el propósito de interesar a los trabajadores en la gestión económica de las empresas así como el de lograr un aumento en la productividad, debía comenzar por el establecimiento de una retribución justa y adecuada. Optaron así por disminuir la importancia del factor de los incentivos morales y le dieron prioridad a los estímulos materiales. Esta opción parece haber inspirado la reforma general de salarios que comenzó a aplicarse en 1980 y posibilitó el incremento del salario medio en un 14,9 por ciento, lo que representó alrededor de 22 pesos de aumento por trabajador.[17] De ella se derivó también un pago adicional por antigüedad en ciertos oficios, el comienzo del pago del descanso semanal en la agricultura y un incremento del 15 por ciento en el salario de los trabajadores de los centrales, así como una mejoría en la remuneración de los técnicos.

Unidos a otras ventajas concernientes a los comedores obreros, a la ropa y al calzado que se suministraba a los obreros, y al reparto por los sindicatos de aparatos electrodomésticos, estos beneficios representaron también un costo adicional para las empresas, que venía a hacerse efectivo en momentos en que la situación económica no era la más propicia. La dirigencia de la CTC actuaba en esta ocasión con un mayor sentido de sindicalismo y defensa de los intereses de sus miembros que el mostrado en otros años. No es seguro, sin embargo, que todo ello fuera del agrado de Castro para quien los incentivos morales, y la aplicación de las escalas salariales uniformes eran valores superiores. Los premios y las primas contenían elementos de diferenciación entre los trabajadores y de posible autosuficiencia para algunos, lo que iba contra los postulados de igualación y sentido de dependencia del Estado que Castro favorecía.

Comenzó a gestarse de esa manera una cierta discrepancia entre el Máximo Líder y la política seguida por Veiga y sus compañeros. Castro prefería adoptar medidas generales de índole no salarial como la batalla por el noveno grado, la promoción del deporte, la ampliación de los círculos sociales obreros y el mejoramiento de los comedores obreros antes que favorecer la aplicación de reformas de pago que permitieran el goce de ingresos superiores para grupos determinados de trabajadores. Las consecuencias de esa discrepancia se verían en forma tenue en el XV Congreso y luego de manera más clara en el período de la crisis. Fue ya significativo que en el discurso de clausura de Castro ante el XV Congreso solo hiciera una breve referencia a Veiga al principio y ninguna al resto de la dirigencia de la CTC.

## La cuestión de la rentabilidad de las empresas y la del desempleo

Los aumentos originados por la reforma general de los salarios y las gestiones de la CTC dirigidas a alcanzar otros beneficios representaron según Castro un costo de 670 millones de pesos anuales.[18] Hubiera sido difícil absorber esas erogaciones si no fuera porque según el propio Comandante en Jefe, la productividad del trabajo creció a un ritmo del 3,4 por ciento y el Producto Social Global lo hizo a un promedio de 4 por ciento anual durante el quinquenio de 1976-1980.[19] Si a esos factores se añaden los recurrentes subsidios soviéticos y la recuperación de los precios del azúcar en 1980, cabría colegir que el nuevo decenio no se presentaba tan mal después de todo. La mejor indicación de ello se tiene en el hecho de que volvió a incrementarse en estos años el por ciento de las inversiones destinadas a la industria que antes había decaído en provecho de la agricultura.

Muchos eran, por otra parte, los errores de planificación y administración que se habían cometido en el pasado y demasiado fuerte el gravamen que sobre las empresas pesaba en virtud de la rígida centralización impuesta por el régimen. Si bien en los primeros años del decenio de 1980 comenzó a hablarse de desempleo y de problemas de rentabilidad de las empresas, no fue ello por causa de los aumentos de salario (que en realidad no habían sido tan pronunciados pues en 1980 el salario medio fue de 143 pesos), sino porque luego de 20 años de experiencia revolucionaria se experimentaban ahora con toda su fuerza las consecuencias de fallos que eran intrínsecos al sistema. No se sintieron tanto en la década del 60 por los grandes activos expropiados y el inicio de los subsidios soviéticos, ni tampoco en los años 70 por los elevados precios del azúcar en los mercados mundiales añadidos a los mencionados subsidios y otras ayudas externas.

Ahora, sin embargo, la situación era distinta. Por primera vez Castro reconoció en su discurso ante el XV Congreso la existencia de un problema de desempleo, si bien lo hizo en forma críptica diciendo que había "un tanto por ciento de los llamados interruptos". La noción de interrupto comprendía varias categorías que nada tenían que ver con el desempleo por falta de trabajo, salvo una que sí se refería a la interrupción por falta de órdenes de trabajo u otras deficiencias. Las interrupciones se indemnizaban con un 100, luego con un 80 y más tarde con el 70 por ciento del salario. Ya se verá más adelante lo que ocurrió con el desempleo en el período de la crisis.

Por primera vez también en un congreso de la CTC se planteó la cuestión de la lucha por la rentabilidad de las empresas. Tan agudo debió haber sido el problema que ello se hizo en tres lugares distintos: en los proyectos de tesis, en el Informe Central y en la discusión de las resoluciones. En las tesis se discutió el tema en el contexto de la emulación socialista, uno de cuyos objetivos fundamentales debía ser la lucha resuelta por hacer rentables y eficientes las empresas.[20] En forma más analítica, el informe de Roberto Veiga identificaba algunas de las causas de la irrentabilidad que a su juicio se debía en primer término a la utilización inadecuada de la fuerza de trabajo, al descontrol de los gastos salariales, al exceso de personal en las plantillas, a la insuficiente calificación técnica de los trabajadores y a la violación de los contratos.[21] Por una cualquiera de esas deficiencias se despide en otros países a los administradores de las empresas capitalistas, pero en Cuba al parecer no se les privaba del cargo a pesar de que a las cinco causas precitadas el párrafo correspondiente del informe añadió otros ocho aspectos de la mala administración.[22] Vino después la resolución sobre la rentabilidad y el papel de los trabajadores y en ella se menciona el despilfarro de recursos, la pérdida de tiempo laboral, el exceso de personal, el burocratismo y papeleo innecesarios, amen de otros muchos factores internos y externos que incidían negativamente en la rentabilidad.[23] En años subsiguientes se llegó a calcular que el 69 por ciento de las empresas eran no rentables.

¿Qué hicieron el régimen y la CTC para combatir esa gravísima deficiencia del sistema socialista cubano? Pues, en primer lugar, apelaron a su hábito de "reunionismo" y convocaron 2,000 asambleas extraordinarias de representantes en todas las empresas y cientos de plenarias ramales o sectoriales. Concluyeron, en segundo lugar, que era necesario reducir los costos de producción para alcanzar la rentabilidad, sin perjuicio de aceptar que habría siempre empresas incosteables en cuyo caso se debería tratar de que constituyeran una excepción "sólo justificable por razones de política económica".[24] En tercer lugar y como remedio a tan seria falla del sistema, los delegados propusieron entregar gallardetes y distinciones a las empresas rentables; y para el caso de que hubiere un nivel o zona territorial en que no existieran empresas en quiebra sugirieron que se les declarara " Libre de empresas irrentables".[25]

## El XV Congreso y el papel de la propaganda

Terminado el proceso de selección de candidatos que se efectuó en forma simultánea con el de discusión de las tesis, tuvo lugar por fin del 20 al 24 de febrero de 1984, el XV Congreso de la CTC. El evento prometía ser importante en razón de las proporciones que había alcanzado la central obrera. En 1980, según dijo Castro en su Informe Central al II Congreso del PCC, la CTC agrupaba ya 2,383,000 trabajadores lo que significaba un 97,1 por ciento de la fuerza de trabajo activa.[26] Tal porcentaje representaba un 4,7 por ciento de aumento con respecto al anunciado en 1975 que era de 92,4%.[27] Ahora, en 1984, el movimiento obrero daba otro paso hacia adelante pues las *Memorias* del congreso informaron que en 1983 se había logrado una tasa de afiliación del 99,2 por ciento del total de trabajadores.[28]

Las tasas de afiliación que de esa manera se hacían públicas superaban con creces a las que se conocían en los países no comunistas y comparaban favorablemente con las de otros países de orientación totalitaria. Me atrevo incluso a decir que era la más alta del mundo. Esa masa de afiliados se integraba en 50,091 secciones sindicales y 23 sindicatos nacionales en los cuales actuaban más de 280,000 dirigentes de base y más de 300,000 activistas sindicales.[29] Si se considera que de acuerdo con los propios datos de la CTC cada uno de los cuadros profesionales visitaba como promedio 133 centros de trabajo al año se tendrá una idea de la inmensa labor de proselitismo y vigilancia que la CTC llevaba a cabo cotidianamente bajo la dirección del "compañero Fidel".

El éxito que el régimen había alcanzado —al menos en el orden cuantitativo— fue resultado del trabajo tesonero que Castro había logrado inspirar en sus seguidores y sobre todo del uso incesante y abrumador de la propaganda. Todos los órganos de la prensa escrita (*Granma*, *Trabajadores*, *Juventud Rebelde*, *Tribuna*, *Bohemia* y *Verde Olivo*) y toda la programación radial y televisiva estaba dirigida a cortejar a los trabajadores, a ponderar sus méritos y a subrayar su identificación con el régimen. A partir de hechos banales o corrientes se elaboraba toda una mística del apoyo que Castro recibía de los trabajadores. Se ponía énfasis sobre todo en el progreso y bienestar que Castro había traído para los obreros en contraste con la vida de miseria y explotación en que se decía laboraban antes. La verdad histórica sufría serios quebrantos[30] pero las nuevas generaciones nacidas después de 1959 no tenían dificultad en aceptar los reclamos del régimen dado que carecían de otros puntos de referencia. Ellos habían sido instruidos y formados bajo un sistema que mutilaba la historia y presentaba como oficial y única la interpretación que más convenía al Máximo Líder.

La propaganda adquiría su máxima expresión durante la celebración de los congresos y sus actos preliminares. Con varios meses de antelación a la fecha del congreso se instalaban vallas y se fijaban carteles a lo largo y ancho del país con vista a difundir los lemas y consignas de la reunión. Los relativos al XV Congreso, por ejemplo, hacían referencia a "la defensa de nuestras conquistas", "la consagración a la producción y la defensa" y el "apoyo al internacionalismo proletario y la solidaridad". Algunos carteles llamaban la atención sobre el 45 aniversario de la CTC, sobre cuya conmemoración se emitió un sello postal, la primera cancelación del cual se hizo durante el congreso. Como si fuera una olimpiada, la bandera del XV Congreso entró triunfalmente el 20 de febrero en el Teatro Lázaro Peña tras recorrer 1,572 kilómetros, 54 municipios "y el batallón fronterizo del territorio usurpado por los yanquis en Guantánamo".[31] Los portadores de la bandera eran los primeros Héroes del Trabajo de la República de Cuba mientras otros que tenían el mismo título tomaban asiento en la presidencia y cinco delegados recibían esa máxima condecoración. La distribución de otras medallas y distintivos se llevó a efecto con gran fanfarria durante los cuatro días del congreso; unos eran dirigentes de vieja prosapia a quienes el Comandante en Jefe condecoraba con la Orden Lázaro Peña, otros eran más humildes trabajadores a quienes se otorgaban distinciones y medallas. Especiales muestras de deferencias se tenían asimismo con los combatientes y trabajadores internacionalistas.

La celebración de un congreso era también la oportunidad de dar a conocer los logros de la revolución a visitantes extranjeros. Para el XV Congreso fueron invitados 192 delegados de otros países desde Afganistán y Alto Volta hasta los Estados Unidos que estuvo representado por un delegado de la Acción Sindical por la Democracia y otro de la International Longshoremen's and Warehousemen's Union. Casi todos esos delegados fraternales estaban dispuestos a acoger con agrado las intervenciones de los dignatarios cubanos y de los cuidadosamente seleccionados representantes de la clase obrera.

Estos últimos eran 2,180 delegados escogidos entre los 51,000 precandidatos. El 27 por ciento de esos delegados eran mujeres, el 68 por ciento representaban a las bases sindicales y el 32 por ciento a los organismos intermedios y superiores.[32]

Dado que las tesis habían sido ya aprobadas por las asambleas sindicales y las resoluciones reflejaban el punto de vista oficial y colectivo de la dirigencia, no era mucho el tiempo que había que invertir en discutir esos puntos básicos de la agenda. Las resoluciones se sometían al pleno con el dictamen favorable de la comisión correspondiente y su aprobación por el congreso era automática. Había pues tiempo para las llamadas actividades colaterales que en el caso del XV Congreso tuvieron el carácter de actos de solidaridad celebrados en diversos centros de trabajo con la presencia de participantes extranjeros. También lo hubo para escuchar los discursos de 24 delegados invitados.

## El XV Congreso y el papel de los trabajadores

Una característica común a todos los congresos obreros celebrados bajo el régimen de Castro es que las *Memorias* que posteriormente se publican no contienen la menor referencia a lo que en ellos dijeron los delegados. El XV Congreso como los anteriores, eran *sus* congresos, los congresos de los trabajadores, pero sus voces y opiniones estaban ausentes de esas publicaciones que se suponía fueran una reproducción fiel de las intervenciones que en ellos se hicieron. Las *Memorias* publicaban textualmente lo que dijeron Castro y otros jerarcas del régimen, así como los discursos de los invitados extranjeros, pero no decían una sola palabra sobre lo que expresaban los delegados. En las relativas al XV Congreso pueden leerse los discursos del Comandante en Jefe, de Vilma Espín, de Carlos Lage (entonces primer secretario de la UJC), de varios miembros del Buró Político del PCC, de los representantes de la ANAP y los CDR y del Ministro del Trabajo, pero no se incluye el texto de intervención alguna hecha por un delegado obrero en el plenario o en las comisiones. El único trabajador entre los 2,600,000 afiliados a la CTC que en 1984 pudo ver su informe incluido en las *Memorias* fue el Secretario General Roberto Veiga y ello no se sabe si en razón del puesto que ocupaba en la central obrera o por su condición de miembro suplente del Buró Político de PCC y del Consejo de Estado.

Todos los demás 2,180 delegados presentes en el XV Congreso seguían siendo convidados mudos u oradores de menor cuantía cuyas palabras no valía la pena recoger en las Memorias. Con ellos se podía contar para los aplausos delirantes o para proferir gritos de ¡Viva Fidel!, pero lo que dijeron en el congreso —si es que algo dijeron— no valía al parecer la pena de ponerlo en letra de molde. La presencia de los delegados era también útil para dar fe de la entrega al Comandante en Jefe de un cheque por más de 20 millones de pesos aportados por los trabajadores para sufragar los gastos de las Milicias de Tropas Territoriales. Esta contribución se hacía además del abono de la cuota sindical cuyo aumento se proponía ahora en el XV Congreso a pesar de que las finanzas de la CTC mostraban una curva ascendente como se puede comprobar en el siguiente cuadro:

***Situación financiera de la CTC***

| *Año* | *Ingresos* |
|---|---|
| 1979 | $ 27,496,280 |
| 1980 | 27,598,446 |
| 1981 | 31,110,689 |
| 1982 | 35,220,097 |
| 1983 | 36,747,121 |

**Fuente**: *Memorias del XV Congreso*, pag. 83.

No sería sensato argüir que las tesis y resoluciones sometidas al congreso eran tan favorables a los trabajadores que hacían innecesario todo debate. El propio texto de ciertos documentos ofrecía ocasión para que algún delegado terciara en los debates o propusiera enmiendas. A propósito de las resoluciones una de ellas mencionaba "la calidad deficiente en la preparación y desarrollo de las asambleas",[33] otra hablaba del despilfarro de los recursos, no faltaba la que enfatizaba la necesidad de sobrecumplir los planes técnico-económicos, otra pedía que todas las provincias se convirtieran en millonarias o multimillonarias en las labores del corte de la caña, se hacía en otra referencia al "uso indiscriminado del trabajo voluntario para encubrir deficiencias administrativas",[34] un párrafo de la resolución sobre la organización del trabajo decía que la legislación del trabajo era insuficiente, aún otra mencionaba las dificultades que se confrontaban en la protección e higiene del trabajo y una de las tesis hablaba del "incorrecto registro de tiempos de servicios y salarios".[35] No es necesario seguir enumerando tópicos de interés para los trabajadores. Todas y cada una de las cuestiones planteadas en las tesis y resoluciones tocaban de modo directo a las condiciones de trabajo y vida de los delegados. ¿Acaso no les concernía la composición y funcionamiento de los consejos de trabajo encargados de resolver sus reclamaciones? ¿Por ventura eran ellos indiferentes a los problemas que se confrontaban en los comedores obreros y en la distribución de la ropa y calzado de trabajo? ¿Consideraban ellos óptimas las condiciones de trabajo establecidas en las brigadas? Si las propias autoridades hacían su autocrítica en algunos de estos puntos, ¿por qué permanecían en silencio los trabajadores? ¿Por qué ninguno se atrevía a presentar una sola resolución?

En esto precisamente se diferencian los congresos obreros de la revolución de los verdaderos congresos sindicales. En éstos se mezclan elogios y críticas, se formulan quejas y alabanzas, se hacen reconocimientos y acusaciones y todo ello se realiza en la atmósfera vibrante de quienes se preocupaban por mejorar la condición obrera. ¿Qué importa que 500,000 trabajadores hayan alcanzado el sexto o noveno grado si luego eran incapaces de hacer el menor aporte a la discusión de cuestiones que eran vitales para ellos y sus familias?

Les quedaba desde luego otra función que cumplir, a saber, la de elegir un Consejo Nacional, un Comité Nacional y un Secretariado Ejecutivo. Mas ésta se ejerció también de manera mecánica y ritualística dado que las boletas depositadas en las urnas contenían una sola candidatura, la candidatura que había sido confeccionada con el visto bueno del Partido y la élite revolucionaria. Por tercera vez Roberto Veiga Menéndez fue elegido por unanimidad secretario general de la CTC y junto a él pasaron a formar parte del Secretariado las siguientes personas:

## SECRETARIADO EJECUTIVO

Roberto Veiga Menéndez, *secretario general*

René Peñalver Valdés, *segundo secretario*

| | |
|---|---|
| Rosario Fernández Perera | José de Jesús Linares Valdés |
| Francisco Travieso Damas | Ramón Cardona Nuevo |
| Jesús Escandell Romero | Alfredo Suárez Quintela |
| Lázaro F. Domínguez Amador | Isaac Luis Martell Rosa |
| Juan Diéguez Almaguer | Alfredo Morales Cartaya |
| Francisco Castillo Falcón | Noel Zubiaur Mir |

Omar Mirabal Ferrera, *presidente del Comité de Revisión y Control*

Por primera vez una decena de dirigentes negros figuraban entre los 40 funcionarios de primer rango. En cambio no aparecía entre ellos ni tampoco en los cuadros de los demás organismos el nombre de Pedro Ross Leal quien pocos años después habría de sustituir a Roberto Veiga. Ross era por entonces miembro suplente del Comité Central del PCC.

# Notas

[1] Véanse las páginas 4 y 9 del discurso pronunciado por el Comandante en Jefe Fidel Castro en la clausura del XV Congreso de la CTC, en *Memorias*. (La Habana: Editorial de Ciencias Sociales, 1984).

[2] Ibid, pag. 11.

[3] Informe Central al XV Congreso presentado por Roberto Veiga, Secretario General de la CTC, en *Memorias*, op. cit., pag. 58.

[4] Ibid, pag. 59.

[5] Ibid, pag. 62.

[6] *Bohemia*, 21 de noviembre de 1980, pag. 50.

[7] Ibid, pag. 60.

[8] Véanse los párrafos segundo y séptimo de la resolución sobre el papel de los trabajadores en la lucha contra las actividades delictivas y antisociales en XV Congreso, *Memorias*, op. cit., pags. 168 y 169.

[9] Proyecto de tesis, en idem, pag. 35.

[10] Idem, pag. 35.

[11] Resolución sobre la atención a los consejos de trabajo, *Memorias*, pag. 148.

[12] Informe Central, en idem, pag. 71.

[13] Ibid, pag. 70.

[14] Ibid.

[15] Ibid, pag. 68.

[16] Ibid.

[17] "Proyecto de tesis" en *Memorias*, pag. 27.

[18] Fidel Castro, "Informe Central al II Congreso del PCC" publicado en *Bohemia* el 26 de diciembre de 1980, pag. 41.

[19] Ibid, pag. 36.

[20] Proyecto de tesis, en *Memorias*, pag. 31.

[21] Informe Central, op. cit. en nota 18, pag. 63.

[22] Ibid.

[23] "Resolución sobre la rentabilidad y el papel de los trabajadores", *Memorias*, pag. 125.

[24] Párrafo segundo de la antes citada resolución.

[25] Ibid, párrafo décimo.

[26] Fidel Castro, Informe Central, op. cit., pag. 49.

[27] Ibid.

[28] Roberto Veiga, Informe Central al XV Congreso, pag. 83.

[29] Ibid, pag. 82.

[30] Castro afirmó, por ejemplo, en su ya mencionado Informe Central que antes de la revolución el analfabetismo llegaba al 30 por ciento de la población y que las enfermedades que habían afectado a la agricultura (moho azul, fiebre porcina, etc.) fueron introducidas por los E.U.

[31] Véase la foto publicada en la pag. 250 de las *Memorias* del XV Congreso.

[32] Véanse las páginas 113 y 114 de las *Memorias*.

[33] Resolución sobre las asambleas regulares de producción y servicios, pag. 126.

[34] Véase la resolución sobre el trabajo voluntario en idem, pag. 139.

[35] Proyecto de tesis, pag. 35.

# CUARTA PARTE

## La crisis

# Capítulo 21

## *La confluencia de dos crisis*

### El trasfondo de la crisis económica interna

La idea de que la crisis económica que Cuba experimenta desde hace años es la consecuencia de la desintegración del campo socialista y del embargo de los E.U., se halla muy esparcida en el mundo. Es verdad que el desplome de la Unión Soviética causó un daño sin precedentes al país, pero no es menos cierto que las señales de serios desajustes en el sistema socialista comenzaron a agudizarse cinco o seis años antes de 1990. También es indudable que la posibilidad de comerciar con la gran potencia americana hubiera aliviado considerablemente el deterioro del sistema, pero no puede ser causa de la crisis de los 90 lo que existía desde 30 años atrás.

En realidad puede hablarse de dos crisis que se sobreponen en el tiempo. Hubo primero una crisis inherente a la forma centralizada, rígida y antinatural del sistema económico, y luego una crisis externa debida a los grandes cambios geopolíticos que tuvieron lugar en 1989-90. La primera generó *el período de rectificación de errores y tendencias negativas*. De la segunda se derivaría *el período especial* que todavía hoy se halla en vigor.

Las primeras indicaciones de la poco satisfactoria actuación económica del sistema se remontan a los años finales de la década del 60 y primeros de la siguiente. A pesar de los cuantiosos subsidios de los países socialistas y los altos precios del azúcar se fue haciendo ostensible desde esa época un aumento apreciable en el número de empresas que no eran rentables. Se proclamaban avances y progresos extraordinarios, pero lo cierto era que ya para 1981 el Producto Nacional Bruto de Cuba había descendido del puesto número cuatro de América Latina al 16.[1] Este descenso se atribuía por algunos a la prioridad que Castro daba a los objetivos políticos e internacionalistas sobre los económicos y a las interferencias del Máximo Líder en la planificación del desarrollo. Sus causas últimas fueron bien resumidas por Hugh Thomas, Georges A. Fauriol y Juan Carlos Weiss cuando al hablar de la centralización del sistema señalaron que todos los involucrados en el proceso de producción, desde los administradores hasta los obreros, "son generalmente indiferentes a los objetivos y las metas económicas".[2] Dichos autores añaden que "desde la perspectiva individual hay pocos estímulos para incrementar la productividad" y enfatizan el hecho de que la poca o ninguna atención que se daba a la relación entre la oferta y la demanda, es decir a los mecanismos del mercado, contribuía a afectar la eficiencia.[3]

A lo largo de la revolución al trabajador cubano se le habían aumentado sus horas de trabajo e impuesto nuevos deberes por el gobierno mientras su retribución media se mantenía por debajo de la que percibía antes de 1959.[4] Los líderes de la revolución pensaban que los progresos alcanzados en los sistemas de educación y salud serían suficientes para incrementar su productividad, pero la conexión entre esos logros y el volumen de producción por hora de trabajo es mucho más tenue que la que existe entre el trabajo realizado y la compensación recibida. Al trabajador se le pidió también que renunciara al cobro de horas extras e incluso al goce de las vacaciones así como que aceptara el trabajo voluntario gratuito en bien de la sociedad, pero si bien esa prédica tuvo efectos positivos entre los fanatizados e incondicionales, hubo muchos que respondieron de mala gana o incluso mantuvieron una actitud de resistencia pasiva en su trabajo.

En 1973 el gobierno decretó (por intermedio de la CTC) que una de las tareas fundamentales del movimiento obrero era "la lucha por el incremento de la productividad en el trabajo mediante el aprovechamiento de la jornada laboral".[5] Mucho más explícita fue en 1978 la discusión de las tesis en los sindicatos nacionales, en el curso de la cual salieron a la superficie algunas de las deficiencias e incumplimientos que afectaban a los diversos sectores. Igualmente llamativo fue el empeño del XIV Congreso en expandir el trabajo voluntario e impulsar la emulación socialista,[6] o sea, en intensificar las actividades laborales que se efectuaban fuera del trabajo normal.

No fue empero sino en febrero de 1984 que el tema de la rentabilidad de las empresas pasó al primer plano de los debates sindicales. La resolución que al efecto se aprobó calificó de imprescindible alcanzar la rentabilidad en la esfera de la producción material y subrayó la necesidad de luchar contra los factores internos que en cada centro laboral atentan contra un mayor nivel de rentabilidad.[7] Entre esos factores internos se hizo alusión al despilfarro de recursos, la pérdida de tiempo laboral, el exceso de personal en las plantillas, los excesos de inventarios y el burocratismo innecesario. La preocupación del XV Congreso por alcanzar la rentabilidad aparece en los dos documentos básicos sometidos al congreso (tesis e informe del Secretario General), pero es sobre todo en la tesis número V donde se habla ya sin ambages ni rodeos de la "lucha contra las tendencias negativas", si bien esta expresión aparece principalmente dirigida contra "algunas nocivas y repugnantes manifestaciones de enriquecimiento ilícito, corrupción y delincuencia".[8] La noción de tendencias negativas se tomó pues en un sentido muy estrecho tratando de mostrar que si había problemas en las empresas ellos no eran culpa de la revolución ni de sus dirigentes sino de unos pocos elementos inescrupulosos, indolentes o delincuenciales. El sistema no tenía mácula alguna; eran sólo las desviaciones del sistema las que generaban sus fallos.

Las estadísticas seguían reflejando grandes avances pero la realidad económica presentaba un cuadro diferente. La política de inversiones era muchas veces equivocada o caprichosa, las empresas incurrían en falsedades al informar sobre el cumplimiento de los planes, siendo así que muchas no los cumplían e incluso operaban con pérdidas.[9] El desconcierto administrativo era grande y ello repercutía en el rendimiento de los trabajadores. En 1968, Mesa Lago afirmaba que "estudios sobre tiempo perdido realizados en más de 200 empresas revelaron que entre un cuarto y la mitad del día de trabajo se malgastaba".[10] En 1982, el Viceministro de la Industria Ligera decía a un periódico de La Habana:

> *"Hay una gran inestabilidad en nuestro equipo de fuerza laboral. La capacidad técnica de muchos de nuestros trabajadores es baja. El equipamiento es viejo, obsoleto y con deficiente conservación [....], prevalece la indisciplina tecnológica y la falta de ejecución, así como la inestabilidad en el suministro de materias primas y envases".*[11]

Conviene añadir que ese mismo año 1982 se adoptó la ley 50 del 15 de febrero por la que, a causa del declive económico y no obstante las inclinaciones estatizantes de Castro, se abrió la puerta a capitalistas extranjeros que desearan establecer empresas mixtas con el gobierno. En 1988 el déficit de divisas causaba ya serias inquietudes.

## Las causas inmediatas del período de rectificación de errores y tendencias negativas

Las anteriores indicaciones arrojan luz sobre las causas profundas de la crisis que se cernía sobre el país. Ellas son como un telón de fondo que ayuda a comprender la fuerza que iban a adquirir los factores desencadenantes. Sin embargo, éstos tuvieron en puridad una índole distinta dado que se relacionan con las actitudes y decisiones adoptadas por el Máximo Líder en los años 1985 y 1986. A Castro no le gustaba el énfasis que el Sistema de Dirección y Planificación de la Economía y la propia CTC habían dado a los incentivos materiales. Para él esos incentivos fomentaban sentimientos de egoísmo individual y adulteraban la conciencia revolucionaria de los trabajadores. En su lugar debía retornarse, a su juicio, al sistema de los incentivos morales que tan impresionantes proezas había originado entre sus más fieles seguidores.

Tampoco fue del agrado de Castro la proyectada descentralización de la gestión económica que a su modo de ver entrañaba elementos de anarquía y desorganización. El quería seguir teniendo en sus manos todos los hilos del poder económico y de las decisiones a tomar con respecto al desarrollo del país.

Asimismo le repugnaba el éxito que tenían los mercados campesinos libres, fuente según él de enriquecimientos ilícitos. ¿Cómo reconocer la bondad de una práctica que se apartaba de la economía estatizada y representaba una forma de producción y distribución más eficaz que la del Estado? El hecho de que algunos campesinos prosperaban y obtenían ganancias apreciables iba además en contra del esquema de igualación a ultranza que él había querido imponer. Los integrantes de la ANAP podían seguir atendiendo sus cosechas pero sólo para vendérselas al Estado.

Al margen de las motivaciones personales de Castro, es probable que el inicio del período de rectificación de errores y tendencias negativas respondiera también a requerimientos de la Unión Soviética. Castro había servido bien al Kremlin en lo que atañe a la diseminación del comunismo en el mundo, pero cuantos técnicos y asesores fueron enviados a Cuba para impulsar su desarrollo debían seguramente haber informado sobre los yerros e ineficiencias que caracterizaban a una economía que no acababa de estabilizarse. El gran proveedor debió haber comenzado a perder paciencia y a sugerir cambios en la planificación de la economía. Recuérdese que en los años 80 la ayuda económica de la URSS excedía los 4,400 millones de dólares al año.[12] Hubo al parecer signos de inquietud y ello sirvió de aviso al Máximo Líder para que prestara más atención a la problemática interna.

Al fijar entonces su atención sobre el funcionamiento de las entidades laborales, Castro descubrió de repente la gravedad del problema de las plantillas infladas. En sus visitas a las empresas advirtió la abundancia por doquier del personal supernumerario, fenómeno que él mismo había propiciado con su pretensión de haber alcanzado el pleno empleo. Se dio cuenta entonces de las consecuencias que ello tenía para la eficiencia empresarial: tener más personal que el necesario constituye un elemento desorganizador que conduce a una inadecuada descripción de tareas, al esfuerzo mínimo, al aumento de los gastos generales, al incremento insoportable del costo salarial y a la desmoralización del colectivo. Tronó entonces contra el problema de la fuerza laboral sobrante, al tiempo que atacaba también a los mercados campesinos, al énfasis que se daba a los incentivos materiales y a las tendencias descentralizadoras preconizadas por Humberto Pérez y JUCEPLAN. Al conjuro de esas críticas se acuñó pronto la frase que habría de dar nombre al período de 1985-1990: "rectificación de errores y tendencias negativas".

Era una situación muy curiosa pues en un régimen totalitario y centralizado al máximo, los errores de dirección económica sólo podían ser cometidos por el poder supremo. Mas Castro no asumió responsabilidad alguna por el error de permitir que la empresas inflaran sus plantillas y culpó en cambio a la CTC y JUCEPLAN por los cambios efectuados en la política laboral, cambios que en realidad habían procurado atenuar la crisis más general de la que su administración era también culpable. El resultado inmediato sería la evicción de Humberto Pérez y la virtual degradación de Roberto Veiga.[13]

El otro resultado de su nuevo enfoque fue el inicio de una campaña dirigida a reducir el personal, ahorrar materiales, darle nuevo impulso a los incentivos morales, fortalecer la planificación central, hacer más estricto el control de la calidad y mejorar el aprovechamiento de la jornada. Del nuevo lema esgrimido por Castro resultaría también la exigencia de más trabajo por unidad de producción, más trabajo voluntario y mayor rigor en la ejecución de los planes. El gran perdedor sería en definitiva el trabajador cubano al que se le privaba de estímulos materiales, se le pedía que intensificara sus esfuerzos y se le infligía un castigo por errores que no había cometido.

Cabía esperar que se produjera una reacción de protesta por parte de la masa obrera, pero no fue así. Castro siguió siendo aclamado en las asambleas y centros de trabajo en los que propuso la nueva consigna y los afectados mostraron al parecer compresión sobre la necesidad de un reordenamiento laboral. Muchos eran los que iban a ser reubicados o declarados sobrantes, perspectiva que en otros tiempos y lugares normalmente provoca disgusto e inquietud. Mas ningún medio de información registró tales sentimientos ni se supo de objeciones provenientes del aparato sindical. Al contrario un editorial de *Trabajadores*, el órgano de la CTC, diría años más tarde cuando las cesantías eran muy superiores lo siguiente:

*"En no pocos lugares donde el análisis del Parlamento [obrero] evidenciaba que había fuerza laboral sobrante, los propios trabajadores cuyas plazas podrían ser objeto de racionalización, abogaban por iniciar ese proceso confiados en que la Revolución encontrará soluciones más justas y convenientes que impidan el desamparo de un solo trabajador y eviten efectos traumáticos sobre la vida de miles de personas".*[14]

Los ejemplos de ineficiencia económica continuaron no obstante proliferando. Casi diez años después de iniciada la supuesta rectificación, la prensa obrera hablaba de los contrastes que ofrecía el sector agrícola, cañero y no cañero, en el que se padecía de una agobiante penuria de fuerza laboral directa en la producción mientras a pocos kilómetros, en pueblos y bateyes, la gente paseaba ociosa por las calles. Esa misma prensa se hacía eco también de situaciones en las que había tres personas para hacer el trabajo que puede hacer una o del caso de las fábricas paradas o semiparalizadas con toda su gente cobrando salarios, mientras muy cerca otra fábrica con materias primas y aseguramiento productivo se quejaba por falta de fuerza laboral. Era frecuente citar también el caso de los hospitales donde abundaban médicos y equipos pero ofrecían un pobre servicio porque faltaban enfermeras, técnicos, cocineros, asistentes y personal de limpieza.[15]

El régimen era hábil en acuñar consignas y designar períodos pero su ineficiencia siguió mostrándose en estos años a través de las pronunciadas fluctuaciones laborales, la poca capacidad para preparar trabajadores calificados, el desequilibrio entre la mano de obra agrícola y la disponible en las zonas urbanas así como la falta de tino en la asignación de recursos e insumos. En 1988, un órgano de la prensa oficial diría que "reinaba en ciertos sectores del trabajo la mala atención, el pobre surtido, la falta de higiene y deficientes condiciones ambientales".[16] Seguían además siendo crónicos el ausentismo y la alta rotatividad.

En lo que sí tuvo éxito el período de rectificación de errores fue en intensificar la militarización del trabajo. Se dio un nuevo impulso a las microbrigadas y en 1987 surgieron los contingentes a los que Castro calificó como la más revolucionaria forma de organización de la construcción.[17] A ellos habría que acreditar las obras más importantes que según él se realizaron en el período de las rectificaciones, a saber las obras hidráulicas y el desarrollo de la industria de materiales de la construcción. Era el resultado lógico de una política basada en la utilización intensiva de la fuerza de trabajo.

En vísperas, pues, de la gran crisis causada por el desplome de la URSS, tal parecía que el período de rectificación de errores y tendencias negativas había resuelto muy pocos errores y dado vida, en cambio, a otros nuevos. La fallida experiencia sirvió no obstante para mostrar que las raíces del problema se emparentaban con las causas profundas de que antes se habló y guardaban relación con los fallos intrínsecos del sistema.

## La gran mutación del panorama internacional

Por obvias razones geopolíticas, la introducción en Cuba del comunismo no había sido en modo alguno una empresa carente de riesgos. Castro concibió su proyecto marxista-leninista en base a tres apuestas: 1) el apoyo que iba a recibir de los países socialistas; 2) la creciente pujanza económica y militar de la Unión Soviética y sus aliados; 3) la decadencia de los E.U. y el resto del mundo occidental. Tan confiado estaba él en su apuesta que se atrevió a retar y a echar por tierra la Doctrina Monroe, estuvo a punto de provocar una Tercera Guerra Mundial y colocó toda la economía del país dentro de la órbita socialista.

Las apuestas le fueron favorables durante largos años y así pudo desenvolver su gestión sin grandes problemas y sin tener que rendir cuentas a persona alguna; dispuso a su gusto durante ese tiempo de las enormes sumas que en forma de subsidios directos o de ventajas en los precios recibía de la comunidad socialista. Era una ayuda "fraterna y generosa" que él no se cansaba de agradecer en las grandes conmemoraciones. Su monto llegó a ser tan considerable que el Gobierno Revolucionario se sintió eximido de la obligación de acumular reservas y de diversificar la economía; su único deber era producir azúcar, para cuyo efecto contaba con la cooperación de la CTC y la docilidad de la otrora arisca clase trabajadora.

Esa misma ayuda y la falta de transparencia fiscal le permitieron gastar sumas cuantiosas en sus proyectos internacionalistas. Como se indicó antes, en la América Latina financió guerrillas y políticas de izquierda, dispensó becas a granel, envió activistas por todos los países de la región y costeó las grandes reuniones internacionales que se celebraron en La Habana a partir del Congreso de Juventudes Sindicalistas de julio de 1960.[18] Se ocupó también de fortalecer su aparato militar hasta convertirlo en uno de los siete más poderosos de la Tierra. A la manera de los grandes países estructuró las fuerzas armadas en tres cuerpos de ejército y adquirió submarinos, bombarderos, tanques, helicópteros y los más sofisticados equipos. El hombre que había prometido que en su ejército no habría grado más alto que el de Comandante se rodeó de un abultado elenco de generales y almirantes. Formó a su oficialidad en las mejores academias militares soviéticas de donde saldrían los que ganaron, por ejemplo, la batalla de Cuito Cuanavale en Angola.

En medio de su euforia y poderío se lanzó incluso a construir con la ayuda de sus aliados socialistas la gran central nuclear de Juraguá en Cienfuegos en la cual invirtió más de 1,500 millones de dólares que pensaba le servirían para autoabastecerse de energía y hacer efectiva una represalia en caso de un ataque exterior. "Gracias a nuestras relaciones con el campo socialista, el país avanza y seguirá avanzando", dijo Castro en 1978 en su discurso ante el XIV Congreso de la CTC.

De repente, en 1989-90, sobrevino la gran mutación del cuadro geopolítico mundial. El mundo bipolar se desplomó y ello le costó al régimen de Castro la pérdida de su sostén financiero básico. Uno a uno fueron alejándose del comunismo los países de Europa Central y del Este, incluyendo en 1991 a la Unión Soviética, es decir, precisamente los países con los cuales Cuba efectuaba el 86 por ciento de su comercio exterior. De esos mismos países Cuba recibía miles de millones de dólares al año en importaciones, combustibles, materias primas, maquinarias, alimentos, equipos y créditos.

Era inevitable en las nuevas circunstancias que el Producto Nacional Bruto se encogiera en más de un 50 por ciento, que el país tuviera que enfrentar la escasez de divisas, el déficit presupuestario, la búsqueda desesperada de combustible y la manera de alimentar a la población. La solución de esos problemas se hacía tanto más difícil cuanto se confrontaba una simultánea atención deficiente de los cultivos, un bajo rendimiento en las plantaciones y un descuido lamentable en la asignación de recursos. La situación se hizo particularmente crítica en la Ciudad de La Habana que con 2.3 millones de habitantes se enfrentaba a un sensible decrecimiento de la producción agroalimentaria.

El valor del peso cubano descendió a extremos increíbles, nunca antes vistos en la historia del país. No era solamente el reflejo de la caída de la producción sino también el efecto del exceso de circulante. El salario real de los trabajadores quedó reducido a proporciones ínfimas que llegarían a dos o tres dólares al mes. Esa disminución del poder adquisitivo de la moneda vino acompañada del cierre o paralización parcial de un gran número de empresas. Trabajadores que nunca habían recibido salarios elevados y carecían por tanto de ahorros se vieron sumidos en la extrema pobreza. Cobraron auge entonces el robo de las cosechas, el sacrificio ilegal de ganado y los fenómenos de indisciplina y mal manejo en la custodia de propiedades estatales.

Puede decirse que en los tres años que siguieron a la desintegración del imperio soviético, la economía cubana estuvo al borde del abismo y la población sumida en la miseria. No era ya que faltaran las libertades, el respeto a los derechos humanos y el Estado de Derecho sino que se sufría también de la más absoluta penuria.

Y, sin embargo, no se produjo en esos momentos críticos el menor amago de huelga o rebeldía. Un joven que gritó ¡Abajo Fidel! en el Palacio de los Deportes a principios de 1990 fue abucheado y golpeado. Estoicos o sometidos, los trabajadores permanecieron inertes, el pueblo en estado de postración. Aun más, fue durante los años más duros del período de la crisis, es decir en 1992 y 1993 que el Partido Comunista logró reclutar más militantes hasta sobrepasar con creces la cifra de 600,000 afiliados.

La crisis se fue agudizando a medida que la escasez de recursos, combustible y materia prima se iba esparciendo por todos los sectores. Sin la menor previsión, Castro había obligado al país a depender de ayudas externas repitiendo y aumentando así el vicio que tanto había criticado a la república.

Hoy puede decirse sin temor a equivocarse que fueron los hoteleros españoles los que salvaron a Castro del colapso. Con la producción azucarera en declive (a punto tal que la producción de 1993-94 fue de poco más de cuatro millones de toneladas y la de 1994-95 de 3.3), el país se hubiera seguido hundiendo en el marasmo de no haber sido por el turismo. Movidos por el resentimiento y la avaricia, los hoteleros de España encabezados por las empresas Meliá y Guitart se dedicaron a construir u operar hoteles de lujo en La Habana, Varadero, Cayo Coco y otros lugares. En poco más de tres años la industria turística creció de modo tal que su volumen de ingresos superó a los que aportaba el azúcar.

Los españoles abrieron una brecha por la que entrarían otros capitalistas extranjeros ansiosos de explotar las riquezas naturales y el pueblo trabajador de Cuba. Inversionistas mexicanos en la industria textil y de comunicaciones, canadienses en minería y turismo, franceses en la exploración del petróleo y hasta australianos e israelíes, se apresurarían a sacar del atolladero al régimen constituyendo empresas mixtas o haciendo otros tipos de negocios. En 1993 había ya 276 firmas extranjeras provenientes de 36 países efectuando actividades en Cuba.

En el caso de España y México no fueron sólo las inversiones sino también las donaciones las que ayudaron a Castro. Varias comunidades regionales españolas acordaron adoptar provincias enteras de Cuba como sus áreas de protección. El país cantábrico, por ejemplo, se asoció con Camagüey y Aragón, Galicia, Islas Canarias, el País Vasco, Valencia y otras regiones hicieron lo mismo con otros lugares. Poderosos grupos de intereses como la Organización Nacional de Ciegos de España (ONCE) hicieron también inversiones y donativos. El Municipio de Barcelona regaló al de La Habana los autobuses que habrían de reemplazar a las destartaladas guaguas de la capital.

En México se efectuaron colectas de todo tipo que la organización *Va por Cuba* se encargaba de transportar a la isla. Hasta de la India llegaron a Cuba aportes en víveres y dinero. También de los E.U. se hacían llegar cargamentos de medicinas, alimentos y ayuda económica. Y no faltó, desde luego, el aporte de algunos cubanos de Miami y otros lugares que insensibles al drama de la patria seguían haciendo sus remesas a familiares y amigos en Cuba.

El régimen que tan mal había administrado la economía del país llevó al máximo sus aptitudes para recabar el socorro de otros países.

## El período especial en tiempo de paz

El cambio en la coyuntura internacional tomó al régimen desprevenido. Ocupado en producir azúcar y fortalecer su aparato militar y de seguridad, el gobierno había descuidado grandes renglones de la industria y la agricultura de consumo. Con excepción de los cítricos, el tabaco y el café que eran fuentes de divisas, el resto de la agricultura no cañera no fue debidamente fomentada en proporción al aumento de población y sufría de la aplicación de esquemas obsoletos de desarrollo en particular el de la agricultura extensiva que incrementaba los costos al requerir mayor cantidad de mano de obra.[19] Las estadísticas de organismos internacionales ponían de relieve el ostensible decrecimiento de varios sectores de la producción agroalimentaria. El "stock" ganadero disminuyó en 1988 a menos de cinco millones de cabezas por falta de atención y cambios en los modelos de desarrollo[20] (unas veces se seguía el plan Voisin y otras se utilizaban programas distintos). La producción de viandas y vegetales no se avenía bien con el sistema de la agricultura estatizada y lo mismo ocurría con la avicultura. Más de tres décadas habían pasado desde el triunfo de la revolución y sin embargo, el régimen de Castro no había podido tomar las medidas adecuadas para el autoabastecimiento de la población.

Poco después de la suspensión de los subsidios soviéticos en 1990, el gobierno hizo saber que el país entraba en una nueva fase de su experiencia revolucionaria llamada *período especial en tiempo de paz* cuya primordial preocupación habría de ser el programa alimentario. Para entonces era ya evidente que casi todas las familias cubanas no pertenecientes a la *nomenklatura* estaban experimentando dificultades de abastecimiento, incluso de artículos de primera necesidad amén de los inconvenientes relacionados con la ronda perenne del avituallamiento. De la libreta de racionamiento se eliminaron algunos artículos y se redujo el número de unidades que podían ser distribuidas en otros. Se generalizó la escasez y se llegó en muchos casos a la miseria. El gobierno aconsejaba a los habitantes de las ciudades que cultivaran viandas y vegetales en los solares yermos o procuraran cultivar huertos en sus patios.

Se organizó a toda prisa un programa de siembras y recogidas en las zonas rurales cercanas a las ciudades; nuevas brigadas de citadinos fueron formadas y despachadas al interior con toda urgencia; se improvisaron campamentos y comenzaron a publicarse noticias acerca de las virtudes alimenticias del bledo y la verdolaga.

Además de culpar de nuevo al bloqueo yanqui por las penurias que el pueblo sufría se ofrecieron las más extravagantes explicaciones. Un diputado de la provincia de Las Tunas afirmó en una entrevista divulgada por Radio Rebelde que las causas profundas del problema y sus posibles soluciones habría que encontrarlas "en el drenaje parcelario, la voluntad hidráulica, la construcción de integrales porcinos y las inversiones en las cuencas lecheras". Poco después, al agudizarse la escasez de huevos, el Comandante en Jefe hizo saber a la población que ello no era culpa del gobierno: "Gallinas tenemos, dijo, lo que ocurre es que no están poniendo todo lo que tienen que poner". En cuanto a la escasez de carne y otros artículos de primera necesidad, Castro echó la culpa a los llamados "coleros" profesionales que interfieren y especulan creando problemas de todo tipo.

El programa alimentario tuvo poco éxito. Aunque evitó el desastre de una hambruna generalizada, las tiendas de víveres se mantuvieron parcialmente vacías por largo tiempo. Todavía en 1994 una reunión del Partido en La Habana señaló que hubo sólo modestas recuperaciones en la avicultura y el arroz mientras que en las viandas y vegetales la disminución alcanzaba en el primer semestre de ese año más de tres millones de quintales en comparación con igual período de 1992.[21] Obligado a depender de la cartilla, el trabajador y su familia sufrieron grandes privaciones de las que se derivaron la neuritis óptica, el beriberi, la leptospirosis y otras enfermedades. A mayor abundamiento se suprimió o disminuyó substancialmente el servicio de comedor que se ofrecía en los centros de trabajo, el cual se redujo primero en 1991 a los que trabajaban directamente en la producción o los servicios y luego se convirtió en una modesta merienda "si los recursos asignados lo permiten"[22]

El período especial generó asimismo graves trastornos en los servicios de transporte, tanto interurbanos como dentro de las ciudades. Dejaron de funcionar por falta de combustible o piezas de repuesto innumerables autobuses, trenes, autos, camiones y tractores. Muchos pueblos quedaron virtualmente aislados. Volvió a aparecer la yunta de bueyes en el campo y las bicicletas reemplazaron a los automóviles y autobuses en las ciudades. Es así que los trabajadores deficientemente alimentados tuvieron que hacer grandes recorridos a pie o en bicicleta para trasladarse a los centros de trabajo, lo que originó que se autorizaran las permutas laborales dirigidas a acercar a los obreros a su lugar de trabajo.[23] Similares penurias experimentaron los jubilados y pensionados para los que en junio de 1992 se les aumentó en un diez por ciento el importe de sus pensiones que en muchos casos subieron entonces a dos o tres dólares al mes.[24]

De nuevo se echó a andar por otra parte el aparato propagandístico. La revista *Bohemia* publicaba anuncios a página entera subrayando los beneficios que para la salud se derivaban del uso de la bicicleta o del caminar. El Máximo Líder gustaba además de decir que la bicicleta (inventada en 1849 en Inglaterra) era un medio muy revolucionario porque no tenía marcha atrás. Eso lo decía mientras seguía utilizando sus Mercedes e iniciaba una serie de viajes para los más apartados lugares del mundo. En algunos de esos, como el que hizo a España en 1992 acostumbraba a emplear tres aviones: uno para él y su séquito y los otros para el personal de seguridad y abastecimiento personal. Esta forma de transportación la usaba mientras en Cuba se multiplicaban los apagones por falta de combustible. Los cubanos apenas podían trasladarse de un pueblo a otro, pero Castro viajó durante el período especial con mayor frecuencia y a más países que nunca antes.

El trabajador cubano no sólo sufrió como consumidor y usuario durante el período especial sino también como elemento productor. Se fueron cerrando total o parcialmente muchas empresas; en enero de 1993 se calculaba que el 75 por ciento de las fábricas estaban paralizadas por falta de materia prima y funcionaban sólo 24 horas a la semana.[25] A los trabajadores declarados cesantes se les ofrecía por lo general la disyuntiva de trasladarse al campo a laborar en el programa alimentario o convertirse en obreros de la construcción o recibir durante cierto tiempo los auxilios de cesantía que más tarde se mencionarán. Es interesante observar que ninguna de esas resoluciones utilizó los términos de desempleado o cesante para referirse a los trabajadores afectados por el cierre de empresa o amortización de plaza. Siguiendo la terminología oficial todas hablaban de los sobrantes, disponibles o interruptos. El desempleo era masivo pero el régimen seguía rindiendo culto al mito del pleno empleo.[26]

Lo curioso es que algunos sectores experimentaban al propio tiempo un déficit de mano de obra. En 1993 el desgano de los trabajadores por realizar labores agrícolas fue tan grave que el gobierno se vio obligado a adoptar medidas más expeditivas a fin de captar los brazos que necesitaba para realizar los trabajos de la caña. Se suscribió a ese efecto un acuerdo entre el Ministerio del Azúcar y el Mintrab para reclutar al personal disponible y el desvinculado en los lugares cercanos a aquellos en que había carencia de trabajadores.[27]

En una cosa sí resultó beneficioso a los trabajadores la gran crisis económica y ello fue en el declive primero y virtual desaparición después del trabajo voluntario. Aún se efectuarían en 1989 y 1990 dos gigantescos Domingos Rojos en homenaje a la Revolución de Octubre, pero salvo algunas otras manifestaciones menores el trabajo voluntario y gratuito iría perdiendo fuerza a partir de 1991. Castro siguió haciendo llamamientos de nuevos y crecientes sacrificios pero la organización periódica del trabajo voluntario fue perdiendo importancia a causa de la falta de combustible y la necesidad de ahorrar recursos. Los llamamientos de Castro ponían ahora el acento en el ahorro de materiales, las movilizaciones y la necesidad de ser más eficientes.

El período especial tuvo también efectos en los horarios de trabajo. Por falta de insumos o a fin de prescindir de los comedores obreros muchas empresas establecieron nuevos horarios y jornadas de cinco días de trabajo a la semana en tanto que otros centros fijaron turnos únicos de siete horas seguidas y otros suspendían sus labores durante ciertos días de la semana.[28] Para los trabajadores fue hasta cierto punto un alivio el que se suspendiera la práctica de trabajar los sábados. Sin embargo, el Ministro del Trabajo se apresuró a aclarar a este respecto que el hecho de no trabajar ese día no respondía a la idea de darle un día más de descanso a los trabajadores sino que obedecía a la reducción de combustible y a la necesidad de ahorrar determinados materiales y recursos.

Por último, otra consecuencia del período especial fue el incremento de la propaganda política. Para explicar las otras deficiencias, Castro hizo saber que el país tenía que dedicar el 40 por ciento de sus ingresos a la compra de combustible.[29] Más que nunca se hizo hincapié ahora en el daño que causaba al país el bloqueo yanqui; se hablaba poco del colapso del mundo comunista en tanto que arreciaban las andanadas contra los E.U., sobre todo después de la aprobación de la Ley Torricelli. La propaganda de este período tenía, sin embargo, una característica que la diferenciaba de la de otros: ya no tenía el carácter triunfalista del pasado sino buscaba presentar al régimen de Castro como víctima inocente de la transformación del mundo bipolar en unipolar y de las tenebrosas maniobras del imperialismo yanqui.

A todo lo largo del período especial, el trabajador fue movilizado para los más diversos menesteres: para el programa alimentario, para la recuperación cañera, para suplir faltantes en la industria. Sufrió como consumidor y se le siguió exprimiendo a fondo como productor como lo muestran las jornadas de 14 y 16 horas que se establecían cada vez que alguna obra lo requería,[30] pero ni los obreros ni los campesinos organizaron protestas de que se tengan noticias. Algo de apatía y resistencia hubo desde luego dado que la prensa aludía a menudo al bajo rendimiento, al robo indiscriminado, a la chapucería y a los fenómenos de indisciplina, pero estas reacciones no llegaban a cristalizar en forma alguna de oposición colectiva.

Castro siguió aplicando durante este período su método preferido de refrendar todos sus actos con la aprobación del pueblo. Eran aprobaciones pro-forma o simbólicas pero en todas las asambleas podía contar con el asentimiento de los convocados. Las organizaciones de masas movilizaban a sus huestes y estas se pronunciaban conforme al planteamiento de turno. Así ocurrió, por ejemplo, con la aprobación de la Reforma Constitucional de 1992.[31] A veces, sin embargo, disminuía la presencia física de los convocados lo que movió a Castro a prescribir en 1990 que en el futuro no serían válidas las actuaciones de una asamblea a menos que contaran con no menos del 75 por ciento de asistentes.[32]

# Notas

[1] Véase el cuadro preparado por Jorge Sanguinetty y Ernesto Betancourt basado en datos del *World Development Report, 1983* (World Bank: Oxford University Press, 1983). Igual clasificación puede verse en Recarte, op. cit., pag. 103.

[2] Hugh Thomas et al., *La revolución cubana 25 años después*. (Boulder, Colorado: Center for Strategic and International Studies, 1984), pag. 79.

[3] Ibid.

[4] Véase supra, volumen 1, pag. 349.

[5] Apartado segundo del proyecto de resolución presentado al XIII Congreso sobre organización del trabajo y los salarios.

[6] XIV Congreso, *Memorias*, op. cit., pags. 198 y 207.

[7] XV Congreso, *Memorias*, op. cit., pags. 125 y 126.

[8] Ibid, pag. 168.

[9] Véase Riesgo, op. cit., pag. 159; *Juventud Rebelde*, 5 de septiembre de 1988, pag. 3; y Córdova, *El mundo del trabajo*, op. cit., pags. 100-102.

[10] C. Mesa Lago, *Cuba in the 1970s* (Albuquerque, N.M.: University of New Mexico, Press, 1974), pag. 38.

[11] *Granma*, 5 de julio de 1982, pag. 2.

[12] Juán Clark, op. cit., pag. 247.

[13] A Veiga se le dejó en el puesto de secretario general pero se le privó de toda responsabilidad en la preparación del siguiente congreso.

[14] *Trabajadores* (editorial), 4 de julio de 1994, pag. 2.

[15] Ibid.

[16] *Juventud Rebelde*, 2 de septiembre de 1988, pag.6.

[17] Discurso pronunciado en el Día del Constructor, citado en *Trabajadores* del 7 de diciembre de 1992, pag. 3.

[18] Véase CTC, *Primer Congreso Nacional de Juventudes Sindicalistas* (La Habana: Imprenta CTC-Revolucionaria, 1960).

[19] Véase José R. González Rodríguez, "La agricultura en Cuba. Situación actual en 1993" en Colegio de Ingenieros Agrónomos y Azucareros, *Desarrollo agrícola de Cuba*. (Santo Domingo: Editorial Corripio, 1994), tomo II, pag. 5.

[20] Véase Silvio R. Herrera, "La industria lechera en Cuba" en *Desarrollo agrícola en Cuba*, op. cit., tomo I, pag. 244.

[21] Véase "Levantarnos al combate", *Trabajadores,* 1° de agosto de 1994, pag. 3.

[22] Véase el apartado segundo, inciso c) de la Resolución del CETSS, No. 13 del 23 de octubre de 1991.

[23] Véase la resolución del CETSS No. 1 del 7 de enero de 1992.

[24] Según la resolución del CETSS del 6 de junio de 1992, el incremento de diez pesos mensuales se aplicaba a los pensionados que recibían ingresos de hasta 70 pesos, lo que significa que había personas retiradas que vivían con prestaciones inferiores a dos dólares al mes. Hay que añadir que el primer por cuanto de esta resolución decía que el aumento obedecía también a los incrementos que se estaban produciendo en los precios de los artículos alimenticios.

[25] Véase Amaya Altuna de Sánchez, *Análisis informativo de la realidad cubana* (Caracas: Centro de Estudios, Documentación e Información, 1993), pags. 11 y 13.

[26] Algunas resoluciones trataban de justificar las amortizaciones de plazas y el cierre de empresas hablando de los efectos del multioficio y la redución de los suministros de combustibles en otros abastecimientos y sólo excepcionalmente se referían a cambios estructurales y otras causas.

[27] *Trabajadores*, 5 de diciembre de 1994, pag. 12.

[28] Véanse las resoluciones No. 13 del 23 de octubre de 1991 y No. 7 del 7 de noviembre de 1991, ambas del CETSS.

[29] Discurso pronunciado en el Día del Constructor, *Trabajadores*, 7 de diciembre de 1992, pag. 3.

[30] *Trabajadores*, 6 de octubre de 1990, pag. 3.

[31] *Trabajadores*, 25 de enero de 1993.. pag. 9

[32] *Trabajadores*, 14 de septiembre de 1992, pag. 4.

# Capítulo 22

## *El sindicalismo a comienzos de los años 90*

### El XVI Congreso de la CTC en su entorno histórico

Ningún congreso sindical cubano ha tenido lugar en condiciones menos propicias que el XVI Congreso de la CTC. A fines de enero de 1990 ya había caído el Muro de Berlín y estaba en marcha el proceso de desintegración del mundo comunista. Apenas seis meses antes habían sido juzgados y condenados el General Arnaldo Ochoa, los hermanos La Guardia y otros encartados en un obscuro episodio en el que se mezclaban acusaciones de tráfico de drogas con más plausibles rumores de conspiración para sustituir a Castro. La CTC ya no estaba bajo la dirección de Roberto Veiga y demás dirigentes elegidos en 1984. A su frente, Castro había colocado a un elemento extraño al movimiento obrero pero dispuesto a ejecutar al pie de la letra sus instrucciones: Pedro Ross Leal. Poco antes de la reunión, el futuro secretario general declaraba a la prensa "este no es un congreso de expectativas ni esperanzas".[1]

El congreso iba a ser un test de la determinación de Castro de aferrarse al poder en las más adversas circunstancias y de mostrar hasta dónde podía llegar su extraordinaria capacidad de acción. Quiso dar a ello una ilustración elocuente al disponer que todos los delegados al congreso debían asistir al mismo vestidos de milicianos. Algo parecido había hecho en el juicio de Ochoa cuando recabó la presencia de docenas de generales y almirantes en la reunión que convocó para confirmar la ejecución del antiguo Héroe de la República y vencedor de Cuito Cuanavale. Según informó Radio Rebelde, el primer día del congreso los delegados coreaban incesantemente la frase de ¡Socialismo o muerte![2] El tono de adhesión y fervor revolucionario lo enfatizó aún más Ross Leal al exclamar en la presentación de su informe: "¡Fidel no te detengas! ¡Sigue adelante con la revolución y el socialismo!"[3] Los representantes del proletariado vitorearon cuando Castro hizo acto de presencia en la tribuna en la cual se encontraban también, el Ministro de las Fuerzas Armadas, Raúl Castro y los más altos jerarcas del partido.[4] El teatro Karl Marx donde se celebraba el congreso estaba engalanado con una enorme pancarta que decía: "Consagrados al trabajo por la construcción del socialismo".[5]

Treinta años después del inicio de la revolución, los trabajadores seguían en efecto enfrascados en la construcción del socialismo y lo hacían a pesar de que su Máximo Líder les hacía saber que esa construcción había sido conducida por derroteros equivocados y que los medios de información decían que su ideología básica estaba siendo rechazada en otras partes del mundo. Allá en los países europeos, donde nació la doctrina marxista, apenas se escuchaban los aires de La Internacional pero en Cuba los delegados al XVI Congreso la seguían entonando con renovados bríos. Lo hacían bajo la inspiración y para mayor gloria del Comandante en Jefe a quien además procedían a exculpar de toda responsabilidad en la crisis económica que afligía al país. Al congreso se presentaba como documento principal un informe central en cuya introducción la dirigencia de la CTC y los sindicatos se hacían responsables con la mayor abyección de "los hechos, situaciones y circunstancias que dieron origen al proceso de rectificación"[6]. Esa dirigencia, el aparato sindical y la gran masa obrera no habían hecho otra cosa que seguir al pie de la letra las orientaciones de Castro; los trabajadores en particular habían respondido a cuantas exhortaciones se les habían dirigido para que multiplicaran sus esfuerzos y se prestaran a cumplir y sobrecumplir las metas que se fijaban en los planes de producción. Sus esfuerzos habían sido inútiles. Al cabo de 30 años, el país se hallaba sumido en una seria crisis y de ella inexplicablemente se hacía ahora responsable a la masa obrera y su dirigencia. No era culpa alguna del Comandante en Jefe que todo lo dirigía, orientaba y fiscalizaba; la culpa era de la organización sindical "que debió haber enfrentado en unos casos y advertido en otros, la gama diversa de errores y tendencias negativas que se manifestaron".[7]

Según la convocatoria del congreso éste tendría el objetivo principal de llevar adelante el proceso de rectificación "al que nos han convocado el Partido y Fidel Castro".[8] Una vez más el movimiento obrero reunía su instancia más alta no para discutir lo que el mismo considerara de interés para los trabajadores, sino para dar seguimiento a lo que Castro indicaba. Al margen de la convocatoria se hablaba también de una reforma estatutaria dirigida a aligerar las estructuras y simplificar el funcionamiento de la CTC. En realidad como se verá más adelante, en vez de aligerar y simplificar la CTC, ésta iba a seguir sufriendo de gigantismo y exceso de reuniones.

Aún no se percibían los efectos de la otra gran crisis que se avecinaba. Las cartas que en relación al congreso se enviaban a los periódicos a fin de señalar aspectos que a juicio de los lectores deberían discutirse en el mismo mencionaban varios temas, pero no hacían referencia a la necesidad de buscar soluciones a la crisis del comercio exterior.[9]

## Aumento del plus trabajo y las reuniones sindicales

A todo lo largo del año 1989, tan lleno de acontecimientos extraordinarios en el plano nacional e internacional, la clase trabajadora cubana estuvo inmersa en las agobiantes labores que Castro había prescripto al iniciarse en 1986 el período de las rectificaciones. Se trabajaba ahora más para corregir errores y se recibía menos porque había renacido la preferencia por los incentivos morales. Los más fanatizados del castrocomunismo realizaban nuevas proezas laborales mientras los demás trabajadores asumían sus nuevas cargas con paciencia aparente y sin protestas visibles.

El jefe de la revolución había hecho del trabajo voluntario un símbolo del proceso de rectificación de errores y tendencias negativas. El 26 de Julio de ese año, en ocasión de su discurso tradicional de esa fecha, Castro anunció que sólo en la provincia de Camagüey sus habitantes acumularon 15 millones de horas de trabajo voluntario en los últimos 18 meses. Añadió que los dirigentes del PCC y sus organizaciones colaterales promediaron 208 horas de trabajo voluntario. "Eso se llama ejemplo, dijo el Dictador, y ese es el único camino verdaderamente revolucionario y socialista".[10] Luego tuvo lugar la apoteosis del trabajo voluntario cuando en noviembre de 1989, el mes en que caía el Muro de Berlín, cerca de dos millones y medio de cubanos realizaron trabajos no pagados el domingo dedicado a conmemorar el 72 aniversario de la revolución bolchevique.[11]

Tal parecía que para superar la crisis interna, Castro se resistía a considerar otras opciones e insistía en el plus trabajo como su única salida. Obsedido por la idea que era necesario hacer cada día más con menos recursos y confiado en su dominio sobre la fuerza de trabajo, el Comandante en Jefe se empecinaba en obtener de ésta el máximo de esfuerzo a fin de probar la eficacia del sistema que él había impuesto. Sólo el trabajo voluntario en beneficio de la sociedad y la acumulación masiva del plus trabajo constituían a su juicio la fórmula salvadora capaz de suplir el déficit de mano de obra en sectores específicos, encubrir deficiencias de administración, resistir al imperialismo yanqui y superar dificultades con la Unión Soviética.

Ese mayor impulso al trabajo no impidió el que en 1989 como en todos los años anteriores se siguiera movilizando al pueblo para los grandes ritos y celebraciones del régimen: tanto el 1º de mayo que se celebró en La Habana como el 26 de Julio que tuvo lugar en Camagüey congregaron a cientos de miles de trabajadores. El año se caracterizó además por el muy elevado número de asambleas sindicales organizadas por la CTC. Como parte del proceso preparatorio del XVI Congreso se efectuaron primero 168 conferencias municipales que la prensa calificó de "combativas y profundas" y en las que se eligieron 1,800 dirigentes sindicales, el ciento por ciento de los cuales habían sido propuestos o aprobados por las instancias superiores.[12] Hubo después una activa participación obrera en la discusión del plan de la economía para 1990; convocada por la CTC y las administraciones, esta discusión se efectuó en los propios centros de trabajo[13] De inmediato se efectuaron cerca de 50,000 asambleas y mítines para discutir y analizar la convocatoria al XVI Congreso.[14] Paralelamente a esa discusión, la prensa se refirió al análisis que del documento de base iba a hacerse en 84,000 secciones sindicales.[15] Ni la fecha ni el número de secciones son seguros, sin embargo, ya que el número de estas últimas se estimó en otras fuentes en 65,000 y en el propio mes de mayo el Presidente de la Comisión Organizadora del Congreso expresó que el documento de base sería discutido a partir del 1º de septiembre.[16] Con anterioridad tuvieron lugar entre enero y abril las asambleas de balance en las organizaciones de base o núcleos del Partido que existían en cada centro de trabajo.[17] El número de afiliados de la CTC que participó en la discusión de la convocatoria se fijó en dos millones y el involucrado en el análisis del documento de base en dos millones y medio. Esas cifras serían superadas en 1990 cuando tres millones de personas participaron en los varios desfiles organizados para celebrar el Día del Trabajo.[18] Al año siguiente se estimaba que el 98 por ciento de los trabajadores cubanos estaban afiliados a la CTC.

La velocidad casi alucinante de los trabajos y reuniones que tuvieron lugar en 1989 y 1990 es una prueba más de la capacidad de Castro para movilizar a la masa obrera. El número de trabajadores involucrados era señal evidente del grado de influencia que Castro seguía ejerciendo. Su dominio sobre gran parte del resto de la población era notable, como lo atestigua el progreso alcanzado en su propósito de convertir a Cuba en una sociedad atea. En 1989 eran pocos los niños que se bautizaban o recibían nombres cristianos. Sobre todo en las familias obreras y campesinas comenzaron a aparecer otros tan extraños a las tradiciones cubanas como Vladimir, Iván, Natasha o Katia.

Si el dominio sobre la clase trabajadora seguía siendo grande, mucho más era por supuesto el poder que el régimen ejercía sobre esa élite de fanatizados que eran los delegados del congreso. Parece oportuno ofrecer en este punto un detalle de la composición de los 2,480 delegados que participaron en el congreso. Entre ellos había héroes del trabajo, héroes nacionales del trabajo, obreros premiados con órdenes y medallas, delegados que tenían distinciones otorgadas por los sindicatos, combatientes internacionalistas y combatientes de la antigua clandestinidad así como trabajadores internacionalistas, los que representaban más del 50 por ciento de los delegados presentes.[19] Como si fuera poco lo anterior, Ross Leal quiso reforzar aún más la presencia de un público simpatizante autorizando a cada contingente de la construcción a enviar un delegado al congreso.

## Fisonomía de las asambleas

En esas condiciones y con la experiencia adquirida en anteriores reuniones, el XVI Congreso fue como una coreografía cuidadosamente ensayada en la que Castro y sus colegas fungían como directores y los delegados no pasaban de ser simples comparsas. Lo mismo había ocurrido antes con la discusión del documento base y la elección de los precandidatos en las asambleas de trabajadores para las cuales la CTC expidió un documento con indicaciones precisas sobre la forma como debían hacerse los preparativos, conducirse las asambleas y confeccionarse las actas.[20]

Aunque en menor escala, lo que ocurría en los congresos de la CTC sucedía también en la mayoría de las otras asambleas sindicales. Algunas veces resultaba escasa la concurrencia y pobre el contenido de las discusiones pero ello se debía por lo general al hecho de haberse improvisado su agenda o a falta de preparación. Así aconteció en muchas asambleas de producción o servicios y en otras convocadas para discutir el plan económico; antes de 1970 en particular las asambleas eran más bien simbólicas, insulsas o no bien preparadas. Se trataba siempre, sin embargo, de corregir los descuidos. Cuando en 1976 tuvo lugar, por ejemplo, la asamblea de discusión del plan técnico de la empresa de artes gráficas de La Habana a la que se había invitado a una investigadora americana, ésta presentó después una descripción casi idílica de la reunión que había durado cuatro horas y a la que había asistido el 75 por ciento de los trabajadores de la empresa.[21] Sin embargo, dichas asambleas volvieron a declinar después hacia la rutina y el aburrimiento a punto tal que un proyecto de tesis de XV Congreso se refirió a la calidad deficiente de las susodichas asambleas y a la falta de motivación e irritación de los trabajadores que consideraban se subestimaban sus opiniones o no se ofrecían respuestas adecuadas y convincentes a sus planteamientos.[22]

Raramente se planteaban estas situaciones en las asambleas de los órganos de dirección en cuya preparación se invertía mucho más tiempo y cuyos temas de discusión eran minuciosamente analizados antes. El proceso de selección de precandidatos y candidatos garantizaba la normalidad y quietud de los debates. En declaraciones que hizo a la prensa, Ross puso además de relieve que la mayoría de los problemas expuestos en las asambleas preparatorias habían sido ya resueltos o encaminados satisfactoriamente.[23] Puntualizando aún más su afirmación, Ross añadió que casi un 74 por ciento de los 58,159 planteamientos hechos en las asambleas de base estaban resueltos.[24] Incluyó en esa estadística la cuestión de los escalafones de *aptitud* y *actitud*, cuya medida se decía que había sido propuesta por cientos de colectivos de sectores enteros. Se trataba sin duda de un nuevo enfoque dirigido a premiar la incondicionalidad y castigar cualquier asomo de disidencia.

Las asambleas del sindicato eran como un rito por medio del cual se representaba la pretendida participación de los trabajadores en la gestión económica de las empresas. No importaba que lo que en ellas se dijera fuera después ignorado por la administración. No importaba que la conducción efectiva de la empresa se llevara a cabo en otros foros en los que Castro y JUCEPLAN en lo alto y la administración al nivel micro decidieran por sí y ante sí. Las asambleas de discusión de los planes y las de producción y servicios estaban muy lejos de ser mecanismos de cogestión o autogestión. Ellas tenían, no obstante, el valor de mantener la ilusión del gobierno de obreros y campesinos y continuar con la constante movilización de los trabajadores.

Aún más apartadas de la realidad —en cuanto a ejemplo de participación— estaban los discursos de clausura de los congresos en los que Castro no hacía resumen alguno de lo discutido y acordado en el congreso, dedicándolos en cambio a ponderar los progresos de la revolución. Siempre en gran "vedette", sus puntos de vistas eran definitivos e irrefutables. ¿Cómo sorprenderse en esas condiciones que su discurso de clausura del XVI Congreso fuera delirantemente aplaudido y se le considerara por la prensa como "uno de los grandes documentos de la historia"?[25] "Fue un discurso electrizante", dijo Radio Rebelde al día siguiente. "Con su magisterio insuperable, su claridad de juicio y su tono de voz firme y percutiente, Fidel habló para todos", siguió diciendo Radio Rebelde.[26] Este discurso del 28 de enero de 1990 es también importante porque en él Castro prometió que la revolución cubana no se derrumbaría ni alteraría en los más mínimo su rumbo de partido único. No ocultó dificultades, pero fue también claro en anunciar la postura de inmovilismo político que habría de caracterizar los siguientes años de este período.

## La temática del congreso

A la consideración del XVI Congreso se sometió un documento base titulado "Los sindicatos en el proceso de rectificación", un anteproyecto de estatutos de la Central de Trabajadores de Cuba y la misma larga serie de resoluciones previamente redactadas por la Comisión Organizadora. La gran mayoría de estas resoluciones repetía los mismos asuntos ya tratados en anteriores congresos: la promoción del trabajo voluntario, la emulación socialista, el fortalecimiento de la disciplina laboral, el incremento de la productividad, el cumplimiento y sobrecumplimiento de los planes de producción, el aprovechamiento de la jornada laboral y la eliminación del derroche de recursos materiales, humanos y financieros. Otros planteamientos aprobados al final del congreso hacían referencia a la incorporación de los jóvenes a la vida laboral, la exigencia de una mayor calidad en los cortes de caña, la experimentación con nuevas formas de organización de la producción y el trabajo, la atención a la mujer trabajadora y la defensa de la patria socialista.

¿Quiere decir que el XVI Congreso no aportó nada nuevo y que de él no se iba a derivar ninguna nueva orientación para las actividades de las organizaciones de trabajadores? Un examen detenido del documento base prueba que ello no fue así; del mismo se desprende que si bien el denominador común de toda la temática del congreso apuntaba hacia más trabajo, mayores sacrificios y una aplicación más rigurosa de la disciplina laboral, dicha reunión sirvió además para discernir hasta dónde podía llegar el tratamiento más duro que iba a darse a obreros y campesinos. El primer atisbo de ello se tiene en la introducción del documento en la que se incluyen entre los puntos del proceso de rectificación a la recuperación del trabajo voluntario, el surgimiento de los contingentes y el renacimiento de las microbrigadas. A propósito de los contingentes, el documento en cuestión dice que "la disciplina en ellos es consciente pero férrea, no impuesta por resoluciones sino administrada y aplicada siempre por el colectivo donde la autoridad y ejemplaridad del jefe desempeñan un rol fundamental".[27] Se hace también hincapié en otras características que hacían del contingente una forma superior de organización, a saber, la prevalencia de una actitud comunista y de los estímulos morales, la existencia de un fuerte movimiento emulativo interno y el espíritu de consagración al trabajo. Tan pronunciada era la influencia de este último en el número de horas de trabajo que el documento incluía también como otra característica a la atención médica sistemática.

Este era el ejemplo de organización laboral que el documento instaba a cada trabajador a imitar y cuya propagación debía constituir para el sindicato un "deber insoslayable".[28] Este era el modelo de trabajo que en su afán de fomentar una cultura de producción, Castro quería extender por todas partes. Ross Leal y los dos mil y tantos delegados presentes lo acogían sin reservas (junto a las brigadas permanentes e integrales) como la fórmula ideal que debería aplicarse a los 3,551,400 cubanos que según el Comité Estatal de Estadística formaban en 1990 la fuerza de trabajo.

Era lógico que se pronunciaran en ese sentido los que aconsejaron también la aplicación de regímenes disciplinarios más rigurosos y un aprovechamiento superior de la jornada laboral, los partidarios de la prevalencia del factor de la actitud o idoneidad sobre la antiguedad en la confección de los escalafones, los que pidieron perfiles más amplios y flexibles así como el multioficio para lograr que una sola persona realice la mayor cantidad de cosas, y los que reclamaron un mayor control sobre el tratamiento de las interrupciones laborales e insistieron en que debía combatirse con firmeza "a los que rechazaban el traslado a otro puesto cuando sus plazas eran amortizadas".[29]

Eran los mismos delegados que recomendaban la aplicación restringida de los sistemas de primas, los que concebían al convenio colectivo no como un medio de obtener mejoras para los obreros sino como "una herramienta de trabajo que debe utilizarse para que se cumpla un grupo importante de tareas",[30] los que creían que la emulación socialista aún no era suficiente y solicitaban que la administración en coordinación con el sindicato desarrollara una política más activa de reconocimiento a la estimulación moral.

Al esbozar la política laboral del futuro el XVI Congreso excluyó toda referencia a la justicia social, las consideraciones humanitarias o los métodos más eficaces para prevenir y contrarrestar los posibles abusos de la administración. La cuestión fundamental era a juicio de sus delegados la disciplina tecnológica, económica y administrativa y a ese efecto sostenían que "la observancia de los reglamentos disciplinarios internos era un componente importantísimo de nuestro trabajo político-ideológico entre las masas".[31] El principio de que la disciplina era una responsabilidad primaria de la administración y no del sindicato era así echado a un lado. Los sindicatos debían por el contrario contribuir:

> *"a un mayor aprovechamiento de las capacidades instaladas, al mayor rendimiento de las materias primas y los materiales, al control y ahorro de los recursos materiales y financieros y al aumento de la calidad de la producción y los servicios".*[32]

Lo que en definitiva estos nuevos rumbos del movimiento obrero parecían anunciar para los trabajadores era "una exigencia de plena entrega y consagración al trabajo",[33] una mayor vigilancia del sindicato incluso en el control de las llegadas y salidas del trabajo, una aplicación más estricta de los reglamentos disciplinarios y una disminución de los ingresos que antes provenían de las primas y los premios. El proceso de rectificación de errores entrañaría también una ampliación de los deberes a cumplir a tono con el multioficio, una mayor canalización de los interruptos, sobrantes y disponibles hacia los trabajos agrícolas y las microbrigadas, una mayor necesidad para los trabajadores de adoptar actitudes acordes con la revolución si querían lograr su admisión en una empresa, retener sus puestos, ser ascendidos a cargos mejor retribuidos, ser seleccionados para cursos de capacitación o evitar una reubicación incómoda. Era un programa de gran austeridad en el que se daría prioridad a la retribución moral antes que la monetaria y también de gran severidad en las condiciones de trabajo. Lo dijo Castro cuando al clausurar el congreso llamó al pueblo a trabajar todos los días a todas horas.[34]

## Elección de Ross Leal

Para la ejecución de ese arduo programa que iba más allá de una mera rectificación de errores, Castro escogió a un "apparatchik" que hasta entonces se había desempeñado como miembro suplente del Buró Político y secretario del Comité Central del PCC. Pedro Ross Leal no tenía experiencia sindical ni había sido siquiera obrero como dedicación principal de su vida, aunque sostenía haber trabajado en una época como albañil. Nacido en la provincia de Oriente perteneció a la Juventud Socialista Popular y participó desde el triunfo de la revolución en las distintas etapas organizativas del PCC. Cursó estudios universitarios graduándose en Ciencias Políticas. Entre 1959 y 1975 desempeñó varios cargos de dirección en el sector agrícola y azucarero de la provincia de Oriente.[35]

Sus antecedentes marxistas y su adhesión al régimen ejemplificada por las varias misiones desempeñadas incluyendo una en Angola, le proporcionaron las calificaciones que a juicio de Castro bastaban para dirigir la CTC. Probablemente contribuyó también a su nombramiento su extracción racial ya que no eran muchos los negros que entonces ocupaban altas posiciones en el régimen. Incidentalmente la propuesta de designar a Ross presidente de la Comisión Organizadora fue hecha por José R. Machado Ventura en nombre del Buró Político del PCC.[36]

Luego de esa propuesta, la elección de Ross fue una simple formalidad; era además de público conocimiento desde antes del congreso que la decisión de Castro de encargarle la tarea de preparar el mismo equivalía a su designación como secretario general de la CTC. Una vez más se vulneraban todos los principios de la libertad sindical ya que no fueron los trabajadores ni sus organizaciones los que lo elevaron a esa posición sino la voluntad del Comandante en Jefe. Fue también la determinación de Castro la que decretó la caída de Veiga, Escandell Romero y otros dirigentes elegidos en 1984.

Castro dio a Ross Leal dos encomiendas principales; ejercer un control estricto sobre los dirigentes de los sindicatos nacionales y velar porque éstos se ocuparan a su vez de mantener a toda costa la disciplina laboral. Estaba también entendido que debía echar a un lado los programas de incentivos materiales favorecidos por Veiga y promover en cambio los aspectos de militarización y estimulación moral.

Junto a Ross Leal fueron también elegidos como integrantes del Secretariado del Comité Nacional las siguientes personas:

***Secretario General*:** Pedro Ross Leal

***Segundo Secretario*:** Salvador Valdés Mesa

***Miembros titulares:*** Francisco Durán Harvey, Francisco Castillo Falcón, Martha Cabrisas Alfonso, Rafael Collazo Cabrera, Joaquín Bernal Camero, Manuel Cordero Aguila, Ramón Cardona Nuevo, Angel Mesa Kindelán, Rodolfo Jiménez Polanco, Luis E. Brito Jiménez, Pedro Armas Pérez, Ramón Crespo Almeira, Alfredo Morales Cartaya, María del C. Martínez Vázquez, Olga Rosa Gómez Cortés y Felicia Cedeño Rodríguez.

Como se observa comparando la lista anterior con la de los integrantes del Secretariado elegido en el XV Congreso, ni uno solo de los que figuraban en este último fueron reelegidos en 1990. Castro utilizaba a los dirigentes que en un momento determinado le convenían o que por algún motivo habían llamado su atención y después los relegaba al olvido. Con excepción de algunas figuras de la "vieja guardia" que aparecen en las directivas de los primeros dos o tres congresos revolucionarios, la rotatividad caracteriza la integración de los órganos de dirección de la CTC. En su discurso de clausura del XVI Congreso, Castro habló de las nuevas y mejor preparadas generaciones de sindicalistas que se iban formando en el socialismo,[37] pero era algo más que eso: eran los gustos, disgustos y caprichos del que todo lo podía y no tenía el menor respeto por la democracia sindical.

La tarea que el nuevo Secretario General de la CTC tenía por delante era inmensa. La decisión de Castro de demandar renovados esfuerzos y más plus trabajo había comenzado a suscitar reacciones de descontento. Por primera vez trascendió a la prensa en plena celebración del congreso que muchos trabajadores murmuraban que "trabajar 16 horas al día embrutece al hombre y le hace infeliz".[38] Castro respondió airado al día siguiente que quienes afirmaban tal cosa eran gusanos, timoratos y pseudo-revolucionarios y dejó establecido con la mayor claridad que "si los obreros quieren trabajar más, no debemos impedirlo".[39] A su juicio, la causa del número elevado de accidentes de trabajo que entonces se registraba no era el agotamiento sino la irresponsabilidad de los involucrados en esos siniestros.

Aunque tenga un valor más bien anecdótico cabe señalar que durante el congreso fallecieron repentinamente dos delegados, uno de ellos un machetero de alta productividad que pertenecía a una brigada trimillonaria. Dado que el congreso se celebraba a puertas cerradas (con asistencia de Castro a todas sus sesiones) la publicación de tales noticias resulta bastante significativa. Así mismo lo era el que en una de las sesiones del congreso Castro expresara lo siguiente: "Una revolución cuesta sangre, cuesta vidas y lo menos que se puede dar es el sudor, no debilitarla".[40]

## Los estatutos de la CTC: pocas reformas reales y muchos rigores

Como se indicó anteriormente uno de los objetivos del XVI Congreso fue el de aprobar una reforma de los estatutos de la CTC con vista a agilizar su funcionamiento. Se proponía la modificación de cinco artículos relativos a los órganos de gobierno de la CTC, la duración de los mandatos y la forma de cubrir vacantes. La enmienda principal tenía el propósito de suprimir el Comité Nacional de la CTC cuyas funciones serían asumidas por el Secretariado y el Consejo Nacional. Sin embargo, esa propuesta no llegó a aprobarse; los dos órganos siguieron figurando en la estructura y se previó además la existencia de un Comité Nacional de Control y Revisión cuyos integrantes serían nombrados por el Consejo Nacional.[41] En la práctica, el Secretariado de la CTC seguiría siendo designado como el Secretariado del Comité Nacional. Parecía claro, en efecto, que la dimensión del trabajo a realizar no se prestaba para aligerar sino para recargar la función de control.

Los Comités de Control y Revisión tenían como funciones las de controlar el cumplimiento del presupuesto sindical, la justeza del empleo de los recursos, los bienes y valores materiales, el estado de la contabilidad y de la rendición de cuentas así como exigir responsabilidad a los dirigentes y organismos sindicales que infrinjan los estatutos, reglamentos y acuerdos.

Lejos de simplificarse pues la estructura de la CTC, seguían existiendo tres órganos al nivel nacional, siendo así que se creaba además en las bases la figura del delegado sindical municipal en aquellos lugares donde no hubiere una cantidad suficiente de secciones sindicales que justificara la creación de un comité municipal y se ampliaban las posibilidades de crear buroés sindicales. Tampoco se atenuaba el vicio del reunionismo pues a las muchas asambleas antes previstas venían ahora a añadirse unas asambleas anuales de balance del trabajo que podrían también aprovecharse para efectuar los movimientos de los cuadros que fueran necesarios.[42] No era tampoco esta reforma una señal de democratización pues el anteproyecto sugería extender hasta cinco años el período para realizar la renovación de los mandatos en las instancias provincial y municipal. La democracia sindical se hallaba reñida por otra parte con la ratificación del principio de centralismo democrático según el cual los niveles inferiores del sindicalismo estaban subordinados y debían acatar las directrices trazadas por las instancias superiores.

No hubo propuesta alguna de modificación de las relaciones de la CTC con el Estado y el Partido. En declaraciones a la prensa, Ross Leal ratificó el punto de vista oficial de que la CTC era una organización autónoma; los argumentos que adelantó al respecto fueron: 1) que no era un órgano del Estado porque no dependía de ningún ministerio; y 2) que no formaba parte del Partido porque entre sus afiliados había tanto comunistas como gente que no eran comunistas. No tuvo mucha suerte este último argumento pues en su discurso de clausura, Castro le recriminó afirmando que todos los trabajadores que había visto actuar en el congreso eran comunistas, cosa distinta de ser militante del PCC. Huelga decir que los propios cambios operados en el liderazgo de la CTC antes del Congreso probaban de modo fehaciente que el Partido era en efecto —como decía el preámbulo de los Estatutos— "la máxima organización de la clase obrera".[43] No era sólo que se acogiera la política del Partido sino que las decisiones de su Primer Secretario se acataban y surtían efectos inmediatos.

El número de sindicatos nacionales que era de 17 al celebrarse el Congreso se elevó poco después a la cifra de 18. La cifra de secciones sindicales fluctuaba (según se vio antes en las diversas estimaciones hechas) en alrededor de 64,000. Dos años más tarde crecerían aún más las organizaciones de base si bien las estimaciones diferían pues mientras que el cuadro que más adelante se verá menciona la cifra de 74,151, el órgano de la CTC daría cuenta (en 1992) de la existencia de 76,000 secciones sindicales y 2,700 buroés.[44] Según los estatutos se podrían crear además tantos comités o delegados sindicales en turnos, departamentos, secciones, áreas, talleres, lotes, brigadas, etc. como fuere necesario.[45] Todo ello corrobora la descripción de la estructura y cobertura de la CTC como virtualmente omnicomprensiva y de tipo tentacular. Según los estatutos, los sindicatos nacionales se organizan de conformidad con las grandes ramas y subramas de la economía, aunque a veces más de un sector es cubierto por un mismo sindicato.

La sección sindical es el eslabón primario de la estructura sindical pudiendo constituirse en cualquier centro de trabajo o subdivisión de éste que tenga un mínimo de 10 personas; donde no se alcanzare ese número se podrán formar secciones sindicales territoriales formadas por trabajadores de varios centros de trabajo. Las secciones sindicales son dirigidas por los buróes que se establecen en todas las empresas y también en las unidades económicas o administrativas y presupuestadas que lo requieran. Los buróes están subordinados al organismo inmediato superior del sindicato. En total, Ross habló en su entrevista de la revista *Bohemia* de la existencia de 300,000 líderes sindicales[46] muchos de los cuales se concentraban en la cúspide y los demás se distribuían en otros niveles de una estructura que se presentaba de la siguiente manera:

***Estructura de la CTC***

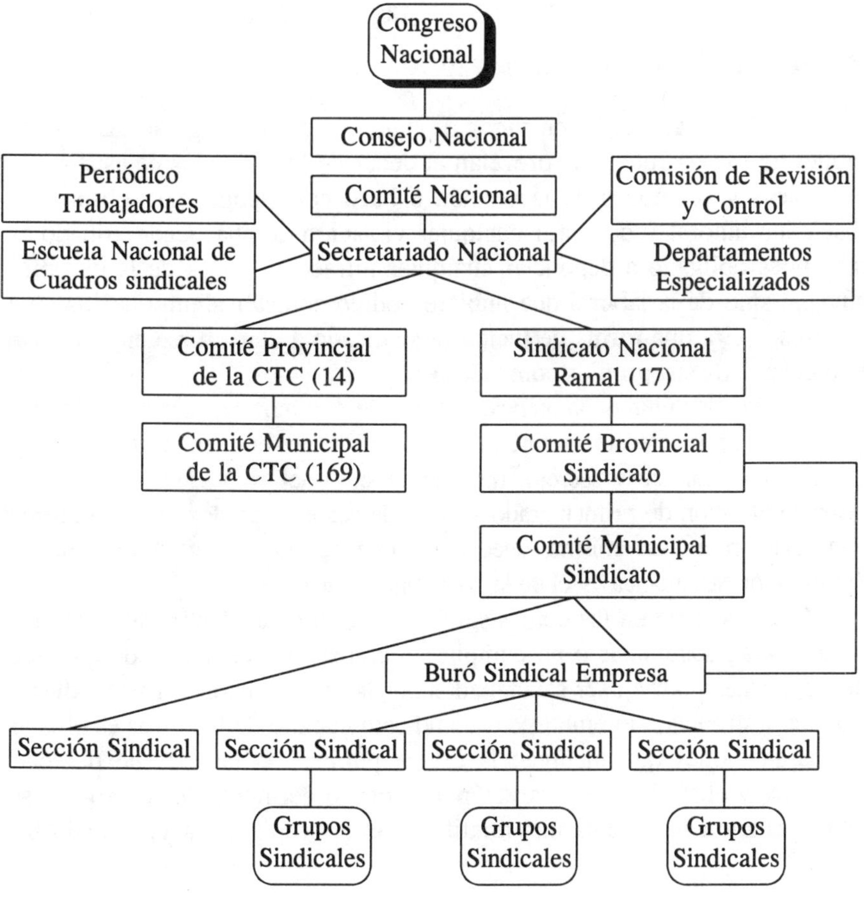

Ya en plena manifestación la doble crisis, el panorama sindical se presentaba así:

**_Número de organizaciones y dirigentes en 1991_**

| *Organizaciones sindicales* | | *Dirigentes sindicales* | | |
|---|---|---|---|---|
| ***Nivel*** | ***Total*** | ***CTC*** | ***Sindicatos*** | ***Total*** |
| Nacional | 18 | 1 | 17 | 218 |
| Provincial | 234 | 14 | 220 | 1,256 |
| Municipal | 776 | 170 | 606 | 1,928 |
| Buró Sindical | 2,521 | - | 2,521 | 18,599 |
| Sección Sindical | 74,151 | - | 74,151 | 303,950 |
| Total | 77,700 | 185 | 77,515 | 325,951 |

**Fuente**: López Villeda, op. cit., pag. 102.

Quedaron asimismo en vigor después del XVI Congreso las disposiciones de los estatutos que preveían el deber de los afiliados de asistir a las asambleas y reuniones de la sección o buro correspondiente, observar la disciplina laboral y combatir cualquier violación de ella. Cada afiliado estaba pues obligado a denunciar cualquier infracción no ya de la disciplina sindical sino de la laboral que hubiere podido cometer alguno de sus compañeros.[47] Era una forma de incitar al sindicado a convertirse en informante o delator de sus propios compañeros.

Llama, por último, la atención el que se consagraran distintos principios con relación a las elecciones sindicales. Los dirigentes eran en unos casos elegidos por voto directo y secreto, otros por medio del voto selectivo y directo, otros en elección de primer grado y otros de segundo grado. Se decía además con relación a esas mismas elecciones que se observaría el principio de "renovación sistemática" y el de la "continuidad de dirección".[48]

Como sucede en los demás sindicatos del mundo, los trabajadores que no abonaran sus cuotas o no cumplieran con sus deberes y responsabilidades sindicales podrían ser sancionados por la organización correspondiente. Lo que diferencia, sin embargo, al sindicato cubano de los otros es el rigor de las sanciones que incluyen la crítica pública, la pérdida de derechos sindicales y el traslado o separación temporal o definitiva de su cargo. Esta última sanción representa una mixtificación impropia de la vida sindical y la vida laboral. En Cuba el sindicado que no esté de acuerdo con la línea seguida por la organización, no tiene más remedio que acatarla, so pena de verse privado de su empleo.

Es de señalar, por último, que el importe de la cuota sindical que tienen que abonar los más de tres millones de miembros de la CTC más los jubilados pasa a nutrir las arcas de los organismos superiores del sindicato nacional y la central. A las secciones sindicales les corresponde solamente el 10 por ciento del cobro total del mes.[49]

# Notas

[1] *Bohemia*, 3 de noviembre de 1989, pags. 21 y 27.

[2] Noticiero "Antena Uno" de Radio Rebelde del 24 de enero de 1990.

[3] Ibid.

[4] Servicio Noticioso ASIN, 24 de enero de 1990.

[5] Ibid.

[6] Véase el párrafo tercero de la Introducción del Documento Base "Los sindicatos en el proceso de rectificación".

[7] Ibid.

[8] Convocatoria al XVI Congreso de la CTC librada en la 55ª reunión del Consejo Nacional de la CTC efectuada el 23 de abril de 1989.

[9] Véase por ejemplo "¿Cómo quiero que sea?" *Juventud Rebelde*, 23 de agosto de 1989, pag. 7.

[10] Véase Córdova, *El mundo del trabajo en Cuba Socialista*, op. cit., pags. 158-159.

[11] Ibid.

[12] *Trabajadores*, 5 de mayo de 1989, pag. 12.

[13] *Granma*, 1 de junio de 1989, pag. 2.

[14] *Trabajadores*, 12 de mayo de 1989, pag. 1. Véase también *Granma*, 11 de mayo de 1989, pag. 1.

[15] Boletín de Monitoreo de Radio Reloj, 12 de mayo de 1989. Los números se manejaban con la mayor ligereza pues el 4 de mayo *Trabajadores* hablaba de 64,000 secciones, pag.1.

[16] *Granma*, 11 de mayo de 1989, pag. 1.

[17] *Granma*, 1º de marzo de 1990, pag. 1.

[18] Véase *Washington Times*, 2 de mayo de 1990, pag. A8.

[19] Casi exactamente la misma composición caracterizó los congresos XIV y XV.

[20] Véase la pag. 1 del Documento Base.

[21] Martha Harnecker, *Cuba-Los protagonistas de un nuevo poder*. (La Habana: Editorial de Ciencias Sociales, 1979), pag. 11.

[22] XV Congreso de la CTC, *Memorias*, op. cit., pag. 126.

[23] Véase la entrevista con Pedro Ross Leal en *Bohemia* del 3 de noviembre de 1989, pags. 21-27 y *Granma* 14 de enero de 1990.

[24] Ibid.

[25] Comentario editorial del noticiero "Antena Uno" de *Radio Rebelde* del día 29 de enero de 1990.

[26] Ibid.

[27] Párrafo 3 del Documento Base.

[28] Ibid, párrafo 9.

[29] Ibid, párrafo 120.

[30] Ibid, párrafo 147.

[31] Ibid, párrafo 17.

[32] Ibid, párrafo 20.

[33] Ibid, párrafo 10.

[34] "Haciendo radio", noticiero de Radio Rebelde, 29 de enero de 1990.

[35] Véase Pablo Alfonso, *Los fieles de Castro* (Miami: Ediciones Cambio, 1991), pag. 147.

[36] *Granma*, 18 de marzo de 1989, pag. 1.

[37] Noticiero "Antena Uno" de Radio Rebelde, 29 de enero de 1991.

[38] *Trabajadores*, 26 de enero de 1990, pag. 12.

[39] *Trabajadores*, 27 de enero de 1990, pag. 6.

[40] "Haciendo radio", noticiero de Radio Rebelde, 26 de enero de 1990.

[41] Véase Lic. Martha E. López Villeda, *Nivel del trabajador y movimiento sindical,* op. cit., pag. 97.

[42] Véase el artículo 12 de los estatutos.

[43] Párrafo 9 del preámbulo del anteproyecto de estatutos.

[44] *Trabajadores*, 31 de agosto de 1992, pag. 12.

[45] Estatutos, artículo 21.

[46] Sin embargo, López Villeda (op. cit., pag. 102) señala que el total de dirigentes sindicales era 325,951.

[47] Artículo 5 de los estatutos.

[48] Artículo 9 de los estatutos.

[49] Ibid, artículo 86.

# Capítulo 23

## *Degradación de las condiciones de trabajo y vida en el período especial*

### Nota sobre las condiciones de vida

El período especial decretado por el gobierno a raíz del desplome del bloque comunista europeo, significó ante todo una aguda escasez de suministros vitales para la población. Aunque las medidas de austeridad y racionamiento inmediatamente establecidas por el régimen se dirigían a toda la población, sus principales afectados fueron los trabajadores más pobres y los jubilados. Sus condiciones de trabajo se hicieron más duras y sus condiciones de vida más críticas. El pueblo trabajador —activo y pasivo— se fue hundiendo en la penuria y la miseria.

Entre el inicio del período especial y el 30 de septiembre de 1991, por ejemplo, Cuba recibió de la URSS el cero por ciento de arroz, el 50 por ciento de chícharos, el 16 por ciento del aceite vegetal, el 7 por ciento de manteca, el 11 por ciento de leche condensada, el 47 por ciento de mantequilla, el 18 por ciento de carne en conserva, el 22 por ciento de leche en polvo, el 11 por ciento de pescado en conserva o fresco y el 45 por ciento de cereales.[1] Dado que el régimen, como se significó antes, había descuidado el autoabastecimiento de esos renglones, las despensas comenzaron a vaciarse y la desnutrición se fue generalizando. La famosa libreta de racionamiento que ya desde muchos años atrás no encontraba reflejo adecuado en las bodegas, ahora se hacía más irreal que nunca. Sólo en las llamadas diplotiendas seguían siendo normal el abastecimiento, pero a ellas no tenía acceso la clase trabajadora.

Paralelamente a la reducción de artículos esenciales para la alimentación se fueron interrumpiendo los envíos del petróleo y la materia prima que eran necesarios para el funcionamiento de las industrias y la provisión de servicios públicos. Los apagones, la eliminación o encarecimiento de los comedores obreros y la desorganización de los transportes fueron los signos más impactantes de la disminución o rompimiento de los lazos comerciales con los antiguos proveedores, pero para los trabajadores fue aún más importante el cierre o paralización parcial de gran número de empresas. No era sólo que se dejaba de percibir el salario y resultaran insuficientes las indemnizaciones previstas sino que se sintiera el efecto desmoralizante de dejar de trabajar en el régimen social que había prometido el pleno empleo.

Que el problema de los obreros que se veían afectados por amortización de sus plazas o falta de rentabilidad de las empresas tenía raíces profundas, lo muestra el que ya en 1977 y 1979 se habían adoptado medidas relativas al tratamiento laboral y salarial de los trabajadores declarados disponibles.[2] Algo más tarde, en 1980, se dictó un decreto facultando al Mintrab-CETSS a regular el referido tratamiento laboral y salarial de los infortunados obreros que iban perdiendo sus puestos de trabajo.[3] Antes pues, de que se iniciaran los períodos de rectificación de errores y tendencias negativas y especial en tiempos de paz, ya el sistema económico daba señales de desfallecimiento que ponían una vez más en entredicho el reclamo del pleno empleo. Castro y sus colaboradores se habían siempre encargado de proclamar y difundir por el mundo lo que ellos llamaban la hazaña del pleno empleo, pero ahora cuando había que adoptar providencias para bregar con el desempleo prefirieron delegar en el Mintrab para que expidiera las medidas de reajuste.

A la frustración que experimentaba la clase trabajadora en la busca de abastecimientos se unía la irritación que causaba el saber que otros podían obtenerlos con facilidad. Esto ocurría no sólo en las diplotiendas sino también en los automercados de Estado. El mercado "del 70", por ejemplo, ubicado en lo que era antes Miramar y es hoy el municipio Playa, estaba casi siempre bien abastecido con productos de todo tipo pero éstos sólo podían ser adquiridos por los que poseían dólares. La población que vivía de su salario en pesos tenía que conformarse con las tiendas del Estado o con los trueques y permutas que hacían las familias más necesitadas. Mientras en esas tiendas la leche en polvo era harto difícil de encontrar, en el "70" se expedía libremente a casi siete dólares las dos libras.[4] El gobierno una vez más postergaba el mejor tratamiento a los trabajadores a su mayor interés en captar divisas, de la misma manera que antes lo hacía con respecto al aumento de la producción.

## El desempleo y las movilizaciones

Aunque el gobierno siguió hablando de la rectificación de errores y tendencias negativas y de la necesidad de racionalizar las plantillas del personal, era claro que a partir de 1990 la situación se hizo mucho más seria y experimentó ya los efectos del desplome del tinglado entero en el que se asentaba la economía cubana. Enfrentado a esa crisis que entrañaba el desempleo masivo e indiscriminado, el enfoque del régimen consistió primero en reconocer a regañadientes que el pleno empleo antes proclamado era ficticio ("No hay elevación de la eficiencia ni de la producción mientras haya 5 hombres donde pueden estar 2", diría Pedro Ross)[5], segundo en distinguir entre los llamados sobrantes y los disponibles, y tercero en estimular las jubilaciones y traslados así como los préstamos entre empresas.

Los sobrantes eran aquellos trabajadores cuyas plazas eran amortizadas por efectos de los cambios de estructura, las racionalizaciones o la falta de combustible, piezas de repuesto o materia prima. A estos sobrantes se les ofrecían entonces varias alternativas, a saber, el traslado a otro puesto en la misma entidad u otra distinta, su transferencia a tareas agrícolas, la incorporación a microbrigadas de la construcción o su inscripción en cursos de calificación o recalificación. Si a la administración no le era posible "ofertar" alguna de estas alternativas o si el trabajador las declinaba, se procedía a la declaratoria de disponibilidad. El tratamiento que entonces se daba a los disponibles, o sea a los desempleados, se traducía en abonarles el 100 por ciento de su salario el primer mes y luego el 60 por ciento por un lapso que podía ir de un mes a un año según fuere la antiguedad de la vinculación del trabajador.[6]

A primera vista las alternativas parecían relativamente adecuadas para un país en vías de desarrollo. Lo que ocurría en la práctica, sin embargo, era que en la gran mayoría de los casos la única opción que se ofrecía a los trabajadores era la de ser movilizados para las labores agrícolas o de la construcción o ser declarados disponibles en caso de negativa del interesado. Para un trabajador industrial o empleado de oficina en La Habana o capitales de provincia, la alternativa de la agricultura entrañaba la separación de su familia y la realización de un trabajo por lo general más penoso que el de las ciudades. Para un empleado de oficinas o vinculado al sector de los servicios, ser trasladado al sector de la construcción significaba realizar una labor a veces peligrosa y para la que no tenía experiencia alguna. Muchos cubanos se vieron así enfrentados de repente a la disyuntiva de tener que vivir durante varios meses con poco más de la mitad de sus menguados salarios y luego en la inopia o convertirse en trabajadores agrícolas o de la construcción, viviendo en campamentos de movilizados. Tan dramática disyuntiva no tardaría mucho en desvanecerse sin embargo dado que la oferta del traslado fue convirtiéndose en una forma de movilización compulsoria. El margen de aceptación o rechazo se fue al propio tiempo reduciendo por varias resoluciones del Mintrab según las cuales los disponibles que no aceptaren la oferta de la entidad sólo tendrían derecho a recibir la compensación prevista para el primer mes de salario.[7]

La compensación por desempleo no podía en todo caso durar más de doce meses para los trabajadores con más de 10 años de servicio pero tenía menor duración para quienes hubieren laborado períodos inferiores y se extinguía si el trabajador iniciaba una nueva relación laboral o hubiere rechazado las ofertas de empleo que se le hicieren al momento de ser citado para su reubicación. La ley prescribía además que los sobrantes incorporados a cursos de formación disfrutarían de su descanso físico por vacaciones dentro del período programado para el curso, durante el cual no acumularían vacaciones anuales pagadas.[8] Es decir que quienes aceptaban esta opción se veían en efecto privados del goce de vacaciones.

Parecidas regulaciones se dictaron con respecto a los trabajadores afectados por las interrupciones del trabajo. Se consideraban como tales interrupciones las que se ocasionaban por roturas de equipo, falta de piezas de repuesto o materias primas, acción de la lluvia, ciclón, incendios o derrumbe, así como las que resultaban de una orden de paralización temporal de equipos, maquinarias o líneas de producción o de clausura total o parcial del centro de trabajo por razones de protección e higiene del trabajo.[9] Si bien existía un cierto entrecruzamiento entre estas causas y las que generaban trabajadores sobrantes, el régimen siguió considerando al interrupto como una categoría distinta de los sobrantes y los disponibles. Para los interruptos se previó no obstante un tratamiento parecido que incluía la reubicación y el pago de indemnizaciones económicas de monto similar a las antes indicadas para los disponibles. Sin embargo, ya en una resolución de 1992 se estableció que el trabajador que injustificadamente, a juicio de la administración y el sindicato, no aceptara una reubicación temporal no tenía derecho a garantía salarial alguna; si la interrupción era imputable al trabajador tampoco tenía derecho a indemnización.[10]

En 1991 algunos grupos sindicales independientes comenzaron a denunciar lo inadecuados que eran los trabajos alternativos que se ofrecían. Era difícil que se pudieran encontrar otras oportunidades de empleo en el sector industrial, a menos que se tratare de empleos temporales o mal pagados, siendo así que en la agricultura podía siempre emplearse más personal pero a costa de sacrificios y con escalas salariales bajas. Lo que ocurrió así fue que al lado de los desempleados proliferaron los subempleados y los peor retribuidos.

Los remedios dispuestos por el gobierno distaban mucho de ser satisfactorios. La descentralización del fondo de salarios ensayada en 1994 en 45 ingenios azucareros se hizo al precio de eliminar más de 14 mil plazas. El mejoramiento salarial benefició principalmente a algunos puestos con alta rotatividad.[11] Las perspectivas de miseria se hacían así cada vez más tangibles. En 1994 se anunció oficialmente que en el puerto de La Habana la reducción del personal en casi el 50 por ciento se hizo "por razones de elemental economía".[12] Sin embargo, muchos obreros fanatizados seguían repitiendo frente al caudillo "¡Dónde sea, cómo sea y cuándo sea, Comandante en Jefe, ordene!", mientras que otros muchos compañeros se hundían en el agobio, la desesperación o el escapismo.

## Trastornos en los horarios de trabajo

Además de la pérdida del empleo, el período especial provocó trastornos considerables en los horarios de trabajo. Las causas específicas de esos trastornos fueron las carencias antes mencionadas y el propósito del gobierno de prescindir o reducir la disponibilidad de los comedores obreros. En algunos casos hubo disminución de las horas de trabajo y cambios en los sistemas de turnos que llegaron a producir jornadas corridas de siete horas 20 minutos, así como en las horas de entrada y salida en aquellos centros que laboraban en más de un turno de manera que pudiera prescindirse del servicio del comedor.[13] Para esos trabajadores el período especial entrañó, como se indicó antes, el alivio de la atenuación y en algunos casos virtual eliminación del trabajo voluntario gratuito en beneficio de la sociedad. Fue también beneficioso el que se suspendiera la obligación de trabajar los sábados alternos o laborables. Hay que advertir, sin embargo, que el tiempo en que se redujo la jornada normal de trabajo se retribuía con el 70 por ciento del salario fijo del trabajador, excepto para los que devenguen hasta 100 pesos mensuales, a los que se les pagaba el ciento por ciento.[14] Es de señalar también que una disposición de 1991 preveía la posibilidad de habilitar todos los sábados como laborables cuando la demanda de los servicios a la población así lo requiriera.[15]

Fueron numerosos, por otra parte, los obreros y campesinos que vieron aumentadas sus horas de trabajo como consecuencia del período especial. Era frecuente, en efecto, que se obligara al personal a trabajar 10 y 12 horas al día con el objeto de reparar equipos obsoletos, hacer frente a roturas, o continuar produciendo al mismo volumen a pesar de la falta o deficiencia de energéticos y piezas de repuesto. Un dirigente del Sindicato de

Trabajadores Agropecuarios y Forestales declaró al periódico *Granma* que en su sector muchos colectivos consagraban 10 y 12 horas al trabajo diario y que era necesario estimular las faenas más duras a fin de producir más.[16] El propio sindicato anunció a mediados de 1990 que se habían hecho ya los arreglos para que los trabajadores laboraran hasta 14 horas diarias en las campañas cafetaleras.[17]

Ni aún en las circunstancias más adversas, ni cuando las condiciones físicas de los trabajadores eran más precarias, Castro renunciaba a su perenne intención de aguijonear a hombres y mujeres a que realizaran labores por encima de las ocho horas de trabajo. Al contrario, a su juicio, sólo exigiendo más trabajo era posible superar la crisis del período especial. Ya en 1990 la prensa aludía a 67 contingentes de nuevo tipo en los que se trabajaba a menudo 16 o 18 horas al día.[18] A principios de 1991 el órgano de la CTC anunciaba que los hombres y mujeres del contingente Lázaro Peña laboraban 65 horas semanales y 260 al mes, es decir, que se estaba trabajando más de 20 horas a la semana por encima del máximo constitucional.[19] Por esa misma época, Castro elogió públicamente a un joven que se había mantenido trabajando más de 27 horas seguidas en la construcción del Estadio Panamericano.[20] A éste y otros trabajadores que realizaron esfuerzos similares les llamó "miembros del equipo olímpico del trabajo". Sus reacciones de agrado ante la duración excesiva de las horas de trabajo se producían hasta en los lugares y oportunidades más conspicuos. En el IV Congreso de PCC celebrado en octubre de 1991, Castro mostró su complacencia cuando respondiendo a sus preguntas varios delegados afirmaron que en sus colectivos se trabajaban 12, 13 o 14 horas al día como promedio.[21] Así se valía del trabajo ajeno y de las jornadas extenuantes de los trabajadores el hombre que nunca antes de la revolución había tenido un empleo ni realizado trabajo útil alguno.

## Deterioro del salario real

Salvo algunos pequeños ajustes para grupos o sectores específicos (como por ejemplo los pesadores de caña) las escalas salariales no fueron modificadas durante el período especial. Un acuerdo del XVI Congreso en el sentido de apoyar la eliminación de salarios sin respuesta productiva sirvió de inspiración a la política salarial de estos año. Seguían existiendo salarios inferiores a 100 pesos mensuales y los salarios promedios eran mucho más bajos que los que se abonaban en los más pobres países latinoamericanos. En 1993, los salarios promedios de las categorías más altas (no técnicas) de la industria azucarera eran: 186 pesos al mes para el nivel 6 en tiempo de zafra y 162 para el nivel 5 en período de reparaciones.[22] Los ingresos fueron además declinando porque la parte móvil del salario (primas, horas extras, etc.) disminuyó o fue eliminada. En 1994, el Ministro de Finanzas y Precios declaró que el 24 por ciento de las familias cubanas podían considerarse como de bajos ingresos.[23]

El problema más grave se presentaba, sin embargo, en relación con el salario real, es decir, con el poder adquisitivo de los ingresos de los trabajadores. El problema tenía en realidad dos dimensiones: por una parte seguía decreciendo la producción de viandas, hortalizas, frutas y otros productos agrícolas, lo que frenaba las posibilidades de compra de la libreta de racionamiento;[24] por otra, la profunda crisis económica en que se hallaba sumido el país provocó una drástica devaluación del peso, haciéndose casi prohibitiva la adquisición de dólares. La primera dimensión dio lugar a que no obstante los bajos salarios nominales se produjera un exceso de circulante y un riesgo grande de inflación; teniendo pocos productos que comprar en las tiendas del Estado, muchos trabajadores que tenían ingresos relativamente más elevados se veían forzados a gastar una buena parte del mismo en el mercado negro. La segunda condujo a la marginación del trabajador de la posibilidad de adquirir bienes en las otras tiendas que estaban bien surtidas pero sólo aceptaban dólares.

El peso llegó a devaluarse de tal manera que durante algún tiempo el canje se hacía a 40 o 50 pesos por un dólar. El déficit del presupuesto se calculaba en miles de millones de pesos. Como se indicó en el capítulo anterior, la dieta del trabajador se redujo al mínimo de alimentos, casi a niveles infrahumanos. Enseguida se acudió al manido recurso de las asambleas tanto para convencer a los trabajadores de la necesidad de ser pacientes y permanecer tranquilos, como para ver si podían sugerir alguna cura milagrosa. Tres millones de trabajadores fueron convocados a discutir la crisis en los llamados parlamentos obreros (nada menos que 80,000 asambleas) pero nada nuevo surgió de ellos.

Consciente de la necesidad de revalorizar el peso y preservar el salario de los trabajadores, pero incapaz de saber cómo hacerlo, el régimen solicitó la asistencia técnica del ex Ministro de Economía de España, J. Solchaga. Fue de las recomendaciones de Solchaga que surgieron las medidas dirigidas a reducir los subsidios por pérdidas de las empresas, a mejorar sus sistemas de intercambios, a fortalecer la captación de divisas, a proceder a una elevación selectiva de algunos precios y tarifas y a la aplicación gradual de un sistema tributario.

A corto plazo estas medidas agravaron aún más las condiciones de vida de los trabajadores. Tener que pagar 40 o 50 pesos por una botella de ron que le permitiera evadirse de su sombría circunstancia, aumentar el precio de las entradas en los espectáculos deportivos y culturales, pagar más por el almuerzo que se servía en los comedores obreros que aún estaban abiertos, (unos 10,000), verse obligados a pagar tarifas eléctricas y telefónicas más elevadas, así como por los servicios postales y de acueducto, no eran precisamente los beneficios que se habían una vez prometido a los trabajadores ni tampoco las medidas de alivio que se decía iban a basarse en la justicia social. Los propios parlamentos obreros se habían manifestado contrarios a la aplicación de impuestos al salario, no obstante lo cual trabajadores por cuenta propia, pequeños propietarios campesinos y cooperativistas habrían de verse gravados con un tributo que inicialmente se fijó en el cinco por ciento de sus ingresos.

En 1994 cuando el Ministro de Finanzas y Precios compareció ante la Asamblea Nacional del Poder Popular, el anuncio de otras medidas igualmente gravosas, tocaría incluso a esos campos tan sagrados para la revolución como la seguridad social (contribución de una parte de su costo), la educación (cobro por el material escolar y eliminación del estipendio a estudiantes de educación superior) y la salud (cobro de ciertas medicinas que antes suplían los hospitales).[25] De esa manera parecían destinados a evaporarse algunos elementos de los titulados grandes logros de la revolución. El imponente edificio de los servicios sociales gratuitos levantado en la época de los subsidios soviéticos parecía condenado a resquebrajarse en el momento en que el salario real de los trabajadores tendía a reducirse. Sin embargo, cuando el Comité Ejecutivo del Consejo de Ministros procedió a aumentar los precios y tarifas de numerosos artículos y servicios, las nuevas medidas dejaron fuera los renglones de la salud, la educación y la seguridad social.[26]

Con un índice estimado de 40 por ciento de desempleados y con salarios promedios que iban de unos tres dólares al mes para los trabajadores no calificados a 11 dólares para los profesionales, el estandard de vida del pueblo cubano descendió a uno de los niveles más bajos del mundo civilizado. Luego, cuando creció la industria turística, se daría el caso de camareros, mucamas y por supuesto prostitutas que obtenían ingresos muchos más elevados que los que percibían prestigiosos profesionales o los más dedicados protagonistas de proezas laborales.

Enfrentados a la reducción creciente de su salario real, muchos trabajadores procuraban obtener un certificado médico de incapacidad permanente para así cobrar las indemnizaciones correspondientes y luego emplearse a tiempo parcial o total en otra entidad. El certificado se logra unas veces con la complacencia del médico y otras es el resultado del quebranto físico de quienes están sujetos a labores extenuantes y constantes movilizaciones. En 1996 se calculaba que 38 de cada 100 trabajadores habían podido obtener el certificado de incapacidad que les permitía jubilarse.

## Autorización de ciertos trabajos por cuenta propia

Imposibilitado de encontrar solución a los problemas laborales que planteaban las dos crisis, el régimen decidió en 1991 cambiar su política de empleo. Por largos años Castro había seguido un enfoque que concentraba todas las oportunidades de trabajo en el Estado y comprometía a éste a ofrecer empleo estable aunque mal retribuido. Al Máximo Líder le repugnaba quebrar ese monopolio del Estado y mucho más que hubiera personas que dejaran de depender de sus omnímodos poderes, pero poco a poco se fue dando cuenta de que para mantenerse en el poder (su prioridad número uno) era más importante prevenir situaciones potencialmente explosivas.

En octubre de 1991, el IV Congreso del PCC comenzó a abrir con cautela la puerta del trabajo por cuenta propia autorizándolo sólo con respecto a "los servicios menores". Por primera vez en un cuarto de siglo se rompía la prohibición de la facultad que en casi todo el mundo se reconoce a los ciudadanos de utilizar su iniciativa y energía para ganar por sí solos su sustento, o como dice la Declaración Universal de los Derechos del Hombre, de ejercer el derecho a la libre elección de su trabajo.[27] Que ello se hizo de mala gana, lo prueba el hecho de que el propio congreso se mostró contrario a la reapertura de los mercados libres campesinos que tanto éxito habían tenido antes. A dichos mercados se les siguió considerando en efecto como un germen de enriquecimiento personal.

La autorización para trabajar por su cuenta se fue así dispensando con cuenta gotas. No era una permisión general sino algo que se iba concediendo al arbitrio del gobierno y para actividades específicas. En algunas oportunidades el permiso se otorgó con respecto a labores tan minúsculas como la de peluquero de animales domésticos o restaurador de muñecas. Los cubanos más emprendedores acogieron, no obstante, con entusiasmo la medida y no pasó mucho tiempo sin que fuera alargándose la lista de actividades permitidas hasta pasar de un centenar.

Particularmente exitosos fueron los comedores privados que, a pesar de la escasez de víveres, muchas familias improvisaron en sus propias casas y que por el contraste de calidad con los comedores obreros se hicieron célebres con el nombre de "paladares". Sin embargo, a medida que éstas y otras actividades prosperaban se establecieron otras restricciones y muchos comedores de este tipo fueron clausurados. Tanto el gobierno como ciertos obreros envidiosos resintieron el resultado feliz que tenían estas iniciativas y pidieron el dictado de medidas restrictivas. En mayo de 1994, Castro anunció la confiscación inmediata de los bienes de todas aquellas personas que se habían enriquecido "de manera notable y escandalosa". Por su parte, la Asamblea Nacional discutió también la congelación de las cuentas de ahorro cuya creación había sido estimulada antes por el gobierno.

A pesar de la amenaza de nuevas medidas coercitivas, el trabajo por cuenta propia subsistió aunque sujeto a ciertas limitaciones. Se exigió, por ejemplo, el registro del negocio en determinadas oficinas del gobierno (previo pago de ciertos derechos), se les hizo pagar impuestos sobre la venta y las utilidades y se les recordó que seguía vigente un artículo de la Constitución que prohibía la tenencia de herramientas y útiles que se emplearan "para explotar el trabajo de otros". En mayo de 1994, Castro calificó de lastre a "los que quieren vivir sin trabajar".[28] En 1996 se informó que se había aumentado la cuota que debían pagar los trabajadores independientes para mantener sus permisos de trabajo: a los conductores de taxis se les subió de 100 a 400 pesos mensuales y a las manicuristas de 60 a 100 pesos mensuales.[29]

Con todo, el número de personas con permiso para trabajar por su cuenta fue aumentando a impulsos del desempleo y los bajos salarios hasta llegar a unas 170,000 en 1995. Junto a ellos había unos pocos miles más que trabajaban sin licencia, o sea ilegalmente. Estos corrían, sin embargo, un gran riesgo pues las autoridades castristas seguían empeñadas en mantener control sobre los que laboraban fuera del sector estatal.

Las autorizaciones no se extendieron nunca por otra parte a los profesionales universitarios. Los médicos de modo particular siguieron siendo trabajadores exclusivos del Estado, no obstante las mezquinas remuneraciones que muchos recibían y que llegaron a ser de 11 o 12 dólares al mes. Fue solo en 1995 que los profesionales universitarios recibieron permiso para trabajar por su cuenta pero no en sus profesiones sino en otro cualquiera de los 140 oficios que por entonces se podían ejercer de modo independiente y previa autorización del director de su centro de trabajo. Desde entonces han empezado a verse médicos taxistas y abogados que venden caramelos o bocadillos.

Junto a las otras medidas económicas que el gobierno pronto se vería obligado a adoptar (como la dolarización de la economía y en 1994 el peso convertible) los permisos para trabajar de modo independiente contribuyeron a echar por tierra los postulados del período de rectificación de errores que pretendían abolir todo libre intercambio y a socavar los principios igualitarios que el régimen consideraba consustanciales a la revolución. Ahora se decía que la igualdad casi absoluta que Castro había preconizado años atrás no era un objetivo deseable; también se afirmaba que los igualitarismos eran perjudiciales y que ciertas diferencias resultaban inevitables. Lo que no se decía era que las igualaciones a la fuerza de antes, las absurdas condenas de la libertad de trabajar y las desigualdades que ahora se admitían eran producto de las decisiones personales a menudo equivocadas o caprichosas del líder que una gran parte de la clase obrera consideraba infalible.

Las tímidas reformas económicas del régimen sirvieron en definitiva para aumentar aún más las desigualdades sociales. Arriba estaban desde luego las grandes figuras del Partido, el gobierno y las FAR. Tras ellos figuraban los que recibían dólares de los turistas o de sus familiares en el extranjero; les seguían los que recibiendo sueldos en pesos tenían acceso a ciertas tiendas reservadas a los privilegiados. Abajo se situaba la gran masa obrera que durante tanto tiempo se había dejado engañar y que estando desempleada o recibiendo sus salarios en pesos estaba ahora condenada a una vida sin esperanzas.

## Las medidas represivas y la disciplina laboral

El desastre económico del país alcanzó proporciones inauditas. La escasez de alimentos fue tal que numerosos necesitados se vieron obligados a caer en el robo de ganado o de productos alimenticios; el hurto famélico llegó al extremo de que se sustrajeran animales de los parques zoológicos, incluyendo al avestruz del de Matanzas, para el consumo de las familias más desfavorecidas. Las dificultades del transporte fueron a su vez la causa de la ola de robos de bicicletas que en 1990 afectó a casi todas las ciudades. Y el colmo de la incapacidad administrativa se alcanzó en el municipio de Guáimaro cuando la falta de atención al acueducto obligó a las autoridades locales a perforar miles de cocos para dar un mínimo de agua a la población. No era éste, sin embargo, un problema nuevo pues ya en 1973 en su discurso de clausura del XIII Congreso Castro se refirió a las dificultades del abastecimiento del agua en La Habana, escasez que atribuyó al despilfarro que de ella hacían sus habitantes.[30]

A medida que empeoraba la situación fueron multiplicándose las manifestaciones de descontento, los sabotajes y el descenso de la productividad. Hacia 1993 eran diarias las noticias de incendios de cañaverales, destrucción de equipos y apedreo de vidrieras. Con frecuencia se aprovechaban también los apagones para lanzar piedras y botellas contra agentes de la autoridad, informantes y partidarios del régimen. Raras veces se publicaban esas noticias en Cuba, a menos que se capturara a los responsables y se informara después sobre el juicio y las penas aplicadas. La captura se hacía muchas veces utilizando perros rastreadores o con ayuda de informantes y sicarios.

A estos actos de protesta respondía el régimen de dos maneras: 1) extremando sus medidas de represión y el rigor de las penas cuando se trataba de actos alegadamente criminales; y 2) imprimiéndole aún más severidad al ya rígido sistema de disciplina laboral cuando la infracción era menor y se cometía en el centro de trabajo. Se había perdido una buena parte de la motivación de trabajar y ello condujo a un incremento notable del ausentismo, la impuntualidad, los productos de mala calidad y los intentos de escapar de la isla. En 1994, 35,371 personas, en su mayoría trabajadores trataron de emigrar utilizando la peligrosa vía de las balsas y los botes. Quienes eran sorprendidos tratando de hacer la travesía a otras tierras eran inmediatamente condenados a penas de cárcel en nuevos establecimientos habilitados al efecto. En los centros de trabajo se intensificó la vigilancia obrera creándose nuevas guarniciones armadas,[31] estableciendo postas en lugares claves y recorridos periódicos para que nadie se acercara o abandonara sin permiso el lugar.[32]

Del lado laboral fueron igualmente severas las disposiciones tomadas por el régimen. No era suficiente la aplicación de los castigos previstos en un código que, en materia de disciplina laboral, era probablemente el más rígido del mundo. Se hizo necesario adoptar otros regímenes disciplinarios aún más rigurosos que se añadieran a las normas del código. Esto se hizo primero con relación a las actividades que a juicio del régimen requerían una mayor exigencia, como fueron los ferrocarriles, la docencia, la salud, el turismo, las aduanas y la investigación científica. El gobierno daba así efecto al deseo expresado por la CTC en el sentido de apoyar legislaciones disciplinarias especiales en sectores determinados y en los demás que sea necesario.[33]

El decreto ley sobre disciplina ferroviaria que data de febrero de 1990 incluía en el concepto de infracción a cualquier acción u omisión que pudiera ocurrir como resultado de actos intencionales, imprudencia, negligencia o inexperiencia.[34] Dicha norma especificaba enseguida 18 actos o conductas considerados como infracciones de la disciplina, incluyendo el desaprovechamiento de la jornada laboral, el uso de lenguaje inadecuado o de apodos en la transmisión de mensajes y el no vestir correctamente o no mantener adecuada presencia personal, así como expedir boletines de medio pasaje a personas mayores de 12 años de edad.[35] Entre las medidas disciplinarias que el jefe del centro de trabajo podía imponer a los infractores, el decreto ley mencionaba la amonestación privada o pública, la multa de hasta el importe de un mes de salario, el traslado a una plaza de inferior categoría con el salario de dicha plaza y la separación definitiva del Sistema Ferroviario Nacional.[36]

Todavía más riguroso resultó ser el régimen disciplinario previsto el propio año para el trabajo en el Sistema del Turismo Internacional. Según el reglamento del Decreto Ley 122 que a toda prisa se dictó a petición de los hoteleros españoles, los trabajadores de los centros turísticos tenían que observar 22 obligaciones y se hallaban sujetos a no incurrir en 46 prohibiciones a los que hay que agregar las 12 violaciones de carácter disciplinario del código para un total de 80 posibles infracciones.[37] En ningún país del mundo se ha establecido un régimen similar. Cabe destacar entre las posibles infracciones la de importunar con su presencia o conversación a los turistas, aceptar sus invitaciones y deambular por otras áreas del centro de trabajo. A los turistas extranjeros se les aseguraba así que iban a ser atendidos por servidores mudos y obedientes. Ellos podrían tener el uso exclusivo de las mejores playas y los mejores hoteles. Al cubano se le segregaba de esos lugares en una versión castrista del *apartheid*. Sólo quedarían exentos de esa discriminación las jóvenes (y los jóvenes) que impulsados por la necesidad se dedicarían a prostituir sus cuerpos. El líder que en 1975 afirmó que los turistas que visitaran Cuba en el futuro tendrían que ser "integrantes de una corriente sana de visitantes que vengan en busca de los atractivos de nuestra naturaleza o a conocer los cambios sociales que han ocurridos en nuestra patria",[38] ahora procuraba atraerlos con el señuelo de la prostitución. El Máximo Líder que ese mismo año prometió "eliminar la prostitución que tan humillante destino imponía a tantas mujeres humildes del pueblo",[39] ahora la fomentaba como parte de la política estatal dirigida a atraer pervertidos y lujuriosos de todo el mundo.

A pesar del sentido ejemplarizante que se suponía iban a tener estas sanciones severas aún se observaban actitudes de indisciplina que el régimen estimó necesario combatir con una preceptiva de carácter general. La nueva medida recogía casi todas las disposiciones de rigor disciplinario que existían en los regímenes especiales, añadía nuevos tipos de infracción y nuevas sanciones y le daba a todo ello una proyección aplicable al conjunto de la clase trabajadora. Todo ello se hizo por medio de la Ley 132 del 9 abril de 1992 que llevaba el título de Ley de Organos de Justicia Laboral de Base (LOJLB) y era en realidad una escalada más en el tratamiento de la disciplina laboral. Al pueblo cubano y a la clase trabajadora se le presentaba el nuevo régimen diciendo que tenía por objeto darle mayor representación a los trabajadores en la administración de la justicia laboral. En realidad, ya habían existido antes las comisiones de reclamos y los consejos de trabajo, de cuya eficacia o ineficacia nada se decía en los por cuantos de la ley. No se le dio tampoco mucha publicidad al hecho de que las administraciones estatales mantenían la facultad de imponer directamente y con efecto inmediato las medidas disciplinarias que estimaren convenientes.

De conformidad con lo dispuesto en la LOJLB el procedimiento relativo a la imposición de las medidas disciplinarias comprendía ahora cuatro instancias, a saber: 1) la decisión de la administración; 2) la apelación del trabajador ante el OJLB; 3) el recurso ante el Tribunal Municipal Laboral cuando el trabajador estuviese inconforme con el fallo del OJLB; y 4) un posible recurso de revisión ante la Sala de lo Laboral del Tribunal Supremo Popular.

El nuevo régimen ampliaba el diapasón de las acciones u omisiones que se consideraban como infracciones disciplinarias poniendo particular énfasis en el ausentismo y la impuntualidad en el trabajo. Sin embargo, su principal objetivo fue el de introducir cambios en el elenco de las sanciones aplicables. Comenzaba por suprimir la sanción de amonestación privada que era la menos fuerte de las medidas previstas en el código y la única que pudiera tener una connotación educacional o correctiva. Ahora se comenzaba con la amonestación pública, que tenía el propósito de humillar al trabajador ante sus compañeros de trabajo, y se terminaba con la separación definitiva de la entidad. Mientras el código del trabajo preveía sólo cinco tipos de sanciones, ahora el Decreto Ley 132 incluía nada menos que once medidas que las administraciones podían imponer "a la luz de la historia laboral y la conducta actual del trabajador". Cabe destacar entre los nuevos castigos a la multa de hasta 25 por ciento del salario, la inhabilitación para ser ascendido o promovido, la suspensión del derecho al cobro de incentivos o pagos vinculados a los resultados del trabajo, la suspensión de los derechos escalafonarios y la pérdida de honores otorgados por méritos en el trabajo. En tanto que el código hablaba antes de la suspensión del vínculo laboral por 30 días, ahora se autorizaba la suspensión por un término de hasta un año. Así, intensificando los castigos, extremando la represión e imponiendo multas, continuó el régimen apretando las clavijas de uno de los sistemas disciplinarios más injustos y draconianos de que se tienen noticias.

No es posible discernir la exactitud del dato, pero una encuesta realizada en 1994 puso de relieve que la medida disciplinaría más aceptada por los trabajadores (el 97 por ciento de los entrevistados) era la de amonestación pública seguida por la de separación definitiva que era considerada adecuada por un 74 por ciento.[40] A pesar de ello, sin embargo, la prensa oficial informó que en la zafra de 1993-94 los ingenios habían molido decenas de miles de toneladas de tierra, paja y cogollo como si fueran cañas.[41] Dichas informaciones sirven para ilustrar la gran división que existía en el seno de la clase trabajadora.

# Notas

[1] "Período especial: precisiones necesarias", *Trabajadores*, 18 de noviembre de 1991, pag. 2.

[2] Véase el Decreto No. 13 del 18 de noviembre de 1977 y el Decreto 41 del 23 de febrero de 1979.

[3] Decreto No. 157 del 4 de julio de 1980.

[4] Véase Josefina Blanco, "Cuba: el cambio que viene", *El Nacional* (Caracas) 9 de julio de 1995, pag. A10.

[5] *Trabajadores*, 21 de marzo de 1994, pag. 6.

[6] Hubo en realidad cambios en los porcentajes de la indemnización pues en tanto que la Resolución No. 13 de 1990 hablaba de una compensación económica del 100%, el 70% o el 50%, según fuere el primero, segundo o tercer mes del desempleo, la Resolución No. 4 de 1991 estableció una garantía salarial única del 60% a partir del segundo mes.

[7] Véase el artículo 14 de la resolución del CETSS No. 4 del 15 de marzo de 1991.

[8] Véase el párrafo Décimo de la Resolución Conjunta CETSS-CEF No. 2 del 18 de septiembre de 1991.

[9] Véase la resolución del CETSS No. 3 del 31 de enero de 1992.

[10] Véase ibid, párrafos Quinto y Sexto.

[11] Véase "Apartado 2009", *Trabajadores*, 16 de mayo de 1994, pag. 5.

[12] "Hora de acción en el puerto", *Trabajadores*, 21 de marzo de 1994, pag. 7.

[13] Resolución CETSS No. 13 del 23 de octubre de 1991.

[14] Ibid, párrafo Tercero.

[15] Resolución No. 13 del 23 de octubre de 1991.

[16] Entrevista con Salvador Valdés presidente del V Congreso del Sindicato de Trabajadores Agropecuarios y Forestales.

[17] Ibid.

[18] *Trabajadores*, 26 de enero de 1990, pag. 12.

[19] Véase "Crónica para un ejemplo", *Trabajadores*, 19 de enero de 1991, pag. 2.

[20] *Trabajadores*, 12 de enero de 1991, pag. 1.

[21] Córdova, El mundo del trabajo, op. cit., pag. 179.

[22] Véase "Apartado 2009", *Trabajadores*, 10 de mayo de 1993, pag. 8.

[23] *Trabajadores*, 2 de mayo de 1994, pag. 7.

[24] *Trabajadores*, 30 de marzo de 1994, pag. 3.

[25] Ibid.

[26] Véase *Trabajadores*, 23 de mayo de 1994, pag. 3.

[27] Artículo 23.

[28] "Tenemos que preservar el salario de los trabajadores", *Trabajadores*, 2 de mayo de 1994, pag. 6.

[29] *Tribuna* (La Habana), 11 de febrero de 1996, pag. 1.

[30] Fidel Castro, "Jamás nuestro movimiento obrero fue más sólido". XIII Congreso de la CTC, *Memorias*, op. cit., pag. 11.

[31] Véase *Trabajadores*, 3 de agosto de 1992, pag. 4.

[32] "La vigilancia obrera es algo insustituible", *Trabajadores*, 17 de mayo de 1993, pag. 5.

[33] "Los sindicatos en el proceso de rectificación", op. cit., párrafo 19.

[34] Véase el artículo 12 del Decreto-Ley sobre disciplina ferroviaria, publicado en *Trabajadores* del 15 de febrero de 1990, pags. 1 y 6.

[35] Ibid, artículo 14.

[36] *Trabajadores*, 17 de febrero de 1990, pag. 6.

[37] Decreto-Ley No. 122 del 13 de agosto de 1990 y Resolución del CETSS del 5 de septiembre de 1990.

[38] Informe Central al Primer Congreso del PCC, op. cit., pag. 12.

[39] Ibid, pag. 5.

[40] *Trabajadores*, 21 de noviembre de 1994, pag. 5.

[41] "Una llave de azúcar", *Trabajadores*, 28 de noviembre de 1994, pag. 2.

# Capítulo 24

## *El trabajo en las empresas mixtas y otras entidades de producción*

### Cambios en las políticas de Castro

La prolongación del período especial generó profundas transformaciones en las políticas de Castro y el curso de su régimen. El revolucionario que había dicho que "utilizando métodos capitalistas nunca llegaremos al comunismo",[1] abjuró de sus creencias tan pronto percibió que la profunda crisis en que se hallaba sumido el país estaba poniendo en peligro su poder. No solamente abrió la puerta al capitalismo sino que lo adobó con ingredientes de la doctrina neoliberal tan combatida por los comunistas de otros países. Hay que añadir que ese mismo revolucionario había sostenido en el II Congreso de PCC que sus principios "no eran negociables" y más tarde en 1992 que "el capitalismo era indefendible".[2]

El gobernante que había siempre enarbolado las banderas del más ardiente nacionalismo, no tuvo ahora reparos en permitir que fueran extranjeros y no cubanos los autorizados a crear empresas capitalistas. Siguió fomentando al propio tiempo el internacionalismo proletario pero lo hizo con la pretensión de asumir la triple condición de anfitrión del capitalismo, nacionalista furibundo y gran figura del comunismo mundial.

El dirigente que desde 1959 se erigió en campeón de la clase trabajadora a la que convirtió nominalmente en titular de todos los poderes, se apresuró desde el inicio del período especial a colocar a esos mismos obreros, desprovistos de derechos y urgidos de trabajar, a merced de sus patronos extranjeros.

El hombre que calificó a la Constitución de 1976 de "hermoso y bello" documento[3] no tuvo inconveniente en disponer en 1992 su reforma para viabilizar la operación de los capitalistas extranjeros.[4] Procedió asimismo por medio de esa reforma a ceder parcelas del territorio nacional para beneficio de los capitales foráneos al tiempo que enajenaba objetos de arte, piezas arqueológicas y cuantos otros bienes podían aportarle divisas.

Es de señalar que en los debates de la ANPP sobre la reforma de la Constitución solamente una diputada trajo a colación la inquietud de algunos ciudadanos acerca del no acceso a ciertas instalaciones turísticas.[5]

En 1993 y guiado por el mismo propósito de retener a toda costa el poder, el líder que encarnaba la más virulenta postura antiamericana, dio su visto bueno a la libre circulación del dólar a sabiendas de que los que menos billetes americanos tenían eran el grueso de la clase trabajadora y las personas de la raza negra (sus soportes principales) los cuales tenían muy pocos familiares en los E.U. El importe de las remesas familiares provenientes de los E.U. ascendió en 1995 a 300 millones de dólares, cuya suma unida a los ingresos procedentes de los viajes que hacían esos mismos cubanos del exilio, colocaba a esta partida del ingreso nacional casi a la par de las ganancias que dejaba la industria del turismo.

La afluencia de dólares movió al gobierno a abrir 275 tiendas especialmente concebidas para vender en dólares todo tipo de mercancías a la población. En 1995 el Ministro de Economía José Luis Rodríguez informó a la Asamblea Nacional del Poder Popular que dichas tiendas habían recaudado 530 millones de dólares. Los cubanos del exilio que enviaban dólares se convirtieron así, junto a los hoteleros españoles y los demás inversionistas extranjeros en el otro gran puntal que sostenía a la economía cubana.

El cambio brusco que estas medidas significaban con respecto a lo que hasta entonces había sido la ideología oficial debió haber producido desconcierto en grandes sectores de la población. ¿Se había adulterado la doctrina socialista y carecía por ende de valor la consigna de Socialismo o Muerte? ¿Tenía sólo un valor retórico la propaganda nacionalista a ultranza que arreció después de la caída del campo comunista? Y sobre todo ¿cómo era posible armonizar las modificaciones de la infraestructura económica dirigidas a liberalizar una parte del mercado con el mantenimiento de la rígida superestructura totalitaria que Castro seguía defendiendo?

El desconcierto condujo pronto a un cuestionamiento de la política autoritaria del régimen. No fue sólo la diputada que se quejó del *apartheid* en la ANPP, sino también los creciente grupos disidentes y opositores, las corrientes alternativas y los defensores de los derechos humanos que desde años atrás formulaban denuncias contra el régimen. No hubo empero cuestionamientos ni denuncias por parte de la CTC, los sindicatos nacionales o sus organizaciones de base. Su postura de apoyo incondicional al régimen no se alteró en lo más mínimo a pesar de los sufrimientos y discriminaciones que estaban experimentando sus miembros. De vez en cuando los periódicos publicaban comunicados de prensa de la CTC sobre los campamentos de vacaciones que se habían construido para el disfrute de los obreros.[6] Se decía también a ocasiones que grupos destacados de obreros (vanguardias y similares) habían sido invitados a consumir refrescos o bebidas y a pasar unas horas en un restaurant, cabaret u hotel, sólo que éstos no eran los grandes hoteles de lujo edificados en las mejores playas del país, los cuales seguían estando reservados para los turistas extranjeros que en gran número visitaban la isla. En La Habana los estímulos se ofrecían especialmente a vanguardias y destacados en el programa alimentario, los túneles populares y la ANIR. En 1992, sin embargo, la mayoría de las casas de las Playas del Este estaban cerradas o estaban siendo reparadas ya que "presentaban pésimas condiciones".[7]

## La reforma de la Constitución

En el mes de julio de 1992, la Asamblea Nacional del Poder Popular acordó la reforma de la Constitución de 1976 de conformidad con los lineamientos propuestos por Castro. El nuevo texto (aún en vigor) precisa que la propiedad socialista se refiere a los medios de producción fundamentales, modificación que hacía viable la existencia de la propiedad privada en otras áreas del patrimonio nacional. La reforma eliminó también el carácter irreversible con que se definía la propiedad socialista, autorizando excepcionalmente su trasmisión siempre que se destine al desarrollo económico del país.[8]

Las medidas adoptadas tuvieron asimismo por objeto derogar la norma que prescribía que el comercio exterior era función exclusiva del Estado. De acuerdo con la nueva formulación, ya anunciada en el IV Congreso del PCC, dicho comercio podría en el futuro llevarse a cabo mediante instituciones o autoridades facultadas para crear empresas destinadas a la exportación e importación. Se reconoció además explícitamente el derecho a la propiedad de las empresas mixtas, sociedades económicas y asociaciones; a los extranjeros se les equiparó, por último, a los ciudadanos cubanos en cuanto a sus derechos y obligaciones.[9]

Si bien estas reformas eran, conjuntamente con las dirigidas a garantizar la libertad religiosa, las más importantes, es curioso que cuando el órgano de la CTC dio cuenta de la aprobación de la Ley de Reforma Constitucional destacó otros aspectos más bien secundarios de la misma, y aludió con la mayor brevedad a sus referidos aspectos básicos.[10]

Aunque el IV Congreso del PCC había dado ya su visto bueno a las inversiones de empresas capitalistas extranjeras y existía desde 1982 una legislación que posibilitaba la constitución de empresas mixtas, la apremiante situación económica obligaba al régimen a ser más explícito, darle una base constitucional a las nuevas leyes que se proyectaban y extender el ámbito de éstas. No bastaba con darle a los inversionistas extranjeros la posibilidad de adquirir hasta el 49 por ciento de la empresas mixtas que se establecieran con organismos del gobierno; era más conveniente permitir que los extranjeros pudieran adquirir 51 por ciento o más de las empresas en ciertas industrias y a fin de inducirlos aún más a hacer negocios con el régimen de Castro se les concedió el derecho a gozar del 100 por ciento de los derechos de propiedad en ciertas industrias.

Estas medidas dirigidas a atraer capitales fueron adoptándose por una serie de leyes que empiezan en 1990 y culminan en 1995 con la Ley de Inversión Extranjera en Cuba. El común denominador de esas leyes fue conferir los mejores beneficios al capital y darle la espalda a los trabajadores. Las compañías podían escoger el sector económico en que iban a desarrollar sus actividades, exceptuándose sólo defensa, salud y educación. Se les eximía además de ciertos impuestos, se les autorizaba a repatriar sus ganancias y se les invitaba a establecer zonas francas o maquiladoras en colaboración con organismos del gobierno, así como a invertir en negocios administrados por las fuerzas armadas.[11]

En 1995, el gobierno había ya logrado atraer capitales suficientes para establecer 212 empresas mixtas. Con la ayuda de estas empresas, el régimen pudo no solamente desarrollar la industria turística, sino también aumentar sus exportaciones en otros sectores y hacer progresos en el abastecimiento de materias primas o energéticos para el consumo nacional. ¿Cómo pudieron Castro y sus colaboradores concluir esos acuerdos cuyos resultados le permitieron evitar la catástrofe de la opción cero? En primer lugar, capitalizando con el resentimiento histórico de dos países que en una forma u otra habían perdido parte de sus territorios en enfrentamientos con los E.U.: España y México. En segundo lugar, gestionando la conversión de las millonarias deudas contraídas por Cuba en líneas de crédito o concesiones especiales en favor de capitalistas de los países acreedores. En tercer lugar, llevando a cabo una agresiva campaña dirigida a convencer a los inversionistas de otros países de las ventajas de poner su dinero en Cuba.

Funcionarios del gobierno fueron enviados con toda urgencia a diferentes países con el encargo de explicar el alcance de esas medidas. Grandes reuniones y seminarios fueron organizados en La Habana y el extranjero para estimular a los que dudaban entre incrementar en breve plazo sus ganancias y correr el riesgo de un posible vuelco político. El gobierno contrató a una firma británica que era símbolo de capitalismo internacional, *Euromoney*, para que organizara las giras a Cuba de los representantes de grandes empresas de todo el mundo. A los visitantes se les colmó de agasajos y se les dio la seguridad de que el gobierno estaba dispuesto a considerar cualquier propuesta de inversión. Castro mismo les dispensaba una cálida acogida y se mostraba dispuesto a confraternizar con ellos. ¿Sería que había logrado exorcizar sus demonios del anticapitalismo furioso que durante tantos años predicó o se trataba simplemente de una cuestión de conveniencia y necesidad?

Bastaría indicar que ni la ideología ni la protección del factor trabajo parecen haber guiado al gobierno en las negociaciones que se llevaron a cabo con los inversionistas extranjeros.

## Tratamiento duro y perjudicial para los trabajadores

Las tres leyes principales dictadas por el régimen de Castro en materia de inversiones —la de 1982, la de 1990 sobre el turismo internacional y la de septiembre de 1995 sobre inversiones extranjeras— se caracterizan por el menosprecio al obrero cubano. Ya era bastante precaria la situación de los trabajadores antes de que se promulgaran estas medidas. Sin disponer de la protección de un verdadero sindicato, carente de la posibilidad de negociar colectivamente y sin el derecho de huelga, la mano de obra cubana que se ponía a la disposición de los capitalistas extranjeros respondía al ideal de lo que un empleador avaricioso quisiera tener a su cargo. Los salarios promedios eran bajos, los obreros no estaban acostumbrados a reclamar por horas extras o vacaciones no disfrutadas y estaban sujetos a una estricta disciplina que incluía algunas prohibiciones calificadas por unos expertos de "vagas, subjetivas o violatorias de las libertades individuales"[12] y por otros de "semejantes a los castigos que se imponen a los internados en reformatorios juveniles".[13] En verdad no se podía pedir nada mejor para un patrono que aspirara a tener bajos costos laborales y ausencia de reclamaciones y conflictos.

Castro, sin embargo, quiso hacer aún más tentadora la oferta introduciendo otras condiciones que al tiempo que favorecían a los inversionistas le permitían seguir manteniendo el control sobre la fuerza de trabajo y continuar obteniendo el máximo provecho del esfuerzo de los trabajadores. Para lograr lo primero dispuso que las empresas mixtas o extranjeras no podían contratar directamente a su personal, sino que éste iba a ser suministrado por intermedio de las agencias de empleo del Estado pertenecientes a

Cubalse, Acorec y otras creadas al efecto. Dichas agencias, como las comisiones de idoneidad creadas al nivel de las empresas estatales,[14] servían de filtro para castigar a opositores y premiar a los leales al régimen.[15]

Para alcanzar lo segundo, se dispuso que las empresas mixtas y extranjeras tenían la obligación de entregar al gobierno, es decir a las agencias suministradoras de mano de obra, el importe en dólares de los sueldos y salarios de los trabajadores; a estos últimos dicha agencia pagaba el monto correspondiente a su remuneración en pesos cotizados al cambio oficial. Dadas las tasas de cambio que en realidad habían estado vigentes los últimos años, es claro que esa operación le daba al régimen la oportunidad de retener una diferencia substancial y por ende realizar un gran beneficio en detrimento de lo que hubieran podido ganar los trabajadores. A esta disposición que data del Decreto-Ley No. 50, el decreto relativo a la industria turística añadió la obligación de los trabajadores de dar al gobierno el 75 por ciento de las propinas que recibieran en moneda dura. Cuando esta medida fue más tarde modificada, los trabajadores vinculados al turismo internacional resolvieron, espontáneamente o bajo presión, donar una buena parte de sus propinas para sostener los servicios públicos de salud y educación.[16]

Las razones por las cuales muchos cubanos codiciaban, no obstante, los empleos que se fueron creando en la industria turística, se relacionan por una parte con el desempleo y precariedad de las condiciones de trabajo que prevalecían en el resto de la economía y por otra a que los empleados en la susodicha industria podían ocasionalmente llevar comida para la casa, pedirle a un turista que les comprara bienes que no estaban a su alcance o recibir un bono o suplemento de 20 a 100 pesos mensuales siempre que cumplieren con estrictos requisitos de eficiencia y la empresa tuviere ganancias.[17]

Es indudable en todo caso que el sistema de intermediación y captación de divisas ideado por el régimen no solamente era injusto e incorrecto sino que además violaba varios convenios internacionales ratificados por Cuba. Al permitirse en efecto la existencia de agencias de empleo que tenían un fin de lucro se violaba el Convenio No. 34 de 1933 de la Organización Internacional del Trabajo conforme al cual dichos intermediarios debían haberse extinguido en 1936. El hecho de que esas agencias eran en realidad entes del Estado no les autorizaba a obtener ganancia alguna pues otro Convenio de la OIT, el no. 88 ratificado por Cuba en 1956, prescribía que las agencias oficiales de colocación debían operar sin costo alguno para el trabajador.[18] Igualmente era obvio que la forma de pago a los trabajadores que se previó en las precitadas leyes, era contraria a lo dispuesto en el artículo 5 del Convenio no. 95 sobre protección del salario de la propia OIT. Conforme a este precepto los salarios deben pagarse *directamente* a los trabajadores, es decir, en este caso por la empresa mixta o extranjera que los utilizaba. Es cierto que la precitada norma internacional exceptuaba del pago directo los casos en que leyes o reglamentos dispusieran otra cosa, pero tal excepción debía ser compatible con lo establecido en el artículo 6 prohibitorio de toda medida que restrinja el derecho de los trabajadores de disponer libremente de sus salarios. En la legislación laboral de todos los países se prevé la percepción correcta y debida de la remuneración que constituye la única fuente de ingresos del trabajador. Cualquier acuerdo en contrario se considera nulo.[19]

## Los ingredientes neoliberales y la aparición de las maquiladoras

Hacia 1990, cuando se discutían con los hoteleros españoles las condiciones de su operación en Cuba, había cobrado importancia la filosofía neoliberal al amparo de la cual las organizaciones de empleadores en España y otros países presionaban por la flexibilización e incluso desregulación de ciertos aspectos de la legislación laboral. Tales medidas, argüían esas organizaciones, contribuían a facilitar las inversiones y hacer más rentables los negocios. Tropezaron en esos países con la encarnizada oposición de los sindicatos y tuvieron que contentarse por ello con éxitos muy modestos.

En Cuba, sin embargo, cuando hicieron esos mismos planteamientos no tuvieron la menor dificultad en convencer a Castro. Las leyes y decretos concernientes al turismo y a las inversiones extranjeras contienen varias normas no previstas en el código del trabajo dirigidas a favorecer a los capitalistas extranjeros. Cabría mencionar entre ellas ante todo a la ampliación de las modalidades de contratación, medida que tiene por objeto liberar a esos empleadores de las obligaciones que se derivan de una vinculación por tiempo indefinido del trabajador con la entidad. El reclutamiento del personal se hizo aún más flexible por medio de la ampliación a seis meses del período de prueba que antes no podía exceder de 60 días.[20] Las horas de trabajo se extendieron para la industria turística a 280 al mes (64 a la semana) para las labores corrientes y a 312 (72 a la semana) para ciertos tipos de trabajo, lo que representaba un 47% y un 64% por encima de lo que se había fijado en Cuba antes de 1959.

Accediendo también a la solicitud de los españoles, la legislación aplicable a la industria del turismo confiere amplios poderes a los administradores extranjeros para suspender, transferir o despedir al empleado infractor de las múltiples obligaciones a que nos referimos en el capítulo anterior. Aunque la medida de separación del sistema turístico se condiciona a su confirmación por una comisión en la que estarían representados el sindicato y un miembro elegido por los trabajadores, cabe observar que es el administrador quien preside esa comisión.[21]

Al lado de la aplicación de enfoques neoliberales está la autorización para el establecimiento en Cuba de las maquiladoras y zonas francas en las que los inversionistas extranjeros podrían por primera vez montar operaciones de ensamblaje con la mano de obra cubana. El capítulo XIII de la Ley de Inversiones Extranjeras ofrece además concesiones tributarias y arancelarias especiales así como ventajas en las tasas de cambio de moneda a los extranjeros que deseen invertir en ese tipo de comercio. En 1995 se propuso como ubicación inicial de las zonas francas a las áreas de Cienfuegos, Mariel y Santiago de Cuba.[22] No estaría de más añadir que las maquiladoras han sido fuentes de abusos y precarias condiciones de trabajo en México, República Dominicana, Haití y otros países en que se han instalado. Es notable, sin embargo, que en Cuba, donde la prensa oficial denunció durante muchos años las arbitrariedades y la explotación de los trabajadores que eran típicas de las actividades de las maquiladoras en otros países, haya guardado silencio con respecto a su introducción en Cuba.

Ni la CTC ni las organizaciones fraternales que son invitadas a sus congresos han dicho tampoco una sola palabra de crítica sobre las maquiladoras o sobre la aceptación de principios neoliberales en la normativa aplicable a las inversiones extranjeras.

## Gaviota y otras empresas de las FAR

Fue también durante el período especial que adquirieron relieve ciertas empresas operadas por las Fuerzas Armadas. A partir de un origen más bien modesto, estas empresas fueron expandiendo su radio de acción hasta cubrir un segmento grande de la vida económica del país. En cierto modo representaban una respuesta de mayor orden y eficiencia a la tradicional ineptitud y constante déficit de muchas empresas del Estado. Pretendían también encarnar un nuevo sistema de dirección y gestión empresarial que comenzó a experimentarse en 1987.[23]

Otro objetivo de la aparición de estas empresas era sin duda el de mantener ocupado y contento al ejército. Existía el riesgo de que uno cualquiera de los tres cuerpos de ejército pasara a constituir un centro alterno de poder, pero sobre ellos seguiría aplicándose la vigilancia de la Seguridad del Estado y el mando único de Raúl Castro.

Para llevar adelante esta experiencia se creó en el Ministerio de la Fuerzas Armadas un Grupo de Perfeccionamiento Empresarial que preparó manuales, organizó cursos, y fue haciendo una evaluación de las empresas que se iban creando. En algunos aspectos la gestión de las entidades económicas que fueron poniéndose bajo la dirección del Minfar significaba un vuelco en las concepciones generales que se habían estado aplicando en el país. Se promovió una mayor descentralización, se procuró establecer una correlación más estricta entre el salario y los resultados reales obtenidos y se mejoró la práctica de diagnosticar primero y dar respuestas después a los problemas que se presentaban en las empresas. Hubo también elementos del orden y la disciplina que tipifican la acción militar y de aprovechamiento de las experiencias de los contingentes. En ellas se laboraba también por medio de brigadas, batallones y pelotones; a los jefes de brigada se les llamaba "sargentos de producción" y se dejó bien establecido que la descentralización no podía desconocer que la dirección del sistema correspondía al Ministro de las Fuerzas Armadas, Raúl Castro.

De esa manera se lograron al parecer algunos resultados positivos. Según uno de los responsables del sistema, la productividad aumentó entre un 20 y un 60 por ciento, el tamaño de la fuerza laboral disminuyó y la calidad de los productos y servicios mejoró.[24] Así se fue ensanchando el área de las empresas de las FAR del transporte y la agricultura al turismo y la manufactura.

En el sector agrícola las empresas de las FAR se crearon para autoabastecer al ejército de los principales productos alimenticios. A medida que se hacían evidentes las limitaciones del programa alimentario del gobierno, el mando militar decidió confiar en su propia acción para producir arroz, leche, viandas, plátanos, pollos, etc. Solo en 1993 el Ejército Oriental (uno de los tres cuerpos organizados en Cuba), produjo más de 26,000 toneladas de alimentos en las 10,000 caballerías de tierra que puso en explotación en las provincias bajo su jurisdicción. Tan voluminosa llegó a ser la producción que algunas empresas, como la Agroforestal Yerba de Guinea y la UM 1390 Gran Unidad de Avance, resolvieron dedicar sus sobrantes (que en algunos casos pasaban del 40 por ciento de lo producido) al suministro de la población.[25]

De la agricultura el Ejército Oriental pasó a la confección de ropa y calzado, más tarde a la edificación de viviendas y en una tercera etapa a la construcción de caminos y carreteras. Parecida diversificación se observaba en el esfuerzo de los trabajadores civiles del Ejército de Occidente.[26] Bastante más ambiciosa y un poco envuelta en un aura de misterio cabe citar a la empresa Gaviota que se adentró con fines lucrativos en el área del turismo y en otras actividades de las que por cierto se habla poco en Cuba. Hasta 1994 dicha empresa había ya construido cuatro hoteles en distintos sitios turísticos incluyendo a Varadero.

Los empleados en las empresas de las FAR no tienen que someterse a los horarios extenuantes que rigen en los contingentes. Laboran 24 días en el mes con promedio de unas 8 horas y media de trabajo y disponen de ciertas instalaciones recreativas. Su mayor capacidad productiva se debe a la combinación de la disciplina militar con un mejor dominio de la gestión económica, lo que les permitió adelantarse al resto de la economía. Mientras ésta seguía mostrando sus deficiencias, las empresas organizadas por Raúl Castro acumulaban reservas, se hacían rentables y daban vida a sistemas empresariales más avanzados.[27]

## Multiplicidad de sistemas económicos y regulaciones laborales

La percepción cada vez más clara de que el sistema económico marxista-leninista distaba mucho de funcionar con eficacia y era particularmente inepto en la agricultura, forzó a Castro a ensayar nuevas modalidades de producción. No era suficiente la yuxtaposición que se hizo con las empresas mixtas y extranjeras, algunas de las cuales incursionaron en la producción agrícola, ni tampoco se podía confiar sólo en las empresas de las FAR o en las Cooperativas de Producción Agropecuaria (CPA) o en los campesinos individuales de la ANAP. Había que hacer algo más para satisfacer las necesidades alimentarias de la población y ello se llevó a cabo en 1993 con la creación de las Unidades Básicas de Producción Cooperativa y en 1995 con el pago en dólares del cinco por ciento del salario a los trabajadores de ciertos sectores "priorizados" como el turismo, el portuario y las industrias tabacalera y minera. Esta última medida buscaba estimular la productividad de los trabajadores en cuestión.

Las UBPC se presentaban como una alternativa viable que a juicio del régimen iba a revolucionar la organización de la producción agropecuaria. Se transfirieron en usufructo tierras del Estado a estas cooperativas que tendrían también autonomía de gestión y darían a sus miembros la ilusión de ser propietarios de las caballerías cedidas. En 1994 se habían constituido ya 1,070 UPBC que ocupaban 86,000 caballerías y eran atendidas por 103,000 obreros cooperativistas.[28] En realidad, sin embargo, las UBPC, como las otras variantes que se promovieron en el inicio de la revolución, no eran cooperativas genuinas, debían suscribir convenios con el Estado y entregar a éste sus productos. En el primer encuentro nacional de esas entidades productivas un miembro del Buró Político del Partido llamó la atención acerca de lo nocivo que era confundir la libertad de acción para encauzar la producción con la anarquía.

Las UBPC representan en todo caso una nueva entidad productiva distinta de las que existían antes. El régimen de Castro creyó al principio que podía establecer un sistema único de dirección y planificación de la economía y una fórmula única para regular las actividades laborales. En su inmensa vanidad pensaba que conjugando sus propias directivas con los principios de la organización científica del trabajo, podía subsumir todas las relaciones laborales y las escalas salariales en un sólo patrón normativo. La experiencia fue mostrando, sin embargo, que la realidad económica era mucho más compleja de lo que él se había imaginado. Sin mucha reflexión ni conocimientos de economía había querido siempre legislar, modificar o innovar conforme a sus propios dictados. Ese modo de gobernar dio lugar a que a la postre proliferaran distintos sistemas de producción, se incrementaran las diferencias de trato y reinara la confusión. De modo particular la autorización para pagar en divisas a ciertos trabajadores creaba privilegios y fomentaba desigualdades que sin embargo no provocaron protestas conocidas.

Ya para mediados del período especial era posible identificar no menos de siete sistemas de organización laboral diferentes, a saber, los relativos a:

1) Las empresas del Estado regidas por el código del trabajo y leyes complementarias.
2) Las empresas turísticas
3) Las otras empresas mixtas o propiedad de extranjeros.
4) Los contingentes, el EJT y las otras organizaciones paramilitares.
5) Las empresas operadas por las FAR.
6) Las Unidades Básicas de Producción Cooperativa (UBPC).
7) Las otras cooperativas agropecuarias (CPA).

En cada una de estas categorías las condiciones de trabajo podían ser diferentes y asimismo podían variar los ingresos de los trabajadores. Sin embargo, los movimientos de trabajadores de uno a otro grupo no dependían de su voluntad ni de las necesidades del mercado sino que seguían estando controlados por el Estado. El machetero seguía siendo machetero, independientemente de su productividad, grado de educación o aspiraciones de mejoramiento.

En los últimos años el crecimiento de las actividades económicas semi-independientes ha tenido repercusiones en la estructura de precios del país. Sólo en el sector agropecuario hay cuatro niveles diferentes de precios: 1) los precios del mercado regular correspondientes a la cuasi-inservible libreta de racionamiento; 2) los precios exorbitantes del mercado negro; 3) los precios regulados por la oferta y la demanda, promovidos por el Estado; 4) los precios de los productos que se pueden adquirir con dólares reservados para una parte de la población. En suma, que los remedios improvisados y fragmentarios del régimen están adquiriendo características "de una complejidad casi caótica" en muchos casos perjudicial para los trabajadores.

## El problema de los derechos humanos

En los que sí no hubo cambios fue en el tratamiento de los derechos humanos. La política enunciada al respecto por Castro a raíz de la promulgación de la Constitución de 1976 continuó siendo aplicada *con la mayor consistencia*. Se imitaba el ejemplo de su país mentor, la Unión Soviética, (que incluso votó en contra de la adopción de la Declaración Universal en 1948), subestimando el valor de esos derechos y transgrediéndolos en forma sistemática. No solamente la Comisión de Derechos Humanos de las Naciones Unidas a partir de 1990 y la Asamblea General de esa misma organización han amonestado al Gobierno de Castro por infracción de esos derechos, sino que también dicho gobierno le ha negado la entrada a Cuba al relator oficial designado para informar sobre esa situación. Tan reiterada ha sido esa negativa que el primer relator renunció a su encomienda y el actual, Carl Johan Groth, se ve forzado a preparar su "rapport" en base a documentos y materiales disponibles fuera de la isla.

Además de los acuerdos condenatorios del sistema de Naciones Unidas, el régimen ha sido fustigado por denuncias de la Organización de Estados de América y de varias organizaciones no gubernamentales, como Amnesty International, America's Watch, Human Rights Watch, Freedom

House, la Confederación Internacional de Organizaciones Sindicales Libres (CIOSL), la Confederación Mundial del Trabajo (CMT) y numerosos secretariados profesionales. Sólo en 1993 el régimen castrista fue acusado como infractor de los derechos humanos por la Asamblea General de las Naciones Unidas, el Parlamento Latinoamericano, la III Cumbre Iberoamericana y el Departamento de Estado de los E.U. A cada una de estas condenas Castro ha respondido intensificando la persecución, el hostigamiento y la discriminación de los trabajadores y ciudadanos disidentes.

En materia laboral las principales violaciones se han producido con relación a la libertad sindical (Convenio 87), la abolición del trabajo forzoso (Convenio 105) y la prohibición de tratos discriminatorios (Convenio 111). En todos estos casos de convenios internacionales adoptados por la OIT y ratificados por Cuba, la condena se produjo por la Conferencia Internacional del Trabajo luego de practicadas las investigaciones del caso y previo dictamen de la Comisión de Expertos en la Aplicación de Convenios y Recomendaciones y de la Comisión del mismo nombre de la Conferencia.

La cuestión de la libertad sindical ha dado lugar a severas observaciones de la OIT con respecto al monopolio de la representación obrera conferido a la CTC y a comentarios críticos del relator de las Naciones Unidas en lo que hace a la persecución a los sindicalistas que tratan de fundar organizaciones independientes.

Para los trabajadores el punto más significativo en la erosión y pérdida de los derechos humanos ocurrió antes de la crisis con la precitada exportación de trabajadores para obtener divisas, esto es utilizándolos como si fueran mercaderías o artículos de comercio. Para la ciudadanía en general el máximo del desconocimiento de los derechos humanos sobrevino más tarde con la introducción del apartheid en las zonas turísticas del país.

En Cuba el movimiento proderechos humanos fundado por Gustavo Arcos y Ricardo Bofill había logrado agrupar en 1993 unas 35 organizaciones cívicas de distinta naturaleza incluyendo a la Unión General de Trabajadores de Cuba (UGTC).[29]

# Notas

[1] Fidel Castro, "La esencia de la obra es la ténica y el trabajo", *Cuba Socialista*, No. 6, octubre de 1966, pag. 15.

[2] Discurso de Fidel Castro en la reunión de clausura del VI Congreso de la UJC, *Trabajadores*, 5 de Abril de 1992, pag. 4.

[3] Supra, pag. 250.

[4] Véase "Aprobada la Ley de Reforma Constitucional", *Trabajadores,* 13 de Julio de 1992, pags. 1-3.

[5] Ibid pag. 3.

[6] Véase "Privilegios para los trabajadores", *Trabajadores,* 13 de Julio de 1992, pag. 3.

[7] *Trabajadores*, 14 de septiembre de 1992.

[8] *Trabajadores*, 13 de julio de 1992, pags. 1-3.

[9] Ibid.

[10] Ibid.

[11] Puede verse sobre el particular Jorge F. Pérez López, "Cuba's Thrust to Attract Foreign Investments: A Special Labor Regime for Joint Ventures in International Tourism", *Interamerican Law Review* (University of Miami), vol. 24, No. 2, 1992-93, passim.

[12] Ibid, pag. 259.

[13] Véase E. Córdova, "Escarceos capitalistas y medidas disciplinarias en el régimen laboral cubano", *Latin American Labor News*, (Florida International University). Issue 8, 1993, pag. 9.

[14] Véase "Nueva ley de inversión extranjera en Cuba", *Cuba al Día* (Washington), edición especial, otoño de 1995, pag. 2.

[15] Véase infra capítulo 27.

[16] Véase "El mejor destino", *Trabajadores*, 25 de abril de 1994, pag. 7.

[17] Véase la resolución del CETSS del 5 de septiembre de 1990.

[18] Véase el artículo 1.

[19] Véase, por ejemplo, *El salario*. (Montevideo: Ediciones Jurídicas Amalio M. Fernández, 1987), tomo II, pag. 161.

[20] Véase E. Córdova, "El sistema laboral de Cuba Socialista", *Latin American Labor News*, números 6 y 7, 1992-93, pags. 4 y 13.

[21] Véase la precitada resolución del CETSS

[22] "Nueva ley de inversiones extranjeras en Cuba", op. cit., pag. 1.

[23] "Un nuevo sistema de dirección y gestión empresarial", *Trabajadores*, 6 de enero de 1991, pags. 2 y 3.

[24] Ibid.

[25] "Ejército Oriental: Más que la ayuda el método", *Trabajadores*, 4 de julio de 1994, pag. 8.

[26] *Trabajadores*, 6 de junio de 1994, pag. 6.

[27] Véase el editorial de *Trabajadores* del 18 de julio de 1994, pag. 2.

[28] "JBPC: alternativa viable para incrementar la producción", *Trabajadores*, 18 de julio de 1994, pag. 2.

[29] Véase *Siglo XXI*, No. 28, pags. 3, 4 y 5.

# Capítulo 25

## *Brigadas de respuesta rápida y grupos sindicales independientes*

### Las paradojas del período especial

El período especial dio vida a una larga serie de amargas y sorprendentes paradojas. Mientras aumentaba el desempleo y se hacían cada vez más escasas las oportunidades de trabajo, más crecía el aparato burocrático del movimiento sindical. En 1994, por ejemplo, el número de dirigentes sindicales "involucrados en el combate por la eficiencia y la recuperación económica" se fijó en 480,000.[1] Ya eran pues mucho más de un dirigente por cada diez afiliados; ahora era algo así como uno por cada 6 ó 7.

En tanto que disminuía de manera acelerada el nivel general de ingresos de los trabajadores, los sindicatos se hacían cada vez más ricos. En 1989, por ejemplo, cuando la economía cubana aún no había sufrido los embates del período especial, los afiliados contribuyeron con cerca de 19 millones de pesos por concepto de cuota sindical; cuatro años más tarde, cuando los efectos de la terrible coyuntura económica se hacían sentir en todos los frentes, las recaudaciones por igual concepto alcanzaron los 27 millones de pesos.[2] Lo mismo puede decirse del aporte de los trabajadores a las MTT que subió de 12 millones en 1989 a 17 en 1993.[3]

Parecía también un tanto extraño y absurdo que mientras más se le pedía a los trabajadores que dedicaran a la producción el máximo de su tiempo, sacrificando incluso sus descansos, más se multiplicaban las reuniones sindicales a las que debían asistir esos mismos trabajadores. A partir de 1990, en efecto, varios tipos de asambleas vinieron a agregarse a las reuniones ordinarias y extraordinarias del sindicato: las asambleas de balance, los parlamentos obreros, las asambleas por la eficiencia, las asambleas por el honor y la vergüenza, los encuentros territoriales y otras que periódicamente salían de la imaginación de Castro o Ross Leal. Casi ninguna de estas reuniones iba al fondo de los problemas ni aportaba soluciones efectivas, no obstante lo cual seguían convocándose en aras del formalismo, el adoctrinamiento, el reunionismo y el falso colectivismo. En algunas de esas categorías de la tipología asamblearia cubana llegaron a celebrarse más de 84,000 reuniones en menos de dos meses.

¿Cuál había sido, por otra parte, la utilidad de las asambleas por la eficiencia realizadas con vista a la zafra de 1994-95, cuando el volumen de la producción de azúcar de esa zafra (3.3 millones de toneladas) fue el más bajo en 50 años?

Otra significativa paradoja se relaciona con la insistencia en hablar de la atención al hombre que trabaja, al tiempo que se exigía el cumplimiento o sobrecumplimiento de normas y planes de producción que requerían 12 o más horas de trabajo. Es cierto que algunas veces eran los obreros más fanatizados los que se empeñaban en laborar ese número de horas, como ocurrió en 1994 en la textilera Ariguanabo o en Antillana del Acero, pero por regla general era el régimen el que requería tales esfuerzos.

Las paradojas iban más allá del área sindical y laboral. Tal vez la más llamativa de ellas esté representada por el aumento del número de miembros del PCC y el entusiasmo de muchos jóvenes por integrar contingentes[4] en una época en que crecía la cifra de descontentos, medida, por ejemplo, por los porcentajes de 15 y 20 por ciento de ausentismo, la tasa de desocupados, el índice de alcoholismo y el número cada vez mayor de balseros y emigrantes. Esta era también la época en que Castro exhortaba a sus más antiguos fieles a que crearan otra organización de masas, la Asociación de Combatientes por la Revolución concebida para reforzar la gama de unidades militares ya existentes. Y fueron también los años en que más de siete millones de cubanos se movilizaban para elegir a la inútil ANPP.

Fue asimismo en estos años, particularmente en 1994, cuando llegó a la esfera del orden público la confrontación entre los que estaban a favor y en contra del régimen. No es que los adversarios se atrevieran a retar la poderosa maquinaria militar de Castro; la confrontación se produjo cuando los intentos de emigrar se hicieron más audaces, como ocurrió con el trágico hundimiento del transbordador 13 de Marzo en julio de 1994, el secuestro ese mismo mes de las lanchas utilizadas para atravesar la bahía de La Habana y la ocupación del tanquero Jussara en agosto. La capital de la república fue testigo, también en agosto, de la más grande manifestación de protesta que había tenido lugar desde los sucesos de Cárdenas en 1962. A estas señales de inconformidad respondió el gobierno intensificando sus métodos represivos, como fueron los empleados para disolver la manifestación del 5 de agosto y la brutal embestida del 13 de marzo por remolcadores del gobierno que causó la muerte de 41 personas, incluyendo unos 20 niños.

## La honda división

De cuanto se ha dicho hasta aquí puede apreciarse cuán profunda fue la cisura causada por el régimen de Castro en la clase trabajadora. De un lado estaban los obreros fanatizados, los que realizaban proezas y establecían marcas en sus jornadas de trabajo y los que se hallaban siempre dispuestos a ser movilizados o a figurar como milicianos, guardafronteras y tuneleros. Del otro, estaban los inconformes, los pocos productivos, los que deliberadamente desperdiciaban materiales, despilfarraban recursos o no atendían los equipos y los que incurrían en actividades alegadamente delictivas contra el patrimonio o seguridad del Estado.

Lo que el período especial hizo fue polarizar aún más la división y agrandar la cisura hasta convertirla en grieta. Quien lea a la ligera la prensa cubana, quedará sin duda impresionado por la abrumadora cantidad de noticias que se ofrecen sobre los obreros y campesinos del primer grupo. No hay un solo número de *Granma*, *Trabajadores* o *Bohemia* que no contenga un artículo o reportaje sobre los ejemplos de esfuerzo y dedicación de algún trabajador o de un colectivo laboral. Miles y miles de obreros han desfilado por las páginas de esos periódicos y de otros órganos de difusión. Es una manifestación más de la propaganda al máximo que ha sido siempre parte consustancial del régimen.

Mas quien leyere con atención la propia prensa oficial podrá detectar también referencias a la presencia, tal vez minoritaria en algunos períodos, pero viva e inquietante de los integrantes del segundo grupo. Una veces son las críticas abiertas a "los que hacen menos de lo que deben y pueden", a "los que siguen aguardando a que sean otros los que se sacrifiquen",[5] a la chapucería, la burocracia, la indolencia, la indisciplina,[6] y hasta la falta de vergüenza. Otras veces son la medidas cautelares o represivas que se fueron adoptando a lo largo de la crisis. Ya antes del período especial, en septiembre de 1988, se circularon las *Orientaciones del Partido* dirigidas a subrayar la necesidad de elevar la exigencia de la disciplina laboral y de hacer más estricta la evaluación de las ausencias del trabajo. En ese mismo año se expidió una *Guía de Autocontrol* en la que cada trabajador debía indicar las tareas específicas que tenía que cumplir diariamente a fin de facilitar las comprobaciones que efectuaba el jefe inmediato.[7]

En vigor ya el período especial, el IV Congreso del PCC hizo particular hincapié en la necesidad de enfrentar de manera intransigente las diversas manifestaciones de la indisciplina laboral y de elevar el rigor en el tratamiento de los infractores. Entre las deficiencias mencionadas en el párrafo 12 de la resolución sobre el desarrollo económico se destacan el despilfarro de recursos materiales y humanos, la elevación de los costos, el bajo nivel de introducción de procedimientos racionalizadores, el incumplimiento de múltiples reglamentaciones y diversas manifestaciones de corrupción y otros delitos en la esfera económica.[8]

Los índices de indisciplina y criminalidad siguieron, no obstante, en aumento y ello movió al régimen a modificar el Código Penal y la Ley de Procedimiento Penal. Este trabajo comenzó en 1990 y culminó con la promulgación del Decreto Ley No. 150 que entró en vigor el 10 de junio de 1994.[9] Los nuevos textos legales incluyen conductas delictivas inéditas como el enriquecimiento ilícito (que el código añadió al enriquecimiento indebido), la evasión de impuestos y ciertas formas de desorden público. Las sanciones principales se hicieron también más duras pues incluyen la pena de muerte y la de 30 años de privación de libertad en tanto que las accesorias amplían las posibilidades de imponer (incluso a terceros) las medidas de confiscación y decomiso de bienes u objetos.

No podía haber sido otra la orientación legislativa dada la postura adoptada por Castro durante este período. Recuérdese que esta etapa comienza con la imputación a sindicatos y trabajadores de ser responsables de los errores y tendencias negativas que él mismo estimó necesario rectificar; continúa con el énfasis que puso en 1988 en la necesidad de "elevar la disciplina al más alto grado y mantener en los centros de trabajo una disciplina de hierro"; y adquiere un significado más ominoso en 1989 cuando expresó su inconformidad con las leyes que a su juicio daban "una protección excesiva a los incumplidores e indisciplinados",[11] crítica ésta que seguramente inspiró la severidad de las normas disciplinarias adoptadas en los años siguientes.

A este mayor rigor de la represión y disciplina se añadieron en agosto de 1994 una elevación de los precios de ciertas mercancías y un nuevo sistema tributario que afectaba de modo particular a los trabajadores por cuenta propia y a los vinculados a las empresas mixtas del sector turístico.[12] El gobierno sabía que dichas medidas iban a suscitar quejas entre los trabajadores pero tenía necesidad de frenar la inflación y robustecer sus arcas.

Nada más significativo, a este respecto, que el discurso pronunciado por Castro ante la ANPP a fines de diciembre de 1995. Después de haber demandado los mayores sacrificios de los trabajadores azucareros y de haberles hecho laborar jornadas excesivas durante más de 36 años, el Máximo Líder dedicó ahora una buena parte de su discurso a fustigar y tratar con dureza a esos mismos trabajadores. Ocurriendo después del fracaso de la zafra de 1994-95, la aparente falta de cooperación de los que una vez más debían cortar caña en las condiciones menos favorables debió haber molestado al Comandante en Jefe. Durante largos años les había impuesto el más duro régimen laboral y es probable que los macheteros y sus compañeros estuvieran ya hartos de tantos sacrificios. La dureza de sus críticas dio incluso lugar a la riposta de dos diputados.

## Las comisiones de idoneidad o de admisión y permanencia en el empleo

Hasta 1990 la contratación del personal se había estado haciendo sea directamente por las entidades laborales, sea por medio de las comisiones municipales de trabajo. En ambos casos la obligación de examinar previamente el expediente de trabajo servía para discriminar y excluir a los que de alguna manera se habían señalado como inconformes con el régimen. Al estallar la crisis económica, sin embargo, se quiso dar un paso más en el propósito de reservar no ya las oportunidades futuras de trabajo sino las plazas existentes y las que iban a conservarse durante la crisis para los castro-comunistas.

Se aprovechó a este respecto la creación a fines de 1990 de unas comisiones encargadas de resolver sobre la admisión al empleo, la promoción y la permanencia de los trabajadores, así como la selección del personal a capacitar.[13] Las comisiones estaban también facultadas para valorar y decidir sobre la imposibilidad de reubicar al trabajador, así como determinar si las ofertas le eran asequibles. Es decir, que tanto el empleo como el desempleo se ponían en manos de este nuevo órgano que debía analizar todas las razones y circunstancias del caso.

Las comisiones en cuestión estaban integradas por un representante de la administración, uno de la organización sindical y "trabajadores de reconocido prestigio en la actividad de que se trate, aprobados en asamblea de trabajadores".[14] Aunque la resolución creadora de esas comisiones mencionaba la antigüedad en la empresa como uno de los seis criterios que debían tomar en consideración las comisiones, su propósito declarado era postergar la antigüedad en favor de la selección del más idóneo.[15] En el análisis integral que de cada trabajador debían hacer las comisiones se mencionaba también la disciplina laboral, la iniciativa y la dedicación, así como "otras cualidades".[16] El órgano de la CTC dejó aclarado que tanto la creación de las comisiones como la lista de criterios a tener en cuenta respondían al reclamo expuesto por los trabajadores en el XVI Congreso,[17] en el sentido de dar prioridad a la idoneidad. Este reclamo contrariaba por cierto el acuerdo que en favor de la antigüedad se había adoptado en el XIII Congreso.

En la práctica las susodichas comisiones se fueron gradualmente utilizando para seleccionar a los comunistas y marginar del empleo a los que no estuvieren de acuerdo con el régimen. Este aprovechó así la ruina económica del país para "darle valor al empleo como arma de control social y lealtad política".[18] El personal se dividiría así en dos grupos: uno destinado a conservar sus empleos y otro que sería privado de ellos. En otras palabras, en los instantes en que aumentaba el número de descontentos, Castro añadía otro instrumento al arsenal de recursos que empleaba para mantener bajo su férula a la clase trabajadora.

## Las brigadas de respuesta rápida

En la represión de los disturbios del 5 de agosto de 1994 participaron la Policía Nacional Revolucionaria, el Contingente Blas Roca y las Brigadas de Respuesta Rápida. He aquí la forma como unos días después el órgano de la CTC describía la participación de estas últimas: "Los hombres y mujeres revolucionarios con piedras y palos en las manos defendían la calle que es la primera trinchera".[19] Esos hombres y mujeres eran los miembros de las brigadas o destacamentos de respuesta rápida (BRR) creadas dos años atrás.

Cuando Castro recabó la intervención directa de esas nuevas agrupaciones para sofocar a la fuerza cualquier manifestación de protesta, muchos dudaron que la clase trabajadora se prestara a ello. Era difícil pensar que del seno de esa clase surgieran estos instrumentos de represión y de hecho algunas secciones sindicales rehusaron constituirlos. Una vez más, sin embargo, prevalecieron los deseos de Castro de utilizar todos los medios a su alcance para mantenerse en el poder.

El propósito principal que guiaba la creación de estas brigadas era comprometer aún más a los obreros en la supervivencia del régimen. Castro quiso asociarlos en su empeño de mantenerse en el poder haciéndoles ver de manera inconfundible que su destino era también el de los obreros, y que su caída arrastraría consigo a los que ostensiblemente habían figurado en su defensa. No ya un contingente o brigada específico sino también un órgano que simbólicamente representara al conjunto de la población trabajadora. Junto a ese propósito latía también el deseo de enardecer todavía más el espíritu de confrontación clasista e insuflar un nuevo aliento a las tendencias de movilización social que por tanto tiempo habían caracterizado su régimen. A los obreros se les daba, por último, la oportunidad de constatar que su protagonismo no era una mera cuestión retórica sino algo efectivo y real.

Los nombres de brigadas o destacamentos de respuesta rápida que al principio se utilizaron de modo indistinto ponían asimismo de manifiesto la intención de seguir militarizando la fuerza de trabajo. Sin embargo, la función que se asignaba a los miembros de estas unidades era muy diferente a la de los soldados y los miembros de contingentes; a los brigadistas se les confiaba la misión de acudir rápidamente y en forma de turba armada a reprimir sin sujeción a regla alguna cualquier expresión de oposición, disidencia o crítica al régimen. Se les encomendaba, en otras palabras, la penosa e ingrata tarea de atacar utilizando de preferencia machetes, garrotes, cabillas y útiles de trabajo a cualquier ciudadano, hombre o mujer e incluyendo a sus compañeros sindicalistas, que se hubieren manifestado en contra del régimen. Participaron así en actos de repudio, en especial el que se llevó a cabo contra la poetisa María Elena Cruz Varela, se hicieron presentes también en la disolución de grupos de disidentes, incluyendo las comisiones gestoras de sindicatos independientes y atacando a trabajadores por cuenta propia. Se les pedía, en suma, que estuvieran disponibles las 24 horas del día en sus zonas respectivas y que no tuvieran reparos en hacer uso de la fuerza.

No solamente se destacaron las BRR por agredir a personas inermes sino también por penetrar en las iglesias "para tratar con violencia a quienes intentan expresarse de algún modo".[20] Cabe añadir que aunque utilizando procedimientos menos brutales, la hostilidad hacia la Iglesia y la interrupción de actos religiosos remonta a fines de 1960.[21]

Las BRR traían a la memoria las semejanzas de métodos que muchos habían antes notado entre el régimen de Castro y el nazismo de Hitler y el fascismo de Mussolini. Si los brigadistas y los miembros de destacamentos hubieran decidido vestir camisas pardas o grises habrían sido una réplica exacta de las tropas de choque que aquellos dictadores usaban para aplastar violentamente cualquier expresión de protesta. Sus procedimientos eran también parecidos a los que emplearon los mineros rumanos apelados por Iliescu para combatir sus opositores en 1990, sólo que éste fue un episodio aislado mientras que en Cuba las brigadas se hicieron órganos permanentes. En la propia historia de Cuba la aparición de las BRR evocaba otros cuerpos y episodios de infame recordación como los porristas de Machado y los sicarios de Batista. Empapados de la retórica de odio y rencor que Castro había predicado durante más de tres décadas, quienes se adherían a las brigadas se proponían sin duda llevar a sus últimas consecuencias su condición de servidores del régimen.

¿Quién les iba a decir a los obreros y campesinos a quienes Castro prometió una vida digna, libre, próspera y respetable que iban a terminar siendo desempleados unos y esbirros y enemigos de sus propios compatriotas otros?

## La CTC ante los nuevos rumbos de la economía

Las BRR no son un órgano sindical; su creación responde a la dinámica político-autoritaria del régimen, si bien tienen por supuesto el respaldo de la CTC. ¿Se han operado en ésta cambios como resultado de las transformaciones más o menos importantes introducidas en el modelo de desarrollo económico que estuvo vigente durante 30 años? No parece que los ha habido, al menos no en los objetivos, la estructura y funciones de la CTC; es cierto que se han creado dos nuevos sindicatos nacionales, el de la Ciencia y el del Turismo, este último aparecido en octubre de 1995 como un desprendimiento del Sindicato del Comercio y la Gastronomía, pero conviene recordar que ha habido también adiciones, supresiones y fusiones en otros años y que es sólo el del Turismo el que guarda relación con los nuevos rumbos de la economía. Nada se ha hecho por otra parte para desmantelar el patrón autoritario y paternalista que rigió por tantos años, ni tampoco para descentralizar el proceso de adopción de decisiones. Aunque se ha imprimido periodicidad a las asambleas por la eficiencia (que se reunen cada tres meses), no parece probable que hayan logrado una mejora apreciable de la gestión empresarial. Se dice que son distintas de las reuniones sindicales tradicionales, pero de ahí a calificarlas de "dueños colectivos de los medios de producción",[22] media un gran trecho. ¿Podrían acaso destituir al administrador de la empresa como ocurría en el sistema yugoslavo de autogestión? Las más recientes investigaciones muestran que en el 76 por ciento de las cuestiones planteadas no se obtenía solución alguna y que sólo en el 24 por ciento de los casos se daba respuesta a lo solicitado.[23]

Sería extraño además que se dé más participación obrera en la gestión de las empresas del Estado, cuando en las Unidades Básicas de Producción Cooperativa (UBPC), que tienen el usufructo de la tierra, otros estudios recientes muestran que ellas carecen de verdadera autonomía, no toman decisiones estratégicas ni superan en la práctica las estructuras de dirección que les sirvieron de antecedentes.

Mas si no se han efectuado revisiones de fondo, cabe advertir que existe cierta preocupación por estudiar el carácter de su posible ocurrencia. En enero de 1995 se llevó a cabo el Primer Encuentro de Estudios del Trabajo en el que se discutieron los problemas que en el actual escenario cubano se derivan de los cambios efectuados en el mundo empresarial, en el trabajo por cuenta propia y en la participación de los trabajadores en la gestión. Unos meses antes, la CTC constituyó un Consejo Técnico Asesor del que formaron parte instituciones e investigadores y el cual ha favorecido la realización de estudios sobre la actual problemática laboral. Habría que ver si en un terreno más práctico se llegan o no a efectuar verdaderas negociaciones colectivas con las empresas extranjeras y qué consecuencias tendrían las rupturas de esas negociaciones.

## Los grupos sindicales independientes

El reverso de la medalla relativa a las BRR está representado por los múltiples esfuerzos que se han realizado para crear un sindicalismo independiente. Los antecedentes de esta tendencia datan de 1983 cuando cinco trabajadores fueron condenados a muerte (pena conmutada en apelación por la de 30 años de privación de libertad) por tratar de organizar una huelga y una federación obrera independiente.[24] En octubre de 1991, la prensa internacional informó sobre la constitución en el barrio de Luyanó en La Habana de un movimiento sindical independiente denominado Unión General de Trabajadores de Cuba (UGTC).[25] Se decía que el movimiento estaba vertebrándose (en realidad estaba en estado de comisión gestora), que el mismo no iba a afiliarse a ninguna central sindical internacional y que no perseguía fines políticos.

En un llamamiento hecho al país el mismo día de su fundación, la UGTC afirmaba que se dedicaría a la defensa de los derechos constitucionales de los trabajadores cubanos así como de aquellos que aparecen en el código del trabajo y demás leyes nacionales y en los convenios adoptados por la Organización Internacional del Trabajo. El llamamiento mencionaba, entre otras razones que motivaron la creación de la Unión, el estado de inconformidad generalizado que existe entre los trabajadores, "palpable diariamente en todas las esferas de la vida laboral", y el hecho de que "los sindicatos actuales no representan los verdaderos intereses de sus afiliados y no defienden ni apoyan las justas demandas que éstos formulan ni se preocupan por mejorar el nivel de vida de los trabajadores". El documento añadía que se habían creado divisiones en la clase obrera del país y ponía de relieve cómo los trabajadores estaban siendo movilizados permanentemente para diferentes lugares y tareas con el objeto de superar errores del gobierno. Señalaba, por último, que los trabajadores han perdido interés en su trabajo y se han ido desvinculando de la burocracia y tecnocracia que son los verdaderos amos de la economía estatal, así como de la subterránea en la cual viven y vegetan".[26]

El presidente de la comisión gestora, Rafael Gutiérrez Santos, se desempeñó como dirigente sindical oficialista desde 1967 hasta 1991, en que fue expulsado de la CTC y de su sindicato de la Marina Mercante y Puertos. Las causas que se invocaron para su expulsión fueron las críticas que había dirigido al régimen de Castro y su participación en grupos de derechos humanos. Con anterioridad a su expulsión, Gutiérrez había obtenido la votación más alta de las elecciones celebradas a principios de 1991 para integrar el Buró Sindical Especial del Puerto de Regla. Fue a raíz de esa elección que en julio de 1991 Gutiérrez fue despedido también de la Empresa Terminales Mambisas de La Habana. Junto a Gutiérrez figuraban en la directiva del comité gestor otros trabajadores portuarios y obreros desempleados.

A principios de 1992 se produjo una escisión en la UGTC. Gutiérrez y otros dirigentes, decidieron separarse de ella y fundar la Unión Sindical de Trabajadores de Cuba (USTC), organización también autónoma formada por trabajadores activos, desempleados y jubilados.[27] La primitiva organización pasó a ser encabezada por Lázaro Corp, quien después de sufrir maltratos, detenciones y amenazas se vio forzado a salir de Cuba. Era el mismo camino que tuvo que tomar antes Rafael Gutiérrez. En 1995, la UGTC decidió fusionarse con el Frente Obrero del Partido Demócrata Cristiano presidido por José María de la Aguilera;[28] aunque el PDC radica en Miami, la nota de fusión señala que la nueva organización estaría dirigida por un consejo de dirección la mayoría de cuyos integrantes residen en Cuba.

Según el periódico *Fragua* de Miami, órgano oficial de la UGTC-DC, dicha organización reclama el derecho de los trabajadores a organizarse libremente y anuncia su propósito de "oponerse resueltamente, sin restricciones ni condiciones al embargo impuesto a Cuba por Estados Unidos" y de abogar por el diálogo, la reconciliación nacional y la negociación pacífica entre cubanos.

En Cuba otros grupos independientes habían procedido a constituir antes la Central de Trabajadores Democráticos de Cuba (CTDC) de parecida filiación y la Central de Trabajadores Democráticos-Frente. A su lado fueron apareciendo otros grupos ajenos a la CTC como la Coordinadora Obrera Cubana, la Unión Laborista de Cuba, la Unión Sindical Independiente de Cuba, el Frente Unido Laboral y hasta una curiosa Unión Sindical de Caballeros del Trabajo. Algunos de estos grupos decidieron, a principios de 1993, coordinar sus actividades en una Comisión de Sindicatos Independientes (CONSI); dos años después otras entidades obreras formadas en La Habana y en el interior de la República constituyeron una Mesa Coordinadora Sindical de Cuba. Varias de las precitadas organizaciones integraron en 1996 el Concilio Cubano, organización de cúpula que agrupaba a unas 130 entidades de distinto pensamiento político. Sin embargo, la CTDC, que había formado parte del Concilio se apartó pronto del mismo y pasó a adherirse al Frente Unido Patriótico..

Ninguna de estas organizaciones ha obtenido reconocimiento oficial ni ha logrado alcanzar una membresía importante. El régimen de Castro, en franca violación del Convenio 87 sobre libertad sindical, se niega a aceptar el principio del pluralismo sindical y continúa invistiendo a la CTC del monopolio de la representación obrera. "No hay libertad de sindicalización para los enemigos de la revolución", sostienen los portavoces del régimen. Cuando los diversos grupos independientes han interesado del Ministro de Justicia su inscripción como organización lícita al amparo del artículo 53 de la Constitución, el Minjus ni siquiera responde a la solicitud de registro. El silencio es parte de la estrategia adoptada por las autoridades para destruir al sindicalismo independiente. El gobierno sabe que si rechaza la solicitud de registro se le acusaría por las centrales obreras internacionales de vulnerar el convenio de la OIT sobre libertad sindical. Si por el contrario diera una respuesta afirmativa daría pie para un crecimiento acelerado de esos grupos a expensas de una CTC que correría el riesgo de desmoronarse. Manteniendo a su vez la política del silencio administrativo se asegura de que los promoventes de esas organizaciones se vean impedidos de intensificar sus gestiones organizativas y lleguen a contar con un seguimiento masivo. La ausencia de respuesta, de igual modo que la respuesta negativa significan que sobre los organizadores y sus miembros se halle siempre pendiente la denuncia de asociación ilícita que conlleva penas de cárcel. De hecho a Gutiérrez y demás dirigentes se les ha encarcelado en varias ocasiones; otros han sido puestos bajo arresto domiciliario o simplemente se les priva de sus puestos de trabajo. A todos se les somete además a actos de repudio o ataques a sus domicilios perpetrados por las BRR. Para el consumo exterior, el Gobierno de Castro cursó instrucciones a sus embajadas para que divulgaran la versión de que los grupos independientes representaban una tendencia "amarilla".[29] En 1993 la Conferencia Internacional del Trabajo subrayó la importancia de que existan sindicatos independientes en Cuba.

## Las organizaciones del exilio

Hay otras genuinas organizaciones sindicales de orientación independiente, pero éstas tienen su sede en el exilio y operan en Cuba sólo en forma clandestina y muy limitada. Cabe citar entre estas organizaciones a la Solidaridad de Trabajadores Cubanos (STC) con sede en Caracas, la Confederación de Trabajadores de Cuba (CTC) en el exilio, la Central de Trabajadores de Cuba (Revolucionaria) Exilio, ambas radicadas en Miami y la Sección Obrera del Forum Revolucionario Democrático Cubano.

No sería justo olvidar tampoco a algunas antiguas federaciones de industria, como las de los trabajadores de plantas eléctricas, telefónicos, campesinos y azucareros que se mantienen activas. Algunas de estas organizaciones han sabido preservar los lazos de solidaridad sindical, publicar periódicos, organizar seminarios y celebrar actos conmemorativos. La STC publica en Venezuela la revista *Desafíos* y los eléctricos la revista *Lux*. Otras agrupaciones como la Acción Sindical Independiente y la Federación Libre de Trabajadores Cubanos son de menos importancia o se hallan asociadas a movimientos políticos del exilio.

Respondiendo a una iniciativa de la STC, se llevó a cabo en marzo de 1991 en Santo Domingo y Montecristi, República Dominicana, un Congreso Unitario de Trabajadores que aprobó la Declaración de Montecristi, en la que se reclama el respeto de los derechos humanos, la libertad de los presos políticos, sindicalistas y activistas de derechos humanos y en particular, el respeto de los derechos sindicales, la democracia sindical y el derecho a la huelga, la negociación colectiva y la participación de los trabajadores en la planificación económica y social.[30] La Declaración señala que el régimen castro-comunista ha llevado al pueblo y a la nación a la crisis más profunda de su historia y se propone luchar por un reordenamiento de la economía para hacerla "más eficiente y más humana".[31]

# Notas

[1] Véase *Trabajadores*, 22 de agosto de 1994, pag. 3.

[2] "Despeje de la ecuación entre política y finanzas sindicales", *Trabajadores*, 7 de junio de 1993, pag. 4.

[3] Ibid.

[4] *Trabajadores*, 25 de julio de 1994, pag. 4.

[5] Véase el editorial de *Trabajadores* del 16 de mayo de 1994, pag. 2.

[6] Idem del 21 de marzo de 1994, pag. 2.

[7] Véase E. Córdova, *El mundo del trabajo*, op. cit., pag. 141. La guía en cuestión nunca pudo aplicarse a cabalidad.

[8] Ibid, pag. 143.

[9] Véase "Dar respuesta eficaz al delito", *Trabajadores*, 4 de julio de 1994, pag. 5.

10 *Trabajadores*, 5 de febrero de 1988, pag. 1.

[11] Idem, 10 de enero de 1989, pag. 3.

[12] Véase "Las manos en los bolsillos de los trabajadores", *Desafíos* (Caracas), año 1, No. 2, agosto-septiembre de 1994, pags. 32-34.

[13] Véase la resolución No. 18 de 1990 del CETSS.

[14] Véase el artículo 3 de la precitada resolución.

[15] Véase Caridad Lafita, "Nuevo reglamento para admisión al empleo, permanencia, promoción y capacitación", *Trabajadores*, 1 de diciembre de 1990, pag. 5.

[16] Véase el artículo 7 de la resolución No. 18.

[17] Lafita, loc. cit.

[18] Soren Triff, "¿Llegó la hora de los trabajadores?", artículo publicado en *El Nuevo Herald*. (Miami), 1995.

[19] *Trabajadores*, 15 de agosto de 1994, pag. 4.

[20] "Declaración de la Conferencia de Obispos Católicos de Cuba" del 2 de octubre de 1992, en *La voz de la Iglesia en Cuba*. (México: Obra Nacional de Buena Prensa, 1995), pag. 392.

[21] Arzobispado de Santiago de Cuba, "Vivamos en paz", en ibid, pag. 145.

[22] José L. Martín Romero, "Los sindicatos ante la crisis cubana", Documento presentado al XIX Congreso de LASA (Washington, septiembre de 1995), pag. 6.

[23] Ibid, pag. 9.

[24] Los obreros en cuestión se llaman Ezequiel Díaz, Angel Martínez, Carlos García, José L. Díaz Romero y Benito García Olivera. Junto a ellos fueron condenados a igual pena el presidente del tribunal de apelación y los abogados defensores (Aramís Taboada y cuatro defensores de oficio).

[25] El anuncio de la creación de la UGTC se hizo primero por la revista *Le Nouvel Observateur*, de París.

[26] Puede verse una síntesis del documento en Córdova, op. cit., pags. 332-333.

[27] El documento constitutivo de la USTC fue publicado por la *Revista del Congreso Unitario de Trabajadores Cubanos* (Caracas), s.n., pag. 21.

[28] Véase supra, pags. 30, 65, 75, 83 y 110.

[29] Véase *La República* (Montevideo), 5 de octubre de 1991, pag. 13.

[30] Véase el texto íntegro de la Declaración en la revista CUTC, pags. 32-35.

[31] Ibid, apartado 11.

# Capítulo 26

## *Estampas de la vida laboral cubana*

### Una empresa modelo

La prensa sindical cubana suele presentar ejemplos dirigidos a proclamar las bondades de la revolución y a mostrar cuán dedicados son sus seguidores. Sin embargo, algunas veces los ejemplos sirven en realidad para poner al desnudo aspectos insólitos y sombríos de la actual sociedad cubana.

En 1994, por ejemplo, *Trabajadores* publicó un artículo sobre el Complejo Lácteo de La Habana que tenía por objeto destacar los progresos hechos por esa empresa con respecto a la reducción del ausentismo y el sistema de incentivos que busca perfeccionar la emulación sindical y mejorar la atención al hombre. El articulista tuvo, por supuesto especial empeño en destacar desde el comienzo que los progresos en el ausentismo se debían a los nuevos índices de disciplina que primero mencionó en forma vaga pero luego fue ofreciendo detalles que arrojan luz sobre las causas de ese progreso. Resulta que en el tal complejo o colectivo laboran unos 400 trabajadores y junto a ellos, velando por la preservación del orden y la seguridad, hay un cuerpo de protección de 40 custodios cuidadosamente seleccionados, algunos de los cuales, han sido adiestrados en el uso de armas de fuego y en la técnica canina, o sea que realizan sus funciones de vigilancia con perros guardianes.[1] El Complejo Lácteo es pues una empresa en la que el 10 por ciento del personal se dedica a vigilar y delatar a los llamados antisociales y utiliza para ello perros de presa.

El ejemplo del Complejo Lácteo de La Habana (nombre pomposo que en realidad se refiere a una lechería) no es en modo alguno único o excepcional. En la Empresa Provincial de Alimentos de La Habana se han creado destacamentos de vigilancia y protección formados por custodios, un trabajador de guardia y un dirigente que en cada uno de los establecimientos de la empresa cuidan sus instalaciones después que concluye la jornada de trabajo. Estos destacamentos son simplemente una adición a la vigilancia que llevan a cabo la PNR, los serenos, la guardia obrera y la llamada guardia cooperada;[2] estos dos últimos grupos se hallan en la actualidad fusionados en el Cuerpo Unico de Vigilancia y Protección.

La acción policiaca en el interior de los centros laborales ha sido particularmente intensa en los puertos donde a menudo ocurren asaltos y substracciones. En algunos puertos las operaciones de estiba se dirigen desde un puesto de mando situado en una especie de atalaya desde la cual se vigila el desarrollo de la labor. En el de La Habana las faenas de carga y descarga de los buques se llevan a cabo bajo la supervisión del precitado Cuerpo de Vigilancia y Protección cuyos miembros realizan el servicio armados y con perros entrenados.[3]

En las zonas rurales hasta los campesinos miembros de la ANAP tienen que usar armas para repeler los robos. El presidente de dicha asociación declaró en una entrevista que cuentan con 140,000 personas organizadas en forma militar con 10,000 armas de fuego.[4]

La situación es particularmente crítica en el sector agrícola de la Provincia de La Habana donde no menos del 30 por ciento de los productos del agro que son transportados a la capital experimentan desvíos no autorizados. A fin de contener esas pérdidas, el gobierno ha dispuesto que miembros de las FAR, el MININT y soldados del EJT acompañen a los trabajadores agrícolas y a los movilizados capitalinos en las labores de recogida y transporte de las cosechas. Se han establecido controles estrictos, entre ellos el de situar en cada camión un acompañante armado que vela por la carga evitando que se sustraigan en el camino los sacos y cajas transportados.[5]

Los artículos publicados en el órgano de la CTC subrayan la gran presión delictiva que existe en las entidades laborales y afirman que sólo con el respaldo del colectivo obrero podrán perros y guardianes realizar con eficacia sus funciones.

Esto significa que ni las medidas de disciplina, ni las de militarización del trabajo son suficientes para mantener el mínimo de orden y control que el proceso de producción requiere. Las empresas se han visto así obligadas a organizar mecanismos suplementarios de custodia para evitar interrupciones en su funcionamiento o el robo de los artículos que producen.[6]

## La trabajadora modelo

Además de aludir a las empresas modelos, el periódico, *Trabajadores* presenta a menudo ejemplos de trabajadores que son prototipos de dedicación. Uno de esos ejemplos se refiere a una mujer, llamada Migdalia Peguero Martínez, quien trabaja en el establecimiento de conservas El Gallito en Candelaria, Pinar del Río. La señora Peguero comenzó a trabajar allí cuando tenía 13 años y allí permanecía cuando ya estaba a punto de poder jubilarse. Luego de haber dedicado toda su existencia al trabajo y de verse obligada a laborar muchas veces jornadas alargadas, de noche y madrugada, el periódico de la CTC ofrece una descripción somera de los grandes beneficios y enormes conquistas sociales que le ha deparado la revolución de Castro.[7]

A la señora Peguero el Estado-Patrono le paga un sueldo de 121 pesos, cuya suma apenas necesito ponderar lo que representa en una economía que el gobierno ha dolarizado. Ella vive a dos kilómetros del centro de trabajo y para trasladarse tiene que hacerlo a pie, pues ni la empresa suministra transporte como hacen muchas fábricas en otros países del mundo ni el régimen le ha dado una bicicleta. Tiene pues que levantarse temprano y estar en su trabajo antes de las siete de la mañana. Para complicar aún más las cosas, la señora en cuestión cría a un niño de cinco años que o bien le acompaña en su penoso recorrido para dejarlo en el CVP o bien lo deja al cuidado de una compañera de la oficina.

Aunque el título de su puesto es operadora de equipos, Migdalia dice que en la fábrica hace lo que se le ordene y que no tiene hora para irse del trabajo. Confiesa tener problemas personales y admite que la situación es difícil, pero ella es, según la autora del artículo, una mujer luchadora y perseverante que sabe planificar su tiempo y sacarle el máximo provecho a sus alargadas jornadas.

Bien se ve a la luz de lo anterior que la señora Peguero merece reconocimiento no tanto como trabajadora modelo sino más bien como explotada perfecta. Porque en fin de cuentas ¿qué le ha aportado a ella esta revolución que día a día y durante 37 años ha estado usufructuando su dedicación al trabajo? Le da un sueldo de miseria, le impone jornadas extenuantes, le hace trabajar de noche y de madrugada y ni siquiera le proporciona el más humilde de los medios de transporte. Tan excesiva tacañería no impidió el que en 1993 nuestra benemérita señora fuera un elemento clave en lograr que su colectivo entregara puntualmente el aporte debido a las Milicias de Tropas Territoriales y proclame todavía hoy que seguirá en su fábrica hasta que le falten las fuerzas. Tiene pues méritos suficientes para figurar en la historia de las vidas de los trabajadores afines a la revolución, no ya como una obrera ejemplar, sino como una víctima ingenua o mejor como una mártir anodina que sin recibir compensación malgastó su vida por una causa inútil.

## Paradigmas y dechados

Otro trabajador modelo, debidamente publicitado en la prensa sindical, es el señor Domingo Urrutia Estrada quien es machetero y Héroe del Trabajo de la República. Próximo ya a jubilarse tras haber cortado cuatro millones de arrobas de caña y sufrir de dolencias en un brazo, Urrutia merece desde luego el descanso. Lo que tal vez no merecía es haber estado sometido año tras año a las terribles jornadas de trabajo que el régimen impone a los macheteros de alta productividad. En ningún momento se le ofreció otra ocupación menos penosa y agobiante. La revolución le asignó el oficio de machetero y le utilizó en ese menester durante toda su vida útil y hasta el límite de sus fuerzas físicas. Es verdad que le obsequió con el título de Héroe del Trabajo, mas para ganar ese galardón tuvo que cortar en múltiples ocasiones más de 100,000 arrobas de caña y laborar 12 o 14 horas, unas veces bajo el sol ardiente y otras bajo la lluvia o sufriendo las molestias del pica-pica, los bejucos y los insectos.[8]

Habría que preguntarse si el señor Urrutia se detuvo alguna vez a pensar en lo que significó para el régimen en términos económicos ese rendimiento suyo. Calculándolo sobre la base de un precio de 15 centavos la libra de azúcar, su trabajo representa, nada más y nada menos que un promedio de 25 a 30 mil dólares por zafra que multiplicado por 35 años representa un aporte de unos $800,000 dólares al Estado Cubano. El artículo tampoco dice si el señor Urrutia llegó a recordar alguna vez las promesas de bienestar y prosperidad que Castro hizo en 1959 y 1960 a los trabajadores agrícolas. Si lo hubiera recordado se habría dado cuenta del contraste entre esas promesas y su humilde jubilación de menos de 80 pesos (tres o cuatro dólares) al mes.

A los nombres de la señora Peguero y el señor Urrutia sería posible añadir una lista interminable de obreros y campesinos calificados de modelos. Ahí están, por ejemplo, Omar Gerudis González y su compañera Ensiquia Cabrera, ambos carboneros y vanguardias nacionales. En 1993 hicieron 3,036 sacos de carbón a un ritmo no menor de 200 al mes. El, Omar, trabaja con hacha y machete cortando leña desde la 6 de la mañana hasta la 7 de la noche mientras ella va levantando el horno; la quema dura cuatro días, tiempo durante el cual "el matrimonio debe estar en permanente vigilia". En premio a esos esfuerzos, el gobierno les obsequió con dos estancias en el Hotel Santiago y un viaje al extranjero.[9]

La prensa del gobierno destacó también durante el período especial los casos del señor Antonio Torres Hernández, tornero, Vanguardia Nacional y Héroe del Trabajo, quien sólo en la fabricación de coronas aportó más de dos millones de pesos a la economía nacional[10] y la señora Ivelise Gala Valiente de Bayamo quien trabaja 256 horas extraordinarias voluntarias cada mes. Su esposo puso tantos ladrillos en una jornada que "nunca nadie más ha colocado igual cantidad".[11]

Asimismo tomados al azar están los ejemplos de Diosdado Cordovés quien reparando motores de lanchas coheteras durante 12 horas al día hizo posible un ahorro de tres millones de dólares en tres años[12] y de Aleida Beltrán Delis, plantadora de árboles del Sindicato Agropecuario Forestal quien impulsada tal vez por el deseo de compensar por los muchos árboles cortados por el Sr. Gerudis, en 13 años de labor sembró 2,400,000 (2,000 diarios). Trabajaba antes recogiendo café, desyerbando y lavando ropa. Tiene 56 años y comienza su labor a las 7 de la mañana, pero se levanta a las 4 de la madrugada para atender a la numerosa familia y recorrer 7 kms. a pie y descalza.[13]

Cabe también mencionar al señor Ruldecindo Rojas, Héroe del Trabajo, quien en 1991 laboraba como promedio 16 horas al día como operador de máquina en la empacadora El Tigre de la industria alimentaria. En 18 años el señor Rojas no tenía una sola ausencia en su puesto.[14]

¿Qué decir de los panaderos Arnaldo Sardiñas y Juan Martínez que laboraron 4,000 y 5,000 horas al año respectivamente,[15] siendo así que el año laboral normal es hoy día de unas 1,750 a 2,000 horas en casi todos los países que respetan la legislación laboral?

A todos estos héroes y vanguardias que realizan proezas y laboran 12 o 14 horas al día se les debería recomendar que al llegar la jubilación o en sus raros momentos de descanso leyeran el escrito que sobre "Salario, precio y ganancia" Karl Marx publicó en 1865. En él, el padre del comunismo dice que:

> *El hombre que no dispone de ningún tiempo libre, cuya vida, prescindiendo de las interrupciones puramente físicas del sueño, las comidas, etc, está toda ella absorbida por su trabajo para el capitalista, es menos todavía que una bestia de carga. Físicamente destrozado y espiritualmente embrutecido es una simple máquina para producir riqueza ajena".*[16]

## Túneles Populares y Mitología Revolucionaria

De todos los trabajos impuestos por el régimen de Castro, sin duda que el más ingrato, inútil y absurdo es el de cavar en los llamados túneles populares. Se trata ante todo de un trabajo que no produce riqueza, que no aporta un sólo centavo a la economía cubana. Entraña por el contrario, el desperdicio de materiales y de una fuerza de trabajo potencialmente creadora y apta a la que se obliga a realizar una obra absolutamente descabellada. El tunelero no es un obrero de la industria, ni un trabajador agrícola, ni un empleado del sector de los servicios. Es simplemente un individuo que está perdiendo su tiempo.

A nadie debería escapar, en segundo lugar, que es un trabajo penoso e insalubre como son todos los trabajos subterráneos y también los que consisten en cavar a cielo abierto respirando polvo y mucho más los que están expuestos a los riesgos de las explosiones de dinamita. Su realización coincide además con el deterioro de la condición física de los llamados a ejecutarlo. Hay datos alucinantes de tuneleros que cavan con sólo un vaso de agua con azúcar prieta en sus estómagos. Pero desfallecidos o no, al descampado o bajo tierra, los tuneleros cavan, cavan sin cesar y a veces sin saber por qué, narcotizados unos por la dialéctica del Máximo Líder, aguijoneados otros por la presencia de los supervisores de turno.

Las primeras noticias sobre la red de túneles datan de 1981 y tres años después más de 20,000 cubanos trabajaban febrilmente en la realización del sombrío proyecto. En su condición de Comandante en Jefe, Castro dispuso después, ya durante el período especial, que se continuara la obra a pesar de la escasez de cemento y otros materiales.

El propósito aparente de la obra era de índole militar, inspirada al parecer por la experiencia de Vietnam; no hace mucho la televisión cubana ofreció unas vistas de las armas y explosivos almacenados en los túneles. Algunos sostienen, sin embargo, que se trata más bien de una carga impuesta por Castro con el propósito de mantener distraída a una parte de la población. Fue en efecto el aumento del desempleo en los últimos años lo que motivó al régimen a inventar nuevas ocupaciones a fin de evitar la frustración y el desasosiego que provienen de la inactividad. Junto al programa alimentario se debió así intensificar la tarea de hacer túneles y acondicionar cavernas.[17]

Pero a pesar de su carácter dañino, inútil e impuesto son cada vez más los que trabajan en los llamados túneles populares. En el mundo surrealista y decadente de Cuba, cualquier cosa es posible y lo cierto es que el régimen ha podido ya construir muchos kilómetros y varias redes de vías subterráneas. Según la prensa cubana los túneles se triplicaron en 1992; en Manzanillo tenían ya cabida para acoger a sus 100,000 habitantes y en Trinidad a más de 40,000 personas. En 1993 casi toda la red de túneles de la provincia de Matanzas quedó terminada. Por esa época cientos de kilómetros de túneles fueron construidos a pico y pala y con cubos para extraer la tierra en la jurisdicción del Ejército Central;[18] en Matanzas un contingente ayudado por espeleólogos se dedicó a acondicionar la extensa red de cavernas con que la naturaleza dotó a esa región;[19] y en la remota Baracoa sus habitantes dedicaban miles de horas a la construcción de los túneles.[20] Poco después esas labores fueron declaradas "obras de choque", por la Unión de Jóvenes Comunistas y su jefe, Roberto Robaina, celebró en ellos varias fiestas y conmemoraciones revolucionarias. Se debería añadir que en algunos túneles se han instalado plantas eléctricas, cocinas y servicios sanitarios y que en varias cuevas se han hecho arreglos con vista al alojamiento de los habitantes de la zona. Sería algo así como el regreso a la vida en grutas y cavernas de nuestros antiguos aborígenes.

De nada sirve que el objetivo de defensa invocado parezca ya gastado; poco importa que desde el punto de vista militar la idea de enterrarse en un túnel sea totalmente irracional. Un extraño fenómeno de psicosis colectiva, hábilmente manejado por Castro, sigue empujando a muchos cubanos a convertirse en tuneleros.

¿Cómo es posible que haya gente dispuesta a laborar en una obra tan inútil y estúpida? ¿Habrá quienes sinceramente crean que con ese trabajo contribuyen al desarrollo o a la defensa de la patria? Suponiendo ahora que haya muchos que abriguen dudas sobre el sentido y propósito de esa tarea, ¿cómo se las arregla el régimen para reclutar y hacer trabajar a tantos cubanos en una obra que es sinónimo de desperdicio y pérdida de tiempo?

Se sabe que no reciben un sobresueldo especial (aunque sí pequeños beneficios), no obstante lo cual, dice el Secretario General de la CTC, "calladamente pero sin descanso cavamos túneles populares"[21]. Es claro que unos lo hacen por convencimiento y otros por sumisión. A los primeros tal vez les impresionó la definición que de los túneles dio Raúl Castro: "son verdaderamente populares en el doble sentido de la palabra, porque son para proteger al pueblo y porque es el propio pueblo el que los hace".[22] A los segundos les impulsa no tanto el temor a la represión física como el miedo a los perjuicios económicos y sociales que pudiera depararles su negativa a ejecutar esa labor.

Es posible que un día el Jefe de la revolución cambie de idea y anuncie que por razones estéticas o de fomento del turismo sea necesario llenar de nuevo los orificios abiertos o que una parte de la población construya túneles y otra se ocupe de rellenarlos. Algunos huecos han sido por cierto ya tapados, lo que significa que enfrascados en esa tarea de cavar túneles y rellenar huecos los trabajadores cubanos pasarían a convertirse en una nueva versión del incansable Sísifo de la mitología griega.

Junto a los tuneleros como expresión máxima de credulidad, figuran los vigilantes honoríficos de las costas cubanas. No son miembros de la Guardia Fronteriza (que es por lo demás un cuerpo militar innecesario en un país arcifinio), ni reciben retribución por ello. Son simples trabajadores que una vez concluida su jornada de trabajo se van de voluntarios a avizorar las costas en espera de la tan anunciada invasión. Castro les ha hecho ver que la intervención americana es inminente y allá en los arrecifes y playas de la isla se sitúan estos obreros durante horas, equipados algunos con anteojos y otros con linternas, ansiosos de detectar a los primeros "marines". Treinta y tantos años de espera inútil no les han desalentado y allá siguen ellos en su larga vigilia cumpliendo la misión heroica que el Máximo Líder les ha encomendado.

## El Contingente Blas Roca y sus similares

Entre los grupos de trabajadores itinerantes que adoptan formas paramilitares y se someten a una rígida disciplina, el más famoso es sin duda el Contingente Blas Roca. Su notoriedad responde a su versatilidad y eficacia como constructores y a ser conocido como la tropa favorita de Castro; sus integrantes, casi todos concientizados a fondo en la doctrina marxista, lo mismo participan en la construcción de un hotel o un túnel popular que se les utiliza para reprimir disidentes usando machetes y cabillas.

En 1992, cinco años después de su fundación, el Blas Roca contaba con 5,540 hombres organizados en 38 brigadas.[23] Ese año el contingente laboró en la construcción de represas en Pinar del Río, en un ferrocarril de doble vía en Artemisa, en la edificación de un centro de ozono en el llamado polo científico del Oeste, en la siembra de 200 caballerías de plátano, en la construcción del Hotel Cohiba en La Habana y en el Centro Nacional de Biopreparados.

En el Contingente Blas Roca se ha laborado siempre por encima de las jornadas normales y manteniendo al máximo el ritmo emulativo; aunque dispone de equipos, su prestigio revolucionario obedece a la aplicación intensiva de su fuerza de trabajo y a su espíritu de sacrificio. En él se inició la práctica de las reuniones de madrugada llamadas matutinos, en las que se hace una evaluación de las tareas, se premia a los mejores de cada jornada y se lleva adelante el adoctrinamiento. Según su jefe, el ingeniero Juan M.

Junco, el costo por peso en el contingente es de 0.69 y su estrategia consiste simplemente en hacer más con menos.[24]

Al lado del Blas Roca han aparecido otros muchos contingentes incluyendo a los siguientes:

El contingente Lenin que cuenta con 12 brigadas y cerca de 2,000 miembros. Este contingente se ocupaba antes de la construcción de la electronuclear de Cienfuegos y luego de suspenderse esa obra pasó a construir hoteles para el turismo y a hacer obras de infraestructura en ingenios azucareros e instalaciones industriales.[25]

El contingente Raúl Roa que trabaja en turismo, la canalización de ríos y la ampliación de fábricas. Los miembros de esta unidad, donde el ausentismo no rebasa el uno por ciento y el costo por peso es de 56 centavos, acumularon dos millones de pesos de ganancia para el Estado en los tres primeros meses de 1994. En este contingente se ofrecen como estímulos sellos y carnets especiales; a los vanguardias les venden un módulo para 50 invitados para festejar los cumpleaños de sus hijos a los que se les regala también un "cake". El almuerzo cuesta aquí 50 centavos.[26]

El Marcos Martí es un contingente pequeño de 155 hombres y 37 mujeres empleados en la atención de cultivos varios. La jornada mínima (no máxima) es de diez horas, su sistema de emulación prevé que para ser destacado hay que cumplir la norma al 150 por ciento; si alguien no la cumple, en la primera semana se le convoca a un llamado de alerta; a la semana siguiente la discusión es más seria y si antes del mes no ha podido resolver la situación se le da de baja en el contingente.[27]

El contingente de macheteros Primero de Mayo acumuló en 15 años 1,708 millones de arrobas de caña, record que Fidel Castro calificó de admirable añadiendo que con tal volumen de caña pueden producirse dos millones de toneladas de azúcar. Dicho contingente promedió 562 arrobas por macheteros. Dos miembros del colectivo *75 Aniversario de la Revolución de Octubre*, Jesús Suárez Gayol y Emilio Rodríguez Cepero, suministraron más de 100 millones de arrobas cada uno.[28] La cifra de 562 arrobas por jornada parece difícil de aceptar pues representa más del doble de lo que se estima puede hacer el machetero más diestro, pero ella da una idea de los extremos a que puede llegar la propaganda del régimen o del fanatismo de sus adeptos.

A estos contingentes y a los demás que se han ido creando, el régimen les distingue con incentivos materiales y morales; en el momento de su constitución se lleva a cabo su abanderamiento que es un acto solemne en el que siempre participa una alta personalidad del PCC o las Fuerzas Armadas. Es usual también invitarlos a las grandes celebraciones. Existen por otra parte simples brigadas que laboran con aire de contingente. En el puerto pesquero de La Habana un grupo de jóvenes de la UJC constituyeron en 1992 una brigada que efectúa reparaciones navales utilizando el 50 por ciento de la fuerza de trabajo necesaria, practicando el multioficio y realizando tareas que exigen una calificación superior, no obstante lo cual completaron su labor en menos tiempo del previsto.[29] La proliferación de estos ejemplos durante el período especial muestra hasta qué punto el régimen ha utilizado sus capacidades de extraer plus trabajo para sobrellevar la crisis.

## El XVII Congreso de la CTC y la celebración del primero de mayo de 1996

La celebración del XVII Congreso de la CTC estaba prevista para el mes de enero de 1995 pero las circunstancias adversas en que vivía el país obligaron al gobierno a posponerlo para el siguiente año. El congreso tuvo finalmente lugar en el Palacio de Convenciones en la ciudad de La Habana los días 27 al 30 de abril. Algo menos de 1,900 delegados estuvieron presentes, la cifra más baja de todos los congresos revolucionarios. Como en otras reuniones, los delegados fueron cuidadosamente seleccionados; el temario fue a su vez establecido por las instancias más altas del Partido. Asistieron al congreso un número considerable de observadores "fraternales" procedentes de unos 50 países.

El XVII Congreso era el primer congreso que se celebraba en pleno período especial. La ocasión era pues propicia para efectuar un examen serio de la situación del país y en particular del estado de la condición obrera. Si la clase trabajadora era la titular del poder público, como Castro se complacía en repetir, lo menos que podía hacer ahora era efectuar un inventario de las medidas de emergencia tomadas por el régimen e interpelar al mismo sobre los resultados obtenidos. Ante los ojos del pueblo la sociedad igualitaria preconizada por Castro se desvanecía, los llamados logros de la revolución se esfumaban y el Estado centralizante y absorbente de los otros períodos cedía espacios a compañías extranjeras y trabajadores independientes. Más de 200,000 personas laboraban ya por su cuenta bajo la vigilancia de 400 inspectores curiosamente dedicados a perseguirlos. Las autoridades se debatían entre la incertidumbre y la necesidad de ensayar experiencias contrarias a su "socialismo o muerte". Frente a ellas los representantes de la clase trabajadora, la clase que más había sufrido en la crisis, tenían ahora el deber ineludible de sacudir su torpor y actuar en defensa de sus intereses.

Sin embargo, no lo hicieron; el congreso se desenvolvió conforme al mismo patrón seguido por los seis congresos anteriores. Apenas hubo intervenciones significativas de los delegados y se observó en cambio la misma secuencia de dictámenes favorables de las comisiones y de votaciones unánimes en el pleno. A efectos teatrales sí hubo delegados que ofrecieron donaciones en efectivo o dieron cuenta de los sacrificios realizados por la revolución. Mas si la gran mayoría de los delegados parecían una vez más convidados de piedra, fueron muchas las figuras del régimen que hablaron incluyendo a Fidel y Raúl Castro, Vilma Espín, Ricardo Alarcón, el General Rosales del Toro y los ministros de Economía y Trabajo.

Los delegados no debatieron sobre el por ciento de la población trabajadora con necesidades básicas insatisfechas, ni sobre los niveles de desempleo (que según el Ministro del Trabajo, alcanzaban al 20 por ciento en algunos municipios)[30], ni sobre el monto de las pensiones a pesar de que el propio Ministro reconoció unos meses antes que el 60 por ciento de los pensionados recibían menos de 100 pesos mensuales[31] (alrededor de tres o cuatro dólares), ni sobre el descenso del 70 por ciento de la producción industrial, ni sobre las movilizaciones constantes, ni los salarios irrisorios, ni la pérdida de gratuidades, ni las contribuciones a la seguridad social, o los impuestos al trabajo. Sobre esos temas o bien recayó un espeso silencio o bien hubo una discusión superficial.

Muchas tesis del congreso repetían las mismas cuestiones que habían sido discutidas una y cien veces en otras reuniones. Algunas eran tan generales y simplistas como las referentes al carácter "decisivo" del esfuerzo de la zafra o la necesidad de mantener la unión en las filas de los trabajadores. Otras afirmaban perogrulladas por el estilo de la que decía que la organización sindical existe por y para los trabajadores. Luego de 37 años de revolución una tesis ponderaba la necesidad de luchar por una economía "eficiente" y "competitiva" en tanto que otra recordaba a los trabajadores que la estrategia económica del gobierno "no conducía al capitalismo". Sólo las que trataban del reordenamiento laboral, la consolidación de las UBPC y la condición de los trabajadores por cuenta propia parecían más cercanas a la problemática del momento. Sobre este último punto surgieron, sin embargo, grandes dudas en el congreso: mientras que algunos dirigentes favorecían su gradual afiliación a la CTC,[32] otros tildaban a los susodichos trabajadores de logreros y acaparadores. Bajo cuerda, el gobierno alentaba a estos críticos del trabajo independiente temiendo que podría representar la aparición de una nueva clase media.

Aunque el número de resoluciones presentadas al congreso (14) fue inferior al de otros congresos, los organizadores tuvieron también el cuidado de cumplir con este aspecto del rito revolucionario. Junto a la consabida resolución dirigida a condenar el bloqueo yanqui y a ponderar la primacía de la defensa a toda costa de la revolución, otras dirigían su atención al apoyo a las reformas económicas emprendidas por el gobierno, incluyendo las reducciones de plantilla, a propugnar por un incremento de la presencia de la CTC (integrada ahora por 19 sindicatos nacionales) en las empresas mixtas, a la situación laboral de las mujeres y los jóvenes y al fortalecimiento del programa alimentario. El gobierno anunció, por otra parte, que no toleraría la creación de sindicatos independientes.

No podía faltar desde luego la inclusión en la agenda del congreso del Informe Central suscripto por Ross Leal. Entre los puntos principales tratados en el informe se destacaban: la supeditación de los aumentos salariales a los resultados obtenidos en el rendimiento y productividad de los trabajadores, la necesidad de recuperar el poder adquisitivo del peso cubano, el carácter coyuntural de los incentivos pagados en dólares a más de un millón de trabajadores, la importancia del salario móvil y la evaluación de la experiencia de descentralización del fondo de salarios en 156 complejos agroindustriales.[33] Parecía así claro que el régimen se había visto obligado a dar marcha atrás en la aplicación de muchos postulados socialistas y revolucionarios. Ningún delegado se atrevió no obstante a preguntar por qué se habían seguido antes métodos tan erróneos y el informe recibió su consabida aprobación unánime.

Sin la menor oposición, Pedro Ross Leal fue reelegido Secretario General de la CTC. Su reelección confirmaba la absorción de la CTC por el Partido y su incondicional sumisión al Comandante en Jefe. Ross dejó constancia en sus discursos del carácter político del congreso y leyó una declaración en la que calificó a Castro de "guía invencible de la revolución" y "campeón olímpico de nuestras luchas y victorias".[34] Hablando al final de la última sesión de trabajo, Raúl Castro señaló que Cuba había superado la depresión al tiempo que había podido mantener su vasto arsenal bélico. Radio Rebelde afirmó al día siguiente de la clausura que Castro había sido el delegado más activo del congreso. Además de su interminable discurso final, el Máximo Líder habló de los precios de los productos del agro, de las dificultades de la producción industrial (que atribuyó a indisciplina tecnológica, exceso de intelectuales e incompetencia de sus ministros), de los problemas del robo y la prostitución en la industria turística y se ocupó por supuesto de lanzar los más feroces ataques contra los E.U., país que calificó de "bestia" y "fuerza monstruosa" y acusó de librar una guerra bacteriológica contra Cuba y ser responsable de la muerte de millones de niños en América Latina. En su discurso un tanto incoherente que duró dos horas y media aludió a los temas más diversos desde las vacas locas de Inglaterra y la meningitis en África, hasta el corte del marabú en Cuba.[35] En contraste con sus discursos de otras épocas fueron pocas las ocasiones en que su oratoria fue interrumpida por aplausos.

Concluido el congreso, Castro decidió reanudar la práctica de las concentraciones masivas del primero de mayo, práctica que había estado en suspenso durante los últimos tres años. No era que las empresas españolas, canadienses, mexicanas y de otros países habían producido una leve recuperación económica. Lo que el régimen deseaba ante todo era avivar y explotar la reacción antinorteamericana provocada por la aprobación de la Ley Helms-Burton. Castro quería una manifestación ostensible de apoyo y para ello movió los resortes de su Estado Totalitario.

Una vez más las organizaciones de masas mostraron su capacidad de movilización y sus miembros su disposición a ser movilizados. El gobierno procuró además nutrir el desfile con exhortaciones chauvinistas y paralizando el transporte público a fin de utilizar los autobuses para el traslado de los participantes a la reunión. A los trabajadores empleados, a los cesantes y a los cuentapropistas se les hizo saber que sus puestos o ciertos beneficios dependían de su asistencia al acto. Cientos de miles de seguidores, conformistas, resignados y zombis desfilaron así ante el envejecido autócrata quien escudriñaba sus huestes con un gran binocular. Si bien se ejerció coerción para que muchos se unieran a la manifestación, pudo también constatarse que otros agitaban con entusiasmo sus banderitas al pasar frente a la tribuna presidencial.

# Notas

1 Información difundida por Radio Rebelde con base en artículos publicados en *Trabajadores*.

[2] *Trabajadores*, 22 de agosto de 1994, pag. 9.

[3] Córdova, *El mundo del trabajo*, op. cit., pag. 148.

[4] *Trabajadores*, 11 de julio de 1994, pag. 5.

[5] Idem, 21 de marzo de 1994, pag. 12.

6 "La vigilia obrera es algo insustituible", *Trabajadores*, 17 de mayo de 1995, pag. 4.

[7] *Trabajadores*, 17 de enero de 1994, pag. 5.

[8] *Trabajadores*, 2 de mayo de 1994, pag. 1.

[9] *Trabajadores*, 29 de agosto de 1994, pag. 3.

[10] *Trabajadores*, 16 de mayo de 1994, pag. 12.

[11] *Bohemia*, año 72, No. 49, 5 de diciembre de 1980, pag. 38.

[12] Véase *Trabajadores*, 25 de julio de 1994, pag. 2.

[13] Ibid.

[14] *Trabajadores*, 3 de mayo de 1993, pag. 3.

[15] *Granma*, 21 de enero de 1988, pag. 2.

[16] C. Marx, "Salario, precio y ganancia" en C. Marx; F. Engels, *Obras completas*. (Moscú: Editorial Progreso, 1973), tomo II, pag. 69.

[17] Sobre el tema de los túneles la revista *The New Republic* publicó un extenso reportaje en su número del 3 de octubre de 1994. Puede verse también el artículo de Luis Aguilar León "El sombrío laberinto de Castro" publicado en *El Nuevo Herald* en 1994.

[18] *Trabajadores*, 11 de julio de 1994, pag. 9.

[19] Ibid.

[20] *Trabajadores*, 14 de junio de 1993, pag. 5.

[21] Discurso de P. Ross Leal en *Trabajadores*, 4 de mayo de 1992.

[22] Citado en Ibid.

[23] *Trabajadores*, 28 de septiembre de 1992, pag. 10.

[24] Ibid.

[25] *Trabajadores*, 14 de junio de 1993, pag. 3.

[26] *Trabajadores*, 13 de junio de 1994, pag. 4.

[27] *Trabajadores*, 14 de junio de 1994, pag. 3.

[28] *Granma*, 24 de noviembre de 1992, pag. 1.

[29] *Bohemia*, 21 de agosto de 1992, pag. 36.

[30] Entrevista con el Ministro del Trabajo, Salvador Valdés, publicada en la revista *Bohemia* el día 24 de noviembre de 1995.

[31] Ibid.

[32] Entrevista de Pedro Ross con *Prensa Latina*, divulgada el 21 de abril de 1996.

[33] Extractos del Informe Central fueron publicados por *Prensa Latina* el día 28 de abril de 1996.

[34] Despacho de la Agencia Reuter, 1º de mayo de 1996.

[35] El discurso de Castro fue transmitido por todas las estaciones de radio y televisión de La Habana.

# Capítulo 27

## *Sobre la perdurabilidad del régimen de Castro*

### El proyecto social

El primero de enero de 1996 se cumplieron 37 años de la instauración del régimen castrista. Con la ayuda de su hermano Raúl, Fidel Castro había logrado realizar su propia proeza laboral: había superado a los más longevos caudillos de la región y establecido una nueva marca en la duración de las dictaduras de América Latina. Atrás quedaron Juan Manuel Rosas (23 años), Rodríguez Francia (26), Porfirio Díaz (31), Juan Vicente Gómez (27), Rafael Leonidas Trujillo (31), Anastasio Somosa (20) y Alfredo Stroesner (35). Sólo en el reino de la ficción sería posible encontrar los émulos de Castro.

¿Cómo explicar esa perdurabilidad? Sería un error atribuirla a una sola causa; los fenómenos sociales de esa envergadura son siempre el resultado de una concurrencia de factores, algunos más importantes que otros pero ninguno capaz de explicar por sí solo la aparición y persistencia del fenómeno.

Tal vez pudiera ayudar a cernir el análisis adelantar la siguiente caracterización del régimen: la revolución de Castro no es más en el fondo que un proyecto social sobre el cual se erigió un Estado totalitario. El proyecto social no era difuso ni sujeto a determinación posterior. Se trataba de utilizar a la clase trabajadora como clientela política y pretexto para proceder a una temprana colectivización de los instrumentos de producción y a un régimen de partido único. Era pues un proyecto que se emparentaba con la ideología marxista-leninista y comprendía el establecimiento de una dictadura del proletariado, forma de gobierno ésta que podía prolongarse por tiempo indefinido y era así capaz de ajustarse a las ambiciones de Castro. En sus primeras etapas el proyecto apuntó a beneficiar a la clase trabajadora, destacar sus méritos y escogerla como base del régimen y titular nominal de todos los poderes; el tiempo diría hasta qué punto podría utilizarse después para otros propósitos.

La selección de esa clase fue un acierto a los efectos de los planes ulteriores de Castro. No solamente ella constituía el estrato social más numeroso del país, sino que estaba además bien organizada en un movimiento sindical de viejo abolengo y había estado expuesta durante años a la influencia de doctrinas revolucionarias. Aunque en los 20 años anteriores a la revolución había disfrutado de buenas condiciones de trabajo y vida, siempre hubiera sido factible a un buen tribuno evocar las penurias y radicalismos de otras épocas.

Quienes dentro de la clase trabajadora supieron comprender a tiempo los alcances del proyecto castrista, le ofrecieron una tenaz resistencia durante los primeros 18 meses del gobierno revolucionario. Esa resistencia tuvo su punto culminante en el X Congreso de la CTC, cuyas sesiones pueden retrospectivamente considerarse como los momentos más difíciles por los que atravesó Castro en su empeño de consolidar su entonces incipiente poder. Mas los métodos represivos utilizados inmediatamente después pusieron fin a la resistencia de los más lúcidos elementos de la clase obrera y dieron paso al totalitarismo.

La decisión de colocar a la clase obrera en la base de su régimen servía además otros propósitos: diferenciaba a Castro de los demás caudillos al uso de América Latina, le granjeaba el apoyo de los gobiernos y políticos de izquierda, incluyendo en primer lugar el de la Unión Soviética, y le servía de pretexto para ejercer un poder absoluto, personal e indefinido. El proyecto social ofrecía asimismo la ventaja de servirle de excusa para utilizar la fuerza y el temor como formas de represión. De esa circunstancia nacería el círculo vicioso de un ejército que no se subleva porque cree que el pueblo disfruta de logros sociales y un pueblo que no se levanta porque teme que el ejército lo aplaste.

Una vez convencida la clase obrera de la gran misión que debía cumplir y el risueño porvenir que le aguardaba, la dialéctica de Castro tendría que utilizarse para hacerle ver que habrían de atravesarse también períodos difíciles durante los cuales todos tendrían que experimentar sacrificios y que sólo con el esfuerzo y abnegación de los propios trabajadores sería posible superar. Las apelaciones serían entonces distintas de las promesas de los primeros tiempos, pero el gran proyecto seguiría siendo social y tendría como protagonista a la clase trabajadora.

Perón en Argentina y Allende en Chile intentaron también darle una connotación sociolaboral a sus experiencias con los "descamisados" y la CUTCH, pero ninguno de los dos llegó a complementar sus respectivas bases populistas con el establecimiento de un aparato totalitario. Castro en cambio pudo aprovecharse primero del gran vacío político e institucional creado por la caída de Batista. Ese vacío le permitió adueñarse del poder en las condiciones más propicias, disfrutar de las más amplias facultades y cumplir sus primeras tareas de seducción de grandes segmentos de la clase obrera. Dos años más tarde, cuando ya había expropiado a las clases productoras de sus bienes y efectuado la purga de los sindicalistas que se le oponían le fue fácil ponerle un rótulo a lo que era ya en la práctica un Estado socialista y totalitario.

En el esquema sociopolítico concebido por Castro al calor de la doctrina marxista, el Estado iba a encargarse de la provisión gratuita de los servicios de salud y educación, a garantizar empleo estable y a ampliar la cobertura de la seguridad social. ¿Hasta qué punto esos llamados logros de la revolución han influido en la duración del régimen? La atención gratuita de la salud ciertamente fue apreciada por la población trabajadora si bien ha experimentado últimamente ciertos quebrantos. La educación eximía a los jefes de familia de gastos monetarios pero suponía para el educando su separación de la familia durante unas siete semanas al año, la realización de trabajos productivos durante la enseñanza, el constreñimiento de ésta a la ideología marxista y la obligación de un servicio social a su final. El reclamo del pleno empleo estuvo matizado de aspectos de obligatoriedad y de la ejecución de labores inútiles o improductivas que lo apartan del concepto de pleno empleo que tiene la OIT. Tuvo no obstante un significado positivo para los trabajadores, contrarrestado en buena parte a lo largo de la revolución por las jornadas excesivas, los salarios insuficientes, la renuncia de derechos y las movilizaciones compulsorias. El pleno empleo fue en todo caso reemplazado en el período especial por un desempleo masivo.

## La estructura totalitaria

Mientras pudo ser sostenido artificialmente con subsidios soviéticos, el proyecto social probablemente desempeñó un cierto papel en el mantenimiento del régimen, mas ese papel no fue en modo alguno decisivo. Para un pueblo de fuertes tradiciones individualistas, los alicientes de la atención médica y de una educación gratuita pero sujeta a restricciones, no hubieran sido bastantes para compensar la ausencia de libertades y el precitado saldo de condiciones de trabajo abusivas. Es evidente, por otra parte, que al evaporarse en el período especial buena parte de aquellos beneficios, el esquema colectivista del proyecto social perdió su fuerza y no hubiera podido impedir el colapso del régimen. Sin embargo, para entonces y desde mucho antes, el proyecto social era sólo un aspecto de la enorme estructura totalitaria que Castro había establecido en Cuba.

Esa estructura no había sido improvisada; fue por el contrario el resultado de reflexiones y lecturas a las que Castro y su hermano habían dedicado largo tiempo antes de la revolución. De Raúl se sabe que fue siempre un devoto y confeso admirador de Stalin. Por los testimonios de los que en esa época eran sus compañeros, se sabe asimismo que Castro además de los libros de Lenin, que llevaba a menudo bajo el brazo, leía también con frecuencia las obras de Mussolini e incluso de José Antonio Primo de Rivera, el fundador de la Falange española. Mientras otros cubanos tenían que consagrar su tiempo a trabajar para ganarse la vida, Castro y su hermano, hijos de un rico terrateniente, nunca tuvieron que buscar empleo y pudieron así enfrascarse en andanzas revolucionarias y esbozar de antemano las grandes líneas de lo que habría de ser la captura del poder y su preservación una vez que las circunstancias les fueran propicias.

En el pensamiento de Castro toda la vida del país, las actividades económicas, los intercambios sociolaborales, los asuntos religiosos y por supuesto las manifestaciones políticas, todo, tenía que ser controlado y dirigido por el Estado. Los trabajadores sólo podían trabajar para el Estado, quien se ocuparía también de fijar su retribución y pagar en su día las jubilaciones; el trabajo sería un deber y su finalidad, volumen y contenido serían determinados por el Estado en forma autoritaria.

Todas las organizaciones que normalmente existen en la sociedad civil, los sindicatos, los colegios profesionales, las asociaciones culturales o recreativas, todas las instituciones y los grupos de intereses, serían absorbidos por el Estado o estarían condenados a languidecer o desaparecer. Hasta la Unión de Escritores y Artistas de Cuba (UNEAC) fue en 1996 caracterizada por uno de sus miembros como "una derivación del aparato del Estado".

Al lado del conjunto de órganos estatales propiamente dichos, estaría el ojo vigilante del Partido encargado de recoger las directrices de Castro y convertirlas en políticas de gobierno. Juntos, el Estado y el Partido, constituirían el Big Brother que penetraría hasta en lo más íntimo de la vida ciudadana.

Como en el libro de Orwell, el Big Brother organizaría además guerras, fomentaría subversiones en otros países y se encargaría sobre todo de atizar el odio a los E.U. como recursos dirigidos a mantener a la población en permanente estado de movilización. El Estado se dotaría de un poderoso aparato militar y tendría especial cuidado en perfeccionar el sistema de seguridad del Estado que Stalin había ya desarrollado a fondo.

Además de la salud, la educación y otros servicios públicos, el Estado y el Partido se ocuparían de modo exclusivo de las migraciones, los abastecimientos, la asignación de viviendas, el transporte y hasta la higiene de los habitantes. Los cubanos todos, en suma, tendrían que depender del partido único y del Estado. Quienes se opusieron a ese dominio fueron eliminados sin contemplaciones. Quienes pretendieren vivir al margen de ellos se vieron privados de medios adecuados de subsistencia.

Sólo dos grupos fueron exceptuados de esa dependencia de las autoridades: los pequeños agricultores al comienzo de la revolución y los trabajadores por cuenta propia en los últimos años. Mas también a los miembros de la ANAP se le impusieron restricciones y se les sometió a un tal "barrage" de presiones y adoctrinamientos que terminaron actuando como si fuera otro instrumento del Estado. Con respecto a los trabajadores por cuenta propia basta decir que sujetos a impuestos y atemorizados por la posible revocación de sus licencias, ya participan junto a los asalariados del Estado, en los desfiles del primero de mayo.

Existía siempre la posibilidad de que algunos rincones de la sociedad civil escaparan a la rígida vigilancia del Estado y el Partido. Mas para subsanar ese defecto se crearon las organizaciones sociales de masas reconocidas, protegidas y estimuladas por el Estado, a saber, además del PCC y la Unión de Jóvenes Comunistas: la CTC, los Comités de Defensa de la Revolución, la Federación de Mujeres Cubanas, la precitada ANAP, la Federación de Estudiantes Universitarios, la Federación de Estudiantes de Enseñanza Media y la Unión de Pioneros, a las cuales la Constitución les asigna la tarea de "edificar, consolidar y defender la sociedad socialista". A estas nueve organizaciones cabe añadir la Asociación de Combatientes por la Revolución constituida durante el período especial; otras asociaciones de menor membresía como la ANIR coadyuvan en el propósito totalitario.

Desde la niñez hasta la muerte todos los cubanos pertenecen de esa manera a una o varias de estas organizaciones que al propio tiempo son corporativas (como en el *fascio*) y ejercen funciones de vigilancia y disciplina. Unas veces durante el proceso educacional, otras durante el trabajo y aún después al jubilarse (los retirados tienen que pertenecer a la CTC), sobre cada habitante del país gravita alguna de estas organizaciones. Sea en el lugar de trabajo, sea en su domicilio, sea en cualquier otro lugar, el Estado Totalitario se halla presente por sí o por medio de alguna de estas organizaciones. Recuérdese además que los CDR agrupan unos siete y medio millones de cubanos, la CTC unos tres millones y medio, y la FMC alrededor de cuatro millones. A toda esa inmensa multitud se le ha inculcado el deber de dar cuenta de cualquier sospecha de infidencia y aún más de vigilarse unos a los otros en un clima de perenne tensión.

La estructura totalitaria comprende por supuesto a la administración de justicia convertida después de su reorganización y la adición de jueces legos en el brazo ejecutor de las políticas del PCC. Se extiende también al campo cultural en el que no sólo se ejerce una estricta censura de las publicaciones (sobre las que vela el Departamento de Orientación Revolucionaria del PCC) sino que hasta el acceso a las bibliotecas se halla estrictamente controlado.

## El poder de la propaganda y la represión

Parte importante de la estructura totalitaria ha sido el uso de la propaganda. Castro atribuyó desde el comienzo un papel decisivo a la propaganda destinada a diseminar la doctrina comunista y sus propias decisiones y opiniones. Esa propagación ha sido en realidad integral e incesante. Sus objetivos principales pueden, no obstante, resumirse en los siguientes diez puntos: 1) ensalzar lo llamados logros de la revolución; 2) denigrar la Cuba de antes, presentándola siempre como la *neocolonia* o la *pseudorepública*; 3) mutilar la historia destacando sólo aquellos aspectos de ella que convenían al régimen; 4) diseminar los principios del marxismo-leninismo; 5) enfatizar el culto a la personalidad de Castro; 6) presentar a los E.U. como un imperio malvado que pretende anexarse a Cuba y ha impuesto un bloqueo sobre su comercio; 7) magnificar las luchas sindicales del pasado; 8) poner de relieve los sacrificios y contribuciones hechos por la raza negra; 9) ponderar los méritos de la clase trabajadora; y 10) encarecer la necesidad de trabajar con ahínco.

La propaganda utilizó todas las formas de la práctica tradicional y la técnica moderna, incluyendo la desinformación, la falsificación, el mensaje subliminal y la identificación de los contrarios con las fuerzas del mal o los símbolos más despreciables. Su intensidad y persistencia explican la confusión de grandes segmentos de la clase trabajadora y el pueblo para los que ser seguidor de Castro era la única manera de ser patriota, ser comunista era sinónimo de buen revolucionario y ser antiimperialista era el único modo de honrar a Martí.

En el régimen castrista la propaganda tiene asimismo una dimensión excluyente dirigida a evitar la divulgación de ideas distintas a la doctrina marxista-leninista. El cine, la radio, la televisión, los conciertos, las actividades culturales y sobre todo la prensa se hallan sujetos al más estricto control. El cubano sólo puede ver las películas, escuchar la música y leer los libros que el régimen de Castro le permite.

Dos generaciones de cubanos han nacido y vivido bajo los efectos de esa propaganda que ha sido particularmente eficaz con respecto a la clase trabajadora. Para ellos Cuba nació prácticamente en 1959 y es por tanto una nación distinta en su acervo cultural y herencia histórica a la que otras generaciones conocieron.

Es, por último, en su dimensión represiva en dónde la estructura totalitaria alcanza su grado más sombrío. Acosando, persiguiendo, encarcelando y fusilando, Castro fue imponiendo su régimen autoritario. El panorama insular se fue llenando de cárceles, campos de detención y centros de investigación al estilo de Villa Marista. El suplicio y las depredaciones a que fueron sometidos hombres y mujeres de todas las edades y extracción social cubren los 37 años del régimen. Los fusilamientos disminuyeron en los últimos años pero en modo alguno desaparecieron. La forma como los tribunales revolucionarios o populares condenaban al paredón o a largas penas de prisión es una vergüenza para cualquier país civilizado. Ese presidio político, ese inmenso Gulag y la interminable lista de cubanos ejecutados por el sólo delito de no plegarse al comunismo son estigmas que no podrán borrarse jamás de la historia de Cuba.

## La personalidad de Castro

Presidiendo esa impresionante estructura totalitaria estaba un líder de excepcionales características. Castro era un hombre poseído de una ambición irreprimible de alcanzar el poder y retenerlo por tiempo indefinido. Alimentaban esa ambición su gran vanidad y una confianza plena en sus aptitudes: un elevado cociente intelectual, su capacidad oratoria y una férrea determinación de lograr sus objetivos personales.

Son varios los observadores que han calificado a Castro de "superdotado". Esa calificación debiera, sin embargo, ponerse en su justo contexto: Castro es un superdotado para ejercer dos oficios, el de revolucionario profesional y el de dictador vitalicio. Para ello podía contar además con un desprecio total por los valores éticos, los frenos sociales y el respeto a la vida humana. El Máximo Líder era capaz de eliminar físicamente a cuantos se interpusieran en su camino y de utilizar a fondo la intriga y el engaño.

En el orden ideológico, Castro coqueteó antes de 1959 con el peronismo y luego se fue inclinando hacia la doctrina marxista-leninista, con particular preferencia por el totalitarismo de Stalin. Mas hubiera podido ser fascista o nazista si la II Guerra Mundial hubiera tenido un desenlace distinto. Las ideologías no tenían para él un valor absoluto; eran más bien un medio para alcanzar un fin. Es indudable, no obstante, que se identificaba de buena gana con muchos postulados de la teoría comunista: la lucha de clases, la interpretación materialista de la historia, el anti-imperialismo, el internacionalismo proletario, la supresión de la propiedad privada, y la prédica de la revolución mundial. Mas aun estas creencias era capaz de reacomodarlas a la luz de sus objetivos e intereses personales.

De sus grandes aptitudes, en especial de su astucia y doblez, dio muestras sobradas en el primer año de su gobierno cuando enfáticamente proclamaba que no era comunista mientras guiaba al país hacia la implantación del comunismo. De su audacia son pruebas elocuentes la manera como hizo trizas la Doctrina Monroe, así como su atrevimiento en persuadir a los soviéticos para que instalaran los cohetes nucleares en Cuba al riesgo de provocar una catástrofe mundial. Organizó las milicias y se armó hasta los dientes con el propósito no solamente de aplastar la oposición interna, sino también de hacer ver a los E.U. que tendrían que afrontar enormes pérdidas de vidas y haciendas ("an unaffordable price") si intentaban invadir la isla. Seguro ya de la inacción americana, se dedicó a fomentar guerrillas y subversiones en América Latina y luego envió sus ejércitos a Angola, Etiopía y otros países con el fin de ayudar a la expansión del comunismo. Logró así evitar el derrumbe del régimen marxista de Angola y propició otros cambios en el continente africano a ciencia y paciencia de las grandes potencias democráticas del mundo.

Sólo un hombre de esas aptitudes habría podido transformar en menos de dos años una economía de mercado en una economía centralmente planificada y en unos años más cambiar la composición étnica de la nación cubana, convertir una sociedad creyente en una sociedad atea, cambiar la idiosincracia de un pueblo abierto, tolerante y cordial enseñándole a odiar a sus hermanos y dividir, por último, una nación en dos países con herencias históricas y acervos culturales diferentes. Claro que contó también para ello con la inmensa credulidad e infinita paciencia de los sectores menos educados o más adoctrinados de la población, aquellos que estaban dispuestos a aceptar que un temporal era la tormenta del siglo, que un embargo era un bloqueo y que José Martí era el autor intelectual del asalto al Cuartel Moncada.

La inteligencia de Castro funcionaba sobre todo en la esfera política. En el orden económico su vanidad e ignorancia le llevó a cometer innumerables y costosos errores. Su habilidad consistió entonces en desviar la atención de sus fracasos hacia el tema político y luego en internacionalizar las crisis que en esta última esfera pudieran producirse. Sus días parecían contados al derrumbarse en 1989-90 el imperio soviético del cual hizo a Cuba aliada y dependiente. Fue entonces que ofreció pruebas de su maestría en el arte de la supervivencia. Buscó nuevos aliados, estrechó sus lazos con los países que antes le habían ayudado (España, Francia, México y Suecia), atrajo inversionistas, dejó impúnemente de pagar sus deudas y logró sobrevivir la terrible crisis en que había sumido a Cuba. Se valió de todos los medios, recabando incluso la ayuda de los países más pobres del mundo (como la India), convirtiendo a Cuba en pedigüeño y limosnero internacional y posando siempre como víctima de un bloqueo que era en realidad un embargo. Con este argumento llegó al extremo de convencer a la Naciones Unidas a que condenaran varias veces a los E.U. y crearan una comisión de ayuda de emergencia a Cuba, a pesar de que tal tipo de comisión sólo se había establecido antes para las naciones que habrían sufrido la devastación de una guerra.

Castro no se desvinculó de sus bases durante la crisis como lo hizo Ceausescu en Rumanía; infundió dinamismo a sus colaboradores e hizo amplio uso de sus facultades dialécticas y represivas para mantener bajo control al pueblo. La misma oratoria que había utilizado antes para predicar el odio y el rencor, la empleaba ahora para impetrar abnegación y sacrificios, invocar el patriotismo, y ponderar la necesidad de realizar mayores esfuerzos en obsequio del honor y del deber. Muchos le siguieron creyendo, otros emigraron u ofrecieron resistencia pasiva disminuyendo su rendimiento en los trabajos de la zafra y en otros sectores, pero la mayoría permaneció inerte. Más de tres décadas de castrismo, y 37 años de sometimiento al *dictum* de un solo hombre, habían dejado al pueblo de Cuba aletargado, entumecido y postrado, incapaz de actuar y aun de pensar. Cuba había desperdiciado los años cruciales que le hubieran podido devolver la libertad. El "efecto Castro" iba aún más lejos y echaba una sombra sobre la posibilidad de supervivencia de la nación cubana.

## El comportamiento de la clase trabajadora

Al analizar el comportamiento de la clase trabajadora hay que distinguir dos fases: una primera relativamente breve, en la que la mayor parte de su liderazgo se opuso a la entronización del castrismo y una segunda que se prolonga por largos años y en la que la gran masa obrera y campesina ha colaborado con el régimen y ha sido en buena parte responsable de su perdurabilidad.

La primera fase tuvo sus principales manifestaciones durante los dos o tres primeros años del régimen cuando éste apeló a la violencia para expulsar de sus bases a los dirigentes anticomunistas, y llenó las cárceles de opositores, muchos de ellos nacidos en el seno de la clase trabajadora. A la vanguardia de esos anticastristas figuraron sindicalistas del sector urbano, sobre todo los eléctricos, los empleados del comercio, los telefónicos, los bancarios, los trabajadores de la medicina, los obreros del transporte y los que prestaban servicios en industrias diversas. De estos grupos salieron los primeros mártires y los prisioneros políticos de más larga duración; ellos nutrieron también las primeras oleadas de cubanos que marcharon al destierro.

Una vez controlada por Castro la CTC a partir del verano de 1960, se produce la emasculación del sindicalismo y, triste es decirlo, el sometimiento servil de la mayoría de la clase trabajadora a Castro. No es que los trabajadores fueran agradecidos y consecuentes con los beneficios que Castro les confería pues ya en 1961 tuvieron que renunciar a buena parte de las conquistas que habían ganado tras largas jornadas de reivindicación; los obreros fueron simplemente cautivados por la dialéctica de Castro y embelesados por las promesas de poder y bienestar.

Al lado de los servicios públicos gratuitos, pronto aparecieron los deberes y las cargas que Castro fue imponiendo a los trabajadores: las jornadas extraordinarias que violaban las ocho horas y no se retribuían debidamente, el trabajo pseudovoluntario en beneficio de la sociedad, las renuncias de las vacaciones y otros períodos de descanso, las escalas salariales que comprimían el ingreso de los trabajadores y la aplicación de una rígida disciplina laboral. Se impusieron la normación del trabajo, la emulación y el multioficio; menudearon los traslados y despidos por razones políticas y aparecieron las movilizaciones. Junto al deterioro de las condiciones de trabajo vinieron la sindicalización obligatoria y se experimentó la pérdida de los derechos de negociación y huelga.

De manera gradual pero tangible, el totalitarismo fue así mostrando su lado más siniestro y haciendo ostensible hasta qué punto podía llegar la pérdida de las libertades y el desconocimiento de los derechos humanos. Y sin embargo la clase trabajadora seguía en su mayor parte indiferente o fascinada con el Máximo Líder y dispuesta a bajar la cerviz ante la creciente imposición de obligaciones laborales y extralaborales: la incorporación a las milicias, la guardia obrera, la asistencia a cuantas reuniones, desfiles y celebraciones se convocaban por la CTC o las autoridades. Surgió la militarización del trabajo con lo que ello significaba de opresión y abuso, mas muchos macheteros siguieron cortando caña bajo un sol de fuego y los más fanatizados continuaron realizando las mal llamadas proezas. Aunque parezca increible una de las ventajas que todavía hoy Castro ofrece a los inversionistas extranjeros es la estabilidad social.

Los congresos de la CTC se dedicaban a prodigar elogios a Castro; sus memorias parecían obras de propaganda encabezadas por su retrato y sus discursos; y año tras año la clase trabajadora le ofrecía un regalo cada vez más suntuoso. Una y otra vez la gran masa obrera concurría al desfile del primero de mayo para dar testimonio de su lealtad y prometer sus mayores esfuerzos por el triunfo de Castro y el socialismo.

No importaba mucho lo que Castro decía o demandaba. Siempre habría vítores y aplausos al final. Cuando Castro compareció una vez ante el Consejo Nacional de la CTC y afirmó que su revolución iba a proletarizarse aún más, los integrantes del Consejo aplaudieron frenéticamente sin darse cuenta de que lo que el líder prometía era empobrecerlos todavía más.

A lo largo de los años a la clase trabajadora se le ha engañado y expoliado al gusto de la dirigencia castrocomunista. Llegado el período especial ha sufrido toda clase de penurias y miserias; perdió la supuesta garantía de un empleo estable, sufrió más que nadie de la carencia de alimentos y medicinas, vio su salario reducido a los niveles más bajos del mundo, no obstante lo cual ni declaró una huelga ni organizó una manifestación de protesta. Al contrario siguió cavando túneles. Mucho más criticables son por supuesto los que como miembros de las BRR o del Contingente Blas Roca se prestan a actuar como esbirros y matones al servicio de la dictadura.

Hay quienes dicen que en Cuba existe un estado de huelga silencioso y permanente del que fue expresión, por ejemplo, la falta de cooperación de los trabajadores en la zafra de 1994-95. Hay también quienes afirman que en las condiciones de represión y vigilancia que imperan en Cuba no es justo pedirle a los trabajadores que hagan lo que otros grupos sociales no han querido o podido hacer. No sería correcto olvidar, por otra parte a los que bajo un régimen de terror permanente y arriesgando sus vidas incendian cañaverales o realizan otros actos de sabotaje. Ellos, los insumisos, los que aman la libertad y defienden los derechos humanos, los que incumplen las normas y disminuyen deliberadamente su rendimiento, los promotores de sindicatos independientes, los obreros anónimos de la zafra de 1994-95, las mujeres campesinas del Escambray y sobre todo, los que en los inicios del régimen dieron sus vidas o sacrificaron su juventud en aras de una Cuba libre y democrática, ellos, salvan el honor de la clase trabajadora.